Journal of Fudan Tourism Research

第十二辑

复旦旅游学集刊

■ 复旦大学旅游学系 编 ■ 执行主编 巴兆祥 张静儒 郑丹妮

上海辞书出版社

目　录

旅游企业与品牌管理

旅游者行为

旅游目的地发展与管理

旅游企业与品牌管理

高质量发展背景下品牌在线旅游网站服务满意度研究*

王丽丽　朱文婷

(复旦大学旅游学系,上海市 200433,中国)

[摘要]　随着大数据互联网新时代的到来,用户服务质量满意度成为品牌在线企业竞争的重要影响因素。本研究通过用户对品牌在线旅游网站感知的问卷调研和旅游专家学者深度访谈的方法进行实证研究,采用 SPSS 和 AMOS 软件对数据进行统计分析,提取品牌在线旅游网站八大维度的主成分因子,并验证相关主成分因子之间的显著性影响,对品牌在线旅游网站用户的感知有用性、感知易用性、感知风险性、感知质量性、感知服务性、感知品牌资产性、感知使用满意性和感知使用忠诚性的理论模型假设进行验证,对研究数据的结果进行原因分析,为品牌在线旅游网站的运营管理提供建议,帮助在线旅游企业提升品牌竞争力。

[关键词]　在线旅游网站;品牌资产;服务质量满意度;技术接受模型

1　引言

2020 年国内旅游人数 28.79 亿人次,比 2019 年下降 52.1%;2021 年国内旅游人数 32.46 亿,比 2020 年增长 12.8%,已经恢复到 2019 年的 54.0%。[1] 2023 年,国内旅游人数约 45.5 亿人次,同比增长约 80%,约恢复至 2019 年的 76%。[2] 中华人民共和国文化和旅游部指出文化旅游融合发展新时期,国内旅游人次稳步增长,文化和旅游发展要为实现人的全面发展提供有力保障。[3] 中国旅游研究

*　[基金项目]本研究受国家自然科学基金(72074053)资助。

[作者简介]王丽丽(1985—　),女,博士研究生,研究方向为旅游市场营销、旅游消费者行为,E-mail: 519660941@qq.com;朱文婷(1988—　),女,MTA 研究生,研究方向为旅游市场营销,E-mail: 27852589@qq.com。

院指出，2020 年以来，游客形成新的消费习惯，数字技术在游客出游预约、消费引导等方面发挥积极作用。[4]文旅产业应顺应消费者消费结构的变化，提升旅游产品质量和服务满意度，促进旅游产业高质量发展。

旅游企业发展充满了不确定性，没有哪家旅游企业是绝对安全的，企业必须寻求变革。在旅游需求日益增长和“互联网＋”的背景下，旅游企业的线上业务发展市场巨大，文化和旅游部鼓励和支持旅游企业数字化转型，各地也以数字化驱动旅游服务质量提升变革[5]。近年来，在线旅游企业发展势头强劲，在线用户数量持续增长，在线旅游企业在发展规模、品牌建设等方面竞争激烈，尤其是携程旅游网、同程艺龙等品牌在线旅游企业竞争日益激烈。品牌在线旅游企业在快速发展的同时也出现了订单退改、捆绑销售、低价竞争、信息泄露等问题，严重影响在线旅游企业用户满意度和品牌形象，在线旅游企业品牌营销需另辟蹊径，提升用户满意度。

国内外学者对满意度的研究较多。满意度理论起源于期望差异理论（Expectation Disconfirmation Theory，简称 EDT），最早是由 Cardozo 提出的[6]。从研究内容来看，首先，现有的旅游满意度研究大都以旅游者为研究对象，分析满意度与忠诚度、行为意向之间的关系，为旅游者满意度提升和目的地或企业品牌价值提升提供依据，如许鹏研究旅游品牌价值与游客满意度之间的关系，为旅游企业品牌建设提供建议[7]。其次，基于旅游地的感知价值，实证研究服务环境对游客满意度的影响，如刘岩实证检验哈尔滨冰雪嘉年华中央大街区域酒店的顾客满意度[8]。再次，对旅游满意度和城市总体印象等各方面进行评价研究，如孙宝生等基于网络文本对生态游客旅游满意度进行定量评价[9]。国内外相关研究证明，社交网站通过留住用户可以提升品牌价值[10]，但专门针对品牌在线旅游企业用户满意度的相关研究较少。

从研究方法来看，首先，目前对旅游满意度的研究越来越多采用定量方法或定性定量相结合的方法，通过问卷调查、网络文本或实验法收集数据，构建结构方程模型分析旅游者感知、情感等与满意度之间的影响机制，或满意度与忠诚度、行为意向、品牌价值的影响机制，如唐璐等基于旅游者游记，分析目的地旅游者感知结构体系，并进行满意度评价[11]。其次，较多采用因子分析法，对满意度因素和行为因素进行研究，并在此基础上提出假设和构建模型，如刘巧辉等构建结构方程模型研究森林公园游憩者旅游动机、满意度与健康效益感知的影响机制[12]。再次，越来越多的学者在构建研究模型时纳入更多的心理学和社会学等变量作为调节变量或中介变量，分析影响满意度的心理机制，为满意度提升提供更加精确的依据。

本研究将品牌资产、用户感知与忠诚度、满意度和行为意向结合起来，全面地对品牌在线旅游网站满意度进行深入系统的研究，分析品牌在线旅游网站用户的使用满意度，影响品牌在线旅游网站用户使用满意度的因素，以及如何提升品牌在线旅游网站用户使用满意度等问题，为品牌在线旅游网站利用服务质量提升用户满意度、提高用户忠诚性、增加品牌资产，以及促进旅游消费者购买决策的形成提供了理论支持，充实了旅游领域对用户品牌在线旅游网站感知的研究，进一步探讨跨时空差异下品牌在线旅游网站用户使用满意度的形成机制。

2 理论基础与研究假设

2.1 服务质量

服务质量理论(Service Quality，简称 SERVQUAL)。Gronroos 最早基于心理学理论，提出“感知服务质量”的全新概念。[13] 国内外研究大都通过不同的维度提取服务质量感知的影响因素，探讨服务质量、感知价值、满意度与行为意向的相互影响作用，同时，相关研究提供价值对满意度和行为意图产生实质性影响的证据，通过服务质量对顾客忠诚的驱动机制归纳不同的维度关系，确定消费者感知到的质量受到服务质量的直接影响。

李磊等分析了北京市社区生鲜配送模式，研究结果显示服务质量对感知风险有显著负向影响。[14] 耿小庆基于人类行为模型理论研究微信朋友圈购物感知风险、情感信任与购买意愿关系，研究结果显示服务质量对感知风险存在负向作用。[15] Kim 等考察韩国医院的卫生服务质量和感知风险对哈萨克斯坦客户满意度的影响，结果显示韩国医院的卫生服务质量影响与顾客满意度呈正相关，与身体风险、社会风险、时间损失风险等感知风险呈负相关。[16] Kim 通过分析潜在游客对旅游区的感知态度，探讨潜在游客的情绪反应对旅游意向的影响，研究结果显示旅游区的服务质量影响潜在游客的感知风险，感知风险对情绪反应路径表现出受控影响。[17] 因此，本研究提出假设 H1。

假设 H1：品牌在线旅游网站感知服务对用户感知风险有显著负向影响。

赵惺绮研究消费属性感知、感知精准度等属性对用户参与意愿的影响，研究结果显示消费者对短视频平台服务质量的感知正向影响感知易用性、感知有用性。[18] 杨慧瀛等研究消费者电子商务购物意愿的影响因素及影响程度，研究结果显示感知服务对感知有用性、感知易用性的影响最为强烈。[19] Zheng 等研究了中国大学生在线学习质量，研究结果显示学习系统服务质量和个性化正向影响感知易用性。[20] Nazari-Shirkouhi 等研究发现在医疗保健服务系统中，服务质量对感知享受、感知易用性和用户满意度有积极影响。[21] 因此，本研究提出假设 H2。

假设 H2:品牌在线旅游网站用户感知质量对用户感知易用有显著正向影响。

程娟研究生鲜农产品电商物流服务质量对消费者购买意愿的影响,研究结果显示物流服务质量越高,消费者感知到的服务质量越高,购买意愿也越高。[22]松本夏月通过实证研究发现,顾客感知民宿服务质量对顾客感知民宿服务价值有显著正向影响。[23] Kuo 研究云企业资源规划系统在工业制造系统的应用,研究结果显示信息质量、系统质量、服务质量等影响感知质量,正向预测满意度。[24] Ahn 等研究基于刺激—有机体—反应理论分析感知质量如何影响消费者感知和情感状态及随后的行为意图,研究结果显示自助服务技术的功能和定制提高了消费者的感知价值和积极情绪反应。[25]因此,本研究提出假设 H3。

假设 H3:品牌在线旅游网站用户感知服务对感知质量有显著正向影响。

2.2 感知易用与感知有用

技术接受模型理论(Technology Acceptance Model,简称 TAM)。Davis 最早把系统设计特征作为外部因素,从使用绩效感知和自我效能的构架中,获取感知有用性和感知易用性的两个主成分因子,并研究两大因子对用户态度产生正向或者负向的影响,进而加强或弱化用户的使用意愿,最终影响用户的使用行为。[26]目前的研究多采用技术接受模型提出研究假设和模型构建,对感知有用性和感知易用性的决定性因素进行分析,通过信度效度分析法对相关变量进行测试,通过因子分析法确定结构的可靠性和有效性。

李娜等构建结构方程模式研究文化遗产类 AR(Augmented Reality,增强现实)中的用户使用意愿,研究结果显示产品质量对感知易用性有正向的影响效果。[27] Jeong 等研究旅游者对智能旅游的接受及影响因素,研究结果显示智能旅游地图的信息质量对感知易用性和感知有用性都有正向影响。[28] Bothma 研究网上银行使用意图和实际使用影响因素,研究结果显示用户感知网上银行系统质量和社会影响是影响用户信任度、感知易用性和感知有用性的重要因素。[29] Lee 等基于技术接受模型分析旅行预订应用程序的服务质量是否影响消费者对技术的接受和行为意图,研究结果显示旅行预订应用感知服务质量会相应地影响感知易用性和感知有用性。[30]因此,本研究提出假设 H4。

假设 H4:品牌在线旅游网站用户感知质量对感知易用有显著正向影响。

王美月研究学术虚拟社区用户社会化交互行为,研究结果显示信息质量、服务质量正向影响感知有用性,感知易用性正向影响感知有用性。[31]付博群研究表明,消费者网购时感知有用性与实用性、感知风险与产品质量和消费者购买意愿显著相关。[32] Labus 等研究克罗地亚和塞尔维亚酒店餐厅中新型数字葡萄酒菜单应用程序的客户接受情况，研究结果显示，顾客感知易用性、感知有用性和感知享受在很大程度上影响了顾客感知的服务质量。[33] Kang 等运用阐述似然模型和技术接受模型来探讨资讯处理路径、中央路径或外围路径与购买频率相关，用户感知信息质量、信息源可信度与感知有用性和感知易用性之间存在正相关关系。[34] 因此，本研究提出假设 H5。

假设 H5：品牌在线旅游网站用户感知质量对感知有用有显著正向影响。

2.3 品牌资产

品牌资产理论(Brand Equity，简称 BE)，由 Aaker 最早提出，指赋予产品或服务的附加值[35]。目前的研究大都以消费者行为和消费者感知为研究对象，从品牌资产维度影响与消费者感知和行为的影响机理、品牌资产维度与品牌满意度和忠诚度之间的关系构建模型，从品牌资产的视角提高消费者价值感知，提升企业品牌价值。

高海霞等基于顾客契合视角构建了社交商务平台服务质量对品牌黏性的影响概念模型，研究结果显示社交商务平台的便捷性、互动性与顾客心理和行为契合正相关，对品牌黏性具有正向影响。[36] 桑潇等研究体育赞助企业品牌资产的构成维度对整体品牌资产的影响，研究结果显示感知质量和品牌忠诚度能够显著正向影响整体品牌资产。[37] Hyun 研究酒店品牌资产对企业信任和关系持续意愿的影响，研究结果显示感知服务质量和品牌形象都对企业诚信、企业能力和关系持续意愿有正向影响。[38] Luo 基于客户的品牌资产模型进行实证研究，研究结果显示品牌意识、品牌质量与品牌价值呈正相关，品牌价值和品牌忠诚度之间存在正相关关系。[39] 因此，本研究提出假设 H6。

假设 H6：品牌在线旅游网站用户感知服务对品牌资产有显著正向影响。

2.4 满意度

满意度理论起源于期望差异理论(Expectation Disconfirmation Theory，简称 EDT)，最早是由 Cardozo 提出的，指顾客对产品、服务的感知与期望的一致性或不一致性，而引起的满意或不满意状态[40]。目前大多数研究都以旅游者为研究对象，利用满意度理论构建模型，研究用户感知产品质量、服务质量与满意度之间的关系。许鹏基于沉浸体验理论研究旅游品牌价值与游客满意度之间的关系，在旅游品牌企业提供服务过程中，服务价值、设施价值和环境价值通过心流体验影响游客满意度。[41]

郑宇豪等研究线上线下口碑差距对企业品牌资产价值影响，研究结果显示服务水平影响消费者满意度，进而影响企业品牌资产。[42] 杨婷婷研究西安历史文化名城品牌资产构建，研究结果显示品牌满意度是西安历史文化名城品牌资产的重要指标之一。[43] Garcia-de-Soto-Camacho 研究音乐节品牌资产的构成要素及整体品牌资产对观众满意度和后续行为的影响，研究结果显示整体品牌价值与参会者满意度之间存在相关性。[44] Liu 等研究表明，台湾夜市旅游者的旅游动机对品牌资产、效益和满意度有直接和间接影响，顾客满意度是夜市旅游最关键的绩效属性，可能受到品牌资产、利益和旅游动机的影响。[45] 因此，本研究提出假设 H7。

假设 H7：品牌在线旅游网站品牌资产对用户使用满意有显著正向影响。

王庆生等对文化遗产旅游地服务进行研究，研究结果显示服务质量与游客总体满意度、价格感知及忠诚度均呈显著正向相关，其中文化遗产旅游地的历史文化性与满意度及忠诚度高度相关。[46] 陈雯构建马拉松赛事品牌体验量表，研究结果显示马拉松赛事品牌体验各维度与重游行为意愿存在显著正相关关系。[47] Hsu 等研究表明，人工智能聊天机器人的服务质量和用户满意度显著影响了用户的忠诚度。[48] Kim 等研究线上和线下 O2O 平台服务质量对客户服务满意度的影响，研究结果显示线上线下服务质量对 O2O 使用满意度水平有显著的正向影响，使用满意度对忠诚度有显著的积极影响。[49] 因此，本研究提出假设 H8。

假设 H8：品牌在线旅游网站使用满意对用户使用忠诚性有显著正向影响。

综上所述，本研究提出以下理论模型（图 1）。

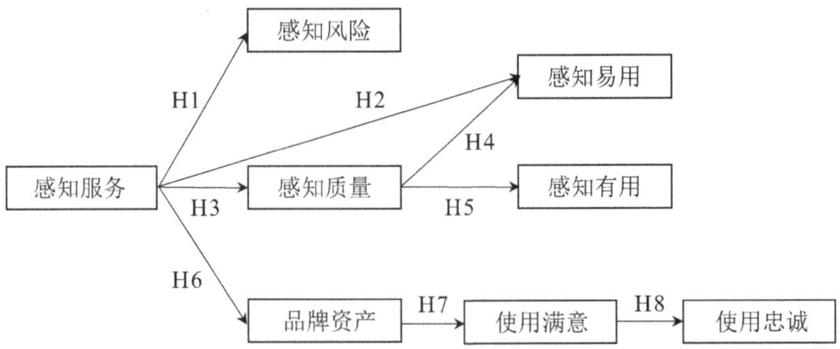

图 1 品牌在线旅游网站服务满意度的模型假设图

3 研究设计

3.1 问卷设计

通过文献综述，本研究已经构建用户受访者关于品牌在线旅游网站服务满意度的研究模型，对影响品牌在线旅游网站用户感知的相关变量进行阐述，确立研究相关的假设。为验证研究假设,本研究主要采用问卷调查法来收集用户受访者对品牌在线旅游网站的体验情况。

本研究设计的问卷包含两个部分。第一部分是用户受访者对品牌在线旅游网站感知的问卷主体部分,基于 Oriadea 等[50]、Marimona 等[51]、Roya 等[52]、赵雪芹等[53]、Hariharan 等[54]、张文婧[55]、郑尧[56]、Agag 等[57]、Barreda[58]等学者的研究,及头脑风暴法进行问项讨论,最终形成包括品牌在线旅游网站的感知有用性、感知易用性、感知风险性、感知质量性、感知服务性、感知品牌资产性、感知使用满意性和感知使用忠诚性在内的 8 个变量的相关问项。第二部分是基于用户受访者的社会人口统计学和旅游学特征的个人信息相关问项,涉及旅行次数、旅行天数、旅行预算、旅行方式、旅行目的、性别、婚姻状况、年龄、学历、月收入、职业等。

关于品牌在线旅游网站的感知有用性、感知易用性、感知风险性、感知质量性、感知服务性、感知品牌资产性、感知使用满意性和感知使用忠诚性 8 个变量,本研究选取 8 项指标描述用户受访者关于品牌在线旅游网站感知有用性的感知与期望,包括"品牌在线旅游网站能提供有用信息"等;选取 10 项指标描述用户受访者关于品牌在线旅游网站感知易用性的感知与期望,包括"品牌在线旅游网站使用步骤易懂"等;选取 20 项指标描述旅游受访者关于品牌在线旅游网站感知风险性的感知与期望,包括"不担心品牌在线旅游网站会泄露个人信息"等;选取 12 项指标描述旅游受访者关于品牌在线旅游网站感知质量性的感知与期望,包括"品牌在线旅游网站提供了旅游产品订单"等;选取 28 项指标描述旅游受访者关于品牌在线旅游网站感知服务性的感知与期望,包括"品牌在线旅游网站的整体域名好记"等;选取 19 项指标描述旅游受访者关于品牌在线旅游网站感知品牌资产性的感知与期望,包括"品牌在线旅游网站口碑包含完整旅游信息"等;选取 6 项指标描述旅游受访者关于品牌在线旅游网站感知使用满意性的感知与期望,包括"我对品牌在线旅游网站总体感到满意"等;选取 7 项指标描述旅游受访者关于品牌在线旅游网站感知使用忠诚性的感知与期望,包括"我愿意继续使用品牌在线旅游网站"等。

3.2 数据收集

在进行正式调研之前,首先,借助腾讯会议平台采用头脑风暴法对调查问卷的问项进行讨论,十几位硕博研究生和指导老师对问项的表达进行研讨,纠正表达不合理和过于学术的问项,直至各位成员达成一致意见,形成用户受访者关于品牌在线旅游网站感知服务满意度初始量表;其次,通过在线平台进行预调研,时间在 2020 年 12 月 20 日至 25 日,发放问卷总数量为 150 份,全部回收,其中有效问卷 136 份，有效率为 90.67％；最后，对预调研回收问卷进行分析，为了保证量表测量效果，剔除探索性因子载荷小于 0.5、探索性因子分析交叉载荷大于 0.4、有一定重复性或指向性不明确的问项，最终形成正式调研问卷。

通过市场调研，用户受访者关于品牌在线旅游网站感知服务满意度，其样本数据能反映问卷受访者的真实情况。以现场市场抽样调研问卷为主要形式，发放对象包括来自东部的浙江、上海等省（市）的受访者，来自中部的江西、湖北等省的受访者，来自西部的四川、甘肃等省（区）的受访者，被调查者以无记名形式填写问卷。发放品牌在线旅游网站用户感知的品牌服务满意度问卷的时间为 2021 年 1 月 15 日至 2021 年 2 月 28 日，共发放 950 份，61 份问卷因缺少部分信息被视为无效，有效问卷有 889 份，问卷有效率达到 93.6％。

4 实证分析

4.1 描述性统计分析

根据被调查用户画像的社会人口学统计学基本情况，用户受访者对品牌在线旅游网站感知的问卷样本包含使用过品牌在线旅游网站的用户不同相关信息，其中包括不同的年龄层次、不同的职业、不同的教育程度、不同的旅行方式、不同的旅行目的等，这使本研究样本的随机性较为合理。

通过梳理被调查者信息可以发现：从性别来看，女性用户受访者比男性用户受访者的占比高，占比分别为 50.3％和 49.7％；从年龄来看，18～30 岁和 31～40 岁这两个年龄段的用户受访者占比较高，分别是 47.9％、21.3％；从月收入来看，月收入在 2 000 元以下的用户受访者占比最高，占 33.7％，月收入在 8 001～9 000 元和 6 001～8 000 元的用户受访者分别占 16.3％和 14.7％；从教育程度来看，本科学历的用户受访者占比高，达 55.9％；从职业来看，学生的比重最高，占 36.4％，外企职员和服务人员分别占 11.7％和 9.6％；从旅行次数来看，旅行次数为 0 次的用户受访者最多，占 25.3％；从旅行预算来看，1 001 元及以上的用户受访者占 37.1％；从旅行天数来看，1 天及以下的用户受访者最多，占 35.4％；从旅行方式来看，和家人出行、和朋友出行与和同学出行的用户受访者所占比重累计超过一半，分别占 42.7％、22.8％和 12.4％；从旅行目的来看，休闲度假和观光娱乐的用户受访者占比分别为 36.8％和 32.1％。

4.2 品牌在线旅游网站服务满意度感知探索性因子分析

品牌在线旅游网站用户满意度感知的 KMO 值为 0.985，Bartlett 球形检验显著性为 0.000，说明品牌在线旅游网站满意度用户满意度感知各测量问项的相关性很强，很适合做因子分析。根据表1，通过品牌在线旅游网站用户满意度感知的因子分析，每个变量的主成分因子累积方差解释率都高于62.725%，品牌在线旅游网站用户满意度感知每个因子的克朗巴赫α系数(Cronbach's α)值在0.910～0.970间，均高于0.8，说明品牌在线旅游网站用户满意度感知因子的各测量问项的内部一致性较好。

表1 品牌在线旅游网站服务满意度感知的探索性因子分析

变量	公因子	特征值	累计方差贡献率	Cronbach's α系数	均值
感知有用性	感知有用	5.210	65.126%	0.923	3.983
感知易用性	感知易用	6.275	62.725%	0.933	4.061
感知风险性	功能风险	5.525	27.627%	0.951	3.745
	隐私风险	4.941	52.333%	0.948	3.605
	时间心理风险	4.348	74.073%	0.910	3.862
感知质量性	系统质量	5.214	43.451%	0.938	3.93
	信息质量	3.559	73.109%	0.913	4.035
感知服务性	品牌在线旅游网站响应同理心	7.117	25.418%	0.954	3.879
	品牌在线旅游网站有形性	6.799	49.700%	0.942	4.000
	品牌在线旅游网站可靠保证性	5.409	69.018%	0.929	3.909
品牌资产性	品牌在线旅游网站网络品牌资产性	12.421	65.373%	0.970	3.913
使用满意性	品牌在线旅游网站使用满意性	4.485	74.747%	0.932	3.937
使用忠诚性	品牌在线旅游网站使用忠诚性	4.989	71.269%	0.933	3.839

4.3 品牌在线旅游网站服务满意度感知验证性因子分析

本研究通过分析探索性因子分析后，使用AMOS 25.0对用户关于品牌在线旅游网站用户感知整体性验证因子进行论证。8个品牌在线旅游网站用户感知项目因子是非观测变量，57项品牌在线旅游网站用户感知项目是观测变量。品牌在线旅游网站服务满意度感知整体模型拟合度，X^2/df 是 4.443＞3.0，RMSEA是0.062＜0.08，CFI＝0.871，NFI＝0.840，此数据表明，8个因子组成对品牌在线旅游网站感知整体的模型拟合度较为一般，可采取进一步修正，使模型简练有效。

通过增加观察变量之间的共变误差，修正后整个模型评判指标均表现良好，因子载荷均大于0.6，模型各项拟合度指标 X^2/df 是 2.882＜3.0，RMSEA是

0.046<0.08，CFI=0.932，NFI=0.900。采取验证性因子分析，8个用户感知维度构成的用户受访者关于品牌在线旅游网站感知整体性模型成立。

4.4 品牌在线旅游网站服务满意度感知结构方程模型检验

基于以上分析，本研究将用户受访者品牌在线旅游网站感知的潜变量——品牌在线旅游网站感知有用性、品牌在线旅游网站感知易用性、品牌在线旅游网站感知风险性、品牌在线旅游网站感知质量性、品牌在线旅游网站感知服务性、品牌在线旅游网站品牌资产性、品牌在线旅游网站使用满意性和品牌在线旅游网站使用忠诚性，共同放入假设模型进行检验。其中，$X^2/df=2.882$，RMSEA=0.046，CFI=0.932，NFI=0.900，模型拟合度良好。

品牌在线旅游网站服务满意度感知结构方程模型系数估计结果显示，模型的拟合度良好，可提供参数估计值，感知风险性、感知质量性、感知易用性、感知有用性、感知服务性、品牌资产性、使用满意性和使用忠诚性的系数统计结果，p值小于0.001，为非常显著，说明非观测变量之间确实存在正向显著关系或者负向显著关系（表2）。

表2 品牌在线旅游网站服务满意度感知结构方程模型系数估计结果

潜变量	路径分析	潜变量	未标准化路径系数估计	S.E.	C.R.	p	标准化路径系数估计	检验结果
感知风险性	←	感知服务性	0.938	0.026	36.010	0.000	0.96***	拒绝
感知易用性	←	感知服务性	−1.419	0.292	−4.863	0.000	−1.812***	拒绝
感知质量性	←	感知服务性	0.957	0.028	34.039	0.000	0.96***	支持
感知易用性	←	感知质量性	0.851	0.037	23.132	0.000	0.92***	支持
感知有用性	←	感知质量性	0.884	0.037	23.791	0.000	0.88***	支持
感知品牌资产性	←	感知服务性	0.980	0.033	29.963	0.000	0.97***	支持
感知使用满意性	←	感知品牌资产性	0.994	0.040	24.741	0.000	0.93***	支持
感知使用忠诚性	←	感知使用满意性	1.010	0.040	24.961	0.000	0.92***	支持

注：* 表示在 $p<0.05$ 水平上显著，** 表示在 $p<0.01$ 水平上显著，*** 表示在 $p<0.001$ 水平上显著；C.R.值为t值。

根据品牌在线旅游网站用户满意度感知结构方程模型系数估计结果分析，模型中支持的关系包括：品牌在线旅游网站用户感知服务对感知质量有显著正向影响，品牌在线旅游网站用户感知质量对感知易用有显著正向影响，品牌在线旅游网站用户感知服务对品牌资产有显著正向影响、品牌在线旅游网站品牌资产对使用满意有显著正向影响、品牌在线旅游网站使用满意对使用忠诚性有显著正向影响;而品牌在线旅游网站用户感知服务对感知风险不存在显著负向影响、品牌在线旅游网站用户感知服务对感知易用不存在显著正向影响。

5 结论与讨论

5.1 研究结论

第一,品牌在线旅游网站用户感知服务对感知质量、品牌资产有显著正向影响。此结论与大多数学者的结论一致,乔花芳等研究表明主题公园顾客感知服务质量会影响顾客感知质量[59],郑蔓华研究表明顾客感知服务质量增强顾客品牌黏性[60]。在旅游营销活动中,服务质量是主观范畴,用户感知品牌在线网站服务质量较高时,对企业的质量感知和品牌感知价值较高。

第二,品牌在线旅游网站用户感知质量对感知易用、感知有用有显著正向影响。此结论与大多数学者的结论一致,Kao 等研究表明机器交互质量对感知易用和感知有用有正向影响[61],高功步等研究表明信息质量和用户感知质量等对用户感知有用性有显著的正向影响[62]。感知质量是用户对服务或产品产生的新理解,用户对品牌在线旅游网站感知质量越高,对网站的接受性越强。

第三,品牌在线旅游网站品牌资产对使用满意有显著,使用满意对使用忠诚性有显著工向影响。此结论与大多数学者的结论一致,傅志妍等研究表明威客感知服务质量对企业品牌形象的正向影响[63],徐华研究表明服务质量满意度可以转化为客户忠诚度[64]。品牌资产是赋予产品或服务的附加值,品牌在线旅游网站附加值越高,用户满意度越高,用户对品牌在线旅游网站越忠诚。

第四,品牌在线旅游网站用户感知服务对感知风险不存在显著负向影响。影响用户感知风险的因素较多,服务质量只是其中一个维度,由军强研究表明渠道信息整合、渠道业务整合对感知风险存在显著影响[65],刘春等研究发现旅游者因疫情原因导致感知风险增强,减少购买旅游产品[66]。除了服务质量,用户个人因素、品牌在线企业因素、社会环境因素都会影响服务质量对感知易用的影响机制。

第五,品牌在线旅游网站服务质量对感知易用不存在显著正向影响。影响感知易用的因素较多,服务质量只是其中一个维度,还有其他很多因素,刘慧悦研究表明交互性会对感知易用存在显著正向影响[67],董雪旺等研究表明游客的乐观性、创新性和缺乏安全感特质等因素都会对感知易用存在显著正向影响[68],中国旅游研究院指出目前已形成消费新场景、新模式[69],上述因素都会影响服务质量对感知易用的影响机制。

5.2 管理启示

第一，提升服务质量，加强用户的正向感知。品牌在线旅游网站可以通过与第三方企业合作，使旅游网站的服务质量得到提高，范围不断扩大；结合市场情况进行调查，更好地满足顾客的需求，提供特色旅游产品；通过提升在线旅游网站的便利性，快速满足顾客需求；在进行各类促销活动时，建立信息及时反馈机制，为用户留下好的使用体验；培养专业客服人才，确保在线旅游网站的服务质量。

第二，塑造优质平台，提升用户使用满意度。从专业性、规章制度和运营策略上提升用户满意度，提升品牌在线旅游网站客服人员专业性、旅游产品的专业性，保障用户利益；制定规章制度和营销策略，严格审核中间商、批发商、合作方的资质，进行及时跟进，保证合作有效性；保证品牌旅游网站系统流畅，对用户使用体验进行完善；定期培训客服代表，重塑客户服务的标准，提高为客户服务的积极性。

第三，强化品牌资产，提高用户品牌忠诚度。用户选择品牌在线旅游企业产品，是希望品牌资产能够提供额外的情感价值。品牌在线旅游企业可以从用户市场细分的差异比较对供应商服务进行分析，构建出适合不同细分市场的旅游服务指标体系；提升与各个供应商的协同合作能力，以满足用户差异化需求为导向进行信息共享及资源整合；为员工、用户和供应商、中间商创造价值，全面加深合作关系，推动企业全球化发展目标的实现。

5.3 研究贡献

理论贡献。本研究基于多元理论融合，进行品牌在线旅游网站服务满意度感知的理论模型建构。根据国内外研究文献与理论基础的研究综述，基于有用性、易用性、质量性、风险性、服务性、品牌资产性、满意性和忠诚度等多变量间的相互作用关系和研究成果，将技术接受模型理论、服务质量理论、满意度理论等多元融合利用，构建了研究模型。

应用贡献。本研究案例的空间分析基于我国东中西地域差异，选取了东部、中部和西部三个区域不同省（区、市）品牌在线旅游网站用户进行调研和分析，研究案例覆盖面越广，研究结论越准确，应用性更广，有助于企业管理部门更好地了解旅游网站的运作机理和解决方案，针对不同用户的需求提升企业品牌知名度和影响力。未来可以更进一步进行区域对比研究。

5.4 研究局限与展望

本研究用实地调研的方法对品牌在线旅游网站的用户进行了数据采集和分析，利用SPSS和AMOS软件对收集到的数据进行研究，建立相关的模型，但仍有可能遗漏某些重要的因素。

首先，未来研究应进一步结合用户对品牌在线旅游网站用户感知特征和用户特征，在本研究理论研究的基础上从其他理论视角，引入更多变量，还需引入调解变量、中介变量等，不断优化模型，更加全面地解释新时代影响品牌在线旅游网站服务满意度的重要因素。

其次，未来研究可以继续拓展品牌在线旅游网站用户感知的测量，通过对品牌在线旅游网站用户感知的不同维度测量的关联性进行用户体验的影响因素分析，也可以进行不同的影响因素差异化分析，例如东西部用户满意度影响因素差异分析，疫情中与疫情后用户满意度影响因素差异化分析等，为品牌在线旅游网站发展提供精准营销策略。

参 考 文 献

[1] 中华人民共和国文化和旅游部.年度内旅游数据情况[EB/OL].(2022-7-15). http://zwgk.mct.gov.cn/zfxxgkml/tjxx/202201/t20220124930626.html.

[2] 中国旅游研究院.2022年中国旅游经济运行分析与2023年发展预测[EB/OL].(2023-2-21). https://www.ctaweb.org.cn/cta/gzdt/202302/87d263c6c80143059ebd91fe3ed430ad.shtml.

[3] 中华人民共和国文化和旅游部."十四五"文化和旅发展规划[EB/OL].(2021-6-4). http://zwgk.mct.gov.cn/zfxxgkml/zcfg/zcjd/202106/t20210604_925006.html.

[4] 中国旅游研究院.预计全年旅游经济呈"U型"恢复和振兴发展态势将是大概率事件[EB/OL].(2020-10-10). http://www.ctaweb.org.cn/cta/mtjj/202103/2e4d5b6ab67043c793518f91e8a65910.shtml.

[5] 中华人民共和国文化和旅游部.2022年全国旅游市场服务质量提升报告[EB/OL].(2023-6-29). https://zwgk.mct.gov.cn/zfxxgkml/scgl/202306/t20230628_945481.html.

[6] CARDOZO R N. An experimental study of customer effort, expectation, and satisfaction [J]. *Journal of Marketing Research*, 1965, 2(3):244-249.

[7] 许鹏.旅游品牌价值对游客满意度的影响——基于沉浸体验理论视角[J].商业经济研究，2022, 41(5):88-91.

[8] 刘岩.基于情感分析的酒店顾客满意度评估研究[D].哈尔滨：哈尔滨商业大学，2020:16-19.

[9] 孙宝生，敖长林，王菁霞，等.基于网络文本挖掘的生态旅游满意度评价研究[J].运筹与管理，2022, 31(12):165-172.

[10] HUERTA-ÁLVAREZ R, CAMBRA-FIERRO J J, FUENTES-BLASCO M. The interplay

between social media communication, brand equity and brand engagement in tourist destinations: An analysis in an emerging economy[J]. *Journal of Destination Marketing & Management*, 2020, 16(6):100416.

[11] 唐璐,刘培学,张建新,等.城市目的地旅游者感知结构体系建构与满意度研究——以南京为例[J].现代城市研究,2022(2):60-66.

[12] 刘巧辉,王小平,刘晶岚.森林公园游憩者旅游动机、满意度与健康效益感知关系[J].西北大学学报(自然科学版),2023, 53(2):220-228.

[13] GRONROOS C. An applied service marketing theory[J]. *European Journal of Marketing*, 1982, 16(7):30-41.

[14] 李磊,桂琳.后疫情背景下北京市社区生鲜农产品配送模式[J].北方园艺,2021, 493(22):142-149.

[15] 耿小庆.C2C交易中的感知风险、情感信任与购买意愿——基于微信朋友圈交易的实证研究[J].中国流通经济,2021, 35(7):75-84.

[16] KIM S, LEE C W. The effects of perceived risk concerning Korean medical service quality on customer satisfaction and revisit intention of Kazakhstan patients[J]. *Korean Journal of Hospital Management*, 2022, 27(2):1-15.

[17] KIM S T. The effect of affect response of potential tourists on visiting intention through cognitive attitude toward tourist site: Moderated mediation effect of perceived risk[J]. *Tourism Research*, 2021, 46(2):47-68.

[18] 赵惺绮.短视频平台广告用户参与意愿影响因素的研究[J].中国市场,2022, 29(12):27-30.

[19] 杨慧瀛,周梦洁.基于ATM模型的电子商务购物影响因素分析[J].商业经济,2019, 26(11):40-43.

[20] ZHENG H, QIAN Y, WANG Z R, et al. Research on the influence of e-learning quality on the intention to continue e-learning: Evidence from SEM and fsQCA[J]. *Sustainability*, 2023, 15(6):7-13.

[21] Nazari-Shirkouhi S, Badizadeh A, Dashtpeyma M, et al. A model to improve user acceptance of e-services in healthcare systems based on technology acceptance model: An empirical study[J]. *Journal of Ambient Intelligence and Humanized Computing*, 2023, 14(6):7919-7935.

[22] 程娟.农村电商物流服务质量对消费者购买意向的作用分析——以生鲜农产品为例[J].商业经济研究,2022, 848(13):85-88.

[23] 松本夏月.民宿服务质量对顾客满意度的影响研究[D].大连:大连理工大学,2020:34-35.

[24] KUO C S, KANG Y W, YANG H L. Investigating the determinants of continuance intention on cloud ERP systems adoption[J]. *Advances in Mechanical Engineering*, 2023, 15(4):1-11.

[25] AHN J A, SEO S. Consumer responses to interactive restaurant self-service technology (IRSST): The role of gadget-loving propensity[J]. *International Journal of Hospitality Management*, 2018, 74(7):109-121.

[26] DAVIS F D, BAGOZZI R P, WARSHAW P R. User acceptance of computer technology: A comparison of two theoretical models[J]. *Management Science*, 1989, 35(8):982-1003.
[27] 李娜,高颂华.文化遗产类 AR 中用户使用意愿影响因素研究[J].包装工程,2023, 44(4): 87-98.
[28] JEONG E, LEE T, YOUNG S M, SARA C. Analysis of tourists' technology acceptance of a smart tourist map[J]. *Journal of the Korean Association of Regional Geographers*, 2021, 27(3):387-398.
[29] BOTHMA M, MOSTERT L. Adopting the technology acceptance model: A Namibian perspective[J]. *South African Journal of Information*, 2023, 25(1):1-15.
[30] LEE S, NAM M. A study on the technology acceptance model using the service quality of travel reservation application[J]. *Journal of Tourism Management Research*, 2019, 23 (2):173-192.
[31] 王美月.学术虚拟社区用户社会化交互行为研究[D].长春:吉林大学,2021:110-120.
[32] 付博群.消费者生鲜农产品网购意愿影响因素研究[D].哈尔滨:东北农业大学,2019: 25-27.
[33] LABUS P, JELOVAC D. Customer acceptance of digitalisation of hotel restaurants: applying an extended technology acceptance model[J]. *Acta Turistica*, 2022, 34(1):51-82.
[34] KANG J W, NAMKUNG Y. The information quality and source credibility matter in customers' evaluation toward food O2O commerce[J]. *International Journal of Hospitality Management*, 2019, 78(4):189-198.
[35] AAKER D A. *Managing Brand Equity: Capitalizing on the Value of a Brand Name*[M]. New York: Free Press, 1991, 29(3):247-248.
[36] 高海霞,沈婷,应洋深.社交商务平台服务质量对品牌黏性的影响——基于顾客契合的视角[J].杭州电子科技大学学报(社会科学版),2022, 18(3):24-31.
[37] 桑潇,刘兵.消费者感知的中超联赛部分赞助企业品牌资产构成维度与整体品牌资产相关性的实证研究[J].首都体育学院学报,2020, 32(2):100-107.
[38] HYUN M K. The effects of hotel brand equity on relation-continuing intention: Focusing on mediating effect of enterprise trust[J]. *Journal of Tourism Enhancement*, 2022, 10 (1):51-72.
[39] LUO S Z A study on customer-based brand equity in the context of asiana airline[J]. *Journal of Tourism Management Research*, 2019, 23(5):545-564.
[40] CARDOZO R. N. An experimental study of customer effort, expectation, and satisfaction [J]. *Journal of Marketing Research*, 1965, 2(3):244-249.
[41] 许鹏.旅游品牌价值对游客满意度的影响——基于沉浸体验理论视角[J].商业经济研究, 2022, 41(5):88-91.
[42] 郑宇豪,陈挺.多渠道服务水平对零售企业品牌资产的作用机制分析[J].商业经济研究, 2022, 847(12):126-129.
[43] 杨婷婷.西安历史文化名城品牌资产构建研究[D].西安:西安建筑科技大学,2021:50-37.
[44] GARCIA-DE-SOTO-CAMACHO E, GARCIA-GORDILLO M A, VACA-ACOSTA R

M. Dimensions that influence the creation of brand value of a music event and its influence on attendee satisfaction[J]. *Social Sciences-Basel*, 2023, 12(3):177.

[45] LIU C S, CHOU S F, LIN J Y. Implementation and evaluation of tourism industry: Evidentiary case study of night market development in Taiwan[J]. *Evaluation and Program Planning*, 2021, 89(6):101961.

[46] 王庆生,张鹤.基于 SERVPERF 模型的文化遗产旅游地服务评价研究——以天津五大道文化旅游区为例[J].山东财经大学学报,2022, 34(2):51-63.

[47] 陈雯.体育赛事品牌体验对游客重游行为意愿的影响研究[D].上海:上海体育学院,2021:34-35.

[48] HSU C L, LIN J C C. Understanding the user satisfaction and loyalty of customer service chatbots[J]. *Journal of Retailing and Consumer Services*, 2023, 71(2):103211.

[49] KIM J A, KIM P, SUNG M P. The effect of O2O service quality on customer service satisfaction and loyalty O2O[J]. *The Academy of Customer Satisfaction Management*, 2021, 23(3):21-47.

[50] ORIADEA A, SCHO FI ELDB P. An examination of the role of service quality and perceived value in visitor attraction experience[J]. *Journal of Destination Marketing & Management*, 2019, 11(1):1-9.

[51] MARIMONA F, LACHB J, ALONSO-ALMEIDAC M, et al. CC-Qual: A holistic scale to assess customer perceptions of service quality of collaborative consumption services[J]. *International Journal of Information Management*, 2019, 49(1):130-141.

[52] ROYA S, SREEJESHB S, BHATIAC, S. Service quality versus service experience: An empirical examination of the consequential effect in B2B services [J]. *Industrial Marketing Management*, 2019, 82(10):52-69.

[53] 赵雪芹,王少春.微信小程序用户持续使用意愿的影响因素探究[J].现代情报,2019, 39(6):70-80.

[54] HARIHARAN V G, DESAI K K, TALUKDAR D. Shopper marketing moderators of the brand equity-behavioral loyalty relationship[J]. *Journal of Business Research*, 2018, 85(4):91-104.

[55] 张文婧.基于 TAM 模型的消费者虚拟品牌社区使用行为研究[D].太原:山西财经大学,2018.

[56] 郑尧.旅游城市微博营销对游客行为意愿的影响研究[D].北京:首都经济贸易大学,2018.

[57] AGAG G, EL-MASRY A A. Understanding consumer intention to participate in online travel community and effects on consumer intention to purchase travel online and WOM: An integration of innovation diffusion theory and TAM with trust[J]. *Computers in Human Behavior*, 2016, 60(1): 97-111.

[58] BARREDA A A, BILGIHAN A, NUSAIR K, et al. Online branding: Development of hotel branding through interactivity theory[J]. *Tourism Management*, 2016, 57(1): 180-192.

[59] 乔花芳,刘朝阳,谢双玉,等.主题乐园餐厅环境特征对顾客服务质量感知的影响[J].华中

师范大学学报(自然科学版),2022, 56(5):841-852.
[60] 郑蔓华,黄梦岚,汤德聪,等.顾客感知质量对顾客在线粘性的影响[J].林业经济问题,2020, 40(2):189-198.
[61] KAO W K, HUANG Y S, Service robots in full-and limited-service restaurants: Extending technology acceptance model [J]. *Journal of Hospitality and Tourism Management*, 2023, 54(1):10-21
[62] 高功步,吴先雨,费倩.短视频平台美食在线订购用户采纳意愿研究——基于技术接受模型[J].美食研究,2021, 38(3):29-36.
[63] 傅志妍,刘柯良,黄勇,等.基于 CCSI 的物流配送服务顾客满意度测评模型[J].重庆交通大学学报(自然科学版),2021, 40(10):146-153.
[64] 徐华.基于服务质量理论的中餐企业用户忠诚度评价研究[D].贵阳:贵州大学,2019:54-55.
[65] 由军强.新零售背景下 O2O 渠道整合与消费者粘性的相关性:考虑感知风险的中介效应[J].商业经济研究,2023, 865(6):47-50.
[66] 刘春,赵琦,郑红.旅游产品直播购物情境下消费者购买行为的前因及其影响机制研究[J/OL]. (2022-8-27). https://doi.org/10.19765/j.cnki.1002-5006.2023.00.008.
[67] 刘慧悦,阎敏君.移动短视频使用对旅游者行为意愿的影响研究[J].旅游学刊,2021, 36(10):62-73.
[68] 董雪旺,叶周婧,徐宁宁,等.基于 TAM 和 TRI 的游客网约导游使用意向研究[J].旅游学刊,2020, 35(7):24-35.
[69] 中国旅游研究院.预计全年旅游经济呈"U 型"恢复和振兴发展态势将是大概率事件[EB/OL]. (2022-9-6). http://www.ctaweb.org.cn/cta/mtjj/202103/2e4d5b6ab67043c793518f91e8a65910.shtml.

Research on Service Satisfaction for Brand Online Tourism Websites under the Background of High-quality Development

WANG Lili, ZHU Wenting
(*Department of Tourism, Fudan University, Shanghai 200433, China*)

Abstract: With the development of big data Internet in the New Era, service quality satisfaction has become an important factor that affects the competition of brand online enterprises. This study conducted empirical research through questionnaire survey on users' perception of brand online travel websites and in-depth interviews with tourism experts and scholars, then SPSS and AMOS software were used for statistical analysis of the data. This paper extracts the principal component factors of eight dimensions of brand online travel websites, verifies the significant influence among the relevant principal component factors, and verifies the theoretical model hypotheses of perceived usefulness, perceived ease of use, perceived risk, perceived quality, perceived service, brand equity, users' satisfaction and users' loyalty of brand online travel websites. Based on the analysis of research results, provides suggestions for the operation and management of brand online tourism websites, in order to helps online tourism enterprises to enhance their brand.

Keywords: online travel website; brand equity; service quality satisfaction; technology acceptance model

城市近郊目的地旅游品牌资产比较研究
——以青浦区为例*

张宇航　巴兆祥
（复旦大学旅游学系，上海 200433，中国）

［摘要］　近端旅游、乡村旅游和生态旅游在疫情后快速发展，促进城市近郊旅游的多元发展。然而，现有研究多关注城市近郊的乡村旅游，缺少对城市近郊的休闲、文化等多元旅游方式的研究。本研究以上海市青浦区为例，以江南文化品牌、休闲度假品牌、商务会展品牌、乡村旅游品牌为研究对象。我们通过目的地品牌资产指数、回归分析，评估旅游品牌资产，建立消费者感知模型。结果显示，青浦尚未形成主导旅游品牌。江南文化品牌、休闲度假品牌、乡村旅游品牌资产指数相对较高，商务会展品牌资产指数相对较低。同时，休闲度假品牌和乡村旅游品牌在现有消费者和潜在消费者之间有明显差异，而江南文化品牌和商务会展品牌在两个群体间无明显差异。此外，回归分析显示，品牌忠诚度对四个旅游品牌的消费者感知有正向关联；品牌知名度复杂地影响着江南文化品牌消费者感知；品牌形象和联想对商务会展和休闲度假品牌消费者感知有正向影响；乡村旅游产品质量正向影响乡村旅游品牌消费者感知，而品牌形象与乡村旅游品牌消费者感知存在负向关联。

［关键词］　目的地品牌资产；江南文化；休闲度假；商务会展；乡村旅游

引言

城市旅游是全球旅游市场的重要组成部分。在新型冠状病毒肺炎疫情之

---

*　［基金项目］本研究为青浦—复旦江南文化研究院“文化名家工作室”项目的阶段性成果。
［作者简介］张宇航（1993—　），男，硕士研究生，研究方向为文化旅游与目的地营销，E-mail：yuhangzhang21@m.fudan.edu.cn；巴兆祥（1963—　），男，博士，教授，博士生导师，主要研究方向为旅游资源与文化旅游，E-mail：tunxi@21cn.com，通讯作者。

前,城市旅游人数和收入占全球旅游人数和总收入的25%以上。[1—2]在疫情期间,国际和省际旅游阻断,以国内市场为主导的近端旅游、生态旅游和乡村旅游等城市近郊旅游成为新的市场趋势和研究热点。[3—4]这种新趋势推动了城市近郊地区从单一的乡村旅游向多元旅游方式转变(文化旅游、休闲度假等)。例如,Pasquinelli等通过对罗马、佛罗伦萨、威尼斯和米兰等四个意大利城市案例分析发现,城市近郊地区的生态旅游受到消费者的普遍关注。[4]

与国外类似,近年来我国城市近郊旅游目的地的旅游品牌也有多元化发展趋势。以上海市青浦区为例,在"十三五"期间,上海市和青浦区重点推动青浦旅游目的地的江南文化、休闲度假和商务会展品牌发展。在"十四五"期间,上海市和青浦区在发展江南文化、休闲度假和商务会展品牌的基础上,还积极发展文化节庆、体育赛事和健康养生等旅游品牌。近期,青浦区旅游部门也将乡村旅游作为目的地品牌建设的重要内容。

然而,现有研究缺少对城市近郊旅游目的地多元旅游品牌建设策略的关注。这种策略对城市近郊旅游目的地发展的影响是复杂的。一方面,城市近郊旅游目的地多品牌营销,传递了目的地多元旅游价值,并丰富了消费者旅游体验;另一方面,多元旅游品牌建设也潜在削弱了城市近郊旅游目的地的品牌独特性,造成城市近郊旅游目的地品牌形象不突出、旅游政策混乱、旅游投资分散等问题,甚至影响消费者的目的地决策和体验。因此,在城市近郊旅游目的地研究中有必要分析不同旅游品牌对城市近郊旅游目的地发展的影响。这有利于全面了解城市近郊旅游目的地多元旅游品牌的建设情况,从而寻求更优的城市近郊目的地的旅游品牌组合方式。

本研究以上海市青浦区为例,关注青浦旅游目的地的四个主要旅游品牌:江南文化品牌、商务会展品牌、休闲度假品牌和乡村旅游品牌。首先,引入目的地品牌指数,评估现有消费者和潜在消费者对青浦目的地四个旅游品牌资产的感知。其次,通过相关性分析,研究影响目的地发展的旅游品牌因素。我们期望为城市近郊旅游目的地品牌研究提供借鉴。

1 文献综述

1.1 城市近郊旅游目的地研究

城市近郊地区是城市的边缘地带,也是城市旅游发展的外围地区。城市近郊的旅游吸引物包括乡村、自然风光等地理环境特征,以及从地理环境特征衍生出的人文生活方式(饮食、传统习俗、文化节庆等)。城市近郊旅游目的地的发展改变了城市旅游目的地的核心边缘结构。尤其是在新冠大流行期间,游客从城市内部向近郊快速扩散。[5—7]例如，Millan 和 Torre 发现新冠大流行期间，人们更愿意去城市周边的乡村地区，进行美食旅游。[8]近年来，城市近郊开始被纳入城市旅游目的地的建设范围，也成为城市形象推广的重点。[9]例如，Mansilla 和 Milano 介绍了巴塞罗那城市近郊的传统工业地区和农业地区向旅游目的地转型的历程，并表示这些地区已经成为巴塞罗那全球形象的一部分。[9]

此外，目前我国城市近郊旅游研究多关注近郊乡村旅游的发展，[10—12]少数研究关注到城市近郊的文化和创意旅游发展。例如，Li 批判性分析了上海市近郊地区的文化创意和休闲旅游产业的发展历程。[13]对城市近郊的生态旅游、商务会展、休闲度假等多类型旅游的研究还缺失。因此，本研究尝试关注城市近郊的文化、休闲、会展和乡村旅游等多元旅游品牌发展，希望弥补这一领域的研究缺失。

1.2 目的地品牌资产研究

品牌是“产品或服务的名称、标语、徽标或设计，或者以上元素的组合，品牌旨在帮助卖方将产品或服务与竞争对手的产品或服务区分开来”。[14]在营销领域，品牌通常被认为是产品形象的延伸。[15]与产品类似，旅游目的地品牌通过强调功能、象征和体验元素的组合，创建独特目的地身份。这种独特目的地身份帮助卖方目的地与竞争对手目的地区分开来，进而影响了消费者的目的地决策。[16]因此，目的地品牌被认为是“发展与竞争对手旅游目的地不同的独特身份和个性的过程”。[17]

品牌资产是在品牌概念基础上发展而来的。在营销领域，品牌资产强调顾客看法，因为只有当消费者感知和欣赏品牌意义或价值时，品牌才具有相应的资产价值。[18]基于消费者的品牌资产（Customer Based Brand Equity，简称CBBE）最早由 Aaker 和 Keller 提出，并逐步应用于商业企业和产品领域。Aaker 认为品牌资产是“一系列与品牌名称、标志等元素相关的资产，这些资产可以增加或减少产品或服务给企业或顾客带来的价值”。[19]Keller 认为基于消费者的品牌资产（CBBE）是“顾客的品牌知识所导致的对营销活动的差异化反应”。[20]

现有研究认为目的地品牌资产由以下四个维度构成：品牌知名度、品牌形象（或包括品牌联想）、产品质量和品牌忠诚度。其中，Aaker 认为产品的品牌资产由品牌知名度、品牌联想、感知质量和品牌忠诚度构成。[21]Kladou 等和 Chan 验证了包含品牌联想维度的品牌资产在城市目的地的应用。[17, 22]同时，Boo 等尝试将品牌资产应用于旅游目的地，并将品牌形象纳入品牌资产的框架。[16]而后的研究普遍将品牌知名度、品牌形象、感知质量和品牌忠诚度作为旅游目的地品牌资产的四个维度，并验证了旅游目的地品牌资产在不同国家和情境下的应用。[23—25]在目的地品牌资产中：品牌知名度表达了品牌在消费者心中存在的强度[17]；品牌联想是消费者对目的地品牌的任何看法，不受目的地营销者的控制[21]；品牌形象是消费者对目的地印象、信念的总和[23]；感知质量是消费者对目的地产品质量和性能的认知[16]；品牌忠诚度是消费者对目的地品牌的态度和行为意向[23]，也反映了目的地的竞争壁垒和价格溢价的潜力[21]。

现有关于旅游目的地品牌资产的研究方法主要有两类：结构方程模型法和指数分析法。结构方程模型法是研究目的地品牌资产的内部关系及其前因后果。现有研究表明，目的地品牌资产内部路径关系是“目的地品牌知名度—（品牌形象—）产品质量—品牌忠诚度”。[23, 26]目的地品牌资产的前因变量包括文化资本、事件、社交媒体使用强度等，这些因素对目的地品牌资产有正向影响。[17, 24—25]同时，目的地品牌资产也会显著影响游客的行为意图。[27—28]指数分析法是借助数学分析方法计算目的地品牌资产指数，一般适用于多个目的地品牌资产的比较。如 Florek 开发了城市品牌资产指数公式，并在波兰的两个城市进行了对比分析。[29]此外，Chan 在比较香港创意、绿色和智慧城市品牌资产的基础上，采用回归分析确定了影响香港创意、绿色和智慧城市品牌消费者感知的品牌资产要素。[22]

总体而言，现有研究中对目的地品牌资产的内部关系及其前因后果的研究相对充分，而对目的地品牌资产的指数分析相对较少，尤其是同一目的地多旅游品牌资产比较。结合研究对象，本研究尝试采用品牌资产指数法来对比分析城市近郊目的地的多旅游品牌的品牌资产。在此基础上，本研究尝试采用回归分析方法，分析旅游品牌资产元素如何影响消费者感知整体目的地品牌资产。

2 青浦区旅游品牌概述

旅游目的地品牌主题化发展往往见于政府政策文件[22]，因为城市政府的政策影响着城市旅游品牌的动态更新和重塑。上海市政府和青浦区政府在过去十年间发起“十三五”规划和“十四五”规划，包含多项城市、文化、旅游规划等。这些政策引导着青浦旅游目的地塑造江南文化品牌、商务会展品牌、休闲度假品牌。文件也提及培育节庆活动品牌和体育赛事品牌等（见表 1）。此外，我们通过与青浦区政府部门的沟通，确定目的地四个旅游品牌作为研究对象，即江南文化品牌、商务会展品牌、休闲度假品牌和乡村旅游品牌。

表 1　上海市和青浦区近年重要发展规划中青浦区旅游品牌统计表

类型	政策文件	江南文化品牌	商务会展品牌	休闲度假品牌	其他品牌
上海市级	上海市“十三五”时期文化改革发展规划[30]				位于城市文化发展主轴
	上海市旅游业改革发展“十三五”规划[31]	青浦区古镇历史文化乡村旅游休闲带	上海国家会展商务旅游休闲区	世界级水乡文化度假区	
	关于促进上海旅游高品质发展加快建成世界著名旅游城市的若干意见[32]	国际文化旅游之都的支撑	国际会展旅游城市的支撑		
	上海市社会主义国际文化大都市建设“十四五”规划[33]	建设江南文化生活美学旅游体验区		淀山湖旅游度假区	打造节展赛会旅游集群
	上海市“十四五”时期深化世界著名旅游城市建设规划[34]	江南文化国际体验地	国际旅游展会品牌	世界级休闲旅游目的地	节庆活动品牌
	上海市城市总体规划(2017—2035 年)[35]	生态型水乡都市		现代化湖滨城市	
	上海市国民经济和社会发展第十四个五年规划和二〇三五年远景目标纲要[36]	水乡特色旅游	提升虹桥商品展示交易中心功能	淀山湖旅游度假区	
青浦区级	青浦区文化改革发展“十三五”规划[37]	上海文化之门江南文化名城			
	青浦区旅游发展“十三五”规划[38]	水乡文化古镇旅游	国际一流会展旅游目的地核心区	湖区生态休闲度假	“青生活”旅游目的地品牌
	上海市青浦区国民经济和社会发展第十三个五年规划纲要[39]	彰显江南水乡魅力的生态景区	上海国际贸易中心重要承载区	与国际大都市匹配的著名湖区	节庆活动品牌 体育赛事品牌
	青浦区文化事业和产业发展“十四五”规划[37]	“青浦文化”品牌	环虹桥国际会展商贸旅游区域	淀山湖国家旅游度假区域	节庆活动品牌 体育赛事品牌
	青浦区总体规划暨土地利用总体规划(2021—2035)[40]	江南水乡	国际会展产业集群	国际度假	健康养生品牌 体育赛事品牌
	青浦新城“十四五”规划建设行动方案[41]	江南文化品牌	国际会展	绿色低碳水乡宜居	
	上海市青浦区国民经济和社会发展第十四个五年规划纲要和二〇三五年远景目标纲要[42]	江南文化示范区	青浦会展品牌		体育赛事品牌

3 研究方法

3.1 问卷设计

调查问卷的目的是获得消费者对城市郊区旅游品牌的看法。问卷分为两个部分。第一部分是了解消费者对目的地旅游品牌资产的看法。目的地品牌资产量表借鉴 Boo 等[16]、Kladou 等[17]和 Chan[22]的品牌资产量表,分为江南文化、商务会展、休闲度假、乡村旅游四个层面评价。第二部分是消费者的社会人口统计数据,包括性别、年龄、居住地、旅游次数等。

3.2 数据收集

数据搜集分为两个阶段。第一阶段(2022 年 8 月 20—25 日)进行了线下预调查,收集 36 份问卷。结果显示,问卷题目的荷载大于 0.6,克朗巴赫系数大于 0.7,符合要求。同时,我们对问卷题目的语言表述、顺序等进行微调整,保证问卷内容清晰、表达无误、受试者能够清晰准确地理解。

第二阶段通过在线问卷收集数据。因为在线问卷便于收集潜在访客信息。在 2022 年 9 月 11—17 日,我们通过问卷星平台收集了 501 份问卷。排除无效问卷后,共获得有效样本 335 份。

人口统计情况显示(表 2),样本人群主要年龄段在 18～45 岁;女性占比 63.6%,男性占比 36.4%;60.6%的人居住在上海市内,14.9%的人居住在长三角地区,24.5%的人居住在长三角以外的地区。这些数据与青浦游客情况大致相符。原因如下:首先,青浦是上海近郊旅游目的地,主要以本地居民的周末旅游、亲子旅游和研学旅游为主。例如,青浦东方绿舟是上海市青少年校外活动营地,吸引了大量亲子家庭出游。其次,携程集团的《2022"她旅途"消费报告》显示,60%的家庭旅游是由女性主导的。[43]样本男女比例与上述报告一致。此外,样本人群中,潜在消费者占比 31.1%, 52.5%的游客有 2 次以上的青浦旅游经验。度假休闲、文化体验、美食体验和商务会议是主要旅游动机。朱家角、东方绿舟、大观园和青西郊野公园是主要旅游目的地。样本人群有良好的代表性。

3.3 数据分析技术

(1) 品牌资产评估方法研究

目的地品牌资产评估是一种重要的目的地评价方法。现有文献的目的地品牌资产评估方法分为顾客视角和财务视角。基于财务视角的目的地品牌资产(FBBE)评估方法是根据目的地商务数据进行评估的,如根据酒店价格、收入、社

表 2 人口统计情况(N=335)

变量	占比	变量	占比	变量	占比
性别		**旅游次数**		**到访景区**	
女	63.6%	0 次	31.1%	朱家角	57.9%
男	36.4%	1 次	16.4%	东方绿舟	40.9%
年龄		2～3 次	20.9%	大观园	30.5%
18 岁以下	0.6%	4～5 次	11.3%	青西郊野公园	25.1%
18～25 岁	21.5%	5 次以上	20.3%	陈云纪念馆	17.0%
26～35 岁	42.1%	**旅游目的**		上海崧泽遗址博物馆	15.8%
36～45 岁	22.7%	度假休闲	68.0%	联怡枇杷乐园	7.5%
46～59 岁	9.5%	文化体验	36.4%	张马景区	4.2%
59 岁以上	3.6%	美食体验	21.8%	上海寻梦源香草农场	7.2%
居住位置		商务会议	15.5%	福泉山遗址	6.3%
青浦区	6.3%	探亲访友	12.8%	其他景区	19.1%
上海市其他地区	54.3%	体育运动	4.8%	未到访过	31.1%
长三角(江浙皖)	14.9%	节庆活动	7.2%		
其他省市	23.9%	宗教朝圣	2.1%		
其他国家	0.6%	购物消费	12.2%		
		其他	14.0%		

交媒体数据等进行评估,这是目的地营销组织(DMOs)常用的评估方法。[44—45]而基于顾客视角的目的地品牌资产(CBBE)评估方法,则是根据消费者对目的地品牌形象、品牌知名度、感知质量和忠诚度、品牌态度等品牌资产的感知进行评估,这种方法常用于城市品牌和目的地品牌的学术研究。[46]然而,先前文献中品牌资产指数的计算指标并不统一,例如,依恋、形象、推荐、性价比[29]、品牌绩效、可信度[47]等。先前文献没有参考通用的品牌资产维度(品牌形象、品牌知名度、感知质量和忠诚度),造成不同目的地间没法进行比较。而 Gomez 等在城市品牌评估中,采用品牌态度、品牌形象、品牌知名度和感知质量四个指标进行测算,与通用品牌资产维度较为接近。[48]因此,我们借鉴 Gomez 的城市品牌资产指数研究方法,尝试提出目的地品牌资产指数评估方法,希望为目的地品牌资产研究做出贡献。

Gomez 开发的城市品牌资产指数的计算公式是通过计算消费者对城市品牌资产四个维度(品牌态度、品牌形象、品牌知名度和感知质量)的评价数值在四象限图中围合的菱形面积,获得城市品牌资产指数。[48]目的地品牌资产测量维度与 Gomez 的城市品牌资产指数的测量维度略有差别,具体体现在:目的地品牌资产往往使用忠诚度表达消费者的态度和行为意图[17, 23],Gomez 的城市品牌资产指数计算则直接使用品牌态度。不过,目的地品牌忠诚度可以被视为一种强烈的目的地品牌态度,因此,我们对 Gomez 开发的城市品牌指数(CBI)进行适度的修正[48],使用目的地品牌忠诚度代替品牌态度,以适应旅游目的地品牌资产(DBI)的测量。

调整后的目的地品牌资产指数(DBI)由四个维度指数围合的面积组成,通过计算菱形面积来形成品牌资产规模(菱形面积是对角线乘积的一半)。具体如下:

$$\mathrm{DBI}=(\overline{\mathrm{LOY}}+\overline{\mathrm{IMG}})\times(\overline{\mathrm{ASS}}+\overline{\mathrm{QUA}})/2$$

其中,LOY 代指"目的地忠诚度",IMG 代指"目的地形象",ASS 代指"目的地品牌知名度",QUA 代指"感知质量"。

每个维度的得分为 1～5 分,目的地品牌资产指数的范围为 2～50 分。

$$\mathrm{DBI}_{(\min)}=(1+1)\times(1+1)/2=2\text{ 分}$$

$$\mathrm{DBI}_{(\max)}=(5+5)\times(5+5)/2=50\text{ 分}$$

(2) 回归分析

在 335 份有效问卷中,本研究利用 SPSS26.0 分析自变量(旅游品牌资产)和因变量(旅游目的地发展)之间的线性相关关系。首先,我们对数据进行正态性检验、内部一致性检验、多重共线性检验,验证了数据的有效性。其次,我们通过线性回归分析评估影响旅游目的地发展的品牌资产因素,建立消费者感知模型。

4 数据分析

4.1 品牌资产指数评估

(1) 整体评价

在 335 份有效问卷中,21 人为青浦本地居民,210 人为其他地区游客,104 人为未到访者,考虑到本地居民样本比例较少,我们将样本人群划分为现有消费者和潜在消费者。现有消费者人群指已经到访过青浦的人群,包括本地居民和游客,共 231 份问卷;潜在消费者人群指尚未到访过青浦的人群,共 104 份问卷。在此基础上,通过目的地品牌资产指数分析,我们评估了现有消费者和潜在消费者对四个旅游品牌的感知差异。

结果显示(表 3),江南文化品牌资产指数(26.59, 26.56)最高,其次是休闲度假品牌资产指数(26.46, 26.27)和乡村旅游品牌资产指数(26.29, 25.87),三者的品牌资产没有显著差异。不过,商务会展资产指数(20.01, 20.93)显著低于其他资产指数，且商务会展品牌在品牌形象、品牌知名度、感知质量和忠诚度四个维度的得分均最低。结果表明青浦旅游目的地尚未形成明确的主导旅游品牌。而消费者对商务会展品牌感知较低，原因可能如先前研究所述，会展活动常常服务专业人士，普通本地居民游客较难参与相关活动[49]。

品牌资产各维度的结果与品牌资产指数大致相同，但存在部分差异（表 3）。在品牌知名度维度，休闲度假品牌（3.66，3.64）在青浦四个品牌中得分高，江南文化品牌（3.63，3.63）和乡村旅游品牌（3.62，3.58）相近。在品牌形象维度，江南文化品牌在该项维度得分最高（3.62，3.61），乡村旅游的得分（3.60，3.58）也高于休闲度假品牌（3.59，3.57）。在感知质量维度也是类似情况，乡村旅游品牌的感知质量（3.64，3.62）明显高于休闲度假品牌（3.61，3.59），说明青浦的乡村旅游品牌的产品质量和性能较好，给消费者留下较好的印象。在忠诚度维度，青浦的休闲度假品牌（3.68，3.67）和江南文化品牌（3.66，3.66）得分相对较高，而乡村旅游品牌（3.62，3.60）得分相对较低，这表明青浦的乡村旅游品牌在保持游客较高体验和较好印象的基础上，没能有效转化为品牌忠诚度（如旅游意愿和推荐意愿等），这值得引起注意。

表 3 青浦旅游品牌资产统计表

	江南文化品牌		商务会展品牌		休闲度假品牌		乡村旅游品牌	
	现有	潜在	现有	潜在	现有	潜在	现有	潜在
品牌知名度	3.63	3.63	3.23	3.21	3.66	3.64	3.62	3.58
品牌形象	3.62	3.61	3.22	3.22	3.59	3.57	3.60	3.58
感知质量	3.66	3.66	3.31	3.30	3.61	3.59	3.64	3.62
品牌忠诚度	3.66	3.66	3.20	3.19	3.68	3.67	3.62	3.60
品牌资产指数	26.59	26.56	21.01	20.93	26.46	26.27	26.29	25.87

注：各项分数为问卷题目分数的均值。

目的地品牌资产在两个消费群体中存在一定的感知差异（表 3、图 1、图 2）。在现有消费者群体中，江南文化品牌、休闲度假品牌、乡村旅游品牌在各个维度的得分较为接近，说明现有消费者对这三个品牌间的感知差异较小。而潜在消费者群体对这三个品牌存在明显的感知差异，例如，江南文化品牌在品牌知名度、品牌形象、感知质量维度得分均最高；乡村旅游品牌在品牌知名度和品牌忠诚度（3.58，3.60）得分明显低于江南文化品牌（3.63，3.66）和休闲度假品牌（3.64，3.67）在这两个维度的得分；休闲度假品牌的感知质量（3.59）得分明显低于江南文化品牌（3.66）和乡村旅游品牌（3.62）在这个维度的得分。结果表明青浦目的地的江南文化品牌在潜在消费者群体中的感知相对较高，青浦目的地的

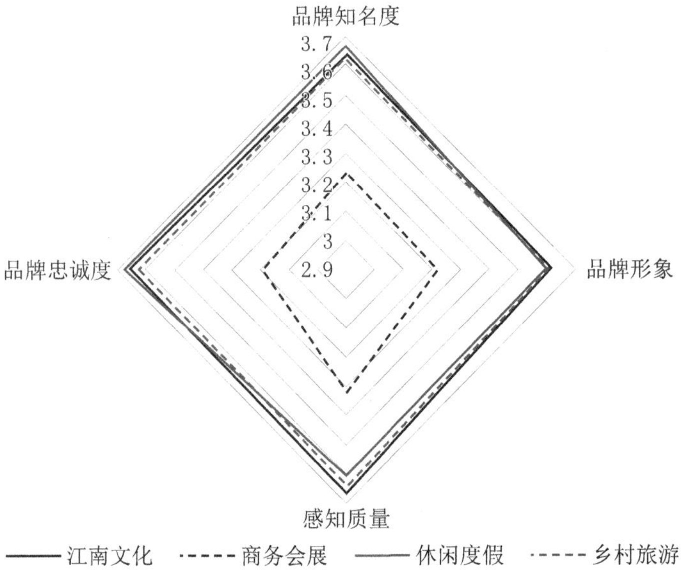

图 1 青浦旅游品牌资产在现有消费者中的比较

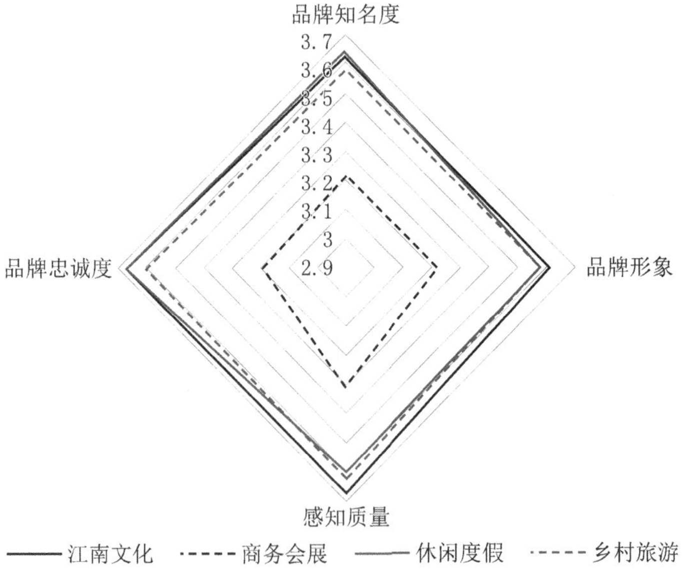

图 2 青浦旅游品牌资产在潜在消费者中的比较

休闲度假品牌和乡村旅游品牌在潜在消费者群体中的感知相对较弱，青浦的休闲度假品牌和乡村旅游品牌可能更多服务于上海本地消费者。

（2）四品牌感知差异

在整体评价的基础上，我们分析了现有消费者和潜在消费者对四个品牌的品牌感知差异。结果如下所述。

1）江南文化品牌

潜在消费者和现有消费者的感知整体一致(图 3)。其中，现有和潜在消费者对青浦江南文化品牌的忠诚度和感知质量的评价较高，表明现有和潜在消费者对青浦江南文化品牌有较高的期待。而在品牌形象(3.62，3.61)和品牌知名度(3.63，3.63)方面的得分明显低于感知质量(3.66，3.66)和品牌忠诚度(3.66，3.66)，尤其是潜在消费者的感知。先前的研究也表明消费者对青浦江南文化旅游体验的整体满意度较高(81%)[50]，消费者的满意度也促进了忠诚度的提升[18]。而青浦江南文化品牌形象和品牌知名度较低，可能因为与青浦江南文化品牌相关的古镇景区(如朱家角古镇、金泽古镇、练塘古镇)的知名度明显低于周边的其他江南文化古镇(如周庄、乌镇等)。

2）商务会展品牌

现有消费者和潜在消费者的感知基本保持一致(图 3)。现有消费者在品牌知名度、感知质量和品牌忠诚度方面略高于潜在消费者，表明会展体验一定程度上提升了这三项指标。消费者普遍承认青浦会展品牌产品有较高的质量(3.31，3.30)，但是商务会展品牌在品牌知名度、品牌形象和品牌忠诚度方面的得分较少，这可能有两点原因：一是现有关于国家会展中心的宣传中很少提及青浦，人们很难将国家会展中心等著名会展项目与青浦建立联系；二是现有会展项目主要针对商务人群，而非普通游客和市民群体，导致普通游客对商务会展品牌感知相对较弱。例如 Jin & Weber 在对上海、杭州、南京和武汉四个城市展览中心的调查中，发现 75%的访客是中小企业客户[51]。

3）休闲度假品牌

潜在消费者和现有消费者的感知整体保持一致(图 3)。两个群体对品牌忠诚度(3.68，3.67)的认知基本相同，而在品牌知名度(3.66，3.64)、品牌形象(3.59，3.57)和感知质量(3.61，3.59)三个维度，潜在消费者的品牌感知略低于现有消费者。说明青浦的实际旅游体验促进了消费者的休闲度假品牌认知提升。

4）乡村旅游品牌

现有消费者和潜在消费者存在显著的感知差异(图 3)。现有消费者对品牌资产四个维度的感知明显高于潜在消费者，尤其是在品牌知名度方面(3.62，3.58)。

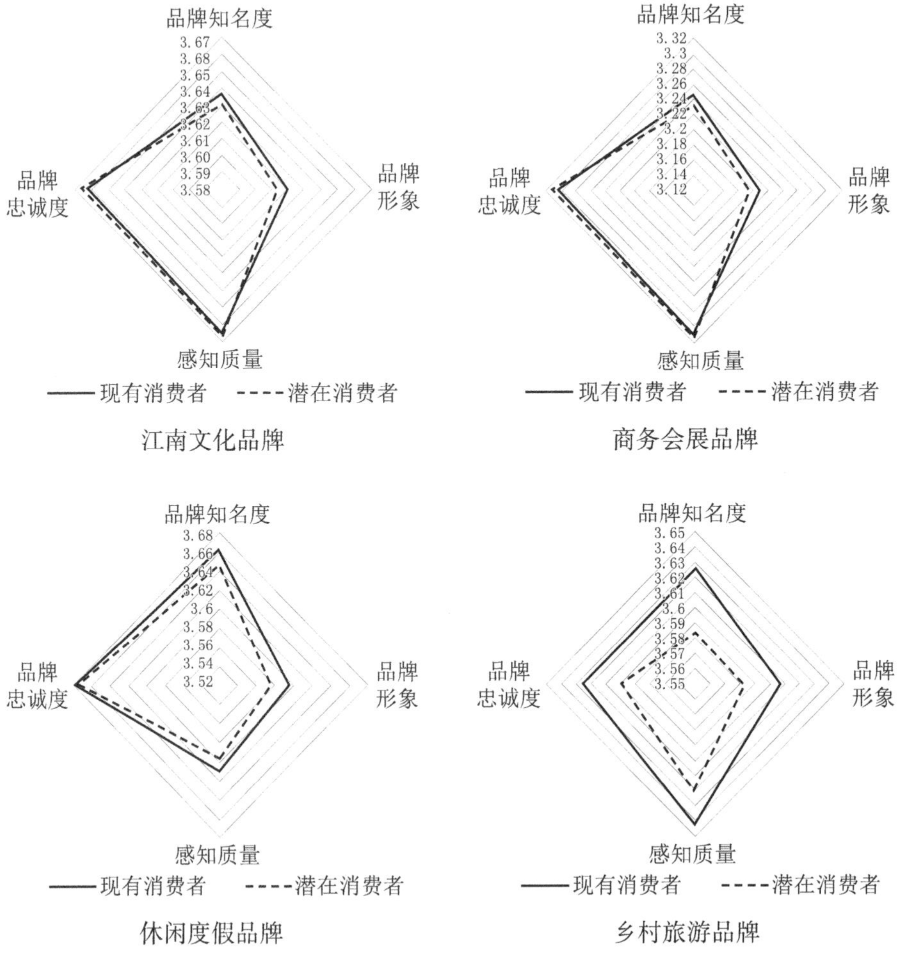

图 3 青浦旅游品牌资产在现有消费者和潜在消费者中的比较

这可能与青浦乡村旅游品牌独特性缺失有关。先前研究也表明上海乡村旅游与江浙相比,存在自然和人文资源禀赋不足、产品同质化现象严重等问题。[52]

总体而言,青浦旅游目的地的四个旅游品牌的资产存在明显差异,可以划分为两个类型:体验一致型品牌和体验提升型品牌。体验一致型品牌,包括江南文化品牌、商务会展品牌和休闲度假品牌,即游客是否到访目的地并未显著改变他们对目的地品牌资产的看法,这主要与目的地产品的知名度较低和品牌形象独特性不突出相关。体验提升型品牌,包括乡村旅游品牌。先前研究表明,游客的实际到访体验可以显著改变他们对于目的地品牌的看法[53],因此如何吸引消费者前来体验是体验提升型旅游品牌发展的关键。

4.2 消费者感知模型

(1) 数据检验

我们利用 SPSS 26.0 的线性回归分析评估了青浦旅游品牌资产(自变量)与消费者感知(我认为青浦是一个成功的江南文化/商务会展/休闲度假/乡村旅游目的地)(因变量)的联系。

数据的正态性检验结果的峰度值介于−0.578～0.996,偏度值介于−0.709～0.387,可以证明数据呈现正态分布。克朗巴赫系数介于0.975～0.980(江南文化模型0.979,商务会展模型0.980,休闲度假模型0.975,乡村旅游模型0.978),说明数据呈现良好的一致性。其次,我们将自变量和因变量数据逐一输入回归分析模型,研究影响旅游目的地发展的品牌因素。其中,在多重共线性分析中,排除方差膨胀因子超过5、p值>0.05的题项。在此基础上,我们根据回归分析结果,整理出消费者感知与品牌资产要素之间的关系,进而获得四个青浦旅游品牌消费者感知模型,如表4所示。模型调整后 r^2 值为0.838(商务会展模型)、0.827(江南文化模型)、0.782(乡村旅游模型)、0.773(休闲度假模型),均大于0.6,模型结果可以接受,模型能够有力地解释成功的旅游目的地的消费者感知与品牌资产之间的关系。[22]

表4 成功的江南文化、商务会展、休闲度假、乡村旅游品牌资产统计表

问题项/常数项	正态性检验		多重共线性	消费者(n=335)
我认为青浦是一个成功的江南文化旅游目的地	**偏度**	**峰度**	**VIF**	**系数(t值)**
青浦的江南文化品牌有很好的名声和声誉(AWA01)	−0.692	0.672	3.965	0.105 (2.321)*
我能很快地想到青浦江南文化品牌的特征(AWA03)	−0.667	−0.096	4.436	0.100 (2.092)*
当我想到江南文化旅游品牌时,青浦立马出现在我脑海里(AWA04)	−0.398	−0.578	3.512	−0.139 (−3.260)**
青浦作为江南文化旅游目的地,是物有所值的(ASS01)	−0.534	0.121	4.700	0.130 (2.632)**
如果我想去一个江南文化旅游目的地,青浦是我的首选(LOY02)	−0.484	−0.094	4.003	0.198 (4.351)**
我会向其他人推荐青浦的江南文化旅游品牌(LOY03)	−0.618	0.449	4.583	0.319 (6.545)**
调整后的 r^2				0.827 (F=80.767)**

续表

问题项/常数项	正态性检验		多重共线性	消费者(n=335)
我认为青浦是一个成功的商务会展旅游目的地	**偏度**	**峰度**	**VIF**	**系数(t值)**
当我想到商务会展旅游品牌时，青浦立马出现在我脑海里(AWA04)	0.015	−0.567	4.695	0.099 (2.086)*
青浦在商务会展旅游品牌方面创造了积极、独特的品牌性格(ASS06)	−0.182	0.049	4.822	0.134 (2.772)**
访问青浦的商务会展旅游品牌产品或服务，能够展现自我(IMG03)	−0.084	0.096	3.675	0.105 (2.482)*
我会向其他人推荐青浦的商务会展旅游品牌(LOY03)	−0.198	−0.028	4.751	0.351 (7.315)**
调整后的 r^2				0.838 (F=87.510)**
我认为青浦是一个成功的休闲度假旅游目的地	**偏度**	**峰度**	**VIF**	**系数(t值)**
青浦的休闲度假旅游品牌很有趣，我也很感兴趣(ASS05)	−0.354	0.090	4.625	0.111 (1.983)*
青浦的休闲度假品牌的性格，符合我的性格(IMG01)	−0.604	0.659	4.866	0.161 (2.807)*
对于青浦的休闲度假旅游产品，我可以期待它卓越的表现(QUA03)	−0.500	0.300	4.231	0.130 (2.425)*
如果我想去一个休闲度假旅游目的地，青浦是我的首选(LOY02)	−0.472	0.019	3.600	0.202 (4.093)**
我会向其他人推荐青浦的休闲度假旅游品牌(LOY03)	−0.485	0.258	3.743	0.348 (6.896)**
调整后的 r^2				0.773 (F=57.935)**
我认为青浦是一个成功的乡村旅游目的地	**偏度**	**峰度**	**VIF**	**系数(t值)**
如果青浦是乡村旅游目的地，我认为青浦是好的旅游选择(ASS02)	−0.578	0.529	3.577	0.096 (1.993)*
在青浦的乡村旅游中，我将获得物超所值的体验(ASS04)	−0.387	0.005	4.319	0.135 (2.537)*
青浦的乡村旅游品牌形象，符合我的形象和身份(IMG02)	−0.438	0.281	4.159	−0.125 (−2.404)*
对于青浦的乡村旅游产品，我可以期待它卓越的表现(QUA03)	−0.468	0.147	4.011	0.122 (2.387)*
如果我想去一个乡村旅游目的地，青浦是我的首选(LOY02)	−0.451	−0.157	3.971	0.148 (2.912)**
我会向其他人推荐青浦的乡村旅游品牌(LOY03)	−0.485	0.181	4.148	0.351 (6.752)**
调整后的 r^2				0.782 (F=61.079)**

注：① AWA 指目的地品牌知名度；ASS 指目的地品牌联想；IMG 指目的地品牌形象；QUA 指目的地感知质量；LOY 指目的地品牌忠诚度。

② * 表示相关性的 p 值在 0.05 水平；** 表示相关性的 p 值在 0.01 水平。

(2) 江南文化目的地

决定青浦成为成功的江南文化旅游目的地的品牌资产要素包括3个维度的6项内容(图4、表4)。首先,青浦江南文化旅游的品牌忠诚度与消费者积极感知有较强的关联。其次,消费者认为青浦江南文化旅游品牌知名度的声誉和熟悉度(AWA01、AWA03)对江南文化旅游品牌的消费者感知有正向影响。而青浦与江南文化品牌的关联度(AWA04)对消费者感知产生负面关联,即消费者认为青浦在江南文化旅游目的地中并没有建立成功的江南文化品牌,因为江南文化旅游在区域内面临激烈的竞争(有周庄、乌镇、西塘等)。同时,消费者认为青浦江南文化品牌是物有所值的,这对建立成功的江南文化品牌有积极影响。

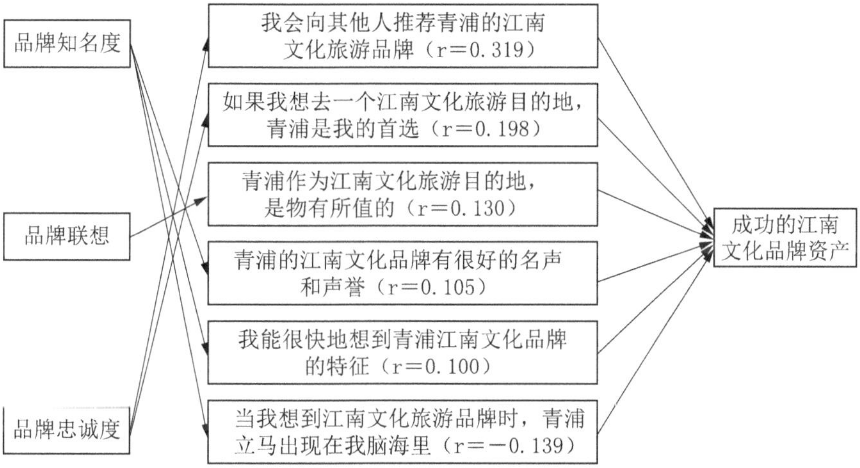

图4 青浦江南文化旅游品牌资产的消费者感知模型

(3) 商务会展目的地

决定青浦成为成功的商务会展旅游目的地的品牌资产要素包括4个维度的4项内容(图5、表4),均为正向关联。其中商务会展的品牌形象(联想)的独特性和形象一致性(ASS06、IMG03)对消费者感知成功的商务会展旅游目的地有积极影响,因为在自我一致性理论的视角下,目的地品牌形象与消费者自我形象的一致性会影响消费者对目的地的态度和决策。[54—56]此外,青浦商务品牌的知名度(AWA04)与成功的商务会展品牌感知有正向关联。消费者对青浦商务品牌的推荐意愿对成功的商务会展品牌感知有较强的积极影响。

(4) 休闲度假目的地

决定青浦成为成功的休闲度假目的地的品牌资产要素包括4个维度的5项内容(图6、表4),均为正向关联。其中,消费者对青浦休闲度假品牌的首选和推

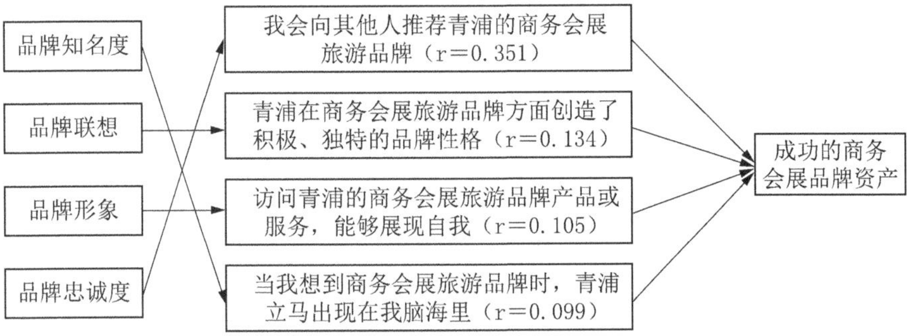

图 5 青浦商务会展品牌资产的消费者感知模型

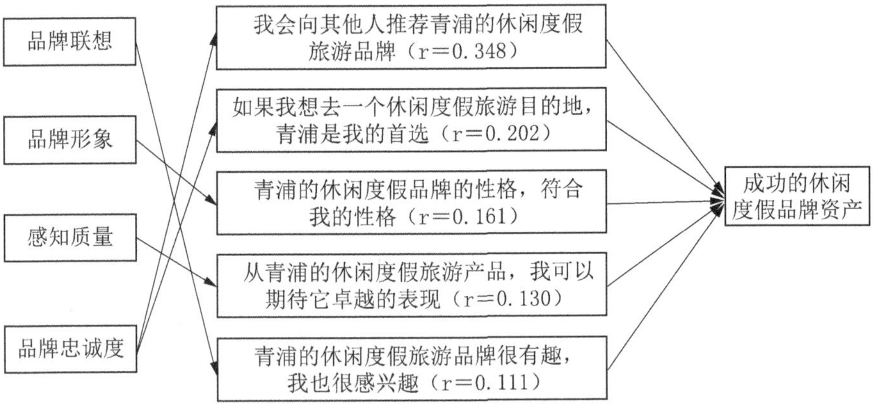

图 6 青浦休闲度假品牌资产的消费者感知模型

荐意愿等品牌忠诚度(LOY02、03)与成功的休闲度假目的地感知有较强的正向联系。而且消费者认为青浦休闲度假品牌的有趣性和形象一致性(ASS05、IMG01),影响了他们对青浦成功的休闲度假品牌的感知。此外,在感知质量维度,消费者认为青浦休闲度假产品的卓越表现(QUA03),与成功休闲度假品牌感知有正向关联。先前研究也认同这一观点,即游客对休闲旅游的基础条件的感知会影响目的地竞争力。[57]

(5) 乡村旅游目的地

决定青浦成为成功的乡村旅游目的地的品牌资产要素包括 4 个维度 6 项内容(图 7、表 4)。除品牌形象为负向关联外,其他维度均为正向关联。其中乡村旅游品牌形象与消费者自身形象的一致性与消费者感知青浦成功的乡村旅游品牌有负面关联(IMG02),表明消费者认为青浦的乡村旅游品牌需要建立与消费者不同的品牌形象,这种差异化的形象对消费者产生更深的吸引力。不过,消费者认为"青浦如果是一个乡村旅游品牌,青浦会是一个好的旅游选择"(ASS02)。这是因为新冠大流行后,消费者旅游需求转向以自然和乡村为主导的生态属性旅游活动[58]。因此,未来青浦推广乡村旅游有利于青浦旅游业发展。值得注意的是,青浦乡村旅游产品的质量对青浦建立成功的乡村旅游品牌有积极影响。因为消费者认为青浦乡村旅游品牌是物超所值的,其产品具有卓越的表现(ASS04、QUA03),这与消费者感知青浦成功的乡村旅游品牌有正向联系。此外,青浦乡村旅游的忠诚度(LOY02、03)与消费者感知成功的乡村旅游品牌有较强的正向联系。

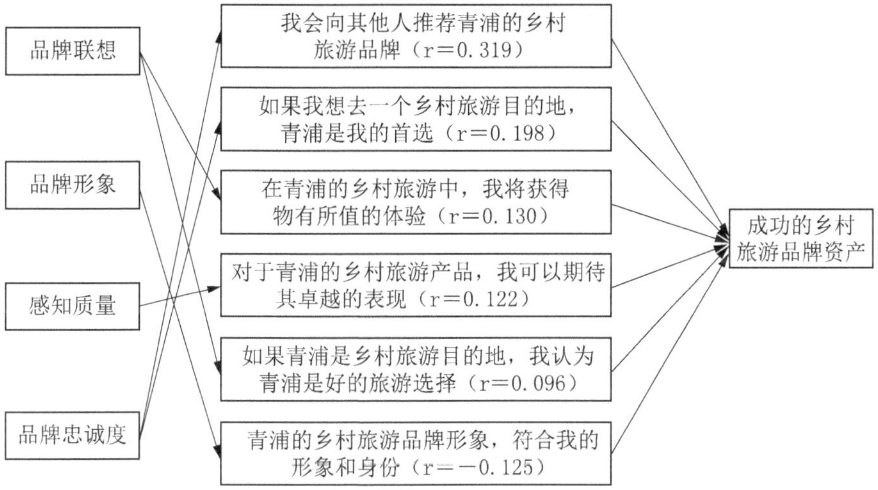

图7 青浦乡村旅游品牌资产的消费者感知模型

综上所述,消费者认为青浦旅游目的地品牌的忠诚度与江南文化/商务会展/休闲度假/乡村旅游品牌的消费者感知均有较强的正向联系。青浦江南文化品牌知名度(AWA01、03、04)对江南文化旅游品牌的消费者感知有复杂影响(正向和负向);青浦商务会展和休闲度假的品牌形象或联想(ASS06、IMG03;ASS05、IMG01)对商务会展和休闲度假旅游品牌的消费者感知有正向的影响;青浦乡村旅游产品质量(ASS04、QUA03)对乡村旅游品牌的消费者感知有正向影响。而品牌形象的自我一致性负向影响了乡村旅游品牌的消费者感知。

5 研究结论与不足

5.1 研究总结

目前青浦旅游目的地尚未形成主导旅游品牌。根据目的地品牌资产指数,青浦区四个旅游品牌可以分为两个层级。第一层级:江南文化品牌(现有消费者26.59,潜在访客26.56)、休闲度假品牌(现有消费者26.46,潜在访客26.27)、乡村旅游品牌(现有消费者26.29,潜在访客25.87)。第二层级:商务会展品牌(现有消费者21.01,潜在访客20.93)则远远落后于上述三者。

然而,随着传统旅游向休闲旅游的转变,目的地旅游品牌也应从全面发展转向主次分明地发展,这有利于进一步突出目的地品牌特色。[59]对于青浦旅游目的地,休闲度假和文化体验是青浦旅游目的地的主要吸引力。消费者访问青浦的主要目的是休闲度假(68.0%)、文化体验(36.4%)和美食体验(21.8%)。因此,未来青浦旅游目的地可以考虑以"休闲度假"或"江南文化"或"江南文化+休闲度假(江南休闲生活方式)"作为主导品牌,面向大众消费者构建青浦旅游目的地的"伞形"品牌结构体系。

此外,针对青浦旅游目的地四个旅游品牌,我们的建议如下。

在江南文化品牌方面,消费者对青浦江南文化品牌的知名度和形象感知明显低于品牌忠诚度和感知质量的认知。然而,消费者对成功的江南文化品牌的认知往往与江南文化品牌的知名度和忠诚度相关。不过,值得注意的是,消费者认为青浦在本区域江南旅游目的地中并不是成功的。因此,未来管理者应提升青浦朱家角古镇、金泽古镇等江南文化品牌的知名度和独特性,因为独特的目的地形象可以帮助青浦旅游目的地与周边江南文化旅游目的地进行有效区分[20],进而从激烈的区域竞争中脱颖而出。

在休闲度假品牌方面,Pasquinelli 等研究发现,新冠大流行后户外休闲旅游更加依赖目的地个性传递品牌价值。[4]本研究也发现,青浦休闲度假品牌的有趣程度、与消费者个性的一致性和产品质量的卓越程度会正向影响他们对青浦成功的休闲度假品牌的认知。不过,消费者认为青浦休闲度假品牌形象和感知质量明显低于知名度和忠诚度。因此,管理者未来需要重点挖掘青浦度假品牌的独特、趣味品牌形象,以与主要消费群体形象和个性相契合。

在乡村旅游品牌方面,消费者认为青浦乡村旅游品牌存在知名度不足和缺乏独特目的地形象的问题,这与先前研究结果[52]一致。在整体品牌感知中,消费者对青浦乡村旅游抱有较好的期待,认为青浦乡村旅游品牌的感知质量会影响乡村旅游品牌的消费者感知。此外,管理者需要意识到消费者希望青浦的乡村旅游有更独特的品牌形象,因为对于大部分城市游客,独特的乡村性是乡村旅游的核心吸引力。[60]

在商务会展品牌方面,消费者对青浦商务会展品牌资产的感知程度较低,尤其是青浦商务会展品牌的知名度、品牌形象和忠诚度明显低于感知质量维度。在调研访谈中,消费者普遍没有意识到青浦有会展产业,而且他们很少参与会展活动。原因主要有两点：一是过去的宣传策略强调上海或虹桥商务会展，没有突出青浦区与上海市会展产业的联系；二是会展活动是针对商务客群，与本地居民联系较弱。先前的研究表明居民参与是塑造旅游品牌的关键[61]，本地居民参与会展活动和产业可以促使本地居民对会展产业感知发生重大变化[49]，因此，管理者需要意识到未来青浦提升商务会展品牌知名度，一方面，需要在宣传上更多地指出国家会展中心(上海)在上海市青浦区，加大青浦商务会展产业的宣传力度；另一方面，青浦也需要大力鼓励本地居民游客参与会展活动和相关产业。

5.2 研究局限性

本研究的局限性主要体现在两个方面。一方面是由于2022年的疫情原因，我们采用了在线问卷的便利样本，而不是线下调研，导致样本的代表性有一定的局限性；另一方面，我们的研究样本选择大众消费群体，并非针对商务游客，可能导致调查结果中商务会展品牌的评价较低。

5.3 未来研究方向

未来研究可以从两个方面着手。一方面，可以在后疫情时代进行重新调研，观察消费者的感知变化。因为现有文献表明疫情发生前后消费者对城市目的地品牌资产的感知发生了变化。而后疫情时代，消费者对城市目的地的感知可能会有重新调整。另一方面，未来的研究可以关注商务游客或商务人士对青浦商务会展品牌资产的感知，因为青浦区有国家会展中心(上海)和中国进出口博览会等丰富的商务会展资源，而这些资源主要面向特定的商务人群，未来有必要对商务人群进行重新调研。

参考文献

[1] COUNCIL W T T. City travel & tourism impact 2019[R\OL]. (2019-12-20). https://wttc.org/Portals/0/Documents/Reports/2019/City%20Travel%20and%20Tourism%20Impact%20Extended%20Report%20Dec%202019.pdf?ver=2021-02-25-201322-440.

[2] FEDERATION W T C. World tourism cities development report(2020)[R\OL]. (2020-09-11). https://en.wtcf.org.cn/20200911/da1333da-a01c-452f-932d-4d1e1fa7be44.html.

[3] COUNCIL W T T. Travel & tourism economic impact 2022[R\OL]. (2022-08). https://wttc.org/Portals/0/Documents/Reports/2022/EIR2022-Global%20Trends.pdf.

[4] PASQUINELLIC, TRUNFIO M, BELLINI N, et al. Reimagining urban destinations: Adaptive and transformative city brand attributes and values in the pandemic crisis[J]. *Cities*, 2022, 124:103621.

[5] LI L, TAO Z M, LU L, et al. The impact of Covid-19 on the regional tourism flow net-

work: An empirical study in Hubei province[J]. *Current Issues in Tourism*, 2022, 25(2):287-302.

[6] FAN L, ZHANG D Y. Study on the hotspots of urban tourism spaces based on Instagram-Worthy locations data: Taking Beijing as an example[J]. *Environment and Planning B: Urban Analytics and City Science*, 2023, 50(7):1822-1837.

[7] LIANG S, LENG H, YUAN Q, et al. Impact of the Covid-19 pandemic: Insights from vacation rentals in twelve mega cities[J]. *Sustainable Cities and Society*, 2021, 74:103121.

[8] MILLAN M, de la TORRE M. Quality food products as a tourist attraction in the province of Cordoba (Spain) [J]. *International Journal of Environmental Research and Public Health*, 2022, 19(19):12754.

[9] MANSILLA J A, MILANO C. Becoming centre: Tourism placemaking and space production in two neighborhoods in Barcelona[J]. *Tourism Geographies*, 2022, 24(4-5):599-620.

[10] CAO X P, LUO Z Y, HE M L, et al. Does the self-identity of Chinese farmers in rural tourism destinations affect their land-responsibility behaviourintention? The mediating effect of multifunction agriculture perception[J]. *Agriculture-Basel*, 2021, 11(7):649.

[11] TU S S, LONG H L, ZHANG Y N, et al. Rural restructuring at village level under rapid urbanization in metropolitan suburbs of China and its implications for innovations in land use policy[J]. *Habitat International*, 2018, 77:143-152.

[12] SUN D Q, GE D Z. The interaction mechanism of rural housing land transition and rural development: A spatial governance perspective[J]. *Growth and Change*, 2022, 53(3):1190-1209.

[13] LI J. Culture and tourism-led peri-urban transformation in China — The case of Shanghai [J]. *Cities*, 2020, 99(4):102628.

[14] 菲利普·科特勒,凯文·莱恩·凯勒.营销管理[M].何佳讯,等,译.上海:格致出版社,上海人民出版社,2022:280.

[15] 凯文·莱恩·凯勒.战略品牌管理[M].何云,等,译.北京:中国人民大学出版社,2021:41.

[16] BOO S, BUSSER J, BALOGLU S. A model of customer-based brand equity and its application to multiple destinations[J]. *Tourism Management*, 2009, 30(2):219-231.

[17] KLADOU S, KEHAGIAS J. Assessing destination brand equity: An integrated approach [J]. *Journal of Destination Marketing & Management*, 2014, 3(1):2-10.

[18] TRAN P, NGUYEN V K, TRAN V T. Brand equity and customer satisfaction: A comparative analysis of international and domestic tourists in Vietnam [J]. *Journal of Product and Brand Management*, 2021, 30(1):180-194.

[19] 戴维·阿克.创建强势品牌[M].李兆丰,译.北京:机械工业出版社,2012:6.

[20] KELLER K L. Conceptualizing, measuring, and managing customer-based brand equity [J]. *Journal of Marketing*, 1993, 57(1):1-22.

[21] AAKER D A. Measuring brand equity across products and markets[J]. *California Management Review*, 1996, 38(3):102.

[22] CHAN C S. Which city theme has the strongest local brand equity for Hong Kong: green, creative or smart city? [J]. *Place Branding and Public Diplomacy*, 2019, 15(1): 12-27.

[23] TRAN V T, Nguyen N P, Tran P, et al. Brand equity in a tourism destination: A case study of domestic tourists in Hoi an City, Vietnam[J]. *Tourism Review*, 2019, 74(3): 704-720.

[24] STOJANVIC I, ANDREU L, CURRAS-PEREZ R. Effects of the intensity of use of social media on brand equity an empirical study in a tourist destination[J]. *European Journal of Management and Business Economics*, 2018, 27(1):83-100.

[25] JAWAHAR D, VINCENT V Z, PHILIP A V. Art-event image in city brand equity: Mediating role of city brand attachment[J]. *International Journal of Tourism Cities*, 2020, 6(3):491-509.

[26] SAEEDI H, HANZAEE K H. The effects of heritage image on destination branding: An iranianperspective[J]. *Journal of Heritage Tourism*, 2018, 13(2):152-166.

[27] CHI H K, HUANG K C, NGUYEN H M. Elements of destination brand equity and destination familiarity regarding travel intention[J]. *Journal of Retailing And Consumer Services*, 2020, 52.

[28] SALEHZADEH R, POOL J K, SOLEIMANI S. Brand personality, brand equity and revisit intention: An empirical study of a tourist destination in Iran[J]. *Tourism Review*, 2016, 71(3):205-218.

[29] FLOREK M. Application of the concept of destination brand equity: The example of two Polish cities[J]. *International Journal of Tourism Cities*, 2015, 1(2):152-161.

[30] 中共上海市委办公厅.上海市“十三五”时期文化改革发展规划[R\OL]. (2016-11-04). https://fgw.sh.gov.cn/resource/88/889d074b2fb946cdafa41facd2b58906/85cfbc14ee58ac078fa6cc748192b7bc.pdf.

[31] 上海市政府办公厅.上海市旅游业改革发展“十三五”规划[R\OL]. (2016-12-13). https://www.shanghai.gov.cn/shssswzxgh/20200820/0001-22403_50560.html.

[32] 上海市人民政府.关于促进上海旅游高品质发展加快建设世界著名旅游城市的若干意见[R\OL]. (2018-08-30). https://www.shanghai.gov.cn/nw44023/20200824/0001-44023_57132.html.

[33] 上海市人民政府.上海市社会主义国际文化大都市建设“十四五”规划[R\OL]. (2021-09-02). https://www.shanghai.gov.cn/nw12344/20210902/167294c60727444f8ac1d84b65fbbb70.html.

[34] 上海市人民政府办公厅.上海市“十四五”时期深化世界著名旅游城市建设规划[R\OL]. (2021-06-09). https://www.shanghai.gov.cn/nw12344/20210622/aa237680c16d4433a2ce1951a3b204de.html.

[35] 上海市人民政府.上海市城市总体规划(2017—2035 年)[R\OL]. (2018-01-04). https://www.shanghai.gov.cn/nw42806/index.html.

[36] 上海市人民政府.上海市国民经济和社会发展第十四个五年规划和二〇三五年远景目标

纲要[R\OL].(2021-01-30). https://www.shanghai.gov.cn/nw12344/20210129/ced9958c16294feab926754394d9db91.html.

[37] 上海市青浦区人民政府.青浦区文化事业和产业发展"十四五"规划(征求意见稿)[R\OL].(2022-10-31). https://www.shqp.gov.cn/shqp/zwgk/zdjc/cajd/20221101/1035614.html.

[38] 上海市青浦区人民政府.青浦区旅游发展"十三五"规划[R\OL].(2017-01-24). https://www.shqp.gov.cn/shqp/zwgk/ghqj/zxjh/20211012/893321.html.

[39] 上海市青浦区人民政府.上海市青浦区国民经济和社会发展第十三个五年规划纲要[R\OL].(2016-02-12). https://www.shqp.gov.cn/shqp/zwgk/ghqj/gmsh/20211012/893306.html.

[40] 上海市青浦区人民政府.青浦区总体规划暨土地利用总体规划(2021—2035)[R\OL].(2020-04-29). https://www.shqp.gov.cn/shqp/zwgk/zxgk/20200429/655568.html.

[41] 上海市人民政府.青浦新城十四五规划建设行动方案[R\OL].(2021-03-31). https://www.shanghai.gov.cn/nw12344/20210331/3a4d7f82462e4664875d2886494615e7.html.

[42] 上海市青浦区人民政府.上海市青浦区国民经济和社会发展第十四个五年规划纲要和二〇三五年远景目标纲要[R\OL].(2021-02-09). https://www.shqp.gov.cn/shqp/zwgk/zcwj/20210209/819354.html.

[43] 携程.2022"她旅途"消费报告[EB\OL].(2022-03-07). https://www.traveldaily.cn/article/160125.

[44] VILCHEZ J R. Valuing tourist destinations: An oaxaca-blinder approach[J]. *International Journal of Tourism Research*, 2013, 15(5):417-429.

[45] ZAVATTARO S M, DASPIT J J, Adams F G. Assessing managerial methods for evaluating place brand equity: A qualitative investigation[J]. *Tourism Management*, 2015, 47:11-21.

[46] GOMEZ M, GONZALEZ-DIAZ B, Molina A. Priority maps at wine tourism destinations: An empirical approach in five Spanish wine regions[J]. *Journal of Destination Marketing & Management*, 2015, 4(4):258-267.

[47] ALMEYDA M, George B. Customer-based brand equity for tourist destinations: A comparison of equities of Puerto Rico and the Us Virgin Islands[J]. *Journal of Spatial and Organizational Dynamics*, 2020, 8(2):148-172.

[48] GOMEZ M, Fernandez A C, Molina A, et al. City branding in European Capitals: An analysis from the visitor perspective[J]. *Journal of Destination Marketing & Management*, 2018, 7:190-201.

[49] 罗秋菊,陈可耀,黄霞.社区居民对会展业经济影响感知研究——以广州琶洲村村民为例[J].热带地理,2012, 32(2):113-120.

[50] 王思宇,张琰.基于大数据分析的上海市青浦区旅游满意度分析[J].旅游纵览(下半月),2020(6):43-45.

[51] JIN X, WEBER K. Exhibition destination attractiveness—Organizers' and visitors' perspectives[J]. *International Journal of Contemporary Hospitality Management*, 2016,

28(12):2795-2819.

[52] 陈晓莉.后疫情时代上海乡村旅游转型升级对策研究[J].安徽农学通报,2021, 27(1): 141-142.

[53] STYLIDIS D, CHERIFI B. Characteristics of destination image: Visitors and non-visitors' images of London[J]. *Tourism Review*, 2018, 73(1):55-67.

[54] HANNA S, ROWLEY J. The projected destination brand personalities of European capital cities and their positioning[J]. *Journal of Marketing Management*, 2019, 35(11-12):1135-1158.

[55] WASSLER P, WANG L, HUNG K. Identity and destination branding among residents: How does brand self-congruity influence brand attitude and ambassadorial behavior? [J]. *International Journal of Toutism Research*, 2019, 21(4):437-446.

[56] EKINCI Y, SIRAKAYA-TURE E, PRECIADO S. Symbolic consumption of tourism destination brands[J]. *Journal of Business Research*, 2013, 66(6):711-718.

[57] 张铁明,吴畏,谭延敏,等.游客感知视角下休闲体育旅游目的地竞争力的实证研究[J].西安体育学院学报,2013, 30(1):26-30.

[58] ROSALINA P D, Dupre K, Wang Y. Rural tourism: A systematic literature review on definitions and challenges[J]. *Journal of Hospitality and Tourism Management*, 2021, 47:134-149.

[59] 蔡沐阳,史吉志,贺小荣.从旅游到休闲:中国旅游城市嬗变的策略[J].经济地理,2022, 42(11):225-231.

[60] 王铭杰,孟凯,张世泽,等.乡村性和乡村旅游吸引力:基于游客感知视角的要素结构辨识和认知机制解析[J].热带地理,2021, 41(6):1325-1337.

[61] ZELENSKAYA E, ELKANOVA E. Designing place brand architecture: The potential of a sub-brands strategy[J]. *Journal of Product and Brand Management*, 2021, 30(1): 167-179.

A Comparative Study of Tourism Brand Equity in Suburban Destinations: An Example of Qingpu District

ZHANG Yuhang, BA Zhaoxiang

(*Department of Tourism, Fudan University, Shanghai 200433, China*)

Abstract: Proximal tourism, rural tourism and ecotourism developed rapidly during the COVID-19 pandemic, promoting a diverse range of suburban tourism. However, previous literature has focused on rural tourism in suburban areas, which is a gap in the study of diverse tourism such as leisure and cultural tourism in suburban areas. The case study of this paper is the Qingpu district of Shanghai, where the objects are Jiangnan culture, leisure and holiday, Business exhibition and rural tourism. We assessed tourism brand equity through destination brand equity index. We employed regression analysis to build a consumer perception model. The result show that Qingpu has not formed a dominant tourism brand. The Jiangnan culture brand, leisure and holiday brand, and rural tourism brand equity index are relatively high, while the business exhibition is relatively low. Meanwhile, the leisure and rural tourism brands differ significantly between tourists and potential visitors, while the Jiangnan culture and business exhibition brands do not. In addition, regression analysis shows that brand loyalty has a positive impact on consumer perceptions of the four tourism brands. Brand awareness complex influence consumer perceptions of the Jiangnan culture brand. Brand image and association have a positive impact on consumer perceptions of the business exhibition and leisure brands. Product quality of rural tourism positively influences consumer perceptions of the rural tourism brand, while brand image has a negative impact on consumer perceptions of the rural tourism brands.

Keywords: destination brand equity; Jiangnan culture; leisure and holiday; business exhibition; rural tourism

基于哈佛分析框架的中国中免财务报表研究

艾毛提·杰恩斯　王永刚

(复旦大学旅游学系,上海 200433,中国)

[摘要]　我国旅游服务贸易逆差化趋势近年来引起了广泛关注,鉴于旅游购物在旅游服务贸易中的重要地位,本研究认为免税业发展能够有效减缓上述趋势,而中国中免(China Duty Free Group,简称 CDFG)则是我国免税业最重要的市场主体。本研究基于哈佛分析框架,采用波特五力分析法、对比研究法、财务指标分析法、杜邦分析法等研究方法,对中国中免从战略、会计、财务、前景四个维度进行了详细分析,从而深度了解中国中免运营情况,以期加强对我国免税业的认识。

[关键词]　中国中免;哈佛分析框架;旅游购物;免税业

1　研究背景

1.1　我国旅游服务贸易逆差化趋势

根据国家外汇局公布的国际收支平衡表,我国旅游服务贸易于 2009 年首次出现了 40 亿美元逆差,此后快速上涨。2018 年,我国服务贸易账户总逆差为 2 922 亿美元,其中旅游服务贸易逆差为 2 369 亿美元,占整体服务贸易逆差的 81.07%。[1]关于旅游服务贸易逆差的具体数值,学界尚有争议。胡晓芬等提出,我国旅游服务贸易逆差的主要来源"不是旅游",由于国家外汇局的国际收支平衡表中,旅游一项包括我国留学生海外留学学费及日常开支等非旅游性支出记录在内,造成了数据失实。[2]中国旅游研究院强调国际收支平衡表中旅游服务贸易定义与惯用的旅游服务贸易概念存在出入,在扣减国人海外留学、就医、务工、置业和金融投资等非旅游花费后,中国旅游服务贸易实际存在相当数额的顺差[3]。

[作者简介]艾毛提·杰恩斯(1997—　),男,硕士研究生,研究方向为旅游企业管理、旅游购物与免税经济,E-mail: aymaw@foxmail.com;王永刚(1980—　),男,博士,副教授,硕士生导师,研究方向为文旅产业投资、免税业与奢侈品经济,E-mail: wyg@fudan.edu.cn,通讯作者。

但即便考虑到这一点，我国旅游服务贸易逆差化趋势形成，国际竞争力逐渐降低仍是不争的事实。原国家旅游局数据中心在国际收支平衡表旅游项基础上，扣减国人海外留学、就医、务工、置业和金融投资等非旅游花费后，得出2014—2017年五年间我国旅游服务贸易始终保持顺差，但顺差额呈阶段性收窄趋势的结论。[4]刘祥艳和张天力继续援引前述口径数据，指出2018年中国旅游服务贸易开始了“真正意义上的逆差”，当年逆差总额为37亿美元。[5]文艳等采用显示性比较优势指数对我国旅游服务贸易出口竞争力水平进行研究，发现在2000—2018年间，我国旅游服务贸易出口竞争力在23个发达国家和28个发展中国家中的排名从第22名下滑到了第51名，为倒数第一名。[6]宋秀芬认为，新冠疫情影响下我国旅游服务贸易逆差数额虽然会减小，但出入境贸易不均衡的局面并不会发生变化，且持续疫情影响将直接与间接地改变我国旅游业生态，进一步对我国旅游业国际竞争力的提升产生不利影响。[7]

1.2 旅游购物是我国旅游服务贸易的重要组成部分

我国服务贸易逆差趋势产生的直接原因是入境旅游收入与出境旅游支出发展的不均衡。[8]文艳和孙根年将我国旅游服务贸易国际分工角色演化分为了三个阶段，分别是入境旅游主导贸易顺差扩大阶段（1990—2006年），出境旅游崛起、贸易翻转阶段（2007—2011年），出境旅游急剧扩张、贸易逆差扩大阶段（2012—2017年）；从第二阶段开始，我国入境旅游收入年增长率在－26.59%～15.47%之间，平均增长率仅为－0.58%，而出境旅游支出平均年增长率则高达18.47%。[9]

一般旅游服务贸易的内容可根据游客支出大致分类为吃、住、行、游、购、娱及其他。无论对入境游客还是出境游客而言，购物往往都是支出中非常重要的项目。过往和近期的研究显示，我国入境游客消费活动中购物消费占比一般在总消费的20%左右，该占比在大部分时期仅低于出行这一相对刚性的支出，甚至会在出行成本较低时超过其占比。[10—11]戴斌等对中国出境旅游的研究显示，购物是中国内地游客出境旅游消费结构中的重要项目，在部分目的地甚至成为旅游消费的主要形式，如2011年中国内地（大陆）游客在中国港澳台地区旅游消费中的70.4%、60.5%、59.2%用于购物。[12]因此，针对出入境游客旅游购物制定相应政策对于缓解我国旅游服务贸易逆差趋势具有重要意义。

1.3 免税业发展有助于减轻旅游服务贸易逆差

由于免税业存在吸引入境消费、回流出境消费以降低旅游服务贸易逆差的清晰机制，诸多学者都呼吁我国进一步加强免税业建设。[2, 7, 13, 14]自2011年起，在建设海南国际旅游岛国家战略的政策指引下，海南省率先进行了面向境外人士的退税与面向境内外游客的离岛免税等政策试点。[15]研究表明，退税政策显著增加了海南入境旅游人数[16]，促进了海南入境旅游购物消费[17]；经过多轮调整的离岛免税政策亦表现出了对人均旅游消费和旅游总收入的显著拉动效应[18]。2020 年，在全球新冠疫情肆虐背景下，国家再度调整海南离岛免税政策，主要措施包括将离岛旅客每年每人免税购物额度提升为 10 万元人民币，加入了电子消费类产品等新的免税品品类，取消了单件商品减税限额等。[19]此举大大促进了国内原有出境消费需求回流，使我国免税业龙头中国旅游集团中免股份有限公司（简称“中国中免”或“中免”）于 2020 年当年就成了全球营收最高的旅游零售（包括免税旅游零售）企业，并在 2021 年继续连冠。[20—22]虽然在疫情影响下，离岛免税政策降低旅游服务贸易逆差的影响无法直接体现，但上述数据从侧面体现了通过发展免税业缓解我国旅游服务贸易逆差的可行性。

1.4 中国中免是我国免税业的核心市场主体

中国中免，是我国最大的免税业企业。在 2016 年《口岸进境免税店管理暂行办法》与 2019 年《口岸出境免税店管理暂行办法》施行之前，我国长期对免税商品销售业务实行垄断经营，由中国中免前身中国免税品（集团）有限责任公司牵头对免税业进行统一经营、统一组织进货、统一制定零售价格、统一制定管理规定。[23]新规施行后，中国中免仍占据着我国免税业绝大部分市场份额。根据中国中免赴港交所上市招股说明书，2019 年、2021 年我国免税业市场规模分别为 501 亿元、481 亿元，而中国中免同年免税品营业额占比分别为 92.6%、89.1%。可以看出，中国中免是我国免税业最核心的市场主体，理解中国中免对于理解中国免税业至关重要。

目前国内相关学术研究中，从企业个体案例视角进行免税业研究的成果较少。本研究采用哈佛分析框架，从战略、会计、财务、前景四个维度对中国中免进行详细分析，并在财务维度将中国中免与更偏传统零售行业的企业王府井集团股份有限公司（简称“王府井”）进行对比，突出免税业企业财务特点，以期加深读者对以中免为核心的中国免税业发展现状的了解。

2 研究设计

2.1 哈佛分析框架

哈佛分析框架是一种综合财务报表分析方法，由哈佛大学的三位学者帕利普（K. G. Palepu）、希利（P. M. Healy）和伯纳德（V. L. Bernard）提出。该框架将财务报表分析分为战略分析、会计分析、财务分析、前景分析四个步骤，帮助分析人员更好地理解企业的财务状况和未来趋势。该框架应用广泛，目前国内已有研究涉及能源[24, 25]、汽车[26, 27]、光伏[28, 29]、医药[30、31]等行业，具体至旅游领域则有陈胤江研究 OTA（Online Travel Agent，线上旅行社）企业携程旅行[32]，程三良研究目的地企业黄山旅游公司[33]，郭燕儿研究传统旅行社企业中青旅[34]等。

本研究采用哈佛分析框架。战略分析部分，以波特五力模型对中国中免所处行业盈利能力进行分析，而后结合竞争战略分析判断中国中免发展战略。会计分析部分，以中国中免 2017—2021 年度资产负债表数据为基础，对中国中免资产构成与负债质量进行纵向对比分析，识别与分析重要资产负债项目与变动情况。财务分析部分，以中国中免与王府井 2017—2021 年度利润表数据为基础，使用财务比率分析法、杜邦分析法、对比分析法，对中国中免盈利能力、营运能力作出纵向与横向分析。前景分析部分，基于战略分析、会计分析和财务分析，对中国中免未来发展前景中的风险进行分析并给出发展意见。

2.2 研究对象

2.2.1 中国中免

中国中免是全球最大的旅游零售运营商，主要从事烟酒、香化、精品等免税及有税商品的批发、零售等业务。目前，中国中免是中国唯一一家覆盖全免税销售渠道的旅游零售运营商，涵盖口岸店、离岛店、市内店、轮船店、机上店和外轮供应店。中国中免赴港上市招股书披露，截至 2022 年 3 月底，中国中免共经营 139 间免税旅游零售店铺、54 间有税旅游零售店铺；在全球旅游零售商业务规模排名中，2010 年中国中免仅排名第 19 名，2020 年已排名第 1 名；2021 年，中国中免占全球旅游零售行业市场份额的 24.6%，总营收 676.76 亿元，净利润 124.41 亿元。

2.2.2 王府井

王府井集团股份有限公司是国内最大的零售集团之一，其业务模式可概括为“5+2”，即百货、购物中心、奥特莱斯、超市、免税五大业态和自营、电商两个核心经营能力，但在 2023 年之前，其免税业态尚未实质运营。王府井作为传统有税零售行业企业的代表，十分适合与中国中免进行对比以体现旅游零售行业企业财务特色。

2.3 数据来源

主要使用 Choice 金融终端提供的 2017—2021 年中国中免及王府井财报数据，辅以两家企业 2017—2021 年年报及中国中免赴港上市招股说明书内容。

3 战略分析

本节采用波特五力分析模型对中国免税业进行盈利能力分析，并在此基础上对中国中免竞争战略进行分析定位。

3.1 行业盈利能力分析

按销售收入计，2021 年中国中免占中国免税业市场的份额为 89.1%，基本处于垄断地位，因此本研究对该行业盈利能力分析以中国中免免税业务盈利分析来近似替代。

3.1.1 现有企业间竞争

据咨询机构弗若斯特沙利文(Frost & Sullivan)资料，2017—2019 年，全球免税业市场规模复合年增长率为 15.8%，而中国免税业市场规模年复合增长率为 29.4%。2020 年之后，由于受到新冠疫情全球大流行的影响，消费者的旅行活动受到限制，相应地，2019—2021 年全球与中国免税品旅游零售市场规模年复合增长率仅为−31.7%与−2.1%。

然而，对于中国免税业市场，国际旅行受限实际上造成了消费回流态势。叠加政策利好，弗若斯特沙利文曾预计 2019—2023 年中国免税业市场规模年复合增长率能够达到 27.5%，2023—2026 年更是能达到 36.0%。可以看出，中国免税业是一个快速增长的行业，这意味着行业内现有企业不需要为了竞争市场份额而进行价格战，降低盈利能力。

目前中国市场上拥有免税业资质的实体共有 11 家，分别为中国中免、日上中国、日上上海、海南免税、中侨免税、深圳免税、珠海免税、海旅免税、海控免税、中服免税、王府井，其中前 5 家均为中国中免旗下公司，使得中国中免涵盖口岸出入境、市内出入境、离岛免税等全部资质类型。按销售收入计，2021 年中国中免占中国免税品旅游零售市场的份额为 89.1%。规模效益带来了物流运送、供应商管理等方面的优势，而免税业店铺出租合同普遍期限较长也限制了短期竞争。以上因素叠加，可以判定中国中免在现有企业间的竞争方面压力较小，短期内将处于垄断状态。

3.1.2 新进入企业威胁

中国免税业具有极高的经营牌照壁垒。自 1985 年中国中免前身成立以来，获取新的全国性免税经营牌照的企业仅王府井百货一家(2020 年)，且该公司免税业务直至 2023 年才进入实质运营，表明即使获得经营牌照，企业进入市场或仍需长时间准备。并且我国允许经营免税店业务的地点由国家统一管理，仅在国务院审批后才可新增，且相应店铺合约通常为5—10年。中国中免作为国内旅游零售行业霸主，已在店铺租约方面积累大量资源，新进入者与其他竞争者均无法在短期内得到大量店面。此外，中国中免在前述物流与供应商管理等方面都具有优势。以上因素叠加，可以判定中国中免面临的新进入企业威胁较小。

3.1.3 替代品威胁

从渠道来看，中国中免收入主要分为口岸免税与离岛免税两部分，两类渠道收入之和占营业收入的比重长期大于90%。中国中免的业务主要受到两类替代品威胁，第一类是其互补商品国际旅游（与口岸免税互补）、海南岛旅游（与离岛免税互补）的替代品，第二类是低价个人奢侈品渠道的替代品。由于旅游资源集聚、距离推高产品价格等原因，国际旅游与海南岛旅游均属于较高端旅游目的地，且两者互为替代品而暂无外部替代品。而中国中免在国际旅游（口岸店）和海南岛旅游（离岛店）均有业务且都处于优势地位，因此第一类替代品威胁不大。低价个人奢侈品渠道方面，由于中国中免具有品牌直采与免征关税、消费税、增值税的优势，相比于品牌专柜、跨境电商等替代品，在价格与消费者信任上都有较大优势，故第二类替代品威胁暂时也不大。

3.1.4 购买方的议价能力

购买方的议价能力由价格敏感性与相对议价能力两方面决定。免税店所处位置虽然天然筛选出了具有较高消费能力的消费者，但由于免税店主打价格优势，因而消费者较为关注产品价格。因此，中免的购买方价格敏感性较高。相对议价能力方面，中国中免售卖的烟酒、香化、精品等货物流通渠道较广，不同渠道提供的产品基本同质化，使得消费者可以在不同渠道间比价购买，消费者在免税渠道所愿意付出的最高价格不应超过品牌在国内渠道的正常价格。因此综合来看，免税业消费者相对议价能力较强。

3.1.5 供应商的议价能力

免税业的供应商主要有商品供应商和场地供应商。商品供应商的议价能力相对较弱，这是由于商品供应商数量较多，竞争激烈。根据招股书透露，中国中免在售货物中有近1 000个来自全球各地的品牌，SKU（Stock Keeping Unit，库存量单位）超20万。中国中免的大体量也会降低商品供应商议价优势。

场地供应商尤其是口岸免税店场地供应商议价能力相对较强。这主要是因为目前我国免税店经营地点由国家统一管理，一般很少新增，而原有经营地点把持了大部分客流量。中国中免也意识到了这个问题，因而在政策支持前提下，积极推动在海南、上海、北京等地的自营商业综合体开发和线上免税等渠道建设，稀释传统口岸对客流的掌控。随着离岛免税业崛起及未来市内免税店运营，拥有多元化渠道的中国中免在面对场地供应商时的议价能力有望增强。

总的来说，中国免税业现有的和潜在的竞争程度较小，中国中免在其中占据龙头地位，行业替代品威胁较小，消费者议价能力较强，上游商品供应商议价能力较弱，场地供应商议价能力虽较强，但可能随免税场景多元化而改变。

3.2 竞争战略分析

企业一般可选择成本领先战略与差异化战略两种基本且互斥的竞争战略之一。然而根据上述行业盈利能力分析，我们发现中国中免具有强大的"护城河"来阻止竞争对手进入与侵占自身市场。因此，中国中免采取了成本领先+差异化的独特战略，既关注投资自身品牌形象，为顾客提供出色的客户服务、上等质量的产品，又依靠免税优势与规模经济做到以较低成本提供相同产品，同时满足对价格较敏感的消费者与对差异化服务具有要求的消费者的需求。

理论上，这种竞争战略是不可持续的，但由于免税业牌照壁垒存在叠加中国中免现有市场优势，中国中免的低成本+差异化竞争战略就可以持续。

4 会计分析

本节归纳了中国中免 2017—2021 年资产负债表中资产与负债部分主要会计科目的数额与份额并进行纵向对比，识别中国中免资产负债中的重点项目并分析其变化趋势。

4.1 资产分析

通过表 1 可知，中国中免资产最核心部分为存货、货币资金及固定资产、在建工程、使用权资产等科目所代表的运营场地与设备。此外，中国中免资产结构在过去五年间呈现以下五个趋势：

(1) 资产总额持续增长，疫情发生后增长加速。资产总额由 2017 年底的 209.32 亿元增长至 2021 年底的 554.74 亿元，年复合增长率为 27.65%，这反映了中国中免在过去五年间高速发展。2019—2021 年，年复合增长率高至 34.46%，更体现了中国中免在疫情期间的逆势扩张趋势。

(2) 货币资金占比逐渐降低，但疫情发生后数额显著增加。占比变化反映企业正在逐步优化资产结构，提高资产使用效率。数额上升则反映在疫情背景下企业经营谨慎性增加，对流动资产更加重视。

(3) 疫情发生后应收账款数值与份额显著降低，表明疫情增加了中国中免对上下游的议价能力。

表 1 中国中免 2017—2021 年资产结构对比分析

指标（单位：亿元）	2017 年		2018 年		2019 年		2020 年		2021 年	
	数额	份额	数额	份额	数额	份额	数额	份额	数额	份额
货币资金	114.84	54.86%	112.89	42.05%	119.06	38.80%	147.06	35.08%	168.56	30.39%
应收账款	16.44	7.85%	15.86	5.91%	17.19	5.60%	9.96	2.38%	9.46	1.71%
预付款项	7.07	3.38%	6.93	2.58%	3.81	1.24%	2.56	0.61%	3.48	0.63%
存货	32.18	15.37%	59.43	22.14%	80.6	26.27%	147.33	35.15%	197.25	35.56%
其他流动资产	0.36	0.17%	0.67	0.25%	1.8	0.59%	2.81	0.67%	6.67	1.20%
长期股权投资	3.03	1.45%	2.84	1.06%	2.55	0.83%	7.91	1.89%	9.92	1.79%
投资性房地产	2.09	1.00%	2.2	0.82%	13.85	4.51%	12.81	3.06%	11.97	2.16%
固定资产	14.26	6.81%	19.32	7.20%	16.32	5.32%	15.91	3.80%	18.43	3.32%
在建工程	3.14	1.50%	8.33	3.10%	3.99	1.30%	12.33	2.94%	28.9	5.21%
使用权资产	—	0.00%	—	0.00%	—	0.00%	—	0.00%	42.82	7.72%
无形资产	10.92	5.22%	12.02	4.48%	25.04	8.16%	24.49	5.84%	24.01	4.33%
商誉	0.02	0.01%	8.22	3.06%	8.22	2.68%	8.22	1.96%	8.22	1.48%
长期待摊费用	2.19	1.05%	3.37	1.26%	5.11	1.67%	7.17	1.71%	8.12	1.46%
递延所得税资产	2.32	1.11%	3.77	1.40%	4.18	1.36%	15.12	3.61%	11.22	2.02%
其他非流动资产	0.42	0.20%	12.61	4.70%	5.15	1.68%	5.52	1.32%	5.7	1.03%
资产总计	209.32	100.00%	268.47	100.00%	306.87	100.00%	419.19	100.00%	554.74	100.00%

（4）存货数额与占比均显著上升，疫情发生后更为显著。结合中国中免近五年尤其是疫情发生后营收数据快速提升，可认为中国中免增加存货比例体现了对市场的充分信心。

（5）疫情发生后在建工程项目数额与份额快速上升，反映中国中免自营商业综合体的建设加速，体现了中国中免对于海南离岛免税店及市内免税店前景看好。

4.2 负债分析

通过表2可知，中国中免负债核心科目是应付账款、应交税费及其他应付款。此外，中国中免负债结构在过去五年间呈现以下四个趋势：

（1）疫情发生后应交税费数额与份额均快速上升，反映公司有税业务占比提升。为应对口岸免税店消费者剧减，在政策指导下，中国中免采用了类跨境电商的方式将原免税品补税后作为有税品通过在线商城等渠道进行销售。2020年之前，中国中免的免税品销售额与有税品销售额的比例约为9∶1，2020年之后二者的比例则为7∶3左右。

（2）应付账款数额增幅较为稳定，基本与营业收入增幅一致。表示企业与供应商之间维持了良好的关系且具有一定的议价权。

（3）企业短期借款份额一直较低，表明企业现金较为充裕。

（4）负债总额在疫情发生后显著增加，但资产负债率控制得较好。2017—2019年，中国中免负债年复合增长率为18.94%，而2019—2021年则达到了57.12%，疫情前后资产负债率分别约为30%与37%。这反映疫情期间企业开启扩张模式，但仍选择保持较为谨慎的资产结构。

通过对中国中免的资产结构与负债结构进行分析，本研究发现中国中免具有典型的零售类企业资产性质，即存货、现金与固定资产占比较高。此外，还发现中国中免从2020年起对市场信心明显增强，因而在资产结构良好的前提下开启了新一轮扩张，这一点无论在资产规模、资产结构、债务规模、债务结构和财务杠杆上都有所体现。

5 财务分析

本节对2017—2021年中国中免和王府井财务数据进行归纳，运用财务指标分析法与杜邦分析法进行纵向、横向对比，体现中国中免盈利能力、营运能力及资本结构特性与变化，并突出免税业企业特性。

表 2 中国中免 2017—2021 年负债结构对比分析

指标（单位:亿元）	2017 年		2018 年		2019 年		2020 年		2021 年	
	数额	份额	数额	份额	数额	份额	数额	份额	数额	份额
短期借款	1.02	1.72%	2.89	3.50%	2.24	2.67%	4.17	2.65%	4.11	1.99%
应付账款	22.64	38.24%	28.59	34.60%	35.37	42.22%	43.27	27.49%	58.8	28.43%
预收款项	8.01	13.53%	6.87	8.31%	1.05	1.25%	0.06	0.04%	0.09	0.04%
合同负债	—	0.00%	—	0.00%	—	0.00%	9.06	5.76%	13.72	6.63%
应付职工薪酬	4.7	7.94%	7.08	8.57%	5.61	6.70%	4.13	2.62%	4.11	1.99%
应交税费	6.42	10.84%	10.86	13.14%	14.71	17.56%	36.71	23.32%	47.22	22.83%
其他应付款	14.73	24.88%	21.36	25.85%	20.63	24.63%	59.22	37.62%	27.75	13.42%
流动负债	57.54	97.18%	77.93	94.31%	79.61	95.03%	156.61	99.49%	171.36	82.85%
非流动负债	1.67	2.82%	4.7	5.69%	4.15	4.95%	0.79	0.50%	35.46	17.15%
负债总计（份额:对比资产）	59.21	28.29%	82.63	30.78%	83.77	27.30%	157.41	37.55%	206.82	37.28%

表 3 中国中免、王府井 2017—2021 年盈利能力对比分析

指标	2017 年		2018 年		2019 年		2020 年		2021 年	
	中免	王府井	中免	王府井	中免	王府井	中免	王府井	中免	王府井
销售毛利率(%)	29.82	20.72	41.46	21.18	49.4	20.65	40.64	35.43	33.68	42.14
销售费用率(%)	12.48	10.96	24.68	10.85	31.07	10.9	16.82	13.71	5.71	12.89
管理费用率(%)	3.83	3.67	3.41	3.68	3.23	3.4	3.11	10.88	3.32	11.13
财务费用率(%)	−0.51	−0.06	−0.01	−0.45	0.02	0.11	−1.04	0.23	−0.06	2.84
销售净利率(%)	10.38	3.57	8.37	4.59	11.29	3.53	13.95	4.31	18.27	10.81
营业利润率(%)	13.63	5.12	11.54	6.1	14.82	5.7	18.43	7.58	21.88	14.94
营业总收入(亿元)	282.82	260.85	470.07	267.11	479.66	267.89	525.97	82.23	676.67	127.53

5.1 盈利能力分析

5.1.1 纵向对比分析

通过对 2017—2021 年中国中免的盈利能力相关财务数据进行对比,可以发现:

(1) 销售费用率在疫情前呈上升趋势,在疫情发生后急速下降。这应与疫情前主要机场在新合约中大幅提高租金费用,疫情发生后机场客流锐减导致机场向中国中免减免大部分租金有关。同时中国中免自营海南离岛免税店销售占比大幅增加使整体销售费用率下降。这再次表明场地供应商具有议价优势,但优势正在减少。

(2) 销售毛利率在疫情发生后呈现下降态势。这一方面反映了营业成本较高的有税销售营收占比上升拉低了整体毛利率,另一方面也体现出海南离岛免税市场竞争较激烈,中国中免选择使用优惠策略降价以刺激消费,提升市场占比。销售费用率的下降也支撑了中国中免做出降低销售毛利率的选择。

(3) 营业利润率与营业总收入在疫情发生后均实现上升。这表明营业成本的上升最终被销售费用率的下降所抵消,整体业绩受益于国人个人奢侈品消费回流获得大幅增长。

5.1.2 横向对比分析

通过将中国中免与王府井进行横向对比,可以发现:

(1) 中国中免营业利润率高于王府井。5 年中,中国中免营业利润率均比王府井高约 5%～10%。这说明免税旅游零售行业相对于传统零售行业而言竞争较和缓,行业盈利空间高于传统零售行业。

(2) 疫情前中国中免销售毛利率高于王府井,这说明免税品渠道所销售产品整体溢价能力较高,商品品牌形象偏高端。而王府井在疫情发生后销售毛利率迅速提高,可能说明在疫情背景下,高端商品销售回暖要早于非高端商品。

(3) 疫情前中国中免销售费用率高于王府井,尤其是 2018 年、2019 年,中国中免销售费用率是王府井 2 倍以上。这是疫情前免税业租金高于传统零售行业的体现。

(4) 疫情发生后中国中免与王府井的业绩走势截然相反。中国中免在疫情发生后营业总收入继续上升,而王府井则断崖式下降。这体现免税旅游零售行业受益于疫情带来的消费回流以及海南政策利好,实现逆势增长,而传统零售业则受制于疫情反复导致的消费者线下消费意愿下降与能力缺失,遭遇业绩下滑。

5.2 营运能力分析

5.2.1 纵向对比分析

通过对 2017—2021 年中国中免的营运能力相关财务数据进行对比,可以发现:

表 4 中国中免、王府井 2017—2021 年营运能力对比分析

指标	2017 年		2018 年		2019 年		2020 年		2021 年	
	中免	王府井	中免	王府井	中免	王府井	中免	王府井	中免	王府井
应收账款周转天数(天)	11.85	2.84	7.38	3.53	6.67	3	3.18	8.18	0.62	6.74
应付账款周转天数(天)	32.46	39.17	33.52	43.21	47.44	40.49	45.34	158.68	40.93	125.83
存货周转率(次)	7.36	35.54	6.01	24.92	3.47	22.06	2.74	5.2	2.61	5.29
固定资产周转率(次)	19.32	7.07	28	5.59	26.92	5.31	32.65	1.54	39.42	2.06
资产周转率(次)	1.48	1.37	1.97	1.28	1.67	1.17	1.45	0.36	1.39	0.42

表 5 中国中免、王府井 2017—2021 年财务数据杜邦分析

指标	2017 年		2018 年		2019 年		2020 年		2021 年	
	中免	王府井	中免	王府井	中免	王府井	中免	王府井	中免	王府井
销售净利率(%)	10.38	3.57	8.37	4.59	11.29	3.53	13.95	4.31	18.27	10.81
资产周转率(次)	1.48	1.37	1.97	1.28	1.67	1.17	1.45	0.36	1.39	0.42
权益乘数	1.39	1.87	1.44	1.89	1.38	2	1.6	1.81	1.59	1.95
净资产收益率(%)	19.01	8.86	20.45	11.46	25.63	8.66	29.1	3.38	37.18	8.69

(1) 应收账款周转天数持续下降,尤其是 2021 年达到 0.62 天,几乎没有应收账款。这表明中国中免回收货款速度不断提高,原因应为直销比例增加。

(2) 存货周转率持续下降。这可以归因于中国中免为实现服务质量升级战略目的提升存货储备量而非存货积压,但也体现了中国中免存货管理能力可进一步提升。

(3) 固定资产周转率持续提升。这表明中国中免固定资产营运效率持续提高,主要是受业绩快速上升影响。

(4) 总资产周转率逐步下降。这表明企业资产扩张规模大于营业收入扩张规模。结合企业扩张背景,应归因于资产快速扩张而非营业收入增长乏力。

5.2.2 横向对比分析

通过将中国中免与王府井进行横向对比,可以发现:

(1) 中国中免存货周转率大幅低于王府井。结合对资产结构的分析,发现中国中免资产中存货占比要远大于王府井,这主要是由中国中免的低成本+差异化服务竞争战略导致。低成本战略要求中国中免以大规模采购来压低进货价格,差异化服务要求企业尽量避免缺货等情况损失品牌形象。此外,中国中免的主销商品为香化、烟酒及时尚配饰,相较于王府井具有的时装及食品饮料等商品保质期较长。然而,这也体现了中国中免确实可以进一步加强存货管理,提升存货周转,提升营运能力及资产效率。

(2) 中国中免固定资产周转率显著高于王府井。这表明免税行业以口岸租约+旅游城市商业综合体的模式比传统零售行业一二线城市商业聚集区开店的模式要轻。

(3) 与中国中免不同,王府井在疫情发生后的营运能力指标全部下滑。这体现了传统零售行业在疫情中遭受的重大打击。

5.3 杜邦分析

5.3.1 纵向对比分析

通过表 5,可以发现 2017—2021 年中国中免净资产收益率持续上涨,其中最主要的推动力为销售净利率的提升。结合此前的分析,这反映了 2019 年后离岛免税和线上有税等自有渠道占比上升有力提升了中国中免销售净利率,继而提升了净资产收益率。

5.3.2 横向对比分析

通过将中国中免与王府井进行横向对比,可以发现中国中免的净资产收益率远大于王府井,主要原因为中国中免销售净利率更高。疫情发生后王府井资产周转率大幅下降加大了这一差距。这表明免税业投资回报率最主要的来源还是其行业“护城河”带来的高盈利能力。

通过对中国中免进行纵向与横向的对比分析，本研究发现中国中免最核心的投资价值来自高行业门槛及逐渐增加的自营业态占比带来的高盈利能力。中国中免实行竞争战略也造成了存货数量周转率下降、总资产周转率下降、销售毛利率下降的结果，这或是中国中免可以进一步努力的方向。

6 前景分析与发展建议

凭借行业“护城河”与疫情背景下海南离岛免税的利好，中国中免在疫情发生之后逆势而上，进入了新的快速扩张周期。但也因此，牌照放松与国际旅行的恢复可能会使中国中免发展陷入困难。尤其是海南自由贸易港封关后实行全岛免税可能会使海南免税业竞争空前加剧，目前中国中免在海南的优势可能即刻丧失殆尽。

为应对上述前景分析内所提风险，本研究给出以下发展建议：

（1）尽可能加强规模优势，提升采购议价能力。

（2）从 SKU、服务质量、品牌形象等多方面提升现有海南免税店的差异化竞争能力。

（3）努力维护现有口岸免税店运营，加强在口岸免税招标上的投入。

（4）发挥全牌照优势，积极开发市内免税、线上免税等业务，形成新增长点。

（5）发挥龙头企业及央企优势，积极参与和推动海南自由贸易港封关后免税店管理办法、市内免税店管理办法等各类相关政策落地。

参考文献

[1] 国家外汇管理局.中国国际收支平衡表时间序列（BPM6）[EB/OL].（2019-6-27）.https://www.safe.gov.cn/safe/2019/0627/13519.html.

[2] 胡晓芬，厉新建，漆家进.旅游服务贸易逆差问题再认识[J].国际贸易，2016(7)：62-68.

[3] 中国旅游研究院.中国旅游服务贸易不存在逆差[EB/OL].（2016-10-13）. http://www.ctaweb.org.cn/cta/mtjj/202103/7bacbb1983334ad183ab16ef8fcb4a40.shtml.

[4] 国家旅游局数据中心.旅游服务贸易继续顺差[EB/OL].（2018-02-06）. http://www.cta-web.org.cn/cta/mtjj/202103/302ee2803b6a48309bdea549b9b5d944.shtml.

[5] 刘祥艳，张天力.中美旅游服务贸易：增长与不确定[J].中国旅游评论，2020(1)：121-128.

[6] 文艳，孙根年，冯庆.国际旅游服务贸易比较优势动态演进及中国贸易平衡贡献[J].资源科学，2021，43(8)：1675-1686.

[7] 宋芳秀.中国出入境旅游：特征、问题及对策[J].国际贸易，2020(11)：77-84.

[8] 杨劲松，蒋依依.我国旅游服务贸易逆差形成的原因及遏制策略[J]，2012(27)：48-49.

[9] 文艳，孙根年. 旅游服务贸易国际分工及中国角色演化研究[J].经济管理，2020，42(9)：111-126.

[10] 席建超，甘萌雨，吴普，等.中国入境游客旅游消费总体趋势与区域差异：1996～2005 年[J]，2010，29(4)：737-747.
[11] 鲍富元，杨玉英，李慧. 海南入境游客消费水平及结构[J]，2021，28(1)：74-82.
[12] 戴斌，蒋依依，杨丽琼，等.中国出境旅游发展的阶段特征与政策选择[J]，2013，28(1)：39-45.
[13] 田纪鹏. 国内外旅游服务贸易逆差研究前沿与展望[J].旅游学刊，2019，34(1)：136-148.
[14] 蒋依依，杨劲松.以免税为主导的旅游购物政策创新破解旅游服务贸易逆差的扩大化[J].旅游学刊，2014，29(9)：9-11.
[15] 栾庆琰.海南离境退税政策和离岛免税政策探究[J]，2012(6)：246-247.
[16] 张应武，赵文华.海南离境退税政策促进了入境旅游吗？——基于海南入境旅游人数决定因素的实证研究[J]，2018，36(3)：85-91.
[17] 曹翔，俞涵.离境退税政策提高了国际旅游消费吸引力吗？[J].旅游学刊，2021，36(1)：41-51.
[18] 左冰，谢梅.离岛免税政策对海南旅游需求与消费影响研究——基于旅行与免税商品联合购买模型[J]，2021，35(2)：1-16.
[19] 财政部海关总署税务总局.关于海南离岛旅客免税购物政策的公告[EB/OL].(2020-06-29). http://www.gov.cn/zhengce/zhengceku/2020-06/29/content_5522649.htm.
[20] The-Moodie-Davitt Report. China Duty Free Group cements world number one ranking [J/OL].(2021-08-17). https://ezine. moodiedavittreport. com/the-moodie-davitt-ezine-299/top-travel-retailers-2020/.
[21] The-Moodie-Davitt Report. Top travel retailers: China Duty Free Group[J/OL].(2022-6-28). https://ezine. moodiedavittreport. com/the-moodie-davitt-ezine-313/top-travel-retailers-china-duty-free-group.
[22] The Moodie Davitt Report. Rank the world's leading travel retailers. [J/OL]，(2020 7 16). https://ezine.moodiedavittreport.com/the-moodie-davitt-ezine-281/top-5-china-duty-free-group/.
[23] 张雯，邓梁，王达维.口岸出境免税店新规终落地[EB/OL]，(2019-7-5). http://www.junhe.com/legal-updates/972.
[24] 孙红梅，马应娇.基于哈佛分析框架的企业财务报告分析——以山西焦化有限公司为例[J].财会通讯，2014(32)：73-76.
[25] 王清刚，董驰浩.基于哈佛财务分析框架的绩效考评优化研究——以湖北电力公司为例[J].中国软科学，2018(8)：175-183.
[26] 陈留平，冯晓勇.哈佛分析框架在汽车业并购中的应用——以 M 公司并购为例[J].财会通讯，2015(32)：86-88.
[27] 马广奇，廉瑜瑾.哈佛分析框架下汽车企业财务报表分析——以吉利集团为例[J].会计之友，2012(34)：64-66.
[28] 赵团结，王改英.基于哈佛分析框架的三安光电财务报表分析[J].财会通讯，2014(20)：79-81.
[29] 谢琨，樊允路，李国俊.Y 公司基于哈佛框架的光伏电站项目财务分析[J].财务与会计，2020(11)：75.

[30] 陈艺妮,付韬,张金玲.基于哈佛分析框架下的康恩贝财务分析[J].财会月刊,2017(13):100-105.
[31] 张凯明.医药法规变化下复星医药财务分析[J].财会月刊,2020(S1):18-25.
[32] 陈胤江.基于哈佛分析框架对携程的财务报表分析[J].商业会计,2014(19):83-85.
[33] 程三良.基于哈佛分析框架下企业财务诊断报告[D].蚌埠:安徽财经大学,2015.
[34] 郭燕儿.基于哈佛框架的中青旅财务分析[J].现代商贸工业,2020, 41(7):104-105.

A Financial Statements Study of CDFG Based on Harvard Analysis Framework

AI Maotijieensi, WANG Yonggang
(*Department of Tourism, Fudan University, Shanghai 200433, China*)

Abstract: The trend of deficit in China's tourism service trade has attracted widespread attention in recent years. In view of the important position of tourism shopping in tourism service trade, this study argues that the development of duty-free industry can effectively slow down the development of the above trend, and that (China Duty Free Group, CDFG) is the most important market player in China's duty-free industry. Based on the Harvard analysis framework, this paper adopts research methods such as Porter's five forces analysis, comparative analysis, financial index analysis and DuPont analysis to conduct a detailed analysis of CDFG in four dimensions: strategy, accounting, finance and prospect, so as to gain an in-depth understanding of the operation of CDFG in China, with a view to strengthen the understanding of China's duty-free industry.

Keywords: CDFG; Harvard analysis framework; tourism retail; duty-free industry

自由执业导游工作生活质量现状及影响因素研究

仝晶晶[1,2]　刘金华[1]

(1. 复旦大学旅游学系，上海 200433，中国；2. 上海电力大学能源与机械工程学院，上海 201306，中国)

[摘要] 《关于开展导游自由执业试点工作的通知》的发布，对自由执业导游产生重要影响，对其工作生活质量的影响因素及提升策略需引起关注。本研究以40位自由执业导游为研究对象进行深度访谈，采用 Nvivo12.0 质性研究软件和人工整理相结合的方式，构建了以"个人能力与心理""工作内容"和"组织与社会"3个核心维度的 APWOS 模型，认为影响其工作生活质量的因素主要有个人提升、个人信誉、自我认同、工作决策、工作能力、工作时间、工作收入、工作压力、监管法制、人际关系、社会关怀、社会认同、组织关怀。需从提高导游综合能力素质，注重信誉及心理建设；保障导游合法工作权益，提高工作收入待遇；健全法制加强监管，提升组织与社会关怀三大方面提升其工作生活质量。

[关键词] 自由执业导游；工作生活质量；APWOS 模型

1　引言

2016年5月，国家旅游局发布了《关于开展导游自由执业试点工作的通知》，在全国9个省(自治区、直辖市)，即吉林、上海、江苏、浙江、湖南、广东、广西、海南、四川分别开展线上或线下导游自由执业试点工作，对导游业务及其规范产生重要影响。[1] 导游自由执业政策的出台，将以往导游执业由旅行社"单一委派"转变为旅行社 OTA 平台(Online Travel Agency，在线旅游平台)、其他旅游服务机

[作者简介]仝晶晶(1994—　)，女，MTA研究生，研究方向为旅游服务研究，E-mail：625710847@qq.com；刘金华(1974—　)，女，博士，副教授，研究方向为旅游组织行为学、人力资源管理，E-mail：liujinhua@fudan.edu.cn，通讯作者。

构“多向选择”。游客可以根据网络评价及自身需求选择合适的导游，导游也可以不受旅行社的制约，凭借自己的服务和特长获取相匹配的收入和社会认可，从而开创了旅游交易的新模式，打破了导游和旅行社的传统委派关系，拓展了导游的从业方式，提高了导游的收入。[2]

尽管自由执业导游日益受到人们的青睐，但在工作过程中仍面临诸多困境。如薪资待遇不合理、社会保障制度不健全、工作环境较差、社会地位不高、社会认同感低等，让发展受到较大制约。秉持以人为本的理念，如何提高自由执业导游群体的工作生活质量值得被重点关注和积极探讨。

目前国内外对自由执业和工作生活质量的研究主要集中在医生、护士、律师、企业员工等群体，对于自由执业导游工作生活质量方面的研究少之又少。因此，本研究通过构建相关的理论模型对这个问题进行研究，以期为自由执业导游向好发展提供可行性发展建议。

2 概念界定及研究综述

在 2016 年以前，我国对自由执业导游并没有明确及统一的界定。本研究首先对前人在自由执业、工作生活质量方面的研究内容进行梳理总结，再对自由执业导游和工作生活质量做出相关定义。

2.1 自由执业导游

依据国务院发布的《导游人员管理条例》(1999 年发布，2017 年修订)第二条，导游人员是指：“依照本条例的规定取得导游证，接受旅行社委派，为旅游者提供向导、讲解及相关旅游服务的人员。”

2016 年 5 月《导游自由执业试点管理办法(试行)》第三条指出，导游自由执业包括线上和线下两种方式。线上导游自由执业是指导游向通过网络平台预约其服务的消费者提供单项讲解或向导服务，并通过第三方支付平台收取导游服务费的执业方式。线下导游自由执业是指导游向通过旅游集散中心、旅游咨询中心、A 级景区游客服务中心等机构预约其服务的消费者提供单项讲解或向导服务，并通过第三方支付平台收取导游服务费的执业方式。

因此，本研究综合了以上条例和办法的规定，对国内自由执业导游作出如下定义：指拥有导游证，通过线上平台或线下旅行社等多种方式，以提供向导、讲解及相关旅游服务为主要工作内容并收取导游服务费的导游群体。

国外自由执业导游的发展较我国早很多，其中欧美地区发展较为成熟。美国部分州的自由执业导游通过地方行业协会或者个人渠道来寻找工作机会，空余时间开展徒步活动或者从事司机兼导游的活动。英国对导游资格证没有强制性要求,但对于一些自我要求较高的导游来说,参加协会组织的蓝章导游考试,才能具有专业认定的高水平导游资格。澳大利亚的导游资格证不是从业的必要条件,但认证培训是导游职业发展的重要组成部分。日本的导游准入制度较为严格,涉外导游必须参加"国内通译案内士证书",国内导游(又称"添乘员")需要持有资格证书。[3]以上国家的导游大多以自由执业的方式工作,其社会保障、责任保险及培训晋升都有明确的途径,配套政策相对来说较为完善,值得我国借鉴。

国内关于自由执业导游的研究,主要集中在导游自身能力素质、导游与旅行社或游客之间的关系、导游相关政策法律完善等方面,不仅提出了导游自由执业过程中遇到的问题,还构建了相对应的解决模型,为后人从事相关的研究提供了借鉴和基础。但我国自由执业导游现状与成熟的自由执业市场还有一定的距离,需要政府机关、导游协会、旅行企业、导游、游客等多方面共同努力,良性互动发展。

邓德智通过社会生态系统理论分析,认为导游自由执业的社会生态环境可以分为微观系统、中间系统和宏观系统。导游不仅是微观系统的核心,更是沟通连接整个生态系统必不可少的一部分。[4]莫晓琼从桂林市地方政府的角度,构建了导游协会与政府共同合作的管理模式,强调要加大对导游的社会保障和激励。[5]邓爱娥以区块链技术为基础,构建了共建共治共享的"六主体一中心"的导游自由执业信用机制。[6]王瑷琳认为有关导游意外伤害、自身维权、纳税等方面的法律制度还不健全,要完善相关的法律制度。[7]

2.2 工作生活质量

有关工作生活质量的研究可以追溯到美国管理学家梅奥(George Elton Mayo)在1927—1932年间组织的霍桑实验。20世纪60年代,美国通用汽车公司的布鲁斯通(Irving Bluestone)首次提出工作生活质量的概念。国内学者对工作生活质量的研究多集中在1980年以后,取得的研究成果相对而言还比较少。贾海薇等认为,工作生活质量是个人、组织和社会环境相互作用影响,在满足个人的身心需求的情况下,从而不断推动组织目标的完成。[8]卿涛等认为,工作生活质量是其在本职工作、人际交往和组织决策中所得到的对工作、组织、社会及个人心理方面的感知与评价。[9]

中外学者对于工作生活质量的研究已经很多。从研究主体上看,主要集中在企事业员工、教师、医生、护士、公务员等方面;从研究因素上看,主要有工作绩效、工作压力、工作倦怠、工作满意度、职业认同、组织归属感、社会支持等方面;

从研究维度上看，研究的范围较为完善。已有研究对本研究起到了重要的参考和借鉴意义。

Pravin 等将工作生活质量分为自由与认可、奖励和申诉赔偿三个维度，研究了其与工作生活平衡之间的关系，提出应该注重员工的福利待遇，来改善员工的工作生活质量[10]。贾海薇等认为工作生活质量是组织为了满足员工在精神和物质方面的需求，激励其获得更高满意感的一个评价指标[11]。卿涛等对国内外工作生活质量的研究进行了详细的综述，构建了针对企业知识员工工作生活质量的 TES&P 的结构维度模型。[12—13]袁玲构建了包括工作满意度、工作生活、健康、专业认同、专业发展、自我效能感六个维度的中小学教师职业生活质量的研究模型[14]。柯江林等调查了 408 个行政机关混编混岗人员的工作生活质量现状，并与普通公务员进行了比较分析，发现在精神、健康、职业发展、工作休闲等方面，行政机关混编混岗人员工作生活质量较低且与普通公务员之间存在差异[15]。

到目前为止，国内还没有针对自由执业导游工作生活质量方面的研究，与此相关的为数不多的研究是以旅游业一线员工为研究对象，不够聚焦。正是基于这样的情况，以自由执业导游为研究对象，能够填补工作生活质量在这一领域的研究空白。

综合以上学者的研究，将工作生活质量进行了如下定义：指员工在从事本职工作过程中，对个人能力及心理、工作内容、组织与社会的感知与评价，以及在物质与精神上获得满足感，从而促进组织目标的完成。

3 研究设计及研究模型

本研究在对自由执业导游和工作生活质量进行定义的基础上，借鉴前人对工作生活质量的研究维度，筛选出可能影响自由执业导游工作生活质量的相关因素，主要有生存、情感、归属、自我、TES&P 的结构维度模型[11—13]等，以此为基础将可能影响自由执业导游工作生活质量的维度分为“个人能力与心理”“工作内容”“组织与社会”3 个维度，并以此为基础构建了初始研究模型，Ability and Psychology-Work-Organization and Society 模型（简称 APWOS 模型）。在此初步版 APWOS 模型（表 1）基础上形成了初步访谈提纲，邀请不同类别的自由执业导游进行半结构式深入访谈，对提纲提出修改意见。根据 6 位预访谈对象和专家的建议对提纲进行修改，将初步版 APWOS 模型进行了优化，并形成了正式的访谈提纲，随后对 34 位自由执业导游进行了正式访谈。

表 1 初步版 APWOS 模型

个人能力与心理 (Personal Ability and Psychology)	工作内容 (Work Content)	组织与社会 (Organization and Society)
个人提升	工作收入	人际关系
个人信誉	工作时间	工作与家庭
心理状态	工作倦怠	组织归属感
自我认同	工作压力	社会认可度

在研究方法上，本研究主要采用 Nvivo12.0 质性研究的分析软件，质性分析过程主要由五个步骤组成，分别是案例导入、开放式编码、关联式编码、主轴式编码和信效度检验。其中案例导入由案例文本导入、排序整理案例和基本信息录入组成；开放式编码由编码自由节点、筛选无效节点、建立初始维度组成；关联式编码由寻找关联节点、建立中心概念和提炼关联维度组成；主轴式编码由寻找相互关联、建立从属关系和确立核心维度组成；信效度检验由理论饱和度检验、信度检验和效度检验组成。通过以上的五个步骤，能够全面准确地分析文本，为后期的分析和模型验证打下良好的基础。

4 数据收集和分析

为了保证访谈数据和内容的有效性，正式访谈不仅包括线上通话，还有线下面对面交流，以帮助笔者更精准地把握访谈对象的表情及语态等，正确理解其想要表达的意思。本研究的访谈时间主要集中在 2021—2022 年，每位自由执业导游的访谈时间不少于 30 分钟，尽量控制在 1 小时左右。同时，在保证访谈对象随机性的前提下，尽量兼顾访谈对象在各个方面的平均性，如性别、导游等级、带团性质、工作年限等。本次访谈共有效采访了 34 位自由执业的导游，其中男女各 17 位，25 位为线上访谈、9 位为线下访谈，访谈时长共计 2461 分钟(约 41 小时)，原始文字转录稿约 60 万字(598 580 字)，通过逐字逐句整理比对，整理后的文稿约 54 万字(542 285 字)，以此作为质性分析的材料来源。访谈对象的人口统计学具体信息详见附录内容，以下为访谈对象的数据分析：

第一，从性别来说，男性 17 位，女性 17 位，男女比例为 1∶1，访谈对象在性别上达到平均。

第二，从婚姻状况上来说，未婚 15 位，已婚 19 位，未婚与已婚比例为 1∶1.27，在婚姻状况上较为平均。

第三，从学历上来说，专科及以下 6 位，本科 22 位，研究生 6 位。可以看出大多数自由执业导游的学历集中在本科，占访谈总人数的 64.7%。

第四，从导游证级别来说，初级导游 23 位，中级导游 8 位，高级导游 3 位。初级导游占访谈总人数的 67.6%。因为目前导游等级考试有明确的从业时限及带团经历的要求，所以等级越高，人数越少。

第五，从带团性质上来说，只带国内团的导游 9 位，只带入境团的导游 12 位，可以带国内团和入境团的导游 5 位，可以带国内团和出境团的导游 3 位，可以带国内团、入境团和出境团的导游 5 位。其中，可以带国内团的导游共 22 位，占访谈总人数的 64.7%；可以带入境团的导游共 22 位，占访谈总人数的 64.7%。

第六，从工作年限来说，工作 6 年以下的 9 位，工作 6～10 年的 16 位，11～15 年的 4 位，16 年以上的 5 位；工作年限最短的为 1 年，最长的为 27 年。大多数访谈对象的工作年限集中在 10 年以下，占访谈总人数的 73.5%。

第七，从薪资水平来说，自由执业导游有全职从业者和兼职从业者之分，全职从业者的薪资以年为单位计算，兼职从业者以天为单位结算。以全职从业者来说，薪资在 12 万以下的 1 位，12 万～15 万的 8 位，15 万～20 万的 8 位，20 万～25 万的 3 位，25 万以上的 1 位。以兼职从业者来说，每天 400 元以下的 3 位，每天 400～600 元的 3 位，每天 600～800 元的 7 位。可以看出，自由执业导游在市场上的收入较为不均衡，差距较大。

第八，从访谈时间来说，访谈时间在 60 分钟以下的 10 位，60～90 分钟的 19 位，90 分钟以上的 5 位，访谈时间最短的为 30 分钟，最长的为 140 分钟。访谈时间充足，可以深入了解访谈对象对自身工作生活质量的真实想法。

将整理好的访谈文稿导入 Nvivo12.0 分析软件，对 30 篇访谈资料进行了编码，保留 4 篇访谈资料进行理论饱和度检验。

在开放式编码的过程中，共形成了 177 个自由节点、3 068 个参考点，平均每篇访谈资料的自由节点约为 57 个、参考点约为 102 个。为了保证自由节点的正确性及有效性，笔者对 177 个自由节点及节点内的编码内容进行进一步检查，将参考点编码来源少于 5 个或者访谈资料来源少于 3 个的自由节点删除或与概念相近的自由节点合并。将无效节点筛除后，经统计，共形成了 143 个自由节点、3 068 个参考点，平均每篇访谈资料的自由节点约为 56 个、参考点约为 102 个。笔者通过人工分类和 Nvivo12.0 分析整合方式，将 143 个自由节点整合成为 50 个初始维度：从业方式、带低价团因素、带团奖惩、带团收入、带团压力、导游发展方向、导游生存现状、导游提升、导游信誉口碑、导游证、道德规范、对导游的信感、法律权益、服务意识、工作和家庭、工作伙伴沟通、工作机会、工作技能、工作经验、工作倦怠、工作内容、工作时间、工作稳定性、公平平等、购物店产品质量、管理整顿购物团低价团、国家帮扶、国家监管、机构帮扶、客人需求反馈、利益分配、旅行社、旅游市场环境、旅游行业未来趋势、媒体宣传、人际交往、社会保险保障、社会看法、社会认可、市场急需透明化、喜欢导游原因、心理感知、行业急需规范化、选择决策权、疫情下的想法、职业认同、中高级导游、转行跨行困难、组织归属感、尊重。

在关联式编码过程中，将初始维度中较为相似、雷同的概念进行提炼总结，得出以下 13 个关联维度：工作能力、人际关系、个人提升、工作压力、工作收入、自我认同、工作时间、组织关怀、监管法制、社会关怀、工作决策、社会认同、个人信誉。

在主轴式编码过程中，将关联式编码的 13 个关联维度打乱，再次对其概念进行深入的分析，将关联度强、逻辑性高的维度进行提取整合，形成了 3 个核心维度：个人与心理、工作内容、组织与社会。同时，将每一个核心编码所拥有的自由节点的概念频数进行了梳理和总结，汇总比例分别为 0.202、0.462、0.336。

本研究在访谈阶段共采访了 34 位自由执业导游，形成 34 篇访谈资料，其中 30 篇访谈资料作为开放式、关联式和主轴式编码的资料，形成了 143 个自由节点概念。为了检验本研究的概念是否充分饱和，将剩余的 4 篇访谈资料进行饱和度检验分析。这 4 篇访谈资料覆盖原有的节点数量分别为 77、92、90、90，抓取的编码参考点为 255、290、262、332。均未生成新的节点概念和研究维度，说明本研究的数据信息达到理论饱和。

在研究的全流程全阶段都非常注重对于研究对象的筛选、研究数据的整理分析，以保证本研究的信度。前期在访谈对象的选择上，随机邀请了性别、年龄、导游证级别、带团性质等不同层次的访谈对象为代表。中期和专家学者反复商讨，确定模型维度，优化访谈提纲。在数据分析阶段，逐字逐句地整理与自由执业导游工作生活质量可能相关的概念，进行细致编码。后期阶段，对前期的编码内容进行复盘总结，查漏补缺。

遵循约瑟夫 · A.马克斯威尔(Maxwell)的五种质性研究方法来保证本研究的有效性，分别是描述效度、诠释效度、理论效度、通则化、评价效度。[16] 在每一个研究步骤中，都和专家进行了紧密的沟通，及时修改纠正。通过线下面对面访谈或者线上通话的方式，以客观、公正的角度去了解访谈对象内心的真实想法。在后期访谈资料整理时，对文稿进行逐字逐句校对，尊重客观真实记录，防止出现歧义偏差。因此，本研究具有良好的效度。

5 研究发现及分析

通过将所得出的核心维度与整理后的访谈资料进行反向分析比对，对“个人能力与心理”“工作内容”“组织与社会”3 个核心维度及其下的 13 个关联维度(见图 1)进行描述性分析,以确保核心维度的准确性,增强本研究的可论证性和理论价值。

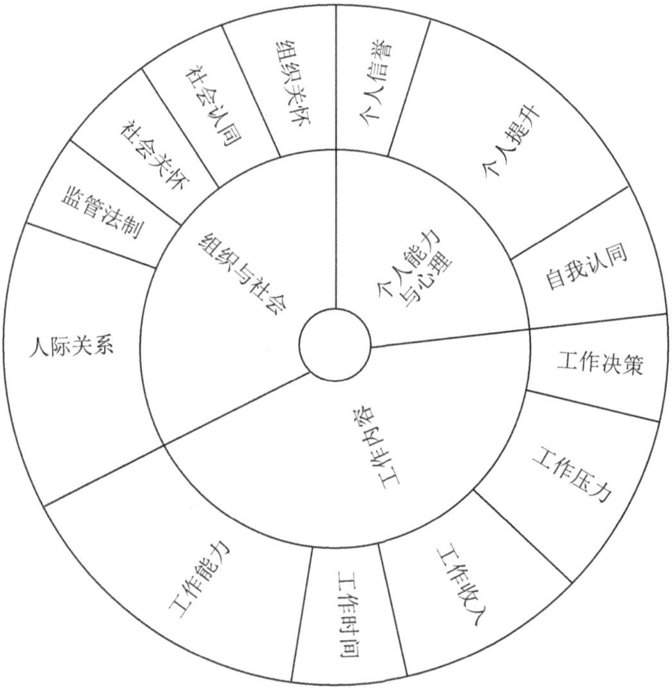

图 1 影响自由执业导游工作生活质量的 3 个核心维度

5.1 个人能力与心理

在访谈过程中发现,很多自由执业导游都谈到了心理状态、个人能力提高、个人信誉等方面的内容,这对他们选择从事自由执业导游的工作有非常重要的影响。前人的研究也表明,“个人能力与心理”是衡量工作生活质量的重要维度和因素。通过本次的访谈研究,发现个人能力与心理主要由“个人提升”“自我认同”“个人信誉”3 个关联维度组成。

个人提升主要分为 5 个初始维度:参与各类培训、参与中高级导游等级考试、跨行业发展、提高自身服务意识、建立相应的职称评价体系。表明了自由执业导游可以通过哪些方式提升自身的能力素质。

个人信誉主要分为 2 个初始维度:导游信誉口碑、对导游的信任感。信誉是一个人是否值得长期合作的重要考量。游客对于导游的信任感越高也越便于导游工作的开展。

自我认同主要分为6个初始维度:心理感知、喜爱导游原因、职业认同、职业道德、公平平等、尊重。能够得到游客的尊重、赞扬、肯定是一件非常开心、有成就感、有自豪感的事情,也是激励导游继续从事这个工作的重要因素,是工作生活质量中非常重要的部分。

5.2 工作内容

工作内容是3个核心维度中占比最大的一个,由工作能力、工作收入、工作压力、工作时间和工作决策5个关联维度组成,是影响自由执业导游工作生活质量最重要的维度。

工作能力由从业方式、工作技能、带团内容、工作机会、工作经验5个初始维度组成,一定程度上反映了自由执业导游在日常带团中需要什么样的能力和经验,才能更好地胜任该工作。

工作收入是访谈对象重点关注的内容。自由执业导游的工作收入来源非常复杂、多元化且不稳定,这也是影响能否长期从事该工作的重要因素。

工作压力有来自个人身体、心理的,也有来自社会的,还有带团过程中的各类事情。旅游市场大环境的改变、AI技术的冲击等,都让自由执业导游面临着诸多风险。

工作时间自由灵活是很多人选择成为自由执业导游的因素之一,但是他们也面临着淡旺季明显和工作时间长且辛苦的情况。

工作决策度高也是自由执业导游考量的一部分。自由执业导游比全职签约导游更有选择权,可以选择带团或者是拒绝,不需要接受旅行社的强制派遣。

5.3 组织与社会

自由执业导游的工作性质决定了其需要与不同的群体和组织打交道,因此组织与社会是自由执业导游工作过程中非常重要的方面。该核心维度主要由人际关系、监管法制、社会关怀、社会认同和组织关怀5个关联维度组成。

人际关系是自由执业导游生活中非常重要的部分,主要由工作伙伴沟通、人际交往、客人的需求反馈、工作和家庭、旅行社5个初始维度构成。与各方面的人群沟通顺畅,能够更好地提高其工作生活质量。

监管法制方面主要有法律权益、行业规范、购物店产品质量保障、购物团低价团管理、市场透明化管理、旅游行业未来趋势管理等6个初始维度构成。规范的制度能够有效约束市场不良行为,为自由执业导游营造更好的工作生活氛围。

社会关怀主要由社会保险保障、国家帮扶、媒体宣传这3个初始维度组成。

社会保险的完善能够在一定程度上让自由执业导游更有保障。国家出台相应的政策法规，让导游从业有章可循、有法可依，切实保护自身权益。媒体是社会报道的中坚力量，正面的宣传能够为导游群体带来更多的帮助。

社会认同主要由社会认可和社会看法组成。部分导游从业的不规范性，媒体大量的负面报道，旅游行业内产品参差不齐等因素，使得社会对于导游存在偏见，社会认可度低。

组织关怀主要是指旅行社、导游服务中心等机构，为导游群体提供的帮助和扶持。

6 研究结论和提升策略

6.1 研究结论

通过分析访谈资料，发现初步版 APWOS 模型中的部分内容在访谈中并未被过多涉及，或者相关维度有重复或者涵盖，因此进行了进一步整合归纳。其中，"心理状态"与初始维度心理感知类似，被归纳在"自我认同"部分。"工作倦怠"更多地体现在带团过程中压力过大而导致的身心疲惫，因此将其归纳到"工作压力"。"工作决策"是一个重要因素，故而将其补充到"个人能力与心理"核心维度中。"工作与家庭"的冲突主要体现为个人与家庭成员之间的沟通联系，因此将其归纳到"人际关系"部分。在访谈过程中，访谈对象认为"社会关怀"和"组织关怀"对自由执业导游的影响颇为重要，因此将这两个关联维度单独列出，在"组织与社会"核心维度中增补和完善。"组织归属感"对于自由执业导游来说，更多地体现在行业组织对其的帮助扶持与培训上，相较来说内容较少，因此将其归纳到"组织关怀"这一新增的关联维度内。由于自由执业导游是在旅游行业的大背景下工作生存的，旅游市场的规范离不开国家的监管，会直接影响到自由执业导游的工作生活质量，因此，将"监管法制"作为一个重要方面在"组织与社会"核心维度中增补。在这些修改基础上形成了正式版 APWOS 模型(表 2)。

正式版的 APWOS 模型归纳总结了可能对自由执业导游工作生活质量产生影响的三大核心维度，分别是"个人能力与心理""工作内容"和"组织与社会"，共包含"个人提升""个人信誉""自我认同""工作决策""工作能力""工作时间""工作收入""工作压力""监管法制""人际关系""社会关怀""社会认同"和"组织关怀"13 个关联维度。在此基础上，提出相关的提升策略，帮助自由执业导游提高其工作生活质量，促使自由执业导游在未来能够健康有序地发展。

表 2 正式版 APWOS 模型

个人能力与心理 (Personal Ability and Psychology)	工作内容 (Work Content)	组织与社会 (Organization and Society)
个人提升	工作决策	监管法制
个人信誉	工作能力	人际关系
自我认同	工作时间	社会关怀
	工作收入	社会认同
	工作压力	组织关怀

"个人能力与心理"这一维度,表明自由执业导游是非常注重对自我的不断提升。首先在竞争激烈的市场环境下,不想被市场淘汰就需要不断进步,积累更多的知识和经验,让自己能够有更多的工作机会。其次,自由执业导游对自我认同的需求也非常高,他们认为导游这个工作是向游客传播知识和文化的桥梁和使者,是一份值得被尊重,而且应该享受到公平和平等对待的工作。游客的认同和鼓励会给他们带来额外的成就感和自豪感。此外,自由执业导游对个人的信誉是非常重视的,在没有合同约束的情况下,更加考验口头契约精神,体现的是自由执业导游的个人品质。

"工作内容"这一维度,是自由执业导游工作生活质量研究的重点。自由执业对导游的工作能力提出了更高的要求。在市场需求中,肯定是优先考虑业务能力强、服务好的导游,这就意味着工作能力决定了其工作机会和工作收入的多少。自由执业导游的工作收入是非常不稳定的,基本是以带团的天数进行结算的,有的来自导贴、购物、小费等。这样的情况下,就要求自由执业导游在旅游旺季抓紧工作,以保障淡季的生活需求。同时,自由执业导游面临的工作压力要比全职签约导游更大一些。疫情的影响、现代科技的冲击、社会的评价等,都给自由执业导游以诸多压力。在"工作时间"的因素中,导游的工作时间基本上处于不固定、不稳定的状态,旅游旺季更加是超负荷的一种状态。但是自由执业相较来说也会有更多的选择权和决策权,对于是否带团,带多少团,可以由自己来掌握,这也是为什么这么多导游选择自由执业的原因。

"组织与社会"这一维度中,工作和家庭的关系是人际关系中较为重要的因素。很多人选择自由执业就是为了能够更好地照顾家庭,在时间上更加自由灵活。但实际上,带团的工作时间一般都远远大于正常工作时间。旅游旺季,自由执业导游基本上是无法正常休息的,身体和心理都处在超负荷的状态;在旅游淡季,他们才可以有较多的时间陪伴家人。除了和家庭之间的关系,自由执业导游更多的是和游客及工作伙伴之间的沟通,这就需要有良好的服务意识和团队精神。此外,在自由执业导游为旅行社提供带团服务的过程中，基本上是没有签订劳动合同的，甚至连最基础的社会保障都没有，并且还要承受来自社会上的一些误解。同时，旅游行业中还存在诸多不规范的现象，对自由执业导游工作也有很大的影响。因此国家的监管、扶持和正面宣传，也是自由执业导游所需的帮助，能引导这个群体向好发展。

6.2 提升策略

6.2.1 提高综合能力素质，注重信誉及心理建设

从自由执业导游自身而言，过硬的个人能力素质和良好的心理状态，是拥有良好工作生活质量的内在基石和前提条件。因此，自由执业导游要注重自身能力素质的提高，个人信誉的维护以及心理健康的建设。

第一，加强专业学习，提升个体职业素养。自由执业导游应该持续提高自身专业技能水平，不断拓展知识能力边界。努力提升自身服务质量水准，提供优质的服务体验。同时，要抱着"活到老，学到老"的心态，不断提高导游证等级及相关能力证书，以便获取更多工作资源。

第二，注重口碑信誉，打造个人品牌特色。信誉口碑的好坏，是自由执业导游是否能够长期从事导游行业极其重要的一个因素。因此，自由执业导游要有良好的契约精神，不可随意弃团或者调整已经答应的行程。同时，在带团过程中需要形成自己的带团风格和鲜明特色，不断强化自身品牌，有助于自己未来的发展。

第三，妥善调整心态，加强自我职业认同。保持积极乐观的心态，压力大的时候，要寻找适合的方法缓解，如充分休息、适量运动、与家人朋友沟通等，让自己的心态更加平和，面对崭新的生活。从内心深处认可自己的工作，让更多的人认识并了解这个职业，减少他人对导游行业的误解和偏见，提升对导游行业的肯定和认同，以提升自己的职业成就感。

第四，建立良好的人际关系，减少工作与家庭冲突。妥善沟通，建立良好的工作伙伴关系。注重家庭和谐稳定，多些陪伴少些抱怨。家庭关系和睦是导游能够正常工作的根基，因此一定要重视工作与家庭之间的平衡。

6.2.2 保障导游合法工作权益，完善保障体系建设

从政府部门及相关行业运营主体而言，可以设立导游薪资指导价，完善相关保险保障制度，制定相关的晋升与职称体系，提供多元化的就业方向，助力自由执业导游的发展。

第一，提高导游正规工作收入，建立市场薪资指导价。设立赏罚分明的激励机制，以提高导游的正规收入。根据导游等级、带团的表现、职业技能、游客反馈、专业素养等方面，量化导游的收入，建立市场薪资指导价。制定合理奖励和绩效机制，引导自由执业导游通过正规方式获得收入。目前国家也在积极探索

"劳动报酬指导性标准与服务质量相衔接"的方案[17]。探索节假日提薪及加班额外付费制度。付出就会有收获,对于这些合理的工作时间,同工同酬,切实提高导游的收入水平。

第二,完善相关保险保障制度,疏导自由执业导游的工作压力。政府及相关方面可以不断完善导游社会保险缴纳制度,畅通缴纳渠道。完善自由执业导游的商业保险种类,加强导游执业的风险意识。借鉴他国先进的保险保障制度,积极宣传相关政策。让更多自由执业导游了解投保的重要性,在从业的过程中没有后顾之忧。

第三,制定与工作能力匹配的晋升与职称体系。根据自由执业导游的能力素质来制定相关的评定体系和职称体系,探索级别职称与收入挂钩机制,探索导游向管理层或者专家学者转型。同时,导游长期在旅游一线工作,具有丰富的旅游基层实战经验。旅行社可以开发更多符合市场需求的产品,高校可以培养更多的实干型人才。

第四,提供多元就业渠道,规划职业发展方向。引导自由执业导游树立忧患意识,对自身的职业发展早规划早实施,才能更从容地面对突然来临的风险与危机。引导自由执业导游在带团之余,鼓励其多元化创业,探索"司机兼导游"模式。着力探索新型的旅游服务模式,给予符合要求的导游一定的车辆运营资格,充分利用个人资源。这种方式在提高导游工作收入的同时,也可以降低游客的旅游成本。

第五,创造良好工作环境,合理安排导游的工作时间。落实导游"专座",保障导游安全。旅行社要提高导游的饮食和住宿标准,合理安排导游工作时间,保障导游权益。

6.2.3 健全法制加强监管,提升组织与社会关怀

从国家层面而言,要健全相关法律法规,严格导游的准入政策,加强对导游及旅游行业监督管理和帮扶引导。鼓励行业协会等组织发挥社会责任,向社会积极宣传正面的导游形象,提高其社会认同。

第一,健全相关法律法规,加强市场监管整顿市场乱象。制定从业标准规范,严格准入政策,以提高行业内自由执业导游的人员素质。要加强导游和旅行社的监督管理,对旅行社低价竞争招徕客源的行为进行严厉打击和规范,从源头上维护导游的实际利益,避免导游陷入低价带团从而损害游客利益的恶性循环中。同时监管部门明确分工,切实履行职责,保障自由执业导游的权利和义务。

第二,加强国家帮扶引导,出台合理有效的改进措施。建立自由执业导游的信用评价机制平台,畅通游客与自由执业导游之间的沟通机制和投诉渠道。给予持证导游门票免费的优惠措施,为自由执业导游提供助力。

第三,组织机构承担社会责任,协力推进自由执业导游向好发展。切实发挥导

游协会作用,提供相关援助服务,如职业技能、安全救护技能、带团技巧等培训。旅游企业要提供优质的旅行产品,探索新型旅游购物模式,杜绝买团、赌团等模式。

第四,积极宣传正面典型,提升公众的社会认同感。树立自由执业导游的标杆榜样,宣传正面典型。行业协会或者政府可以组织相关的专业比赛或活动,让更多的自由执业导游有参与感、成就感和使命感。同时,应该给予自由执业导游更多的尊重和理解,提高其社会认同感。

7 研究不足与未来展望

本研究访谈时间主要集中在2021—2022两年,无法体现全部自由执业导游的现状。受到疫情影响,部分访谈以线上的方式进行,无法与所有的访谈对象面对面交流,不能将其面部表情和肢体动作与语言进行匹配,需要进一步改进。在研究对象和地域的选择上还具有一定的局限性:暂未将出境游的领队包括在内,导游类型不够全面;研究对象主要集中在华东区域,地域不够全面。在分析过程中,只是进行了文本分析,缺乏一定的数理统计的实证内容。

在未来的研究中,希望将出境游的自由执业导游也作为研究对象,使研究群体更为完整。扩展自由执业导游的所在地域,使研究对象的范围更加广泛,样本数量更加充足。继续运用不同研究方法,如SPSS或AMOS等,对自由执业导游工作生活质量的APWOS模型进行验证分析,保证研究方法更多元。

参考文献

[1] 中华人民共和国国家旅游局.《国家旅游局关于开展导游自由执业试点工作的通知》[EB/OL].(2016-05-09)[2023-03-31]. http://wlgd.huhhot.gov.cn/zwgk/tzgg/202102/t20210205_846273.html.

[2] 王艳,高元衡,岑家美,赵桂年.论桂林导游自由执业改革的经验与不足[J].北方经贸,2018(7):155-156.

[3] 邓德智,李成军,王昆欣.国际导游职业发展研究[M].杭州:浙江摄影出版社.

[4] 邓德智.导游自由执业的社会生态环境建设研究[J].旅游研究,2018, 10(4):60-66.

[5] 莫晓琼.桂林市导游自由执业发展中的政府管理体制优化研究[D].桂林:广西师范大学,2018.

[6] 邓爱娥.基于区块链技术的导游自由执业信用机制建设路径研究[J].经济师,2022(9):235-236.

[7] 王瑗琳.关于导游自由执业改革的思考[J].中国市场,2016(43):184+188.

[8] 贾海薇,王文生,朱正威.工作生活质量的影响因素及评价指标[J].华南农业大学学报(社会科学版),2003(2):134-139.

[9] 卿涛,彭天宇,罗键.企业知识员工工作生活质量结构维度探析[J].西华大学学报(哲学社

会科学版),2007(5):58-61.
[10] BHENDE P, MEKOTH N, INGALHALLIV, et al. Quality of work life and work-Life balance[J]. *Journal of Human Values*, 2020, 26(3):256-265.
[11] 贾海薇,王文生,朱正威.工作生活质量的影响因素及评价指标[J].华南农业大学学报(社会科学版),2003(2):134-139.
[12] 卿涛,罗键.工作生活质量研究述评与展望[J].外国经济与管理,2007(12):50-55+64.
[13] 卿涛,丛庆,罗键.企业知识员工工作生活质量结构及测度研究[J].南开管理评论,2010,13(1):146-154.
[14] 袁玲.中小学教师职业生活质量现状与问题研究——以上海市为例[D].上海:上海师范大学,2019.
[15] 柯江林,卢梦,董月云.行政机关混编混岗人员工作生活质量的现状与效应——以职场精神力与包容性氛围为调节变量[J].中国人事科学,2022(5):1-13.
[16] 约瑟夫 A.马克斯威尔.互动取向的质性研究设计[M].朱光明,译.重庆:重庆大学出版社,2020.
[17] 中华人民共和国文化和旅游部.《加强导游队伍建设和管理工作行动方案(2021—2023)》[EB/OL].(2021-06-10)[2023-03-31]. http://zwgk.mct.gov.cn/zfxxgkml/scgl/202106/t20210611_925163.html.

Research on Status Quo and the Influencing Factors of the Quality of Work Life of Freelance Tour Guides

TONG Jingjing[1, 2], LIU Jinhua [1]

(*1. Department of Tourism, Fudan University, Shanghai 200433, China;*
2. College of Energy and Mechanical Engineering,
Shanghai University of Electric Power, Shanghai, 201306, China)

Abstract: Since the release of *The Notice on Carrying out the Freelance Pilot Work of Tour Guides* in 2016, it has an important impact on freelance tour guides, and the factors affecting the quality of work life of freelance tour guides and the improvement strategies need to be paid attention. This paper takes 40 freelance tour guides as the research object to make the in-depth interview. The author uses the qualitative research software of Nvivo12.0 and manual arrangement to analyze the research data, and constructs the APWOS model from three dimensions of individual ability and psychology, work content, organization and society. There are 13 influence factors, which are personal promotion, personal reputation, self-identity, work decision-making, work ability, work time, work income, work pressure, regulatory law, interpersonal relationship, social care, social identity, and organizational care. The further improvement of the work life quality of the guide need to improve the comprehensive ability and quality and pay attention to the credit and psychological construction; protect the legitimate rights and interests of the tour guides and improve their working income and treatment; improve the legal system, strengthen supervision and improve the organization and social care those three aspects.

Keywords: freelance tour guide; quality of work and life; APWOS Model

附录:

表 1 自由执业导游工作生活质量访谈对象信息统计(女)

自由执业导游工作生活质量访谈对象信息统计(女)												
序号	姓名	性别	年龄	婚姻	学历	导游级别	带团性质	工作年限	薪资水平	访谈时长	访谈文稿字数	整理文稿字数
1	F01-ZXN	女	38	未婚	本科	初级中文	国内团	2 年	12 万~15 万元/年	70	15 561	15 561
2	F02-YLJ	女	33	已婚	本科	初级中文	国内团 出境团	6 年	15 万~20 万元/年	69	17 989	15 812
3	F03-LYJ	女	31	未婚	本科	初级中文	入境团	3 年	12 万~15 万元/年	61	13 470	11 965
4	F04-HXY	女	38	已婚	硕士	高级中文 金牌导游	入境团 国内团	14 年	15 万~20 万元/年	85	18 567	15 837
5	F05-LXY	女	27	未婚	专科	初级韩语 中级中文	国内团 出境团	6 年	400 元以下/天	72	18 554	14 514
6	F06-BY	女	43	已婚	专科	初级中文	国内团	15 年	600~800 元/天	88	26 337	23 750
7	F07-BB	女	35	已婚	本科	中级中文	国内团	6 年	400 元以下/天	51	14 005	11 795
8	F08-FT	女	28	已婚	本科	初级中文	入境团	5 年	600~800 元/天	30	6 666	6 406
9	F09-CTT	女	23	未婚	本科	初级英语	入境团	1 年	12 万~15 万元/年	66	14 257	14 020
10	F10-STT	女	31	未婚	本科	初级中文	入境团 国内团	9 年	400 元以下/天	97	16 334	14 681
11	F11-JJJ	女	32	已婚	本科	中级法语	入境团	6 年	15 万~20 万元/年	140	41 776	35 150
12	F12-LQ	女	33	未婚	本科	中级英语	入境团	11 年	15 万~20 万元/年	80	19 885	19 071
13	F13-MSR	女	37	未婚	本科	中级中文	国内团 出境团	9 年	600~800 元/天	30	7 488	8 856
14	F14-TMP	女	39	已婚	本科	中级英语	入境团 国内团	17 年	12 万~15 万元/年	128	33 781	31 853
15	F15-ZSN	女	30	未婚	本科	初级英语	入境团 国内团	8 年	600~800 元/天	53	15 676	13 866
16	F16-JY	女	28	未婚	本科	中级英语	入境团 国内团	3 年	600~800 元/天	61	11 070	12 572
17	F17-WWS	女	24	未婚	本科	初级法语	入境团	2 年	12 万~15 万元/年	58	13 914	12 591

表 2 自由执业导游工作生活质量访谈对象信息统计(男)

自由执业导游工作生活质量访谈对象信息统计(男)												
序号	姓名	性别	年龄	婚姻	学历	导游级别	带团性质	工作年限	薪资水平	访谈时长	访谈文稿字数	整理文稿字数
1	M01-XYC	男	32	未婚	本科	中级英语	入境团 国内团 出境团	10 年	12 万～15 万元/年	106	25 259	18 593
2	M02-PYJ	男	51	已婚	本科	初级中文	入境团	22 年	20 万～25 万元/年	61	11 271	11 271
3	M03-LDH	男	29	未婚	硕士	初级中文	入境团	7 年	600～800 元/天	80	21 126	17 349
4	M04-CDJ	男	34	未婚	本科	初级中文	入境团 国内团 出境团	7 年	20 万～25 万元/年	81	18 311	13 371
5	M05-ZC	男	41	已婚	硕士	初级英语	入境团	3 年	400～600 元/天	73	18 237	14 094
6	M06-JY	男	30	已婚	硕士	初级英语	入境团 国内团 出境团	8 年	20 万～25 万元/年	56	15 194	14 742
7	M07-YJL	男	34	未婚	硕士	初级中文	国内团	6 年	400～600 元/天	67	13 274	15 003
8	M08-LJ	男	31	已婚	本科	初级中文	入境团	8 年	400～600 元/天	73	19 155	17 358
9	M09-LMY	男	26	已婚	本科	初级中文	国内团	4 年	12 万～15 万元/年	50	9 700	9 147
10	M10-MSS	男	38	已婚	硕士	高级中文 金牌导游	入境团 国内团 出境团	14 年	30 万元以上/年	77	20 559	17 787
11	M11-PYCP	男	31	已婚	专科	初级中文	国内团	10 年	12 万元以下/年	73	20 525	20 389
12	M12-SJM	男	36	已婚	专科	中级中文	国内团	5 年	15 万～20 万元/年	116	25 430	23 368
13	M13-WXS	男	30	未婚	专科	初级中文	国内团	6 年	15 万～20 万元/年	48	11 912	11 524
14	M14-WYD	男	42	已婚	高中	初级中文	国内团	17 年	12 万～15 万元/年	47	10 547	9 974
15	M15-ZZD	男	47	已婚	本科	初级中文	入境团	27 年	15 万～20 万元/年	90	18 382	18 382
16	M16-SH	男	42	已婚	本科	高级中文	入境团 国内团 出境团	20 年	15 万～20 万元/年	58	15 291	14 513
17	M17-YYZ	男	33	已婚	本科	初级中文	入境团	10 年	600～800 元/天	66	19 077	17 120

注:自由执业导游自行开展导游服务工作,没有固定的工作单位。

航空公司空乘人员忠诚度的影响因素：一个基于情感需求的解释

殷笑语　薛　岚

(复旦大学旅游学系，上海 200433，中国)

[摘要]　空乘人员是航空公司的一线员工和形象代表，空乘人员的高忠诚度对航空公司的稳定和发展都有着至关重要的作用。本研究采用扎根理论的研究范式，以国外 A 航空公司为研究案例，基于参与式观察和对 15 名一线空乘人员的深度访谈，构建出一个基于情感需求视角的理论框架。结果显示，航空公司空乘人员的情感需求主要体现在作为企业一员的情感需求和作为一个人的情感需求，包含舒适感、自我价值感、安全感和归属感四个维度，共同影响空乘人员对航空公司的忠诚度。本研究有针对性地提出了提高空乘人员忠诚度的对策，从而为航空公司相关人力资源管理提供理论指导和决策建议。

[关键词]　空乘人员；质性研究；扎根理论；情感需求

引言

自 1949 年中国民用航空局正式成立以来，中国民航事业发展日新月异，行业规模不断扩大。2005—2020 年，中国民航旅客运输量连续 15 年稳居世界第二，成为当之无愧的世界航空运输强国。然而，中国民航业在迅速发展的同时也面临各种严峻挑战，其中人力资源的供应和利用是核心问题之一。据国内三大航空公司内部资料显示，近几年来，空乘人员的流失率居高不下，甚至还出现了排队辞职的情况。空乘人员的流失对航空公司无疑是一个巨大的威胁：第一，空乘人员的供应数量不足，航空公司难以正常运行；第二，航空公司需要大量的时

[作者简介] 殷笑语(1989—　)，女，MTA 研究生，研究方向为旅游企业管理，E-mail：18260500035@m.fudan.edu.cn；薛岚(1986—　)，女，博士，副教授，硕士生导师，研究方向为旅游目的地管理、旅游消费者行为，E-mail：lanxue@fudan.edu.cn，通讯作者。

间、金钱去培养新人,新人也需要时间去熟悉飞行工作;第三,团队的服务水平容易受到新人占比过高的影响,这也会影响乘客的满意度和回头率。因此,有效提高空乘人员的忠诚度,将流失率控制在合理范围内,是航空公司急需解决的问题。

目前国内外针对航空公司空乘人员忠诚度的研究并不丰富,且以定量研究为主,过于依赖客观数据的证明,而缺少内在因素的考虑。空乘人员并非无情的工作机器,他们情感方面的需求也需要被满足。此外,国内航空公司空乘人员的忠诚度较低,已有研究着重关注造成这一局面的负面因素,缺少基于正面案例的研究分析。基于此,本研究选取国外A航空公司作为研究对象,对该公司进行参与式观察和对15名空乘人员进行深入访谈,采用扎根理论的研究范式,对该公司空乘人员忠诚度的影响因素进行系统分析,识别出一个基于情感需求的解释框架,在理论上丰富了现有企业员工忠诚度的研究成果。本研究有助于解决我国航空公司现阶段空乘人员流失率高的问题,提高各航空公司的人力资源管理水平。

1 文献综述

1.1 员工忠诚的内涵

员工忠诚问题一直是国内外学者非常重视的课题。在国外,Becker于1960年第一次提出了员工忠诚的相关问题,他认为员工的忠诚是一种心理状态,可以被划分为情感忠诚、持续忠诚和规范忠诚三个层次。[1]忠诚是员工对企业的情感承诺,是指员工对与企业之间的关系感到满意,愿意在该企业继续工作。[2]这可以看作是一种员工对企业发自内心的认同[3],也是成功的企业环境和同事关系造就的一种积极的结果[4]。忠诚的员工会把在该企业工作当作最佳选择[5],会时刻表现出为实现企业最大利益而努力的意愿[6]。他们信任企业,能够最大限度地贡献自身的时间和能力[7]。

在中国,企业的经营者普遍将员工的忠诚定义为恪尽职守。员工对所在企业有深刻的感情,全身心地投入工作当中。[8]即员工在思想上与经营者高度一致,在行为上把企业的发展看成自己的事业。[9]员工的忠诚表明员工对企业有归属感,对企业的文化和发展方向高度认同。[10]是发自内心地愿意以自身的能力来为企业获取利益,愿意与企业一起迎接挑战。[11]因此,员工忠诚是员工对企业全心全意的态度和行为的统一,表现为员工为企业的发展而不断付出。

1.2 员工忠诚度的影响因素

总体来看,影响员工忠诚度的因素主要包括员工的个人内在因素、上级领导因素、企业福利待遇因素、企业环境因素和外在环境因素五个方面。

第一,个人内在因素方面,员工的性别、教育水平、家庭情况等都会对员工的忠诚度产生影响。[12]如员工受教育的程度与忠诚度成反比。受教育程度越高的员工,本身能力更强,工作机会也更多,所以忠诚度相对较低。[13]而年龄与员工忠诚度成正比,并且已婚员工的忠诚度比未婚员工更高。[14]也有学者认为,员工的忠诚是一种员工对企业自愿履行承诺的行为,与员工自身的道德标准有关。[15]有些员工的忠诚是天生的,是性格原因,而不是由于企业给予了特别的激励。[16]

第二,领导的言谈举止、道德水平、个人能力等也会对员工忠诚度产生影响。[17]领导的素养越高、能力越强,员工就越臣服于他。领导者和员工积极、良好的沟通,也能提高员工忠诚度。[18]

第三,企业福利待遇包含薪酬福利、工作时间、职业内容、设施环境、自主权利等也会直接影响员工忠诚度。如企业培训与员工忠诚度有着密不可分的关系。[19]企业的发展前景、经营状况、工作环境等也会对员工的忠诚度产生影响。[20]企业的奖励策略也是员工忠于组织的重要因素[21],员工忠诚度与报酬之间也有着密切的联系[22]。

第四,企业环境因素如企业文化、岗位分配、工作环境、企业培训、企业发展机会对员工忠诚度有直接影响。[23]研究证明,企业文化能够有效地建立起企业与员工之间的纽带,使员工认同自身在企业中的价值,有利于提高员工的忠诚度。建立良好的企业文化,是各企业需要重视的事情。[24]企业文化越强,员工对企业的价值体系认同感越高,其忠诚度也更高。[25]

第五,社会大环境的一些因素,也会影响到员工忠诚度。[26]如和劳动保障相关的法律不健全,会降低员工的忠诚度。[27]猎头公司行为、经济政策改变等都会对员工忠诚度产生影响。[28]

综上所述,员工忠诚度受到多种内在和外在因素的影响,随着内外因素的变化,员工的忠诚度也会有所变化。随着社会发展,90后开始成为工作的主力军,这一代的员工具有更强的个性和自尊心[29],他们重视沟通,崇尚自由,对企业要求不再局限于物质激励,而更加重视内在的情感需求[30]。因此,有必要重新探索空乘人员对航空公司忠诚度的影响因素,从而为人力资源管理提供理论指引。

2 研究设计

2.1 研究案例——国外 A 航空公司

A 航空公司是全球历史最悠久的航空公司之一,拥有高质量的客机、舒适的客舱、人性化的服务,受到众多乘客的认可和喜爱。2018 年,A 航空公司在“世界十大最安全航空公司”中名列前三。2019 年,A 航空公司被国际航空乘客体验协会(APEX)评为五星级航空公司。

据了解,由于 A 航空公司工作氛围轻松,企业文化多元,尊重员工个性,鼓励员工自我提升,员工总体忠诚度非常高,大部分空乘人员愿意长期在 A 航空公司工作。在 A 航空公司飞行时间最长的空乘人员工作时间长达 46 年,直到 68 岁退休。A 航空公司在中国有北京、上海等目的地,中国籍空乘人员总数 100 余人,2017—2019 年三年间辞职总人数不超过 5 人,原因为移民他国(2 人)和人生计划变动(3 人),并非对工作/公司不满。相比国内航空公司空乘人员的高离职率,A 航空公司在员工忠诚度建设方面具有领先优势。因此,本研究选取该航空公司为案例,对其空乘人员工作感受进行调研,以期对同类型企业在开展空乘人员管理工作方面起到一定的借鉴作用。

2.2 资料收集

本研究采用扎根理论(Grounded Theory)的研究范式进行资料收集和分析。扎根理论是 Glaser & Strauss 在 1967 年提出的一种质性研究方法[31],在社会科学领域有广泛的应用。扎根理论要求研究者通过考察和访谈获取原始数据,对数据进行分析归纳,挖掘内在联系,进而形成理论体系。扎根理论是回答本课题研究问题的合适方法:一方面,国内对航空公司忠诚度影响因素的研究以国内航空公司的失败案例为主,研究国外航空公司的成功案例还属于新的尝试,所以难以在已有的文献中找到理论借鉴并进行量化研究;另一方面,现阶段国内关于空乘人员忠诚度影响因素的研究过度强调客观指标和外因,较少关注内因,尤其缺少基于空乘人员内在感受的研究。与时俱进的研究需要从实际案例出发,而扎根理论有助于揭示现象下的潜在规律。

本研究的资料收集主要包含两个部分。

(1) 参与式观察。本研究第一作者是一名有八年从业经验的空乘人员,先后在 X 航空公司以及 A 航空公司任职。该作者曾接触过各种类型的空乘人员,对相关问题沉淀了较为丰富的思考。该作者目前就职于 A 航空公司,对该航空公司的政策制度、文化氛围和空乘人员的工作状况非常熟悉。工作期间,该作者与研究对象建立了良好的关系，也初步识别出一定的忠诚度影响因素，为访谈工作的开展和后期的理论建构打下了基础。

（2）深度访谈。2020 年 1—3 月，本课题开展了对 15 名 A 航空公司空乘人员的正式访谈。访谈内容包括研究对象的基本情况、工作感受、印象深刻的事等，题目均为开放式问题。访谈过程中，不设固定规则，通过提问和交流，逐步引导被访谈者说出真实看法。受访对象的选取注意平衡了性别、年龄、从业时间等因素。每位受访者的访谈时间约为 60～90 分钟，将手写记录和录音记录合并转换成第一手文本数据，得到有效原始材料 10 万余字，受访对象的基本信息如表 1 所示。

表 1　受访对象的基本信息

受访者编号	性别	年龄	从业时间	家庭情况	访问时长
A1	男	27 岁	3 年	未婚	60 分钟
A2	女	29 岁	3 年	未婚	70 分钟
A3	男	39 岁	6 年	未婚	60 分钟
A4	女	34 岁	6 年	已婚一孩	90 分钟
A5	男	38 岁	14 年	未婚	80 分钟
A6	女	33 岁	3 年	未婚	90 分钟
A7	男	40 岁	14 年	已婚一孩	60 分钟
A8	女	32 岁	3 年	已婚无孩	90 分钟
A9	男	45 岁	16 年	已婚一孩	70 分钟
A10	女	35 岁	7 年	已婚一孩	65 分钟
A11	男	35 岁	7 年	未婚	60 分钟
A12	女	37 岁	7 年	已婚两孩	90 分钟
A13	女	36 岁	14 年	已婚无孩	90 分钟
A14	女	31 岁	3 年	未婚	65 分钟
A15	男	45 岁	16 年	已婚一孩	90 分钟

2.3　资料分析

本课题采取扎根理论普遍采用的三级编码方法对得到的文本数据进行分析，具体分析过程如下。

（1）开放性编码。开放性编码是将原始数据打散、赋予概念，以新的方式组合起来的过程。研究者要保持开放的心态，并牢记一个重要原则，即“什么都可以相信，什么也都不可相信”[32]。在数据分析过程中，研究者将原始数据进行规范化处理，整理出 4 000 多条文本记录，剔除出现频次较少的概念，对相近概念重新组合。经过反复归纳和对比，最终提炼出 17 个空乘人员忠诚度的影响因素范畴，包括：自我发展、价值实现、有自主权、享受工作、身心健康、平衡家庭、工作安排、工作环境、对比优势、拥有友情、上级支持、团队合作、企业关怀、薪酬待遇、企业能力、企业道德、保障制度。

（2）关联性编码。该阶段要求研究者将收集到的原始语句放到被访谈者的社会文化背景和具体语境中去，找出被研究者的真实意图。即去发现各个看似独立的概念之间的暗藏关联，建立概念之间的逻辑关系。基于开放性编码的结果，研究者梳理出 17 个范畴的内在联系，最终归纳出 4 个关联性编码，包括自我价值感、舒适感、归属感、安全感。

（3）选择性编码。该阶段要求研究者找到能够以一持万的“核心类属”，并将分析不断集中到与核心类属有关的码号上，“核心类属”必须能够将最大多数的研究结果包含在一个理论范围之内。本课题研究者在前两个阶段的基础上继续追问，深入思考，提取出“情感”作为核心线索，挖掘出两个核心类属：作为一个人的情感需求和作为企业一员的情感需求，最终发展出一个基于情感需求的理论框架，具体内容见下文分析。

2.4 饱和度检验

研究者完成资料分析工作后，发现几乎不再有新的概念和联系产生。为了保证理论的饱和度及研究的严谨性，研究者又随机选取了三位 A 航空公司的空乘人员进行补充访谈，并对获得的有效数据进行再次编码分析。结果显示，模型中的范畴已经非常全面，对于空乘人员忠诚度的影响因素没有再出现新的范畴，因此本研究所构建的模型具有良好的理论饱和度。

3 研究发现

3.1 作为一个人的情感需求

“作为一个人的情感需求”是指空乘人员作为一个独立个体在工作中对工作环境、自我发展、身心健康等方面的情感需求。是企业人性化的工作制度、积极友善的工作环境，带给员工的舒适感和自我价值感。该需求的满足，有助于提高员工对企业的满意度，激励员工个人成长，提高员工工作效率，进而推动企业发展。

3.1.1 舒适感

“舒适感”即员工从工作中得到的一种身心愉悦的体验，它反映了客观条件与员工心理需求的统一。空乘人员的舒适感和忠诚度成正比。对于 A 航空公司，其空乘人员工作中的舒适感主要来自享受工作、工作环境、工作安排、身心健康、平衡家庭、对比优势。

对于一些空乘人员来说，在飞机上服务乘客是一种愉快的生活经历，他们非常享受这份工作。如一名空乘人员提道："我们的工作是一种生活方式，我喜欢这种生活方式，每次遇到的乘客都不一样，我很享受这种感觉。"(A1)而良好的工作环境可以提高员工工作的舒适度："机舱非常干净，公司花了钱请专业人员来做清洁。客舱下面有专门休息的地方，可以完全平躺。"(A4)同时，许多受访对象提到工作安排的合理性和可操作性，如："我们的工作安排很合理，每个人都有自己的区域，工作量也均等。"(A5)

此外，舒适感还体现在A航空公司对空乘人员身心健康和工作—家庭平衡的重视。在工作强度上，A航空公司有非常人性化的排班制度，比如航班之间至少有48小时的休息时间，如果空乘人员感觉自己没有得到良好的休息，无法保证安全飞行，也可以随时申请"疲劳报告"，公司会立刻安排新的员工顶替。在日常休假制度上，每年乘务员有24天的带薪年假以及多张员工折扣机票，折扣机票适用于员工自己、家人及同行的朋友，可以购买本公司及合作航空公司的折扣机票。在生育保障福利上，空乘人员可以自主选择产后的休息时间，最长可以休息到小孩一岁再复飞，充分保证了产妇的恢复和家庭陪伴时间。

A航空公司在保证航班正常运营的情况下也充分顾及了空乘人员的休息和私人活动。一名空乘人员认为："我们公司工作不累，休息充足，心情也放松身体也放松。"(A6)另一名空乘人员提道："我以前在国外工作很难回一次家。现在公司休假制度很灵活，可以经常回去看爸妈。万一他们生个病什么的，也能及时赶回去。"(A10)由于A航空公司多数航班为国际航班，需要往返国内外，有些员工甚至把工作当作一次旅行，让他们暂时放下家庭义务、享受生活，有空乘人员提道："我真心觉得这个工作对于带小孩的妈妈挺好，天天和孩子在一起真会疯。飞出去是一种休息，就有一个短暂的个人空间，也能够时不时地喘口气。"(A12)

最后，空乘人员会有意识或无意识地拿A航空公司和其他航司对比，如果发现自己任职的企业薪酬更好、制度更合理、企业文化更优秀等，就会产生一种在该企业工作的舒适感："我在抖音上有刷到过一些同行的视频，同事之间等级制度森严，前辈会欺负后辈之类的，在我们公司就没有遇到过，同事之间都特别好相处。"(A1)

3.1.2 自我价值感

"自我价值感"是指员工通过自身努力，得到他人、公司和社会认可的一种情感。依据马斯洛的需求层次理论，自我实现和尊重需求是最高的两类需求。对于A航空公司的空乘人员来说，自我价值感包括：自我发展、价值实现、有自主权。空乘人员的自我价值感与忠诚度成正比。

A 航空公司对空乘人员的自我发展持积极态度,鼓励空乘人员实现个人梦想,开发个人潜力。当员工感受到组织的尊重和支持时,他们更有动力去追求自己的目标和成就。许多受访者提到了培养兴趣爱好、学习新的知识等话题,如"拿到专业证书""内在成长""再深造"等。A 航空公司拥有灵活的"读书假"政策,如每个月每个员工都有权利自主安排 8 天的休息日,员工可以根据自己的学习需求向公司申请。空乘人员也可以向公司申请连续一段时间如半年、一年的"读书假"。空乘人员还有机会选择签约夏季工作合同,即在夏季时段正常工作,冬季时段可以在家休息或者回归校园。有受访者表示,在工作期间重新学习,也是一种自我价值的实现:"我们公司还挺鼓励去学习的,很多同事都会去发展自己的兴趣。然后我现在也正在读非全日制的研究生,我觉得这是一个很好的事情,感觉我的人生价值进一步实现了,多亏公司的好政策。"(A14)

"价值实现"指的是员工充分发挥自己的才能,并且这些才能也得到了外界的肯定。员工因此感觉自己很重要,并产生了自我价值感,工作起来更具有自觉性,更有责任感。在深入访谈中,受访者就多次提到"自己有价值""我很有用""自己很重要"等词句。也有受访者回忆起相关的故事:"我们互相尊重和学习,比如说每次中国航班开会,外国空乘人员都会咨询中国航班的注意事项,我每次分享的时候同事们都会很认真地记录,也会真诚地感谢我,并且会在航班上实行。"(A1)

"有自主权"指的是员工有权利去安排自己工作范围内的各项事务。A 航空公司在给予员工自主权方面有很多政策,如空乘人员可以根据自己的需求申请年假,也可以自主对换航班,还可以根据客舱的情况,自主安排负责区域的服务流程和进度等。访谈中,受访者也多次提到"自己能安排""做自己认为对的事""比较有自主权"等词句。也有受访者分享了相关的经验:"我觉得这个是不安全的,我就直接告诉乘客你不可以这么做,我们从来不会担心被投诉,因为我们有权制止乘客做不安全的事情。"(A15)

舒适感和自我价值感是一种相互影响的关系。在工作中舒适感充足的员工,才会有动力和精力去追求自我价值感。自我价值感得到不断满足的员工,其工作的舒适感也会不断增加,忠诚度也会越高。

3.2 作为企业一员的情感需求

"作为企业一员的情感需求"指的是员工作为企业的一员对来自企业的关怀与支持的情感需求,包括企业雄厚的实力、全方位的保障所给予的安全感和归属感。该需求的满足,有助于增进员工与企业之间的深层连接,增强企业凝聚力,提升员工在工作中的主动性。

3.2.1 安全感

"安全感"指员工能感受到的工作保障。具体到A航空公司，指空乘人员通过航空公司提供的薪酬待遇、保障制度，感受到其强大的企业能力和高尚的企业道德，感受到公司稳定的工作承诺，从而产生在公司工作是有保障的感觉。空乘人员的安全感和忠诚度成正比。

A航空公司的空乘人员普遍反映A航空公司在薪酬待遇方面非常慷慨："我们的工资不错，尤其生育福利很好，公司赚钱了，还发了奖金。"(A10)除了有形的薪酬待遇，空乘人员的安全感还来自A航空公司给予的无形的保护，有员工提道："我觉得在这家公司就是有种被保护的感觉。之前出现过乘客提无理要求的事情，因为座位的娱乐系统坏了让我给免费升舱，我没有同意乘客就要投诉我，说我态度不好。乘务长查清楚情况后，告诉乘客要尊重我们的乘务员，还肯定了我的做法没有错，然后合理地解决了问题，给乘客换到了同舱的座位。我觉得我们公司在保护自己的员工这件事上做得很好，你会敢于做对的事情，在这里工作你会觉得真的很有安全感。"(A3)而国内许多航空公司更多的是采用"顾客至上"的策略，在员工正确的情况下，也会让其承担顾客投诉的责任，让员工"受委屈"。

在新冠疫情的影响下，A航空公司的企业道德和责任意识更是为空乘人员提供了很大的信心和保障，许多员工都称赞A航空公司应对疫情的相关政策，如："在疫情不飞情况下，公司发了基本工资，还帮付个人的五险一金，我觉得我们公司保护自己的员工这件事做得很好。"(A8)"好多公司都开始辞退空乘了，我朋友的公司连那些签了合同的新人都被送回去了。咱们公司在疫情这么严重的时候，也没有辞退无合同的新人，这个是没有契约的契约精神。"(A12)除此之外，创收力、竞争力等企业能力也是让员工产生安全感的重要因素："我们公司全世界排名都靠前的，资金储备充足，遇到这样的疫情也能生存下来。"(A7)

3.2.2 归属感

"归属感"指的是员工与企业的一种内在联系，反映员工对企业的认同程度和亲密程度。员工的归属感和忠诚度成正比。空乘人员的归属感来自作为一名员工在A航空公司得到企业关怀、上级支持，和同事开展积极的团队合作，并在职场中拥有友情。

企业对员工全面的关怀措施，员工是能够切身体验到的，这有助于增进员工的归属感："春节这样的中国传统节日收到公司的祝福邮件，我觉得真的还蛮暖心的。"(A8)在疫情期间，A航空公司也不忘关怀员工："公司在疫情期间一直安抚大家的情绪，还写邮件让大家在家里好好调节身心，为以后重新起飞做好准备。"(A13)此外，上级对员工的支持也是让员工感受到归属感的重要因素，受访者也多次提到和上级相关的词句，比如"沟通没有压力很顺畅""帮助我们处理问题的人”“不用拍马屁点头哈腰”等。

归属感还体现在空乘人员与同事之间的关系上。好的团队合作可以提高效率,队员之间会越来越和谐,员工在团队之中也会产生归属感,如受访者多次提及“与同事合作很有效率”“互相帮助”“好团队就不累”等词句。有受访者讲述在团队中工作的经历:“我最大的体会就是团队合作非常融洽,比如说常常会有很多乘客找你要东西,我想先去给第一位乘客送热水,再去给另一位乘客拿毛毯。结果我送完热水回来的时候,就发现同事已经帮我把毛毯送给那位乘客了,我们有种无声的默契,会自动去帮忙。”(A6)

在长期的相处中,空乘人员也建立了超越国籍的友情,如受访者多次提到“真正的朋友”“知心的朋友”“都是熟人”等词句。有受访者回忆起外国同事来中国看望他的往事:“有位同事从国外飞到河南去,然后又特地飞来广州看望我,我很感动。”(A3)

安全感和归属感是一种相互依存的关系。在企业里,员工的安全感和归属感常常同时出现,并且相辅相成。足够的安全感带来强烈的归属感,源源不断的归属感也能带来充分的安全感,两者都是影响员工忠诚度的重要因素。

3.3 空乘人员忠诚度的影响因素——一个基于情感需求的解释框架

在研究之初,研究者曾设想过工资、奖金等物质因素可能会带来更为直接的影响,然而在整理资料时,受访者反复提到与情感相关的话题:“发不发工资都无所谓,只要公司挺过去就行”(A2);“我对公司是有感情的”“人都是有感情的动物,公司对我好我知道”(A6);“感情上的支持对我来说更重要”(A10)。说明疫情之下,在企业与员工都面临难关时,A 航空公司的空乘人员仍坚定地相信和守护自己的公司。由此可见,空乘人员对于 A 航空公司是充满情感的,而这种情感来源于多种因素的叠加与糅合。即便是外在的物质奖励,也并非仅仅体现在高额的工资薪酬方面,而是一整套保障体系所赋予的安全感,如生育福利、分享红利、疫情下的不抛弃等。因此,多种因素综合而成的情感,才是直接影响员工对企业忠诚度的重要因素。具体来说,空乘人员的情感既有从个人主义角度出发的“作为一个人的情感需求”,也有从集体主义角度出发的“作为企业一员的情感需求”,前者包含舒适感和自我价值感,后者包含安全感和归属感,两者共同组成了空乘人员对 A 航空公司的情感要素。基于以上分析,本研究总结出一个基于情感需求的解释框架(如图 1 所示)。

依据《心理学大辞典》(上海教育出版社 2003 年版)的定义,“情感”是在人们认识和改造世界的过程中逐渐产生和发展起来的。情感反映了人类内在需求和客观事物之间的关系,如果客观事物满足自己的需求,人就会产生肯定的、正面的态度;如果客观事物与自己的需求相背离,人就会产生否定的、负面的态度。[33]特纳(Jonathan Turner)认为情感具有动机作用力,不仅可以影响人们的喜恶,还可以增减人们动机的强度,从而影响人们的行为。[34]可见,情感在人类的实践过程中起着巨大的作用,情感可以把零散的人们动员起来,聚集成为一个认知和行为都高度一致的整体[35]。

企业满足员工的情感需求会对员工的忠诚度产生正向的影响。企业通过实现员工在工作中的舒适感、自我价值感、安全感和归属感可以有效建立起员工与企业之间稳定的情感关系,员工心理安全感及自我认同感会更高,员工对企业的信任程度和依赖程度也会更高,这可以带来员工对企业正向的态度评价,从而对企业产生较高的忠诚度。而当员工对企业产生积极的态度时,与企业之间的情感纽带就会更加紧密,员工就会团结在一起,把企业的发展当作己任,这不仅会让企业更好地发展也会让员工得到充分的物质和精神支持,从而进一步提升员工对企业的忠诚度。由此可见,情感需求会对空乘人员的心理和行为忠诚产生巨大的影响。

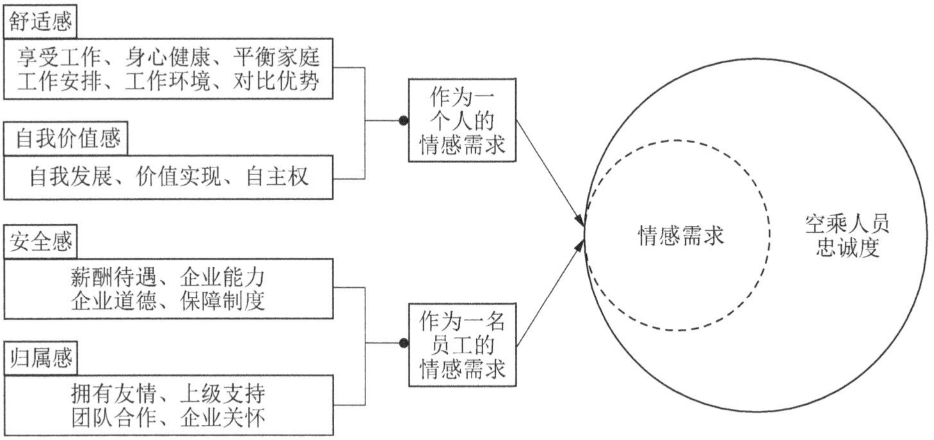

图 1 基于情感需求的空乘人员忠诚度影响因素的解释框架

4 研究结论与建议

本研究以国外 A 航空公司为研究对象,基于参与式观察和深度访谈的质性研究方法,对该公司空乘人员忠诚度的影响因素进行了探究。有别于已有注重量化测度的员工忠诚度研究,本研究运用扎根理论识别出“情感需求”作为影响空乘人员对 A 航空公司忠诚度的关键纽带,体现在“作为一个人的情感需求”和

“作为企业一员的情感需求”，前者包含舒适感和自我价值感，后者包含安全感和归属感。由于A航空公司的空乘人员具有较强的企业忠诚度，以此为研究对象有助于帮助国内航空公司完善人力资源管理，从情感需求的层面提高员工忠诚度。

基于研究成果，本研究提出以下建议。

首先，针对满足空乘人员“作为一个人的情感需求”，力求让空乘人员在工作中得到舒适感和自我价值感。具体方式可以通过优化工作安排、推行自主管理模式、设定人性化排班机制、建立弹性工作考勤及休假制度等实现。此外，企业应鼓励空乘人员全方面发展，在公司内部构筑多层次、多形式的培训体系，提高空乘人员的岗位胜任能力。设立专业咨询机构，提供职业生涯规划等咨询服务，并且提供开放的多渠道的晋升平台，积极为空乘人员创造美好的职业愿景。充分尊重空乘人员的个性，鼓励其实现个人目标，设立灵活的学习假期及转岗计划，既可以帮助空乘人员完成个人心愿，也可以实现组织目标与员工目标的良好融合。

其次，针对满足空乘人员“作为企业一员的情感需求”，力求让空乘人员在工作中得到安全感和归属感，建立公平公正的奖惩机制：面对乘客赞扬时，领导要带头表扬，必要时设立专项奖励，从物质和精神层面对空乘人员进行双重激励；面对乘客投诉和突发状况时，航空公司应多方取证，公正对待，守护空乘人员的自尊心和合法权利。建立起多元化的薪酬福利和保障体系，重视空乘人员精神层面的需求，结合实际情况给予不同方式的关怀。建立亲切平等的上下级关系和畅通的上下级沟通渠道，这有助于了解空乘人员的真实情况，帮助空乘人员解决实际问题，并重视空乘人员的心理健康。

本研究有待完善和深入之处：第一，本研究从一家航空公司选取受访者，其感受难免相近，这对研究结果的全面性会有一定影响。另外，国外航空公司员工的社会和文化背景与我国有一定差别，研究结果的普适性需要进一步考察。后续研究可以扩大研究范围，将不同国家的多家航空公司进行对比。第二，本研究基于扎根理论的研究范式，着重于考察空乘人员忠诚度的影响因素，识别分析框架，对于不同影响因素的作用效果，还有待进一步的定量分析。

参考文献

[1] BECKER H S. Notes on the concept of commitment[J]. *American Journal of Sociology*, 1960, 66(1):32-40.

[2] ALLEN N J, MEYER J P. The measurement and antecedents of affective, continuous and normative commitment to the organization[J]. *Journal of Occupational Psychology*,

1990, 63:1-18.
[3] MEYER J P, ALLEN N, SMITH C A. Commitment to organizations and occupation: Extension and test of a three-component concept conceptualization[J]. *Journal of Applied Psychology*, 1993, 78(4):538-551.
[4] NIEHOFF B P, MOORMAN R H, BLAKELY G, et al. The influence of empowerment and job enrichment on employee loyalty in a downsizing environment[J]. *Group and Organization Management*, 2001, (26):93-113.
[5] PANDEY C, KHARE R. Impact of job satisfaction and organizational commitment on employee loyalty[J]. *International Journal of Social Science and Interdisciplinary Research*, 2012, 1(8), 26-41.
[6] OMAR M W, JUSOFF K, HUSSIN H.Employee motivation and its impact on employee loyalty[J]. *World Applied Sciences Journal*, 2010, 8(7):871-873.
[7] MEHTAS, SINGHT, BHAKAR S, et al. Employee loyalty towards organization—A study of academician[J]. *International Journal of Business Management and Economic Research 1*, 2010, 1(1):98-108.
[8] 郑艳.从顾客忠诚到员工忠诚[J].企业研究,2001(9):24-25.
[9] 赵瑞美,李桂云.企业员工忠诚度下降的原因与对策分析[J].聊城大学学报(社会科学版),2003(4):36-38.
[10] 詹宏陆.民营企业与知识员工双向忠诚问题研究[D].南昌:江西财经大学,2015.
[11] 王英换.基于幸福指数的企业员工敬业度和忠诚度研究[J].就业与保障,2019(24):20-22.
[12] MATHIEU I, ZAJAC D. A review and meta-analysis of antecedent's correlates, and consequences of organizational commitment[J]. *Psychological Bulletin*, 1990, 108(2): 171-194.
[13] MOWDAY R T, PORTER L W, STEERS R M. *Employee organization linkages: The Psychology of Commitment, Absenteeism, and Turnover*[M]. New York: Academic Press, 1982, 35(4):881-884.
[14] ELAINE M. Well-paid employees are loyal employees[J]. *R Magazine*, 1997(11):57-78.
[15] 张兰霞,闵琳琳,吴小康,等.基于心理契约的知识型员工忠诚度的影响因素[J].管理评论,2008(04):39-44+57+64.
[16] GEORGE M L. Loyalty and a sense of purpose[J]. *California Management Review*, 1984, 27(1):149-156.
[17] 赵观兵,梅强.员工忠诚度评估的模糊综合评判模型[J].商业研究,2003(40):43-45.
[18] MCGUINNESS B M. The change in employee loyalty[J]. *Nursing Management*, 1998, 29(2):45-48.
[19] COSTEN W M, SALAZAR J. The impact of training and development on employee job satisfaction, loyalty, and intent to stay in the lodging industry[J]. *Journal of Human Resources in the Hospitality & Tourism*, 2011, 10(3):273-284.
[20] 王洪梅.企业员工忠诚度的影响因素分析[J].当代经济,2013(17):54-55.
[21] ABAULLAH R B, MUSA M, ZAHARI H, et al. The study of employee satisfaction

and its effects towards loyalty in hotel industry in Klang Valley, Malaysia[J]. *International Journal of Business and Social Sciences*, 2011, 2(3):147-155.

[22] SARWAR S, ABUGRE J. The influence of rewards and job satisfaction on employees in the service industry[J]. *The Business and Management Review*, 2014, 3(2):22-32.

[23] 谢玉华,曹建.职业生涯各阶段员工忠诚度控制策略[J].湖南大学学报(社会科学版), 2005(5):63-66.

[24] HERMAN R, GIOIA J. Helping your organization become an employer of choice[J]. *Employment Relations Today*, 2001, 28(2):63-78.

[25] BARTIKOWSKI B, WALSH G, BEATTY S E. Culture and age as moderators in the corporate reputation and loyalty relationship[J]. *Journal of Business Research*, 2011, 64(9):966-972.

[26] 周亚越,俞海山.员工忠诚的三维因素分析[J].理论月刊,2003(3):121-124.

[27] 黄亨煜.知识员工组织忠诚度下降的社会原因和提升策略[J].中国人力资源开发,2006(11):49-51.

[28] 乔建利.浅析影响企业员工忠诚度的因素及提高对策[J].经济师,2012(4):236-237.

[29] 李露.浅谈企业 90 后员工特点及其管理方法[J].人力资源管理,2014(3):55-56.

[30] 李天月.基于马斯洛需求层次理论的 90 后员工激励机制研究[J].管理观察,2014(6):68-70.

[31] GLASER B, STRAUSS A. *The Discovery of Grounded Theory: Strategies for Qualitative Research*[M]. Chicago: Aldine Press, 1967:18-48.

[32] 陈向明.质的研究方法与社会科学研究[M].北京:教育科学出版社,2000:169.

[33] 颜世元.情感在主体认识活动中的能动作用[J].齐鲁学刊,1988(6):22-23.

[34] 乔纳森·特纳,简·斯戴兹.情感社会学[M].孙俊才,文军,译.上海:上海人民出版社,2007:1-2.

[35] 杨国斌.多元互动条件下的网络公民行动[J].新闻春秋,2013, 13(2):4-16.

A Study on the Influencing Factors of Flight Attendant Loyalty —An Explanation Based on Emotional Demand

YIN Xiaoyu, XUE Lan

(*Department of Tourism, Fudan University, Shanghai 200433, China*)

Abstract: Flight attendants are the front-line employees and image representations of the airlines. Their high loyalty plays a vital role in the stability, customer service quality, and development of airline companies. Based on participatory observation and semi-structured interviews with 15 experienced flight attendants, the study found that the loyalty of flight attendants is influenced by their emotional needs as a member of their company and as a person, which include four emotional demands: a sense of amenity, a sense of self-esteem, a sense of security, and a sense of belonging. Based on the findings, the study built a theoretical framework of emotional demands to explain the influencing factors on the loyalty of flight attendants. The results provide practical implications for improving the loyalty of flight attendants and Airlines' human resources management in general.

Keywords: cabin attendant; qualitative research; Grounded Theory; emotional demand

旅游者行为

影视叙事传输引发旅游行为意愿的路径机理实证研究*

甘雪娜　张若琳　李方正
（复旦大学旅游学系，上海 200433，中国）

［摘要］ 部分影视剧通过让观众沉浸在影视叙事中，让观众感受某地区的风土人情，并通过叙事唤醒观众的情感，进而让其产生旅游行为意愿。本研究以叙事传输为理论基础，深入探讨影视叙事下，叙事传输对观众旅游行为意愿的影响。以电视剧《去有风的地方》为例，以其观众作为研究对象进行问卷调查，通过结构方程模型和中介效应进行分析。结果表明：电视剧叙事传输能显著正向影响目的地的情感形象与认知形象，并且能够正向影响唤醒和对目的地的态度，并通过唤醒与态度的中介作用对旅游行为意愿产生正向作用。

［关键词］ 影视旅游；叙事传输；目的地形象；旅游行为意愿

引言

随着影视剧行业的发展和互联网的广泛应用，越来越多的地区因为影视剧播出成为新兴旅游地或热门旅游地。近些年“影视剧＋目的地”的词条也频上热搜，以近两年为例，一些微博词条如“一部剧带火的旅游胜地”“被电影安利的旅游地”“看完《去有风的地方》想去大理旅游”等登上热搜。这从侧面表现出一部影视剧带火整个目的地甚至城市的现象越来越普遍，如《觉醒年代》的故事唤醒无数观众的情绪，让他们纷纷前往拍摄地，或事件发生地，或相关纪念地旅游；《去有风的地方》在剧中呈现出大理宁静美好的田园风光和秀丽风景，让观众对

---

*　［基金项目］本研究受国家自然科学基金（72074053）资助。

［作者简介］甘雪娜（1999—　），女，博士研究生，研究方向为旅游者行为，E-mail：1755717094@qq.com；张若琳（1997—　），女，硕士研究生，研究方向为旅游营销，E-mail：g.haniye97@gmail.com；李方正（1997—　），男，硕士研究生，研究方向为旅游营销，E-mail：22210500023@m.fudan.edu.cn。

取景城市产生向往，从而吸引了无数游客前往旅游。影视剧通过让观众沉浸在影视叙事中，向观众传达某地区的风土人情，并通过叙事唤醒观众的情感，进而产生旅游行为意愿。[1]不少影视剧的粉丝也在喜爱作品的驱动下，查找、挖掘、前往影视剧现实取景地。[2]因此，在新媒体时代，在影视旅游群体不断壮大的背景下，与影视旅游相关的研究愈发重要。

影视旅游作为一种新兴旅行方式，对旅游业的发展有重要影响。[3]近年来，影视剧诱发的旅游活动越来越多，在社交媒体上，越来越多的游客发布与影视剧相关的旅游地打卡照片。目前影视剧对旅游的作用在不少文献中已经得到了证实，但相关研究大多集中在影视剧呈现出的画面对旅游目的地的影响上。其实除了画面之外，影视剧的故事内容更可以打动观众，可以唤醒并强化观众潜在的情感，进而激励观众。[4]因此，除了真实的目的地图像，影视剧讲述的故事也能打动观众，进而引发对目的地的积极态度与行为。[5]

因此，在影视旅游中，影视剧的叙事内容具有非常重要的地位，但是目前缺乏对影视叙事传输的研究，本研究基于叙事传输等理论展开研究，以期填补这方面的空白。叙事传输理论以叙事作为核心，观察叙事内容与叙事媒介等对观众读者的影响。[6]现有以叙事传输理论为核心内容和理论基础的旅游目的地相关文献主要以归纳性研究和质性研究为主，验证了叙事传输理论在旅游情境中的适用性。对旅游目的地而言，通过叙事媒介和叙事内容让观众对旅游目的地产生形象认知，进而产生相关的心理和情绪，形成对目的地的积极态度及旅游意愿。那么，影视是如何通过叙事传输影响观众心理与意愿的？其叙事传输的机制路径是怎样的？本研究将结合叙事传输理论回答以上问题，并以影视剧为研究对象，引入目的地形象和唤醒等变量，构建模型用于解释影视旅游者行为意愿的产生过程与路径机理，并对叙事传输理论进行补充，探讨影视叙事传输理论特点。

1 文献综述及研究假设

1.1 叙事传输与目的地形象

Green 和 Brock 系统性地提出并验证了叙事传输理论，作为解释小说等叙事内容和叙事载体对读者产生影响的重要机制，叙事传输是指当个体阅读小说等叙事性内容时，进入并沉浸于故事世界，并受故事影响改变在现实中的信念和态度的过程。[7]在叙事传输状态下，人们态度和行为的改变主要由以下四个方面所致：减少负面认知，增加对故事角色的认同和喜爱，产生真实的临场感，以及强烈的情感反应。[8]叙事世界是基于形态而定义的，欣赏叙事作品的人包括听众、观众或任何叙事信息的接收者，小说、音乐、影视剧、舞台剧、广告等包含叙事信息的相关研究也都逐渐运用叙事传输作为理论基础。[9]

虚构的故事会影响受众在现实世界中的信仰[10]，好的叙事可以将受众更好地带入故事之中，让其接受叙事传播的文化内容，并且使受众在认知与情感上形成认同[11]。在旅游情境下，叙事传输给游客带来的沉浸体验和意义体验可以影响游客的情感反应和认知评价。[12]目的地叙事传输通过叙事内容、叙事质量等元素引导游客形成旅游目的地的形象期待与想象，促进旅游目的地形象认知的生成[13]，对目的地品牌形象的形成有积极影响[14]。影视叙事可以将观众更好地带入故事与场景之中，使受众形成对相关场景与目的地良好的认知形象和情感形象感知。[15]据此提出假设 H1a、H1b。

假设 H1a：叙事传输对目的地认知形象有正向影响作用。

假设 H1b：叙事传输对目的地情感形象有正向影响作用。

1.2 叙事传输与唤醒、态度

周永博以黑色叙事为例，验证了叙事能够引致游客的目的地情感形象，并对游客的动机和决策产生关键影响。[16]叙事传输所引起的心理过程能让受众体验到沉浸感，产生共情；能够通过与故事的联结将受众带入另一个情境中，引起情感反应，并使受众在现实中的态度和行为发生改变。[8]通过叙事传输的影响机制，故事可以唤醒受众对故事人物等的情感，进而增强其对产品或品牌的积极态度。[17]在影视的背景下，通过叙事传输带来的沉浸体验可以影响观众对目的地的认知与评价，较强叙事特征的旅游视频能让观众形成对目的地的积极态度。[18]

研究也表明，当观众沉浸在影视剧等节目中时，会感到情绪上的快乐，而叙事传输能让观众沉浸在影视剧之中，专注于故事。唤醒是个体兴奋或愉悦的状态，影视叙事传输能直接影响观众的情绪，唤醒观众的情感。[19]Emily 等发现在影视叙事中，角色、音乐以及视听叙事元素通过叙事沉浸能够使观众产生积极的情感反应，唤醒情绪。[20]当观众经历叙事传输时，会感受到情绪上的快乐与对人物的同理心，引发愉悦感和趣味性。[21—22]叙事传输还促进经验加工，增强情绪唤醒，叙事传输越是被唤起，消费者产生的积极情绪就越多。[23]因此，我们提出假设 H2、H3。

假设 H2：叙事传输对唤醒有正向影响作用。

假设 H3：叙事传输对态度有正向影响作用。

1.3 目的地形象与唤醒、态度

观众对目的地形象认知的深入使其对旅游目的地的了解更进一步，有利于其将外化的形象感知内化为对目的地的积极态度。[24]潜在游客在到达目的地前，无法亲身体验目的地的产品、氛围与服务等，因此游客对目的地的形象感知是影响出行前游客旅游行为意愿的重要因素。[25]目的地通过叙事传输向观众传递其认知和情感形象，从而引发观众对目的地产生更积极的评价。[26]观众被影视剧催发出来的情感体验与情感形象，能够促使对目的地产生价值认同与积极态度。

一般而言，消费者通过积累有关产品的知识来形成自己的认知，并基于此对产品形成一种情感，目的地形象反映了游客对目的地各种资源要素的认知倾向，是游客情感的情绪基础。[27]游客对于目的地的认知，会使其产生积极或消极情绪，游客在观看影视剧的过程中，被所呈现出的目的地形象吸引，通过移情与共感产生相应的情绪[28]，游客所感知到的目的地形象会在不同程度上唤醒游客的情绪，进而让潜在游客对目的地产生积极的行为意愿[29]。因此，我们提出假设H4a、H4b 和 H5a、H5b。

假设 H4a：目的地认知形象对目的地态度有正向影响作用。

假设 H4b：目的地情感形象对目的地态度有正向影响作用。

假设 H5a：目的地认知形象对唤醒有正向影响作用。

假设 H5b：目的地情感形象对唤醒有正向影响作用。

1.4 唤醒、态度与行为意愿

唤醒作为一种心理力量，能够激发或强化个体当前的态度与行为。[30]同时由外部刺激引起的情感的唤醒能够导致个体做出与唤醒方向一致的反应。[31]越高水平的唤醒让唤醒的刺激物看起来越重要，还能增强个体对相关信息的态度。[32]同样，Feng 研究认为，高水平唤醒比低水平唤醒能带来更好的口碑，如果电影能带给观众高水平唤醒，则更可能促成观众的积极行为意愿。[33]

靳闵和王全胜以游戏叙事为例，验证了消费者因叙事传输影响对故事或产品的态度或采纳意愿，能进一步影响消费者的后续行为。[34]消费者对产品的认同或积极态度有利于增强消费者的购买意愿[35]，积极情感是个体产生旅游行为意向的重要影响因素，游客对目的地的积极态度，能直接引起游客的行为反应[36]。Kasilingam 和 Ajitha 验证了叙事广告通过叙事传输引发观众的情感反应是改变其态度的主要因素。[37]据此提出假设 H6。当受众对目的地形成了积极的态度和情感联系时，其出游该目的地的概率将大大提高。[38]据此提出假设H7、H8。

假设 H6：唤醒对目的地态度有正向影响作用。

假设 H7：唤醒对目的地行为意愿有正向影响作用。

假设 H8：态度对目的地行为意愿有正向影响作用。

2 研究设计

2.1 问卷设计

本研究以问卷为测量工具，问卷的题项设计参考了国内外具有良好信效度的成熟量表。其中叙事传输的量表借鉴了 Appel 等[39]的研究设计，目的地认知形象和目的地情感形象量表主要借鉴了 Baloglu 和 McCleary[40]及 Fu 等[41]的研究，态度的量表参考了 Hultman[42]的研究，唤醒的量表主要参考了 Havlena 和 Holbrook[43]的研究设计，行为意愿的量表借鉴了 Shani 等[44]的研究。在最终问卷确定之前，研究者发放了预调研问卷，删除了一些信效度不高的题项以确保本研究量表的准确性，并确定了采用李克特五级量表的最终问卷，如表 1 所示，叙事传输题项为 NT1-NT5，认知形象题项为 CI1-CI5，情感形象题项为 EI1-EI3，态度题项为 AT1-AT5，行为意愿题项为 BI1-BI3，唤醒题项为 AR1-AR3。

2.2 问卷发放

2023 年 1 月，在云南拍摄的电视剧《去有风的地方》赢得了全网卫视收视第一的好成绩，引发热议。与此同时，电视剧直接带火了云南大理的旅游，为云南春节旅游市场注入了极大的能量，在电视剧热播的第一周，云南等相关目的地在网上的搜索量即暴增，其中取景地沙溪古镇搜索量增加 10 倍余，凤阳邑更是暴涨了将近 50 倍，而大理的旅游热度也在电视剧热播时创下了历史新高。因此本研究以《去有风的地方》为案例进行研究，于 2023 年 2 月在网络上采取随机抽样的方式，针对该电视剧的观众进行问卷发放，并增加题项“你是否追剧《去有风的地方》”来排除本研究的非目标人群，共发放问卷 250 份，回收有效问卷 229 份，有效回收率为 91.6%，其中女性占比 66.8%，男性占比 33.2%，与微博“电视剧去有风的地方”账号粉丝性别比例数据趋势一致（女性 73%，男性 27%）；年龄上，0～20 岁占比 1.3%，21～30 岁占比 37.5%，31～40 岁占比 52.4%，41～50 岁占比 4.8%，51 岁及以上占比 8.7%；学历上，本科占比 63.7%，硕士及以上占比 8.7%，专科及以下占比 8.8%。

3 模型检验

3.1 信效度分析

本研究首先对叙事传输、目的地认知形象、目的地情感形象、态度、唤醒、行为意愿六个变量进行信度检验，如表 1 所示，本研究中各个变量之间的标准化因子载荷在 0.632～0.941 之间，Cronbach's α 系数介于 0.713～0.855 之间，CR 值均大于 0.8，验证了本研究所采用的量表的内部一致性与信度良好。本研究潜在变量的 AVE 值介于 0.47～0.76 之间，表示各变量具有良好的收敛效度。如表 1 所示，本研究的各潜在变量 AVE 平方根均大于其他潜变量的相关系数，表明本研究各量表之间具有良好的区分效度。

表 1 测量模型检验与区分效度检验

测量模型检验						区分效度检验					
变量	测量指标	标准化因子载荷	Cronbach's α	CR	AVE	叙事传输	认知形象	情感形象	态度	行为意愿	唤醒
叙事传输 Narrative Transportation	NT1	0.688	0.713	0.813	0.47	0.682					
	NT2	0.664									
	NT3	0.639									
	NT4	0.735									
	NT5	0.682									
认知形象 Cognitive Image	CI1	0.771	0.825	0.877	0.59	0.116	0.768				
	CI2	0.816									
	CI3	0.831									
	CI4	0.729									
	CI5	0.684									
情感形象 Emotional Image	EI1	0.841	0.777	0.871	0.69	0.635**	0.180**	0.832			
	EI2	0.796									
	EI3	0.857									
态度 Attitude	AT1	0.666	0.723	0.819	0.48	0.466**	0.212**	0.354**	0.690		
	AT2	0.632									
	AT3	0.743									
	AT4	0.687									
	AT5	0.715									
行为意愿 Behavior Intention	BI1	0.895	0.855	0.904	0.71	0.430**	0.231**	0.350**	0.404**	0.840	
	BI2	0.841									
	BI3	0.76									
唤醒 Arousal	AR1	0.708	0.833	0.902	0.76	0.292**	0.390**	0.199**	0.302**	0.389**	0.870
	AR2	0.941									
	AR3	0.941									

注：** 表示在 0.01 水平(双侧)上显著相关。

3.2 结构方程模型分析

本研究采取极大似然法对结构模型进行分析。首先本研究的模型拟合数据表明本研究模型的拟合度良好($\chi^2/df=1.71<3$, $IFI=0.928>0.9$, $TLI=0.910>0.9$, $CFI=0.924>0.9$, $RMSEA=0.057<0.08$, $RMR=0.021<0.05$)。结构方程模型结果如表 2 所示,叙事传输对目的地认知形象($\beta=0.193$, $t=2.428$, $p<0.05$)和目的地情感形象($\beta=0.865$, $t=7.806$, $p<0.001$)具有显著正向影响作用,假设 H1a、H1b 得到支持;叙事传输对唤醒($\beta=0.504$, $t=1.98$, $p<0.05$)和态度($\beta=0.908$, $t=2.549$, $p<0.05$)具有显著正向影响作用,假设 H2、H3 得到支持;目的地认知形象对目的地态度($\beta=0.228$, $t=2.722$, $p<0.01$)和唤醒($\beta=0.305$, $t=0.305$, $p<0.001$)具有显著正向影响作用,假设 H4a、H5a 得到支持;唤醒($\beta=0.26$, $t=3.491$, $p<0.001$)和态度($\beta=0.444$, $t=4.481$, $p<0.001$)对目的地行为意愿具有显著正向影响作用,假设 H7、H8 得到支持;目的地情感形象对目的地态度和唤醒均无显著影响作用,唤醒对目的地态度无显著影响作用,即拒绝假设 H4b、H5b、H6。

表 2 路径系数检验结果

编号	理论假设	S.E.	C.R./t 值	p	标准化后路径系数	假设检验结果
H1a	认知形象←叙事传输	0.099	2.428	0.015*	0.193	支持
H1b	情感形象←叙事传输	0.139	7.806	***	0.865	支持
H2	唤醒 ←叙事传输	0.273	1.98	0.048*	0.504	支持
H3	态度 ←叙事传输	0.354	2.549	0.011*	0.908	支持
H4a	态度 ←认知形象	0.067	2.722	0.006**	0.228	支持
H4b	态度 ←情感形象	0.25	−0.933	0.351	−0.295	拒绝
H5a	唤醒 ←认知形象	0.065	4.048	***	0.305	支持
H5b	唤醒 ←情感形象	0.202	−1.038	0.299	−0.245	拒绝
H6	态度 ←唤醒	0.094	−0.935	0.35	−0.095	拒绝
H7	行为意愿←唤醒	0.073	3.491	***	0.26	支持
H8	行为意愿←态度	0.105	4.481	***	0.444	支持

注:* 表示 0.05 水平上显著,** 表示 0.01 水平上显著,*** 表示 0.001 水平上显著;C.R. 值即 t 值。

3.3 中介效应检验

本研究利用 SPSS 里的 Process 插件对中介效应进行检验,利用 Bootstrapping 进行 5 000 次运算,并使用最大似然估计法,获得相应的置信区间。数据表明,叙事传输对观众行为意愿的总效应为0.591,其95%置信区间不包含0(下限=0.428 6,上限=0.753),即总效应存在;直接效应为0.424,其95%置信区间不包含0(下限=0.246 4,上限=0.601 6),即直接效应存在。态度在叙事传输到行为意愿路径中的中介效应,其置信度为95%的置信区间(下限=0.060 2,上限=0.283 6)不包含0,说明态度在观众的叙事传输和行为意愿之间起部分中介作用;唤醒在叙事传输到行为意愿路径中的中介效应,其置信度为95%的置信区间(下限=0.041,上限=0.203)不包含0,说明唤醒在观众的叙事传输和行为意愿之间起部分中介作用。

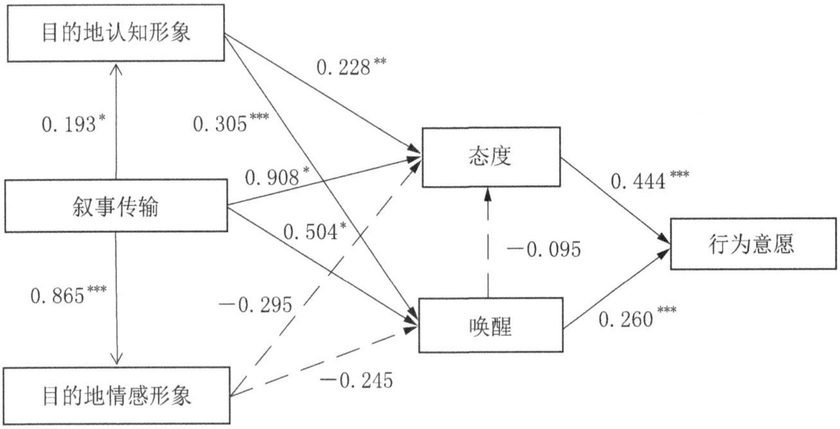

图1 影视叙事传输研究模型

注:* 表示0.05水平上显著,** 表示0.01水平上显著,*** 表示0.001水平上显著;C.R.值即t值。

4 结论、启示与局限、展望

4.1 研究结论

首先,叙事传输对观众的目的地认知形象和情感形象感知都有积极的影响。该结论进一步验证了Wong等[5]和Pachucki等[45]研究中叙事与叙事传输对目的地和目的地品牌形象的积极作用,叙事传输在一定程度上代表了观众沉浸于影视叙事的程度,当观众更沉浸于影视剧中的世界时,更能够对目的地的认知形象和情感形象形成认同感与良好的感知态度,因此,观众通过影视剧经历的叙事传输程度越高,越能产生对目的地的积极整体形象感知。

其次,叙事传输和目的地认知形象感知能够唤醒观众的情绪,并且能够积极影响观众对影视剧里目的地的态度。研究扩展了Yang等[15]文献中叙事传输影响旅游的模型，引入了唤醒变量。影视剧的叙事内容能够唤醒观众的情绪，激发观众的兴奋、愉悦或放松的状态，同时，当观众沉浸在影视剧中的叙事时，作为潜在游客可以接收到来自叙事中和目的地相关的画面信息、文化信息和故事信息等，并进而形成对目的地的积极态度。因此，叙事程度越高，越能够增强观众的唤醒程度，同时也更能激发观众对目的地的积极态度。

再次，唤醒和态度对作为潜在游客的观众的行为意愿具有显著的正向影响作用，且分别在叙事传输对行为意愿的影响上起中介作用。一方面，观众被叙事传输所唤醒的程度越高代表观众的积极情绪越高[18]，则越能产生和目的地的积极情感联系并引发行为意愿；另一方面，由叙事传输等激发出的目的地态度越积极，则表明观众前往该目的地进行旅游活动的概率和意愿越高，甚至能够直接引发观众的旅游行为[46]。

最后，验证了叙事传输在影视旅游情境下的适用性。现有叙事传输研究最初以小说作为研究对象，随着研究越来越深入，研究的对象和内容逐渐变得更加宽泛，但相关研究仍主要集中在小说叙事上，影视相较于小说，除了文本叙事之外，还有视听叙事的特殊性[47]，本研究利用叙事传输理论探讨了影视叙事对旅游目的地的影响，验证了叙事传输理论在影视背景和旅游背景下的适用性，并对叙事传输理论进行补充。

4.2 管理启示

首先，研究证明了影视剧能够对相关目的地产生有效的影响，受到大众欢迎的优秀影视剧会提高相关旅游目的地的形象，并能够唤醒观众的情绪和对目的地的积极态度，进而刺激其旅游行为意向，为目的地旅游业的发展带来机遇[4]。因此，旅游目的地可以积极与叙事媒介进行合作，将美好形象展现出来，并好好利用影视剧所带来的热度，进行宣传，以吸引更多的观众来旅游。

其次，影视剧能够通过叙事传输和目的地形象呈现让观众的情绪被唤醒，进而激发观众的旅游行为意愿。但并非所有的影视剧都能够成功地激发观众的旅游行为意愿，要实现这一目标，首先影视剧需拥有一个涵盖故事叙事、场景叙事、音乐叙事等多个维度的高质量叙事剧本，只有叙事质量达到一定的水准，才能更好地吸引观众的注意力，并促使观众沉浸在叙事传输的过程中[48]，同时，影视剧需要展现出目的地的积极形象，这样才能够更有效地唤醒游客对目的地的积极情感联系，进而激发旅游行为意愿。

4.3 局限和展望

本研究存在一定的局限性，后续需要进一步完善。首先，本研究以电视剧

《去有风的地方》为例，具有特定性，因此后续的研究可以结合其他类型的电影、电视或相关叙事作品进行模型检验，扩大样本以使本研究的模型和结论具有更强的普适性。其次，影视剧对游客行为意愿的触发是多方面的，本研究专注在叙事传输对旅游意愿的影响上，对于其他干扰变量对影视旅游行为意愿的触发机制没有进行控制和研究，因此后续可以控制相应的干扰变量进行进一步的研究与探讨，以更好地完善影视旅游和叙事传输的理论框架。

参考文献

[1] 安文，彭建，徐飞雄，等.热播电视剧对关联旅游景区网络关注度的影响[J].地域研究与开发，2019，38(5)：105-110+124.

[2] 张韪君，刘庆振.日本电影文旅融合路径与本土镜鉴之思[J].电影评介，2021，43(8)：83-86.

[3] NOELIA A V, JOSÉ A F B, PABLO de C. Film tourism in Spain: Destination awareness and visit motivation as determinants to visit places seen in TV series[J]. *European Research on Management and Business Economics*, 2021, 27(1):1-11.

[4] IRIMIÁS A, MITEV A, MICHALKÓ G. Narrative transportation and travel: The mediating role of escapism and immersion[J]. *Tourism Management Perspectives*, 2021, 38(4):1-9.

[5] WONG J Y, LEE S J, LEE W H. "Does it really affect me?" Tourism destination narratives, destination image, and the intention to visit: Examining the moderating effect of narrative transportation[J]. *International Journal of Tourism Research*, 2016, 18(5): 458-468.

[6] THOMPSON J M, TEASDALE B, DUNCAN S, et al. Differential effects of film genre on viewers' absorption, identification, and enjoyment[J]. *Psychology of Aesthetics, Creativity, and the Arts*, 2021, 15(4):697-709.

[7] GREEN M C, BROCK T C. The role of transportation in the persuasiveness of public narratives[J]. *Journal of Personality and Social Psychology*, 2000, 79(5):701-721.

[8] BUSSELLE R, BILANDZIC H. Measuring narrative engagement[J]. *Media Psychology*, 2009, 12(4):321-347.

[9] HAMBY A, BRINBERG D, JACCARD J. A conceptual framework of narrative persuasion[J]. *Media Psychology*, 2016, 30(3), 113-124.

[10] VAN LAER T, DE RUYTER K, VISCONTI L M, et al. The extended transportation-imagery model: A meta-analysis of the antecedents and consequences of consumers' narrative transportation[J]. *Journal of Consumer Research*, 2014, 40(5):797-817.

[11] 陈功.跨越情感与文化的鸿沟：国际传播受众接受度研究[J].现代传播(中国传媒大学学报)，2021，43(2)：72-77.

[12] 施思，黄晓波，张梦.沉浸其中就可以了吗？——沉浸体验和意义体验对旅游演艺游客满意度影响研究[J].旅游学刊，2021，36(9)：46-59.

[13] TUSSYADIAH I P, FESENMAIER D R. Mediating tourist experiences: Access to places via shared videos[J]. *Annals of Tourism Research*, 2009, 36(1):24-40.

[14] RYUA K, LEHTOA X Y, GORDONA S E, FU X. Effect of a brand story structure on narrative transportation and perceived brand image of luxury hotels[J]. *Tourism Management*, 2019, 71(2):348-363.

[15] YANG F, VANDEN B B, LEE J. Do violent movies scare away potential visitors? [J]. *International Journal of Advertising*, 2017, 36(2):314-335.

[16] 周永博.黑色叙事对旅游目的地引致形象的影响机制[J].旅游学刊,2020, 35(2):65-79.

[17] 陈香,郭锐,CHENG L W,等.残缺的力量——励志品牌故事人设健全性对消费者品牌偏好的影响[J].南开管理评论,2019, 22(6):4-15.

[18] CAO X, QU Z, LIU Y, et al. How the destination short video affects the customers' attitude: The role of narrative transportation[J]. *Journal of Retailing and Consumer Services*, 2021, 62(1):1-8.

[19] 郝小斐,张骁鸣,麦娉恬.圣地巡礼旅游者的行为特征及其同源情感研究——以动漫电影《你的名字。》为例[J].旅游学刊,2020, 35(1):95-108.

[20] EMILY B, MICHELLE J, STEELE J. Can Earth's mightiest heroes help children be physically active? Exploring the immersive qualities of Les Mills' and Marvel's "Move Like the Avengers" video[J]. *International Journal of Environmental Research and Public Health*, 2021, 18(13), 7184.

[21] CHING R K H, TONG P, CHEN J S, et al. Narrative online advertising: Identification and its effects on attitude toward a product[J]. *Internet Research*, 2013, 23(4):414-438.

[22] BOURGEON-RENAULT D, DERBAIX M, JARRIER E, et al. Narrative transportation and transmedia consumption experience in the cultural field[J]. *International Journal of Arts Management*, 2019, 21(2):27-42.

[23] CHANG C. "Being hooked" by editorial content: The implications for processing narrative advertising[J]. *Journal of Advertising*, 2009, 38(1):21-33.

[24] FROST W. Braveheart-ed Ned Kelly: Historic films, heritage tourism and destination image[J]. *Tourism Management*, 2006, 27(2), 247-254.

[25] 春雨童等.基于网络文本分析的重游意向旅游形象感知研究——以厦门鼓浪屿风景名胜区及北京故宫博物院为例[J].地域研究与开发,2021, 40(4):96-101.

[26] 徐海军,吕兴洋.声音品牌化:目的地歌曲对旅游者感知形象的影响研究[J].旅游科学,2019, 33(6):1-16.

[27] 黄元豪,赖启福,林菲菲.社交媒体对游客旅游意向的影响——基于目的地形象感知的实证研究[J].资源开发与市场,2018, 34(9):1327-1331+1261.

[28] PENGNATE S F, SARATHY R, LEE J. The engagement of website initial aesthetic impressions: An experimental investigation [J]. *International Journal of Human-Computer Interaction*, 2019, 35(16):1517-1531.

[29] 许春晓,张中昱.旅游目的地形象类型对游客情绪唤醒和拥护的影响——谣言和个体涉入的调节作用[J].湖南工业大学学报(社会科学版),2022, 27(6):20-28.

[30] RODRÍGUEZ-ARDURA I, MESEGUER-ARTOLA A. The playfulness of Facebook-Shaped by underlying psychological drivers and gender differences[J]. *Telematics and Informatics*, 2018, 35(8):2254-2269.

[31] STORBECK J, CLORE G L. Affective arousal as information: how affective arousal influences judgments, learning, and memory[J]. *Social and Personality Psychology Compass*, 2008, 2(5):1824-1843.

[32] YAN L, LIU M T, CHEN X, et al. An arousal-based explanation of affect dynamics[J]. *European Journal of Marketing*, 2016, 50(7/8):1159-1184.

[33] FENG J. Reliability/quality, performance/design, innovativeness: Their different roles in generating buzz for automobile[J]. *Journal of Strategic Innovation and Sustainability*, 2019, 14(6):25-42.

[34] 靳闵,王全胜.游戏元素对消费者参与行为影响的研究述评与展望[J].北京工商大学学报(社会科学版),2019, 34(4):46-59.

[35] XI Y, BRYAN T, ALEI F. Do kiosks outperform cashiers? An S-O-R framework of restaurant ordering experiences[J]. *Journal of Hospitality and Tourism Technology*, 2021, 12(3):580-592.

[36] SEONG B H, HONG C Y. Does risk awareness of Covid-19 affect visits to national parks? Analyzing the tourist decision-making process using the theory of planned behavior [J]. *International Journal of Environmental Research and Public Health*, 2021, 18 (10):1-14.

[37] KASILINGAM D, AJITHA S. Storytelling in advertisements: understanding the effect of humor and drama on the attitude toward brands[J]. *Journal of Brand Management*, 2022, 29(4):341-362.

[38] OH J E, KIM K J. How nostalgic animations bring tourists to theme parks: The case of Hayao Miyazaki's works[J]. *Journal of Hospitality and Tourism Management*, 2020, 45(1):464-469.

[39] APPEL M, GNAMBS T, RICHTER T, et al. The transportation scale-short form(TS-SF)[J]. *Media Psychology*, 2015, 18(2):243-266.

[40] BALOGLU S, MCCLEARY K W. A model of destination image formation[J]. *Annals of Tourism Research*, 1999, 26(4):868-897.

[41] FU H, YE B H, XIANG J. Reality TV, audience travel intentions, and destination image[J]. *Tourism Management*, 2016, 55(8):37-48.

[42] HULTMAN M, KAZEMINIA A, GHASEMI V. Intention to visit and willingness to pay premium for ecotourism: The impact of attitude, materialism, and motivation[J]. *Journal of Business Research*, 2015, 68(9):1854-1861.

[43] HAVLENA W J, HOLBROOK M B. The varieties of consumption experience: comparing two typologies of emotion in consumer behavior[J]. *Journal of Consumer Research*, 1986, 13(3):394-404.

[44] SHANI A, WANG Y, HUDSON S, et al. Impacts of a historical film on the destination

image of South America[J]. *Journal of Vacation Marketing*, 2009, 15(3):229-242.
[45] PACHUCKI C, GROHS R, SCHOLL-GRISSEMANN U. No story without a storyteller: The impact of the storyteller as a narrative element in online destination marketing[J]. *Journal of Travel Research*, 2022, 61(8):1703-1718.
[46] LI C H, LIU C C. The effects of empathy and persuasion of storytelling via tourism micro-movies on travel willingness[J]. *Asia Pacific Journal of Tourism Research*, 2020, 25(4):382-392.
[47] HAMBY A, JONES N. The effect of affect: An appraisal theory perspective on emotional engagement in narrative persuasion[J]. *Journal of Advertising*, 2022, 51(1): 116-131.
[48] MALGORZATA K, MARTIN E. Mini-film advertising and digital brand engagement: The moderating effects of drama and lecture[J]. *International Journal of Advertising*, 2020, 39(3):387-409.

A Study on the Mechanism of Film and TV Narrative Transportation Induced Travel Intention

GAN Xuena, ZHANG Ruolin, LI Fangzheng
(*Department of Tourism*, *Fudan University*, *Shanghai 200433*, *China*)

Abstract: Movies and TV dramas convey the local customs of the destination to the audience by immersing them in film and television narration, and arouse the audience's emotion through narration, so as to generate the intention of traveling. This study took narrative transportation as the theoretical basis to deeply explore the influence of narrative transportation on the audience's travel intention. Questionnaires were distributed to the TV series "Meet Yourself"'s audience. Structural model and mediation effect analysis were carried out. The research shows that the TV narrative transportation can significantly positively affect the emotional image and cognitive image of the destination. Narrative transportation can positively affect the audience's arousal and destination attitude. Also it has a positive effect on the behavioral intention of tourism through the mediating effect of arousal and destinationattitude.

Keywords: film and television tourism; narrative transportation; destination image; tourism behavior intention

成年子女支持老年父母出游意愿的影响机制研究
——基于代际支持理论*

胡安安　李厚祺
(复旦大学旅游学系,上海 200433,中国)

[摘要]　成年子女支持老年父母出游是一种特殊的家庭代际支持形式,但考虑到老年人身心机能下降的现实情况,老年父母在无子女陪伴情况下出游能否获得其成年子女的支持,何种因素会对这种支持意愿产生影响,具体的作用机制仍需要深入分析。本研究基于代际支持理论,构建"价值—态度—行为"模型,对感知价值与成年子女支持父母出游意愿之间的关系进行实证分析。研究以江浙沪地区双亲中年龄最大者在55岁以上的385名成年子女为调研对象,结果表明:(1)除社会价值外,感知价值维度中的情感价值、功能价值均对成年子女支持父母出游意愿具有显著正向影响;(2)态度在情感价值、功能价值与支持父母出游意愿的关系中起到中介作用;(3)子女日常代际支持意愿对其支持父母出游意愿具有显著的负向影响;(4)子女对父母出游活动态度越正面,其日常支持意愿与支持父母出游意愿之间的负向关系越弱,在一定的态度水平下日常非经济支持意愿与非经济支持父母出游意愿之间的关系将转为正向关系。研究结论揭示了成年子女支持老年父母出游是感知价值与日常代际支持意愿共同作用的结果,可供中国老年旅游市场高质量发展和实现积极老龄化参考。

[关键词]　感知价值;代际支持;成年子女;父母出游

---

*　[基金项目]本研究受国家社会科学基金重大项目(21&ZD119)、国家自然科学基金面上项目(72074052)、上海市哲学社会科学规划课题(2019BGL031)资助。

[作者简介]胡安安(1980—　),男,博士,副教授,研究方向为老年人信息技术使用、养老旅游、旅游数据开放与治理,E-mail: huanan@fudan.edu.cn,通讯作者;李厚祺(2001—　),男,本科生,研究方向为老年人旅游行为、旅游目的地管理,E-mail: 20307080017@fudan.edu.cn。

引言

人口老龄化是当今全球性的社会现象[1]，而中国的老龄化问题同样不容忽视。截至 2022 年末，中国 60 岁及以上人口占全国总人口的比例已达 19.8%，60 岁以上人口总量达 2.8 亿。①中国拥有世界上最为庞大的老年人口规模[2]，老年旅游行业有着巨大的市场潜力[3]，主打“孝心游”“爸妈放心游”概念的老年旅游产品已成为市场关注的热点。

与通常的旅游产品不同，老年旅游产品的购买者往往不是作为产品最终消费者的老年人，而是他们的成年子女。[4]一方面，中国成年子女始终受到“孝”文化这一传统亲子关系道德规范的影响[5]，重视自身对父母的义务，并随着父母的逐渐衰老不断拓宽这一义务的边界[6]。在当前注重老年人“精神生活”需求的社会背景下[7]，成年子女更加注重对父母精神、情感方面的支持[8]，为父母购买旅游产品成为子女表达孝心的重要途径[9]。另一方面，无论是出于子女或父母想要与对方暂时分开一段时间的主观因素[10—11]，还是受到时间、居住地等客观条件限制[12]，成年子女并不总是可以陪伴老年父母一同出游。在这种情况下，成年子女是否愿意支持父母在自己不陪伴的情况下出游、何种因素会对这一支持意愿产生影响，相关的作用路径与机制尚不明确。

目前，关于老年旅游的研究主要集中在老年人出游动机和旅游行为领域[13—14]，而子女支持父母出游的现象并未引起研究者的足够关注。即便研究中偶有涉及，也往往将无子女陪同出游作为老年人出游的制约因素而非一种特殊的旅游形式展开讨论[15]。为此，本研究基于代际支持理论，围绕以下 3 个问题展开实证研究：(1)老年人在无子女陪伴情况下的出游能否获得成年子女的支持？(2)影响该支持意愿的因素有哪些？(3)形成该支持意愿的具体作用机制又是什么？研究重点分析感知价值、子女日常代际支持意愿在这一形成机制中的作用，并对成年子女对父母出游活动态度在其中可能发挥的中介与调节作用进行探讨。考虑到学界对于老年旅游者的年龄特征尚未形成统一的认识[16]，本研究以携程发布的“55～65 岁的准老年、初老群体旅行最为活跃，消费占比达到整体老年群体一半以上”分析结论为基准[17]，选取双亲中年龄最大者在 55 岁以上的成年人作为调研对象。此外，本研究中“父母出游”是指“父母在无子女陪伴情况下出游”；“子女”是指“年龄超过 18 岁的成年子女”。在理论层面，本研究尝试进一步细化与验证感知价值、子女日常代际支持意愿影响成年子女支持父母出

① 数据来源：国家统计局 http://www.gov.cn/xinwen/2023-02/28/content_5743623.htm.

游意愿的理论逻辑;在实践层面,研究结论可以为运营老年旅游项目的企业提供参考依据。

1 文献回顾与研究假设

1.1 代际支持

代际支持(Intergenerational Support)是一种重要的非正式的社会支持(Social Support)形式[18],是家庭关系和家庭功能的具体体现[19]。社会支持理论最早由卡塞尔(Cassel)在1976年提出并应用于精神病学领域,之后逐渐被引入社会学、医学、心理学等学科,其概念边界也随其应用的学科背景而不断变动。社会学领域已有研究表明,个体能够获得的社会支持来源十分广泛,包括了长期导向的"归属关系"(如家庭、亲属),和其他一些长短期导向兼有的"互动关系"(如旅行团成员)[20]。对于深受儒家文化影响的东亚、东南亚地区而言,集体主义和家庭导向使得家庭代际支持成为这些地区的个体实际上所能获得的最主要的社会支持类型[21]。代际支持行为主要可以细分为三种类型:经济支持、照料支持、情感支持[22],不同学科的学者会基于不同理论视角将社会支持行为进行重新组合以搭建研究框架,如经济支持和非经济支持[23]、工具性支持和情感性支持[24],但代际支持的概念范畴总体相对稳定,指"资源(如金钱、劳动力)在家庭内部代际之间的流动"[23]。当前,有部分学者认为,现代性在弱化传统家庭功能的同时[25],也减少了代际间的资源转移[26],不少发达国家和地区的老年人在进行消费决策时,已经在财务上摆脱了对于子女的依赖[27]。然而同样有研究显示,中国老年人的旅游活动仍主要依靠其成年子女的支持[28]。

1.2 感知价值、态度与支持父母出游意愿的关系

已有研究表明,个体的价值观、态度及行为之间存在着密切的相关关系[29]。在这一基础上,Homer 和 Kahle 创建了"价值—态度—行为"模型(Value-attitude-behavior Model,简称 VAB 模型)[30],Lee 等指出个体的价值观可以通过态度进而影响个体的行为意向[31],相关模型被广泛用于分析旅游消费者行为[32],如游客目的地选择[33—34]、旅行方式选择[35—36]、餐饮偏好[37]、疫情对跨境旅游影响[38]等,被证实具备较好的解释力度。其中,价值是指个体对一种事物(特征)的偏好高于另一种事物(特征)[39],在本研究中对应的构念为感知价值;态度是指个体对事物或想法的积极或消极评价[40],在本研究中对应的构念为子女对父母出游活动的态度;行为描述的是个人的意志与控制活动[41],在本研究中对应的构念为子女支持父母出游的意愿。综上所述,本研究提出假设 H1、H2、H3。

假设 H1:成年子女对父母出游活动的感知价值正向影响其自身的态度。

假设 H2:成年子女对父母出游活动的态度正向影响其自身的支持行为意愿。

假设 H3:态度在感知价值和成年子女支持行为意愿之间起到中介作用。

1.3 子女日常代际支持意愿与子女支持父母出游意愿的关系

社会学已有研究显示,代际支持行为的实施会受到不同情境的影响[42]。在日常生活情境下,子女会通过“为父母提供生活费、购置生活用品”等经济支持方式和“帮父母做家务、提供耐心指导”等非经济支持方式为父母提供代际支持[43],这一类代际支持行为即本研究所指的子女日常代际支持行为。然而,当父母作出旅游决定并进入“游前准备阶段”这一“非惯常环境”后[44—45],相应的代际支持情境也会发生改变。此时,子女将关注点转向父母的旅游活动,为父母提供“收集旅游信息,订酒店机票、景点门票”[46]等与日常代际支持内容相异的出游支持。这一类发生在父母出游准备阶段且为父母的旅游活动提供直接帮助的支持行为,即本研究所指的子女支持父母出游行为,同样可细分为经济支持父母出游和非经济支持父母出游。子女为父母提供日常代际支持的行为意愿与其支持父母出游的行为意愿之间是否存在直接的关系,相关路径仍是“黑箱”。

尽管支持父母出游与为父母提供日常代际支持同属子女代际支持,但与日常代际支持所关注的“日常必需品”①不同[47],旅游活动传统上被视为一种“昂贵的精神产品”[48]。当子女无法兼顾父母的各类需求时,会优先保证父辈的基本需求,并相应地减少对父辈精神层面的关怀[49]。旅游作为一种非必需品[50],在子女的时间和金钱都有限的情况下[46],子女对父母出游活动的支持可能被日常代际支持通过挤占时间、收入的方式“挤出”[51],上述因素在代际支持意愿上表现为成年子女的日常代际支持意愿对其支持父母出游的意愿产生了负向影响。综上所述,本研究提出假设 H4。

假设 H4:子女日常代际支持意愿对其支持父母出游意愿具有负向影响。

1.4 态度的调节作用

心理学已有研究表明,一个变量可以同时起着中介作用和调节作用[52—54];管理学和旅游学领域也有研究发现态度对行为意向具有一定的调节作用[55—57],因此有必要对态度与支持父母出游意愿之间的关系进行深入挖掘。假设 H4 是基于成年子女会根据旅游产品的“非必需品”属性,认为父母旅游活动

① 原文作“日常必须品”。

的必要性和重要性较低而作出的判断。然而，当子女认为父母旅游较为重要时，该负向影响可能会相对较弱；而当子女非常重视父母的旅游活动，甚至将其视为父母生活中的必需品时，日常代际支持行为将与支持父母出游行为形成高度的内在一致性。此时，子女的日常代际支持意愿可能会对其支持父母出游意愿产生正向影响，即子女平日里越愿意为父母提供代际支持，就会越愿意支持父母出游。据此，本研究提出假设 H5。

假设 H5：态度对日常代际支持意愿与支持父母出游意愿之间的关系起到调节作用。

2　研究设计

2.1　变量测量和预调研

本研究共包括 4 个构念，分别为子女对父母旅游的感知价值（以下简称“感知价值”）、子女日常代际支持意愿、子女支持父母出游意愿、子女对父母出游活动态度（以下简称“态度”）。其中，感知价值的测量题项参考刘力[58]、侯芳和胡兵[59]等学者在老年旅游动机领域和感知价值领域方面的研究进行设计；子女日常代际支持意愿的测量题项参考毛瑛和朱斌对代际支持类型的分类[43]，并结合李永鑫和赵娜的“工作—家庭支持”测量量表进行设计[60]；子女支持父母出游意愿参考李志勇和阎珺琪的研究结果进行设计[4]；态度测量题项参考了 Ragheb 和 Beard[61]，以及 Pookulangara、Natesa 和 Xiao[62]等的量表。问卷中所有变量均采用李克特 5 级量表进行测量，1 表示完全不赞同，5 表示完全赞同。问卷中的人口统计特征部分参考已有的代际支持研究结论进行设计，包括性别、年龄、受教育程度、职业、收入、婚姻情况、子女数量、兄弟姐妹数量、与父母居住距离等 9 个题项。

本研究在正式调研前，通过问卷的形式开展了三轮前测。第一轮预调研共收集 90 份问卷，主要用于判断成年子女是否能准确识别问卷中设置的“在无子女陪伴情况下父母出游”情境，调研结果显示，填写者能够正确理解问卷设置的情境；第二轮预调研共收集 103 份问卷，重点关注测量量表的开发与问项的优化；第三轮预调研共收集 150 份问卷，在之前两轮调研结果的基础上，增加“态度”构念，进一步完善理论模型，所有变量的 Cronbach 系数均大于 0.70，问卷信度通过了检验。

2.2　数据收集

本研究以居住在江浙沪地区、双亲年龄最大者超过 55 岁的成年人为调研对象，调研时间为2022年10月至2023年1月，采用委托第三方专业调研机构和研究人员自行收集两种方式同步进行，发放问卷形式包括线上精准投放问卷至符合调研条件的人口特征样本库、线下发放纸质问卷填写、纸质问卷(附二维码)扫码填写等。线上、线下问卷均在问卷首页声明调研的所有数据仅用于学术研究，确保答题的客观中立。为保证样本的有效性，线下调研根据问卷中设置的筛选题，即“您父母中年长者的年龄为”和问卷的人口特征部分“您的年龄为”两个问题进行筛查，线上调研则在使用筛选题外，还根据IP来源进行质量控制。正式调研共计回收问卷410份，剔除所有答案均一致、漏答、无效IP地址、不在调研范围内的问卷25份，析出有效问卷385份，有效回收率为93.9%，样本结构特征如表1所示。

表1 有效样本人口统计特征分布(N=385)

人口特征		人数	占比(%)	人口特征		人数	占比(%)
性别	男	187	48.6	月收入	≤5 000元	15	3.9
	女	198	51.4		5 001～10 000元	139	36.1
婚姻	未婚	32	8.3		10 001～15 000元	132	34.3
	已婚	350	90.9		15 001～20 000元	78	20.3
	离婚/丧偶	3	0.8		≥20 001元	21	5.5
年龄	18～24岁	4	1.0	职业	国家机关、党群组织负责人	3	0.8
	25～29岁	14	3.6		办事人员和有关人员	19	4.9
	30～34岁	224	58.2		国企、事业单位工作人员	79	20.5
	35～39岁	91	23.6		专业技术人员	45	11.7
	≥40岁	52	13.5		私企、外企管理人员	198	51.4
学历	高中/中专/技校	8	2.1		生产、运输设备操作人员及有关人员	7	1.8
	大专/本科	309	80.3				
	硕士及以上	68	17.7		商业、服务业从业人员	20	5.2
与父母居住距离	同住	73	19.0		自由职业者	2	0.5
	同县/区	89	23.1		其他	9	2.3
	同市	131	34.0		无业	3	0.8
	同省	36	9.4	子女数量	0个	56	14.5
	其他	56	14.5		1个	280	72.7
父母年龄	55～60岁	65	16.9		2个及以上	49	12.7
	61～65岁	185	48.1	兄弟姐妹数量	0个	173	44.9
	66～70岁	91	23.6		1个	138	35.8
	≥71岁	44	11.4		2个及以上	74	19.2

3 数据分析与模型检验

3.1 共同方法偏差检验

本研究使用 Harman 单因素检验法对数据是否存在共同方法偏差进行检验，检验结果显示，数据通过未旋转的探索性因子分析提取出的特征根大于 1 的因子共 8 个(大于 1)，且最大因子方差解释率为 25.162%(小于 50%)，因此数据通过了共同方法偏差检验。同时，单一公因子验证性因子分析的拟合指数为 $\chi^2/df=10.030$, RMSEA=0.153, CFI=0.407, TLI=0.356, IFI=0.410, GFI=0.554, AGFI=0.477, PGFI=0.472，模型拟合度指标均较差，进而证明研究数据并不存在共同单一因子。上述两种检验方法均证明本研究不存在共同方法偏差。

3.2 信度和效度检验

目前学界针对“父母在无子女陪伴情况下出游”情境的研究较少，尚缺乏成熟的测量指标。本研究基于代际支持理论构建模型，通过探索性因子分析对所有 26 个题项的基本结构进行检验。采用最大方差旋转法，以特征根大于 1 为标准抽取因子，对各题项在旋转成分矩阵上的因子载荷系数进行分析。分析结果显示，KMO 值为 0.850(大于 0.7)，Bartlett 球形检验的显著性为 0.000(小于 0.001)，表明数据适合作因子分析。根据探索性因子分析结果(表 2)，感知价值构念细化为情感价值、功能价值、社会价值 3 个维度，其余 3 个构念的 5 个维度题项基本落到对应的主成分因子当中，且未出现多重负荷现象，检验结果与预设的潜变量基本吻合。因子分析的累计方差贡献率达到 73.178%(大于 60%)，说明问卷维度结构合理。各变量的克朗巴哈系数(Cronbach's α 系数)和 CR 值均大于 0.8 的标准，且 AVE 均大于 0.5，表明测量量表具有较高的信度。

量表效度检验通常包括聚合效度检验、区别效度检验。由表 2 可知，各题项的标准化因子载荷均在 0.652～0.841 之间(大于 0.4)，且在 p 值小于 0.001 水平下显著。这表明，测量量表具有良好的聚合效度[63]。此外，各变量的 AVE 平方根均大于其与其他变量之间的相关系数，这表明测量量表具有良好的区别效度。

3.3 假设检验和模型验证

本研究使用 AMOS24.0 的极大似然法检验测量模型的拟合优度，并对模型中各潜变量之间的路径系数进行标准化参数估计(图 1)。结果显示，$\chi^2/df=1.753$, RMSEA=0.044, CFI=0.953, TLI=0.946, IFI=0.954, GFI=0.910,

表 2 探索性因子分析结果

变量	题项	旋转成分矩阵因子载荷	标准化因子载荷	克朗巴哈系数	组合信度(CR)	平均方差抽取量(AVE)
情感价值	Q1	0.819	0.788	0.824	0.825	0.611
	Q2	0.824	0.783			
	Q3	0.831	0.774			
功能价值	Q4	0.804	0.815	0.842	0.842	0.641
	Q5	0.81	0.825			
	Q6	0.796	0.76			
社会价值	Q7	0.838	0.77	0.836	0.838	0.633
	Q8	0.857	0.838			
	Q9	0.799	0.77			
日常经济支持意愿	Q10	0.812	0.841	0.807	0.815	0.597
	Q11	0.881	0.812			
	Q12	0.716	0.652			
日常非经济支持意愿	Q13	0.842	0.831	0.806	0.811	0.590
	Q14	0.828	0.744			
	Q15	0.74	0.725			
态度	Q16	0.775	0.824	0.860	0.862	0.557
	Q17	0.804	0.816			
	Q18	0.72	0.723			
	Q19	0.731	0.675			
	Q20	0.697	0.681			
经济支持父母出游意愿	Q21	0.746	0.831	0.813	0.811	0.590
	Q22	0.807	0.74			
	Q23	0.832	0.729			
非经济支持父母出游意愿	Q24	0.778	0.762	0.829	0.830	0.620
	Q25	0.802	0.779			
	Q26	0.853	0.82			

表 3 平均提取方差的平方根与潜变量相关系数

潜变量	1	2	3	4	5	6	7	8
1. 情感价值	0.782							
2. 功能价值	0.434	0.801						
3. 社会价值	0.317	0.473	0.796					
4. 日常经济支持意愿	0.103	0.016	0.140	0.773				
5. 日常非经济支持意愿	0.149	0.067	0.148	0.632	0.768			
6. 态度	0.398	0.565	0.373	0.033	0.096	0.747		
7. 经济支持父母出游意愿	0.271	0.252	0.194	−0.208	−0.208	0.567	0.768	
8. 非经济支持父母出游意愿	0.320	0.311	0.300	−0.179	−0.196	0.472	0.469	0.787

注:对角线上数值为 AVE 的平方根,对角线以下数值为潜变量相关系数。

AGFI=0.888, PGFI=0.731,模型各项拟合优度指标均达到相应要求,在此基础上得到标准化的结构路径系数及假设检验结果。

H1:情感价值、功能价值、社会价值对态度的标准化路径系数分别为 0.197 (t=3.297, p<0.001)、0.415(t=6.156, p<0.001)、0.127(t=2.113, p=0.035),表明成年子女对父母出游活动的感知价值正向影响其自身的态度。

H2:成年子女对父母出游活动的态度对经济支持父母出游意愿和非经济支持父母出游意愿的标准化路径系数分别为 0.585(t=9.476, p<0.001)、0.518 (t=8.925, p<0.001),表明成年子女对父母出游活动的态度正向影响其自身的支持行为意愿。

H4:日常经济支持父母意愿对经济支持父母出游意愿、日常非经济支持父母意愿对非经济支持父母出游意愿的标准化路径系数分别为−0.243 (t=−4.378, p<0.001)、−0.244(t=−4.391, p<0.001),表明子女日常代际支持意愿对子女支持父母出游意愿具有负向影响。

3.4 中介效应检验

本研究采用 Bootstrap 方法进行 5 000 次重复抽样,对态度的中介作用进行检验。检验结果(见表 4)表明,情感价值、功能价值通过态度对支持父母出游意愿产生影响,态度在其中具有显著的中介作用;而态度在社会价值与支持父母出游意愿之间未起到显著的中介作用,这可能是因为子女对老年父母社会交往的看法类似社会撤离理论(Disengagement Theory)[64],认为父母因活动能力的下降而应该逐步脱离社会,不赞同父母为了旅游的社会价值而出游。

表 4 中介效应 Bootstrap 检验结果(标准化系数)

路径	效应值	S. E	Bias-corrected 95% CI			Percentile 95% CI		
			Lower	Upper	p	Lower	Upper	p
H3a:情感价值→态度→非经济支持父母出游	0.102	0.039	0.032	0.185	0.003	0.03	0.182	0.003
H3b:情感价值→态度→经济支持父母出游	0.115	0.041	0.038	0.199	0.003	0.036	0.196	0.003
H3c:功能价值→态度→非经济支持父母出游	0.215	0.050	0.125	0.322	***	0.121	0.318	***
H3d:功能价值→态度→经济支持父母出游	0.243	0.054	0.143	0.355	***	0.142	0.355	***
H3e:社会价值→态度→非经济支持父母出游	0.066	0.043	−0.011	0.155	0.093	−0.012	0.154	0.097
H3f:社会价值→态度→经济支持父母出游	0.075	0.046	−0.013	0.170	0.094	−0.014	0.170	0.097

注：*** 表示 $p<0.001$；** 表示 $p<0.01$；* 表示 $p<0.05$。

综上，本研究的假设检验结果如下(图 1)：

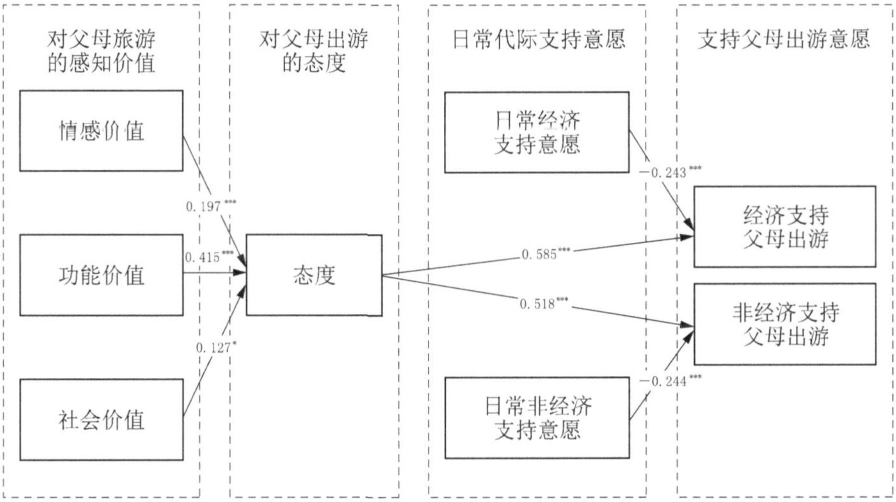

图 1 假设检验结果

3.5 调节效应检验

本研究使用 Ping 提出的多重指标法检验潜变量的调节效应[65]，构建态度与日常经济支持意愿以及日常非经济支持意愿的交互项，并将两个交互项加入模型当中。路径检验结果显示，两个交互项对经济支持父母出游意愿和非经济支持父母出游意愿的标准化路径系数分别为 0.188($t=3.197$, $p<0.001$)、0.260($t=4.672$, $p<0.001$),态度的调节效应显著。

同时,为了更加直观地展示态度的调节效应,本研究参考张清源和陆林[66]、Aiken 和 West[67]的做法和建议,分别绘制关系矩阵图和简单斜率图对无态度调节情况下日常支持意愿与支持父母出游意愿之间的关系及态度对该关系的调节作用进行展示(图 2)。由图 2(a)可知,尽管高收入群体一定程度上表现出"日常经济支持父母和经济支持父母出游呈正相关关系",但是在低收入群体中二者之

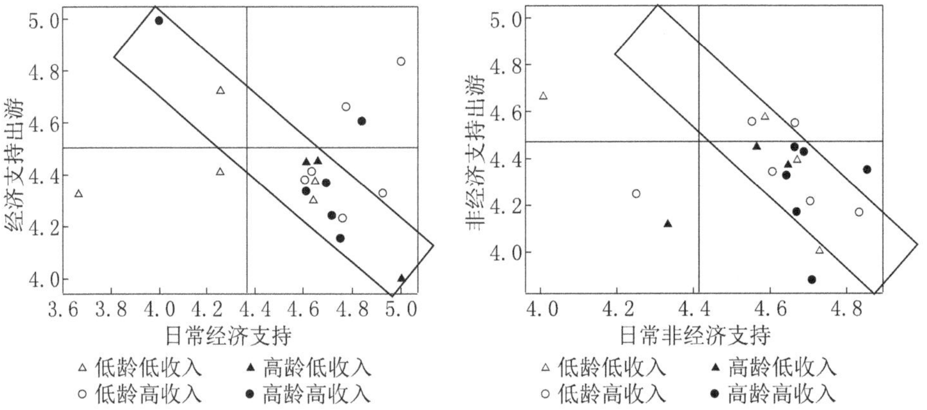

(a) 成年子女日常支持意愿和支持父母出游意愿关系矩阵①

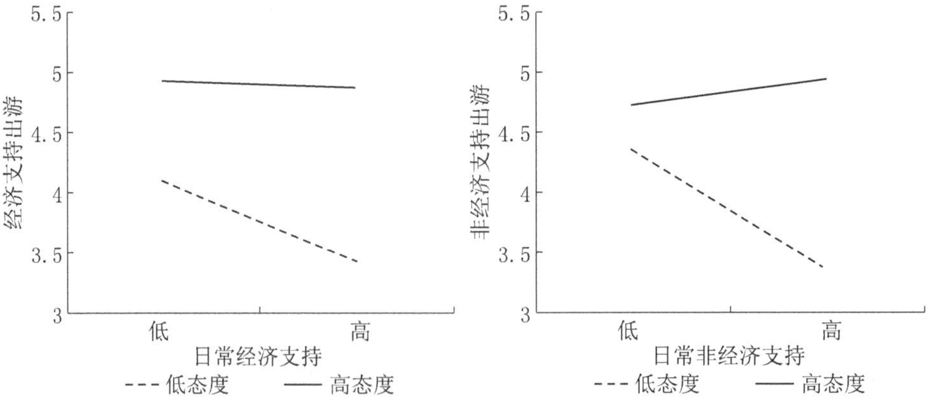

(b) 态度调节作用的简单斜率图

图 2 态度的调节作用

---

① 图中每个点代表不同"收入—年龄"组合的人群,详见表 1。其中,高、低收入划分标准为月收入是否达到 10 000 元,高、低年龄划分标准为年龄是否达到 30 岁。

间存在明显的负相关关系;而在非经济支持方面,无论收入情况如何,各群体间均呈现出日常非经济支持父母和非经济支持父母出游的负相关关系。此外,各年龄组之间的差异在两种支持方式中均不明显。这说明,尽管老年人在无子女陪伴情况下的出游往往能获得成年子女的支持,但是子女的支持意愿会受其个体状况影响而产生差异。

4 结论与启示

4.1 研究结论和理论贡献

本研究从成年子女视角出发,在已有老年旅游研究成果的基础上,基于代际支持理论和 VAB 模型,构建了感知价值对成年子女支持父母出游意愿的影响机制模型,并以江浙沪地区的 385 名成年人为研究对象开展实证研究,对概念模型进行假设验证,得到以下四方面的结论。

第一,情感价值、功能价值对成年子女支持父母出游的行为意愿具有显著影响,但社会价值则不然。该结论验证了李志勇和阎珺琪[4]的定性研究结论,即“希望让父母得到放松”“想让父母高兴”“子女希望父母增加对他们自己的关注”等“多重期望”催生了成年子女支持父母出游的原始动机。在此基础上,本研究通过多维度的感知价值构念对成年子女支持父母出游动机进行了更加深入的考查,结果显示,感知价值的不同细分维度在成年子女支持父母出游意愿的形成机制中的重要程度存在明显差异。其中,功能价值对于支持父母出游意愿的作用最大,情感价值次之,社会价值则无显著影响。这说明成年子女对于老年旅游的不同价值存在着明显心理偏好,三种感知价值重要程度的排序也在一定程度上揭示出成年子女对于老年旅游实用性的重视,即子女认为“对父母身体有益>对父母心理有益>对父母社会关系有益”。此外,本研究通过分析“成年子女支持老年父母出游”这一特殊情境,探究了感知价值理论在旅游产品购买者和使用者相分离情况下的具体应用,这是本研究的一个主要理论贡献。

第二,情感价值、功能价值对成年子女支持父母出游意愿的影响均通过子女对父母出游活动态度的中介传导效应来实现。本研究的又一理论贡献是分析了情感价值、功能价值对成年子女支持父母出游意愿的具体影响机制,揭示了子女对父母出游活动态度在其中所起到的中介作用,揭开了情感价值、功能价值对成年子女支持父母出游意愿的影响机制“黑箱”,为深刻理解“感知价值→态度→支持父母出游意愿”的复杂传导路径提供了实证支持。

第三,成年子女的日常代际支持意愿对其支持父母出游意愿具有负向影响。代际支持理论强调,代际支持本质上是一种社会交换活动,“包含着带来各种未来义务的恩惠，这些回报义务的内容和性质没有明确规定，必须由作出回报的人自己决定"[68]。如前文所述，子女的支持意愿可能会直接受到产品属性（是否属于父母生活必需品）的影响，对父母出游活动的支持可能会被为父母提供生活必需品的支持所"挤出"；然而需要指出的是，旅游是一种涵盖"吃、住、行"等刚性消费和"游、娱、购"等弹性消费的消费体验[69—70]，与日常消费间存在着一种"既超越之，又包含之"的关系[71—72]。因此，考虑到行为的跨情境一致性，成年子女的日常代际支持意愿也可能与其支持父母出游的意愿成正相关关系；而其他将旅游消费品视作生活必需品的研究[73]同样指向了这一结论。从上述角度来看，本研究的又一理论贡献是证实了成年子女的日常代际支持意愿与其支持父母出游意愿之间的关系是一种负相关关系；该结论也在一定程度上证明了，老年父母的旅游活动在当下仍被大部分成年子女视为一种非必需的享受型产品。

第四，子女对父母出游活动态度负向调节成年子女的日常支持意愿与其支持父母出游意愿的关系。本研究结果表明，尽管成年子女的日常支持意愿与其支持父母出游意愿之间呈现出负相关关系，但是当其对父母出游这一活动的态度足够正面时，二者间的负向关系将受到抑制；在非经济支持方面，二者之间的关系可能转而成为正相关关系。该结论的理论贡献在于，一方面证实了子女对父母出游活动态度负向调节成年子女的日常支持意愿与其支持父母出游意愿的关系，另一方面明确了日常支持意愿对支持父母出游意愿的作用边界，是对已有代际支持研究成果的有益补充和延伸。

4.2 管理启示

本研究所得到的四方面结论对提升成年子女支持父母出游意愿，促进老年旅游市场发展具有重要的参考价值，对老年旅游相关企业的经营管理活动有一定的启示意义。

第一，重视感知价值对子女支持父母出游意愿的正向影响作用。老年旅游企业需要全面评估现有老年旅游产品和服务为老年旅游者带来的价值，不断围绕功能价值和情感价值去开发、优化、宣传老年旅游产品和服务，重视老年旅游者的情感需要和保健需求。

第二，重视子女对父母出游活动态度的调节作用。老年旅游相关企业要重视感知价值对子女对父母出游活动态度的正向影响，并采取一系列举措促使旅游产品的感知价值转化为潜在购买者对其的积极态度：(1)打通多元化营销渠道，通过微博、微信朋友圈等新媒体渠道宣传老年旅游产品价值；(2)采用多层次营销手段，通过感官营销、亲情营销等手段，直接改善成年子女对父母出游活动的态度。

第三，通过降低旅游成本、增强用户黏性等方式推动老年人旅游消费日常化、惯性化。研究发现，成年子女的日常代际支持意愿对其支持父母出游意愿具有显著的负向影响，这可能是因为老年旅游消费受到了生活必需品消费的"挤占"。因此，老年旅游企业可以通过推出旅游特惠套票、年票等方式，培养旅游消费黏性，将旅游活动内化为老年人生活不可或缺的一部分。

4.3 研究局限与展望

受研究条件等因素所限，本研究依然存在着较多不足之处。

第一，感知价值是一个多维度构念，但在本研究构建的测量题项中只析出情感价值、功能价值、社会价值三个维度，老年旅游中的其他感知价值是否对成年子女支持父母出游意愿产生影响仍有待后续研究作进一步探讨。

第二，由于老年旅游感知价值、子女代际支持意愿、子女支持父母出游意愿等构念缺乏可供参考的成熟量表，因此本研究尝试借鉴其他领域的研究量表进行优化和设计，尽管测量量表通过了相应的检验，但是其外部有效性仍需要进一步检验。

第三，研究选取了经济发展水平较高、老龄化程度较深的江浙沪地区作为调研地，尽管在前期调研阶段做了较多的基础性工作，但考虑到江浙沪地区在区域发展、地域文化等方面与其他地区存在一定的差异，研究结果能否适用于其他地区仍需后续研究验证。

后续研究将对调研问卷进行优化，参考代际支持理论的前沿研究，丰富理论模型框架，进一步扩大调研地的范围和样本量，对已有结论进行验证。

参考文献

[1] 陈友华，孙永健.放大与缩小：中国人口老龄问题中被掩盖的事实——兼论中国老龄研究中的指标改良与理论反思[J].人口研究，2023，47(1)：3-22.

[2] 阳义南，高娜.我国积极开发老年人力资源的政策求索与变迁[J].社会保障研究，2022(2)：59-69.

[3] 侯平平，姚延波.城市老年人旅游制约结构维度及作用机理——基于扎根理论的研究[J].旅游科学，2021，35(6)：92-107.

[4] 李志勇，阎珺琪.成年子女支持父母出游的行为机制[J].旅游学刊，2021，36(4)：46-57.

[5] YEH K H，BEDFORD O. Filial belief and parent-child conflict[J]. *International Journal of Psychology*，2004，39(2)：132-144.

[6] STAUDINGER U M，BLUCK S. A view on midlife development from life-span theory[J]. *Handbook of Midlife Development*，2001：3-39.

[7] 尤吾兵.我国老年人口"精神赡养"的图景勾勒及支持系统构建——基于"年轻人—老年人"综合调查视角[J].云南民族大学学报(哲学社会科学版)，2020，37(6)：91-96.

[8] GRUIJTERS R J. Intergenerational contact in Chinese families：Structural and cultural

explanations[J]. *Journal of Marriage and Family*, 2017, 79(3):758-768.

[9] WANG W, Yi L, WU M Y, et al. Examining Chinese adult children's motivations for traveling with their parents[J]. *Tourism management*, 2018, 69:422-433.

[10] WHYTE L J. Understanding the relationship between push and pull motivational factors in cruise tourism: A canonical correlation analysis[J]. *International Journal of Tourism Research*, 2017, 19(5):557-568.

[11] HEIMTUNB. Holidays with aging parents: Pleasures, duties and constraints[J]. *Annals of Tourism Research*, 2019, 76:129-139.

[12] XIONG Q, ZHANG Q, YANG Y, et al. Perceived barriers faced by Chinese adult children in social support of their elderly parents' outbound travels[J]. *Tourism Management Perspectives*, 2021, 38:100827.

[13] OTOO F E, HWANG Y H, KIM S, et al. Understanding the dimensionality and underlying nature of senior overseas travel motivations[J]. *Journal of Hospitality & Tourism Research*, 2021, 45(8):1513-1538.

[14] JANG S C S, WU C M E. Seniors' travel motivation and the influential factors: An examination of Taiwanese seniors[J]. *Tourism Management*, 2006, 27(2):306-316.

[15] YU P, XF C, YW C. How does travel link to life satisfaction for senior tourists? [J]. *Journal of Hospitality and Tourism Management*, 2020, 45:234-244.

[16] TSARTSARA S I. Definition of a new type of tourism niche—The geriatric tourism[J]. *International Journal of Tourism Research*, 2018, 20(6):796-799.

[17] 携程发布银发族出游洞察:55—65 岁准老年、初老群体旅行最活跃[EB/OL]. (2022-09-29)[2023-02-19]. https://mp.weixin.qq.com/s/XqllsnWjAmImi9y6-kNK5Q.

[18] 周坚,何梦玲.代际支持对老年人生活满意度的影响——基于 CLHLS2014 年数据的实证分析[J].中国老年学杂志,2019, 39(7):1730-1733.

[19] 孙书彦,纪竞垚,黄石松.中国老年人的代际支持模式及其对养老方式选择的影响[J].西北人口,2022, 43(5):13-23.

[20] LAU K H, AU W T, LV X, et al. The conceptualization of Chinese guanxi of Hong Kong university students by using multi-dimensional scaling: An empirical approach[J]. *Acta Psychologica Sinica*, 2005, 37(1):122.

[21] LUU T T. Family support and posttraumatic growth among tourism workers during the COVID-19 shutdown: The role of positive stress mindset[J]. *Tourism Management*, 2022, 88:104399.

[22] 贾仓仓,何微微.子女代际支持对老年人健康的影响——基于内生性视角的再检验[J].人口与经济,2021(3):52-68.

[23] MORGAN S P, HIROSIMA K. The persistence of extended family residence in Japan: Anachronism or alternative strategy? [J]. *American Sociological Review*, 1983: 269-281.

[24] LEOPOLD T, RAAB M. Short-term reciprocity in late parent-child relationships[J]. *Journal of Marriage and Family*, 2011, 73(1):105-119.

[25] LESTHAEGHE R, MEEKERS D. Value changes and the dimensions of familism in the European community[J]. *European Journal of Population*, 1987, 2(3):225-268.
[26] PAN Y, WANG X, RYAN C. Chinese seniors holidaying, elderly care, rural tourism and rural poverty alleviation programmes[J]. *Journal of Hospitality and Tourism Management*, 2021, 46:134-143.
[27] JAVALGI R, THOMAS E, RAO S.Consumer behavior in the US pleasure travel marketplace: An analysis of senior and nonsenior travelers[J]. *Journal of Travel Research*, 1992, 30:14-19.
[28] WEN J, HUANG S S, GOH E. Effects of perceived constraints and negotiation on learned helplessness: A study of Chinese senior outbound tourists[J]. *Tourism Management*, 2020, 78:104059.
[29] FEATHER N T. *Values in Education and Society*[M]. New York: Free Press, 1975.
[30] HOMER P, KAHLE L A. A structural equation analysis of the value-attitude-behaviour hierarchy[J]. *Journal of Personality and Social Psychology*, 1988, 74:167-187.
[31] LEE K H, HWANG K H, KIM M, et al. 3D printed food attributes and their roles within the value-attitude-behavior model: Moderating effects of food neophobia and food technology neophobia[J]. *Journal of Hospitality and Tourism Management*, 2021, 48:46-54.
[32] KWON A M, NAMKUNG Y.The impact of the perceived values of social network services(SNSs) on brand attitude and value-co-creation behavior in the coffee industry[J]. *Sustainability*, 2022, 14(9):5425.
[33] QIU Q, ZHENG T, XIANG Z, et al. Visiting intangible cultural heritage tourism sites: From value cognition to attitude and intention[J]. *Sustainability*, 2019, 12(1):132.
[34] KIATKAWSIN K, HAN H. An alternative interpretation of attitude and extension of the value-attitude-behavior hierarchy: The destination attributes of Chiang Mai, Thailand[J]. *Asia Pacific Journal of Tourism Research*, 2017, 22(5):481-500.
[35] WALSH P R, DODDS R, PRISKIN J, et al. The corporate responsibility paradox: A multi-national investigation of business traveller attitudes and their sustainable travel behaviour[J]. *Sustainability*, 2021, 13(8):4343.
[36] GARCIA J, MARS L, ARROYOR, et al. Personal values, attitudes and travel intentions towards cycling and walking, and actual behavior[J]. *Sustainability*, 2019, 11(13):3574.
[37] SHIN Y H, MOON H, JUNG S E, et al. The effect of environmental values and attitudes on consumer willingness to pay more for organic menus: A value-attitude-behavior approach[J]. *Journal of Hospitality and Tourism Management*, 2017, 33:113-121.
[38] KIM M J, HALL C M, BONN M. Does international travel frequency affect COVID-19 biosecurity behavior in the United States? [J]. *International Journal of Environmental Research and Public Health*, 2021, 18(8):4111.
[39] BROWN T C. The concept of value in resource allocation[J]. *Land Economics*, 1984, 60

(3):231-246.

[40] FISHBEIN M, AJZEN I. *Predicting and Changing Behavior: The Reasoned Action Approach*[M]. Vermont: Psychology Press, 2011.

[41] VASKE J J, DONNELLY M P. A value-attitude-behavior model predicting wildland preservation voting intentions[J]. *Society & Natural Resources*, 1999, 12(6):523-537.

[42] 邓蕾.城市青年的代际支持:观念与行为[J].中国青年研究,2017(9):49-56.

[43] 毛瑛,朱斌.社会性别视角下的代际支持与老龄健康[J].西安交通大学学报(社会科学版),2017, 37(3):63-72.

[44] 张凌云.旅游:非惯常环境下的特殊体验[J].旅游学刊,2019, 34(9):3-5.

[45] 李琳,唐亚男,李春晓,谢双玉.非惯常环境及行为:基于旅游情境的再思考[J].旅游学刊,2022, 37(11):40-51.

[46] WANG W, YI L, WU M Y, et al. Examining Chinese adult children's motivations for traveling with their parents[J]. *Tourism Management*, 2018, 69:422-433.

[47] 薄赢.代际支持对农村老年人医疗消费的影响——基于 2011 年 CHARLS 数据的分析[J].消费经济,2016, 32(5):16-22.

[48] 孙洁.重塑旅行服务发现旅行价值[J].旅游学刊,2018, 33(1):3-5.

[49] 麻国庆.当代中国家庭变迁:特征、趋势与展望[J].人口研究,2023, 47(1):43-57.

[50] MENG X, SIRIWARDANA M, PHAM T. A CGE assessment of Singapore's tourism policies[J]. *Tourism Management*, 2013, 34:25-36.

[51] 唐琦,秦雪征.中国家庭医疗消费挤出效应的实证研究[J].经济科学,2016(3):61-75.

[52] ATTAR-SCHWARTZ, SHALHEVET. Emotional closeness to parents and grandparents: A moderated mediation model predicting adolescent adjustment[J]. *American Journal of Orthopsychiatry*, 2015, 85(5):495.

[53] DICKE T, PARKER P D, Marsh H W, et al. Self-efficacy in classroom management, classroom disturbances, and emotional exhaustion: A moderated mediation analysis of teacher candidates[J]. *Journal of Educational Psychology*, 2014, 106(2):569.

[54] 彭顺,牛更枫,汪夏,张红坡,胡祥恩.父母自主支持对青少年积极情绪适应的影响:基本心理需要满足的中介与调节作用模型[J].心理发展与教育,2021, 37(2):240-248.

[55] LUO J, DEY B, YALKIN C, SIVARAJAH U. Millennial Chinese customers' perceived destination brand value[J]. *Journal of Business Research*, 2018, 6:1.

[56] LEE Y K. A comparative study of green purchase intention between Korean and Chinese consumers: The moderating role of collectivism[J]. *Sustainability*, 2017, 9(10):1930.

[57] 刘海英.生活方式与感知价值维度对非遗旅游纪念品购买行为意向的影响——一个有调节的中介模型[J].西北师范大学学报(自然科学版),2022, 58(4):128-134.

[58] 刘力.老年人旅游动机与制约因素[J].社会科学家,2016(3):91-95.

[59] 侯芳,胡兵.基于因子和聚类分析方法的游客低碳旅游感知价值研究[J].生态经济,2013(4):132-137+149.

[60] 李永鑫,赵娜.工作—家庭支持的结构与测量及其调节作用[J].心理学报,2009, 41(9):863-874.

[61] RAGHEB M G, BEARD J G. Measuring leisure attitude[J]. *Journal of Leisure Research*, 1982, 14(2):155-167.
[62] POOKULANGARA S, HAWLEY J, XIAO G. Explaining multi-channel consumer's channel-migration intention using theory of reasoned action[J]. *International Journal of Retail & Distribution Management*, 2011, 39(3):183-202.
[63] ANDERSON J C, GERBING D W. Structural equation modeling in practice: A review and recommended two-step approach[J]. *Psychological Bulletin*, 1988, 103(3): 411-423.
[64] CUMMING B E, HENRY W E. *Growing Old, the Process of Disengagement*[M]. New York: Basic Books, 1961.
[65] PING J R A. Latent variable interaction and quadratic effect estimation: A two-step technique using structural equation analysis[J]. *Psychological Bulletin*, 1996, 119(1): 166-175.
[66] 张清源,陆林.宗教旅游地利益相关者权力—利益关系格局与形成机制——以九华山为例[J].旅游学刊,2019, 34(9):15-29.
[67] AIKEN L S, West S G. Multiple regression: Testing and interpreting interactions[J]. *The Journal of the Operational Research Society*, 1994, 45(1):119-120.
[68] 孙涛.儒家孝道影响下代际支持和养老问题的理论研究[J].山东社会科学,2015(7):131-135.
[69] 董引引,曲颖.感官刺激如何激发情感?多感官旅游体验对目的地依恋的持续性影响机制[J].旅游科学,2022, 36(2):101-121.
[70] 乔向杰,张凌云.旅游恩格尔系数的概念辨析和理论探讨——兼与孙根年、刘思敏等先生商榷[J].人文地理, 2016, 31(2):24-28.
[71] 朱运海,曹诗图.论旅游发展幸福悖论的内涵及伦理价值指引[J].华中师范大学学报(自然科学版),2021, 55(2):309-316.
[72] LEE S K, JEE W S, FUNK D C, et al. Analysis of attendees' expenditure patterns to recurring annual events: Examining the joint effects of repeat attendance and travel distance [J]. *Tourism Management*, 2015, 46:177-186.
[73] 孙九霞.中国旅游消费的日常化与惯性化[J].旅游学刊,2020, 35(3):1-4.

A Study on the Influence Mechanism of Adult Children's Intention to Support Elderly Parents to Travel: Based on Intergenerational Support Theory

HU An'an, LI Houqi

(*Department of Tourism, Fudan University, Shanghai, 200433, China*)

Abstract: The tourism of elderly parents supported by their adult children is a unique form of intergenerational family support. However, considering the physical and mental decline caused by aging, it is imperative to examine whether elderly parents can receive the support from their adult children for the trips without their children's companion and to identify the factors that influence this support intention. Based on the theory of intergenerational support, this study employed a "value-attitude-behavior" model to empirically investigate the relationship between perceived values and the intention of adult children to support their parents to travel. This study focused on 385 adult children in the Jiangsu, Zhejiang, and Shanghai, whose eldest parents have aged 55 and above. The findings indicated that: (1) apart from social values, emotional and functional values significantly positively influence the intention of adult children to support their parents' travel; (2) attitude mediates the relationship between emotional and functional values and adult children's support intention; (3) adult children's daily intergenerational support intention has a significant negative impact on their intention to support their parents' travel; (4) the more positive adult children's attitudes are toward their parents' travel activities, the weaker the negative relationship between their daily support intention and their intention to support their parents' travel. At a certain attitude level, the relationship between daily non-economic support intention and non-economic support intention for parents' travel will become positive. The research conclusions elucidate that adult children's support for their elderly parents' travel is the result of the joint influence of perceived values and their daily intergenerational support intention. These findings can serve as a reference for the high-quality development of the elderly tourism market in China and the realization of positive aging.

Keywords: perceived value; intergenerational support; adult children; parents' travel

积极老龄化背景下老年居民休闲满意度与主观幸福感的影响研究*

杨若涵[1,2]　梁　倩[1]　孙一鑫[1]　张倩玢[1]
(1. 复旦大学旅游学系，上海 200433，中国；2. 河西学院数学学院，甘肃张掖 734000，中国)

[摘要]　在积极老龄化的背景下，休闲活动为缓解老龄化问题提供了新的思路。本研究基于自我决定理论和涉入理论，通过问卷调研，采用结构方程模型和层次回归分析法，探究了我国老年居民休闲动机和休闲涉入对其休闲满意度与主观幸福感的影响以及休闲消费的调节作用。研究发现休闲动机是影响休闲满意度的重要因素，休闲涉入在休闲动机与休闲满意度之间具有中介作用，进而影响到主观幸福感，此外休闲消费调节了休闲涉入与休闲满意度、休闲满意度与主观幸福感之间的关系。据此提出丰富活动类型，增加场所设施，出台优惠措施以提升老年居民的休闲满意度与主观幸福感。

[关键词]　积极老龄化；休闲涉入；休闲动机；休闲满意度；主观幸福感

引言

积极老龄化是指为了提高生活质量，老年人按照自己的需求意愿和能力，主动参加各种文化、经济和社会活动，让健康、参与和保障的机会发挥最大效益的过程。[1]政府需要将积极老龄观和健康老龄化的理念融入经济社会发展全过程，加大制度创新和政策供给，实施积极应对人口老龄化国家战略，发展养老事业和养老产业，优化孤寡老人服务，推动实现全体老年人享有基本养老服务。[2]

---

*　[基金项目]本研究受国家自然科学基金(72074053)、河西学院青年基金(QN2020019)资助。
[作者简介]杨若涵(1994—　)，女，博士研究生，学院助教，研究方向为旅游经济与管理，E-mail: yangrhan@qq.com；梁倩(1986—　)，女，硕士研究生，研究方向为旅游管理；孙一鑫(1985—　)，男，硕士研究生，研究方向为旅游管理；张倩玢(1986—　)，女，硕士研究生，研究方向为旅游管理。

目前我国老龄化形势严峻，第七次全国人口普查显示，我国 65 岁以上老年人占总人口的 13.50%，远高于世界平均水平 9.3%。我国老龄化进程比以往明显加快，2010 年至 2020 年 60 岁以上人口比重增加了 5.44%，65 岁以上人口比重上升了 4.63%[3]，预计到 2050 年前后，我国老年人人口规模和比重、社会抚养比将达到巅峰，这意味着老龄人口的不断增长将影响我国的经济发展以及居民生活方式的转变[4]。老龄化社会面临的问题尤为复杂，从经济角度看，人口老龄化影响劳动力供给，冲击经济增长、投资、消费和税收等；从社会角度看，人口老龄化影响医疗保健体系、家庭结构、日常生活和住房等；从政治角度看，人口老龄化直接关系到国家政策的制定。由于老年居民的健康状况逐渐恶化，劳动能力减弱，其生理、心理、社会的需求也随之发生改变，加之老年人需要长期进行照顾，因此，有效应对人口老龄化，不仅能提高老年人生活和生命质量、维护老年人尊严和权利，而且能促进经济发展、增进社会和谐[5]。

休闲活动是大部分老年人日常生活的中心，可以此为缓解社会老龄化问题的思路。退休之后的老年人脱离了繁忙的工作，拥有稳定收入和较充足可自由支配的时间，对于休闲生活已经不满足于吃饱穿暖，他们需要在休闲活动中增加生活满足感和主观幸福感，以提升自己的生活品质，而如何满足老年人的日常休闲与旅游需求成为推动经济发展的新难点。本研究基于老年居民视角，选取上海市为案例地，基于自我决定理论和涉入理论构建了休闲动机与休闲涉入影响休闲满意度与主观幸福感的结构方程模型，并从休闲消费视角探讨了老年居民在休闲涉入与休闲满意度、主观幸福感之间的调节效应。本研究旨在深入探讨老年居民休闲活动对其幸福感的影响，以期为政府及社区改进老年服务质量和提高老年居民的休闲满意度及主观幸福感提供理论支撑和实践指导。

1 文献回顾

1.1 休闲动机

休闲动机是产生休闲活动的主要原因，是在休闲需要的基础上产生的，其本身并不属于休闲行为，而是刺激参与休闲活动的需要、理由、满足等心理活动[6]，休闲动机可以通过休闲者自身的表达或实际产生的休闲行为来测量。休闲动机可以唤起休闲行为，使休闲活动具有一定的目标和方向，可以决定休闲主体对休闲活动的涉入程度。对于老年居民来说，保持健康在休闲动机中排名第一，其次是社交、消磨时间、寻求乐趣、追求生活意义。[7]

1.2 休闲涉入

休闲涉入是指个体在休闲活动中的参与和投入程度，当人们投入其中时，会产生兴奋、不受干扰和自由的感觉[8]。休闲涉入由吸引力(重要性)、中心性(中心地位)以及自我表达(象征价值)三个维度构成，研究表明休闲涉入会对休闲满意度产生正向影响[9]，对个体自我效能、畅爽体验以及主观幸福感具有显著正向影响[10]，对行为意愿的直接正向影响效应显著，其中地方依恋在此过程中具有正向中介效应[11]。

1.3 休闲满意度

休闲满意度是指个体通过休闲活动产生的正向的看法或感受，这种感觉来自个体自身察觉到的或未被察觉到的需求的满足，可以通过感知与体验之间的差异进行评估[12]。通过休闲活动可以提高社会认知度和社会生活满意度，从而提高个体的整体生活满意度[13]。情绪可以直接影响个体的休闲满意度，而性格差异对休闲满意度具有影响，个体生活总体满意度对休闲满意度的影响显著[14]。休闲感知质量是影响休闲满意度的主要因素，休闲活动、休闲服务水平对休闲满意度具有显著影响[15]。

1.4 主观幸福感

主观幸福感是指个体根据自我内定的标准对生活所作出的情感与认知性的整体评价，主要基于满足感与安全感产生的愉悦情绪，是对积极因素的发扬和消极因素的抑制。主观因素(如人格特质、认知与归因、自我意识和评价等)和客观因素(如人际交往、社会支持、家庭因素等)都会影响个体对幸福的感知，老年人的主观幸福感会受到设施、环境、活动机会、情绪体验和价值体验的影响[16—17]，主观年龄比实际年龄小的老年人自我价值感更高，收入、社会经济地位也会对其主观幸福感产生正向影响[18]。

1.5 休闲消费

休闲消费是指人们在休闲时为满足精神需求而产生的一系列消费，包括对物品和服务的消费具有娱乐性强、短期性和节奏感强等特征[19]。休闲消费可以分为实用型消费和享乐型消费两类[20]，实用型消费强调的是消费的实用性和功能性，享乐型消费则更注重精神层面的满足和愉悦感受。本研究中的休闲消费主要是指享乐型休闲消费，通过自由支配时间从事喜欢的活动增加身心愉悦感，进而影响满意度，同时休闲消费后的体验具有时间上的持续性，过去的消费体验影响当前的消费,进而影响幸福感。[21]

2 理论基础与研究假设

2.1 理论基础

2.1.1 自我决定理论

自我决定理论(Self-Determination Theory)认为人们从事活动具有外在动机、内在动机和去动机三种动机,外在动机指为了获得活动所带来的另外结果而从事活动的动机,内在动机是指人们出于自己的兴趣和活动本身乐趣而从事活动的动机,去动机指缺乏从事活动意图的动机。[22]自主需要、胜任需要和归属需要的满足可以维持促进内在动机,外部行为、价值观和规范的内化程度与差异性会导致人们具有不同的外部动机。[23]根据动机的自主性程度不同,自我决定理论将动机分为自主性动机和控制性动机,自主性动机是指从事活动时具有较强意愿和选择的动机,包括内在动机以及整合调节和认同调节两个外在动机;控制性动机指受外部条件影响较大的动机,包括外部调节和摄入调节两种外在动机。[24]

2.1.2 涉入理论

涉入理论(Involvement Theory)主要用于预测个体在特定环境下对特定事物的态度及行为反应。涉入指的是个体认知中某种产品与其个人兴趣及价值观的关联程度,这种关联程度受到个体特性、所处环境以及产品特性等多重因素的影响,进而导致个体对事物产生不同程度的关注。[25]休闲涉入与休闲动机均具备驱动性,但相较于休闲涉入,与自我实现相关的涉入具有更为持久的特性。[26]动机可视为影响涉入形成的关键因素,而涉入则通常反映了个体的动机、兴趣及当前的心理状态,这些受到价值观、个体需求、目标期望等多种因素的影响。[27]个体在认知和情感层面的参与程度越深,其涉入程度也会提高。[28]

2.2 研究假设

2.2.1 休闲动机与休闲涉入

根据自我决定理论,个体动机的内化程度越高,自主性越强,当个体想要进一步了解休闲活动时,会产生休闲行动来满足自己的需求,休闲动机越强烈,休闲涉入度越高。[29]当个体具有较强烈的休闲动机时,更容易花费时间和精力去参与休闲活动,即休闲动机在社交性与智力性方面可以正向预测休闲涉入。[30]老年居民具有参与活动的动机时,会为了满足自己如保持健康、消磨时间等方面的需求而参与休闲活动,从而提升休闲涉入程度,即休闲动机正向影响休闲涉入[31]，由此提出研究假设H1。

假设H1：休闲动机对休闲涉入有正向影响。

2.2.2 休闲动机与休闲满意度

休闲动机反映了休闲需要，个体的需求被激发后就会产生休闲期望，当休闲动机被满足，休闲者会产生正面积极的满意状态。[32]由于个体对于休闲活动的需要会影响其对于价值的判断，所以动机水平较高的休闲者能按照自己的认知和偏好从事休闲活动，更容易在休闲过程中获得正面的反馈，从而实现自我满足、产生心流体验，进而提升休闲满意度。[33]据此提出研究假设H2。

假设H2：休闲动机对休闲满意度有正向影响。

2.2.3 休闲涉入与休闲满意度

研究表明主观幸福感和休闲满意度受休闲涉入的影响[34—35]。根据涉入理论，休闲涉入程度较深的人更容易关注休闲活动，更加认同休闲活动的吸引力、重要性和象征性，进而影响对休闲活动的认知和评价[36]，休闲涉入较深的老年人对休闲活动氛围、环境等方面的满意度更高。因此，提出以下研究假设H3。

假设H3：休闲涉入对休闲满意度有正向影响。

2.2.4 休闲满意度与主观幸福感

身体满意度、心理满意度、审美满意度和放松满意度对个体休闲总体满意度具有显著影响[37]，满意的休闲活动更容易唤起个体对美好生活的感受[38]，使其获得较高的社会支持和好的人际关系从而提升自我感知价值[39]，对休闲环境、设施和氛围的满意度也能够正向影响个体的主观幸福感[40]。据此提出以下假设H4。

假设H4：休闲满意度对主观幸福感有正向影响。

2.2.5 休闲涉入的中介效应

根据涉入理论，涉入感知不仅能够直接影响个体幸福感的形成，而且能够通过地方依恋间接影响幸福感的产生，涉入状态越深，其体验的满足感和主观幸福感就越强。[41]因此休闲涉入在休闲动机与休闲满意度之间具有中介效应，休闲动机可以增加或降低个体对休闲参与的接受程度，从而影响其满意度[50]。随着休闲参与程度的提高，个体生活满意度也会显著提升[18]，休闲涉入在参与休闲动机对满意度的影响中承担着非常重要的中介作用[53]，据此提出以下假设H5。

假设H5：休闲涉入对休闲动机与休闲满意度具有中介作用。

2.2.6 休闲消费的调节效应

休闲消费在居民活动中占据重要地位，与其他消费相比，休闲消费与主观幸福感显著相关[42]，是提升主观幸福感长效机制的一个关键点[43]。受到不同消费观念的影响，在休闲消费上较为保守的老年人通常对于休闲项目和产品的要求较低，休闲消费高的老年人则追求高质量的健康休闲，对休闲活动和服务提出更高的要求。休闲消费会影响休闲的涉入程度，当个体在休闲活动上投入较多的时间和金钱以后，往往会更加深入地投入其中，对活动产生更深层次的体验，从而增强休闲满意度。消费更多的休闲产品和服务，本身也会产生满足与愉悦，在休闲活动中得到满足时，会对生活产生积极的看法，感受到更多的幸福感。[44]因此休闲消费对休闲涉入与休闲满意度，以及休闲满意度与主观幸福感的关系具有调节作用，据此提出研究假设 H6a、H6b。

假设 H6a：休闲消费对休闲涉入与休闲满意度的关系具有调节作用。

假设 H6b：休闲消费对休闲满意度与主观幸福感的关系具有调节作用。

综上所述，老年居民休闲主观幸福感关系路径的理论假设模型如下图 1 所示。

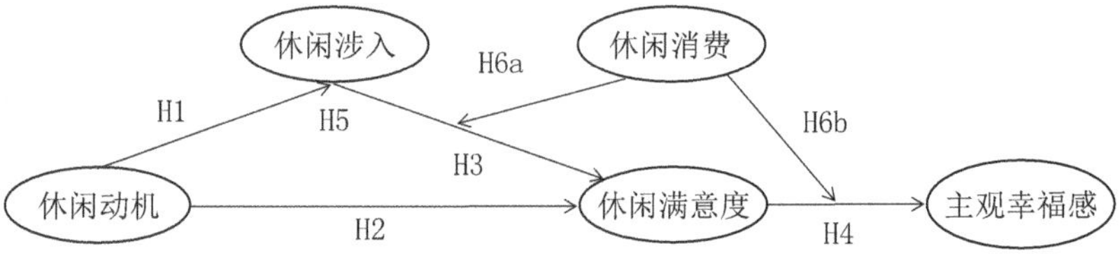

图 1 老年居民休闲主观幸福感关系路径假设模型

3 研究设计

3.1 问卷设计

调查问卷主要包含两部分内容：第一部分是老年休闲活动问卷量表，包括休闲动机、休闲涉入、休闲满意度与主观幸福感，采用李克特五级量表进行计分，其中 1 代表极不认同，5 代表极认同；第二部分是基于老年居民社会人口统计学和休闲参与特征的相关选项，内容包含性别、年龄、学历等基本信息，以及针对老年休闲活动的时长、消费、频次、参加的伙伴，以及休闲活动类型等。

老年休闲活动问卷是在文献梳理的基础上设计的，在使用成熟量表的基础上增加了针对老年休闲群体的题项。具体来说，休闲动机的题项参考 Deci 和 Ryan[22]、黄仲凌等[45]的文章，包括“为了获得生活技能”“为了学习新事物”“为了结交朋友”“为了亲近自然”等；休闲涉入的题项参考 Kyle 等[46]、卢风麟[47]的文章，包括“我认为休闲活动很丰富”“通过休闲活动可以展示自我”“休闲活动在我的生活中处于重要地位”“通过休闲活动可以增强我与亲朋好友之间的联系”等；休闲满意度的题项源自 Beard 和 Ragheb[48]的研究，包括“休闲场所的文化氛围好”“休闲活动让我放松自己”“休闲活动增强了我的社交能力”“休闲活动让我的身体更健康”等;主观幸福感的题项根据 Diener[49] 的文章,包括“我觉得生活很有意义”“我已经得到了生活中重要的东西”“我已经拥有了生活中想要的东西”“如果生活重新再来,我还愿意像现在这样生活”等。

问卷经 9 位具有市场调研经验的专业人员讨论,后进行修改形成初始问卷,之后针对 50 位 60 岁以上的老年受访者进行深度访谈与前测,访谈问题包括“您平时会参加哪些休闲活动”“为什么会参加”“休闲活动对您的生活有什么影响”等,在访谈的过程中补充了“为了锻炼身体”“为了自己排遣孤独”“休闲活动帮我维持身体健康”等针对老年居民的特有题项,删除了语意不明和相似题项后,对老年受访者进行探索性因子分析,删除“我会收集休闲活动的主要信息”“我喜欢参与休闲活动的感觉”“我的生活围绕休闲活动安排”等因子载荷较低与共同因子载荷较大的题项,然后经 4 次反复修正后形成正式问卷。

3.2 数据来源

选取上海市作为调研案例地,是因为作为全国最早进入人口老龄化社会的城市,上海老龄化具有人口体量大、老龄人口增量速度快的特点。第七次全国人口普查结果显示,上海常住人口中,60 岁及以上人口为 581.55 万,占上海市总人口的 23.4%,其中 65 岁及以上人口为 404.9 万人,占比达 16.3%。[50] 故而选取上海市来进行调研比较具有代表性。

为增加老年居民样本的多样性,考虑到我国职工的退休年龄状况,本研究以 55 岁及以上老年人作为调研对象,采用问卷的方式,对离退休老年受访居民群体以无记名的形式进行问卷调研。调研时间为 2020 年 12 月 17 日—2021 年 3 月 1 日,问卷发放时间主要集中在早上 8～11 点和下午 3～5 点的时间段,在上海市的公园、广场及老年活动中心等地进行问卷发放。为调动老年人受访者填写问卷的积极性,调研过程中采用小礼品赠送的方式对老年居民受访者表示感谢,并针对高龄老人及看不清问卷的老年受访者采用一对一阅读等方式进行问卷答题。现场发放问卷共计 730 份,剔除部分信息缺失问卷和连续多个题项都选择同样序号的无效问卷 53 份,最终回收有效问卷 677 份,有效率为 92.74%。采用 SPSS22.0 以及 AMOS21.0 软件对获取的老年居民休闲与主观幸福感的数据进行统计分析,得到老年居民休闲主观幸福感的路径机理研究结果。

4 数据分析

4.1 人口统计学分析

问卷显示,老年居民受访者中女性比例略高,为 50.4%;有配偶的受访者占比高，为 86.7%；年龄 55～59 岁、60～64 岁、65～69 岁的分别占比 32.6%、31.2%、17.6%；学历以高中/中专技校、初中和大学为主，分别为 29.2%、29%和 24.8%；个人月收入（元）主要集中在 1 001～3 000 元、3 001～5 000 元两段内，占比分别为 31.50%、31.80%；退休前职业以国企职员为主，占比为 17.4%；居住情况主要以与子女同住及与配偶同住为主，占比分别为 33.2%、52.9%；日常照顾方式主要集中于自己照顾、配偶照顾，占比分别为 46.5%、37.5%；每次参加休闲活动用时约 1～2 小时占比最高，为 44.2%，约 2～3 小时占比 23.5%；每周参加休闲活动的频次由高到低依次为 1～3 次占比 58.5%，4～6 次占比 25.0%；每月休闲活动的消费为 100 元及以内占比 36.5%，101～200 元占比 25.7%；休闲活动参与的主要伙伴为兴趣相投的人占比 35.0%，固定的原同事和朋友占比 31.8%。

4.2 同源方差检验与相关分析

采用单因子检测方法检验数据的同源方差，将问卷中所有潜变量的测量题项纳入因子分析，在未旋转的情况下得到了 4 项特征根大于 1 的因子，第一个因子解释了 42.706%的总方差，低于 50%的临界标准，表明数据不存在严重的同源方差，不会影响到研究的实证结果。休闲动机与休闲涉入、休闲满意度、主观幸福感之间显著正相关（$\gamma=0.673$，$p<0.01$；$\gamma=0.542$，$p<0.01$；$\gamma=0.571$，$p<0.01$）；休闲涉入与休闲满意度、主观幸福感之间显著正相关（$\gamma=0.624$，$p<0.01$；$\gamma=0.568$，$p<0.01$）；休闲满意度与主观幸福感之间显著正相关（$\gamma=0.659$，$p<0.01$）。

4.3 信度与效度检验

采用 Cronbach's α 系数和组合信度来衡量模型信度，研究表明休闲动机、休闲涉入、休闲满意度和主观幸福感的 Cronbach's α 系数分别为 0.861、0.835、0.829、0.898（均大于标准 0.7），组合信度 CR 分别为 0.895、0.884、0.881、0.922（均大于标准 0.7），平均提取方差 AVE 分别为 0.549、0.604、0.598、0.664（均大于标准 0.5），以上数据表明量表的内部一致性良好，具有较高信度。

效度检验包括聚合效度检验与区别效度检验。通过计算，问卷中潜变量的标准化因子载荷均大于 0.5，平均提取方差 AVE 分别为 0.732、0.657、0.562、0.582（均大于标准 0.5），表明量表之间的聚合效度较好。借助验证性因子分析比较不同模型的拟合度可知，四因子模型的拟合指数均优于其他模型（$\chi^2/df=2.845<3$，$RMSEA=0.052<0.08$，$NFI=0.963$、$IFI=0.976$、$TLI=0.967$、$CFI=0.975$，均大于 0.9），此外，各变量 AVE 的平方根均大于其与其他变量的相关系数，表明各个变量之间为不同构想，具有较好的区分效度。

4.4 假设检验

4.4.1 主效应检验

通过结构方程模型分析，上海老年居民的休闲动机、休闲涉入、休闲满意度与主观幸福感的各项指标均表现良好，结果如下：$\chi^2/df=2.414<3.0$（其中 $\chi^2=560.071$, $df=232$），RMSEA 为 $0.046<0.08$（$CFI=0.961$, $NFI=0.936$，均大于0.9）。分析结果表明，老年居民休闲动机对休闲涉入有显著正向影响（$t=14.977$, $p<0.001$），假设 H1 成立；老年居民休闲动机对休闲满意度存在显著影响（$t=1.431$, $p<0.05$），假设 H2 成立；老年居民休闲涉入对休闲满意度有显著正向影响（$t=7.374$, $p<0.001$），假设 H3 成立；老年居民休闲满意度对主观幸福感有显著正向影响（$t=16.218$, $p<0.001$），假设 H4 成立。

4.4.2 中介效应检验

选取性别、年龄、学历、退休前职业、月收入、婚姻状况及共同居住人作为控制变量，采用 Bootstrap 法重复抽样 5 000 次进行中介效应检验，休闲涉入对休闲动机与休闲满意度之间的中介效应值为 0.278，95%CI=[0.209, 0.353]，效应比为 59.67%，直接效应的效应比为 40.33%（效应值为 0.188，95%CI=[0.092, 0.280]），假设 H5 成立。

4.4.3 调节效应检验

研究采用层次分析法来检验老年居民的休闲消费对休闲涉入与休闲满意度，以及老年居民的休闲消费对休闲满意度与主观幸福感之间的调节作用。为了减小回归方程中各变量之间的多重共线性，首先分别对相关变量进行了中心化处理，接着依次将性别、年龄、学历、月收入、婚姻状况、共同居住人、退休前职业等 7 个控制变量纳入方程；其次将中心化后的休闲涉入、休闲满意度、休闲消费依次放入回归方程（如表 1 中模型 1～3 和模型 5～7 所示）；再次将乘积项（休闲涉入×休闲消费、休闲满意度×休闲消费）分别加入回归方程。

检验结果如模型 4（见表 1）所示，中心化后的休闲涉入与休闲消费的乘积对休闲满意度具有显著影响（$\beta=0.068$, $p<0.05$），表明休闲消费对于休闲涉入和休闲满意度的关系具有调节效应，如图 2a 所示，相较于低休闲消费的老年人，休闲涉入对高休闲消费老年人的休闲满意度影响更强，在休闲中消费越高，涉入度对休闲满意度的影响越大，假设 H6a 成立。同理可知，在模型 8 中（见表 1）休闲消费对休闲满意度和主观幸福感的关系具有调节效应（$\beta=-0.073$, $p<0.05$），如图 2b 所示，相较于高休闲消费的老年人，休闲满意度对低休闲消费老年人的主观幸福感影响更强，在休闲中消费越高，休闲满意度对主观幸福感的影响越小，假设 H6b 成立。

表 1 调节效应检验结果

项目	变量	休闲满意度				主观幸福感			
		模型 1	模型 2	模型 3	模型 4	模型 5	模型 6	模型 7	模型 8
控制变量	性别	0.098*	0.075*	0.076*	0.071*	0.106**	0.043	0.042	0.044
	年龄	0.041	0.067*	0.071	0.067*	0.069	0.043	0.040	0.036
	学历	0.051	0.011	0.009	0.009	0.062	0.029	0.030	0.030
	月收入	0.093*	0.046	0.040	0.042	0.137**	0.077*	0.081*	0.079
	婚姻状况	−0.093*	−0.040	−0.042	−0.042	−0.056	0.004	0.005	0.007
	共同居住人	0.069	0.036	0.036	0.037	0.053	0.008	0.008	0.008
	退休前职业	0.044	−0.022	−0.021	−0.022	0.048	0.019	0.019	0.020
主效应变量	休闲涉入		0.616***	0.613***	0.619***				
	休闲满意度						0.645***	0.647***	0.650
	休闲消费			0.020	0.014			−0.016	−0.006
乘积项	休闲涉入×休闲消费				0.068*				
	休闲满意度×休闲消费								−0.073*
模型摘要	F 值	3.562**	56.254***	49.994***	45.769***	4.079***	66.267***	58.865***	54.009***
	ΔF	3.562	409.852	0.356	5.024	4.079	481.096	0.247	6.185
	R^2	0.036	0.403	0.403	0.407	0.041	0.442	0.443	0.448
	ΔR^2	0.036	0.367	0.000	0.004	0.041	0.402	0.000	0.005

注：* 表示 $p<0.05$，** 表示 $p<0.01$，*** 表示 $p<0.001$。

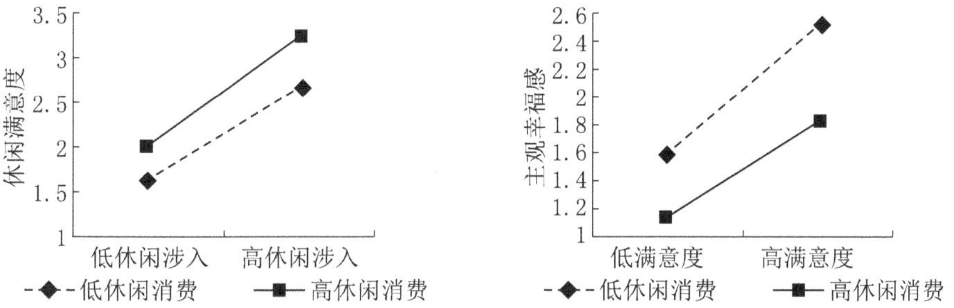

a. 休闲消费在休闲涉入和休闲满意度之间的调节效应

b. 休闲消费在休闲满意度和主观幸福感之间的调节效应

图 2 休闲消费的调节效应

5 研究结论

5.1 研究结论

目前有关休闲活动的文献研究，主要还是聚焦于休闲产业和休闲体育运动等方面，选择的研究对象主要为学生群体、普通市民游客以及体育爱好者，很少有文献以老年居民作为研究对象。本研究基于自我决定理论和涉入理论，结合老年居民休闲的特殊性，研究了休闲动机、休闲涉入、休闲满意度及主观幸福感之间的关系，以及休闲消费的调节作用。研究发现：

第一，休闲动机正向影响休闲涉入和休闲满意度，进而对主观幸福感有正向影响。休闲动机越强烈，老年居民越容易将休闲意愿转换为实际的休闲活动，并且高休闲涉入促使老年居民持续性参加休闲活动，学习新鲜事物，增加新的技能，获得全新的生活体验。同时休闲活动也可以让老年居民排遣孤独寂寞，减少生活烦恼，得到身心放松，维系亲友关系，结交志同道合的新朋友，提高生活满意度等。参与休闲活动还可以提高老年人的积极情绪，体育锻炼让其身体变得健康，提升生活的主观幸福感和获得感。

第二，休闲涉入在休闲动机和休闲满意度中起到中介作用。老年居民对休闲活动的了解越丰富，参与程度越高，对休闲活动也就越感兴趣，容易感受到更高的休闲体验价值，从而获得较高的休闲满意度。随着老年居民对休闲活动的深度参与，和同伴会形成密切的休闲圈子，进而通过团队休闲活动产生更好的集体归属感，提高主观幸福感。

第三，休闲消费对休闲涉入与休闲满意度，以及休闲满意度与主观幸福感的关系具有调节作用。休闲消费越高，休闲涉入对休闲满意度的影响越大，而休闲满意度对主观幸福感的正向影响越低，而对休闲活动持续性投入越高的老年人的休闲活动参与度也会随之提升，休闲与生活的关联度也较高，进而休闲满意度也会提高。高品质、高服务质量的休闲项目提供的休闲活动通常可以提升人们的休闲满意度，但如果休闲产品或服务定价过高导致老年居民对休闲体验有过高期待，反而会降低主观幸福感。

5.2 管理启示

人口老龄化问题是上海社会发展过程中必然面临的严峻挑战，急剧增长的老年人口对老年休闲需求提出更高要求。根据研究结论，针对提高老年居民的主观幸福感提出以下建议：

第一，丰富活动类型，提升休闲涉入。休闲涉入在休闲动机和休闲满意度中起着调节作用，提高休闲涉入会提升老年居民的休闲满意度，因此政府和社区需要丰富老年居民的休闲活动，开展各类团体活动激发老年居民的参与意愿，以提升老年居民的休闲动机。不同年龄阶段的老年居民休闲涉入水平不一样，根据问卷数据分组对比发现，低龄老年居民参与休闲活动的热情比较高，较高年龄的居民由于身体和精力的原因涉入水平比较低。故而可以采用以老养老的方式，支持低龄老年人开展志愿服务和再就业，打造熟人交互式休闲学习社区，通过熟人之间的相互学习，帮助老年人合理安排休闲生活，增加个人休闲活动时间的投入，以提升休闲动机向休闲行为意向的转化。

第二，增加场所设施，提高休闲便利。根据涉入理论，休闲涉入会受到外部情境的影响，增加休闲设施与休闲场所，提高休闲活动的便利性有助于增加老年居民的休闲频率，促进锻炼的积极性，进而提高休闲涉入度来增强老年人的主观幸福感[51]。老年居民由于身体原因，行动半径相较于年轻人更小，休闲距离与休闲活动的便利性对老年居民休闲参与度的影响更大。因此，可以根据老年居民的休闲行为和消费习惯对休闲场所及休闲项目的种类进行适当优化改进，增加休闲活动的便捷性[52]，还可以在社区内集中设置小型的健身设备提供短时休闲的可能性，合理设置前往途中的安全设施和通达性设施，改善休闲环境，提高居民休闲主观幸福感。

第三，出台优惠措施，鼓励休闲消费。休闲消费在休闲活动对主观幸福感的影响中具有调节效应，因此，政府可以制定服务于老年人的公共体育优惠政策，比如提供针对老年人的门票优惠政策，针对不同休闲消费水平进行精准营销，制定清晰的服务标准，增加休闲活动设施，对老年居民提供精准化和情感化的产品供应和服务，深度发展老年客户群体，吸引有高休闲需求的老年客户群体购买休闲产品。拓宽休闲市场，通过对休闲体验前中后的管理了解老年居民的需求是否得到满足，进而制定计划提升休闲产品和项目。

5.3 研究局限与展望

第一,仅以上海市为调研地点存在样本的局限性,但由于我国不同地域以及城市和农村之间存在着经济发展水平、休闲产业发展水平和老龄化水平的巨大差异,故而老年人对休闲行为的感知与动机也会有较大不同。未来研究可以进行多城市(如上海、杭州、南京等)、多区域(如长三角地区、京津冀地区等)的实证研究,增加研究样本数量,比较不同地区,提高研究模型的适用性。

第二,仅从休闲动机和休闲涉入两个角度讨论了老年居民主观幸福感的驱动机制,未来可在该模型的基础上增加休闲制约、休闲效益、休闲偏好等变量,同时可以针对老年居民某一项休闲活动进行研究,如老年居民的游泳、唱歌、舞蹈、书画等,以此提高研究模型的解释力。

参 考 文 献

[1] 郝丽.体医结合视角下的社区养老模式评价[M].天津:南开大学出版社,2017:27-28.

[2] 习近平.高举中国特色社会主义伟大旗帜　为全面建设社会主义现代化国家而团结奋斗——在中国共产党第二十次全国代表大会上的报告[EB/OL].(2022-10-25). http://www.gov.cn/xinwen/2022-10/25/content_5721685.htm.

[3] 中新社.国务院第七次全国人口普查领导小组办公室负责人接受中新社专访[EB/OL].(2021-9-26). http://www.stats.gov.cn/ztjc/zdtjgz/zgrkpc/dqcrkpc/ggl/202105/t20210519_1817705.html.

[4] 国务院.国务院关于加强和推进老龄工作进展情况的报告[EB/OL].(2022-08-31). https://mp.weixin.qq.com/s/G9ch6moL GchDdJWfvFWMg.

[5] 申少铁,齐志明,常钦,等.代表委员热议实施积极应对人口老龄化国家战略健全养老服务体系[EB/OL].(2022-3-8). http://www.gov.cn/xinwen/2022-03/08/content_5677834.htm.

[6] CRANDALL R. Motivations for leisure[J]. *Journal of Leisure Research*, 1980, 12(1): 45-54.

[7] 刘军林.成渝地区准老年人社区休闲动机与意愿[J].中国老年学杂志,2018, 38(12): 3062-3064.

[8] SELIN S W, HOWARD D R. Ego involvement and leisure behavior: A conceptual specification[J]. *Journal of Leisure Research*, 1988, 20(3):237-244.

[9] SATO M, YOSHIDA M, WAKAYOSHI K, et al. Event satisfaction, leisure involvement and life satisfaction at a walking event: The mediating role of life domain satisfaction[J]. *Leisure Studies*, 2017, 36(5):1-13.

[10] 翁李胜,雷燕,潘新洁.休闲涉入对老年人幸福感的影响:自我效能与畅爽体验的中介效应[J].上海体育学院学报,2020, 44(9):87-94.

[11] 谭红娟,李美云,陈世雄.休闲涉入与地方依恋对农民工留城意愿的影响——基于广州市的调研数据[J].热带地理,2021, 41(3):505-515.

[12] RYAN C, GLENDON I. Application of leisure motivation scale to tourism[J]. *Annals of Tourism Research*, 1998, 25(1):169-184.
[13] WANG M T, CHOW A, AMEMIYA J. Who wants to play? Sport motivation trajectories, sport participation, and the development of depressive symptoms[J]. *Journal of Youth and Adolescence*, 2017, 46(9):1982-1998.
[14] 高亚楠.基于行为模型的出行满意度与主观幸福感研究[D].西安:长安大学,2018.
[15] 吕宁,吴新芳,韩霄,等.游客与居民休闲满意度指数测评与比较——以北京市为例[J].资源科学,2019, 41(5):967-979.
[16] 周素红,彭伊侬,柳林,等.日常活动地建成环境对老年人主观幸福感的影响[J].地理研究,2019, 38(7):1625-1639.
[17] 陈红艳,袁书卷,程利娜.自我价值感和抑郁对老年人主观年龄和主观幸福感的链式中介作用[J].中国老年学杂志,2019, 39(17):4342-4345.
[18] 王晓慧.社会经济地位对老年人主观幸福感的影响研究[J].大连理工大学学报(社会科学版),2021, 42(3):92-100.
[19] 乔亮国,胡莉娜.我国居民休闲消费潜力测度及时空演化分析[J].商业经济研究,2024, 42(1):69-72.
[20] HIRSCHMAN E C, B H M. Hedonic Consumption: Emerging Concepts, Methods and Proposition[J]. *Journal of Marketing*, 1982, 3(46):92-101.
[21] 许泳昊,刘玉珍,厉行.休闲消费与居民资产配置——基于情绪理论的分析[J].金融研究,2023, 65(9):168-187.
[22] DECI E L, RYAN R M. The empirical exploration of intrinsic motivational processes[J]. *Advances in Experimental Social Psychology*, 1980, 13(8):39-80.
[23] 王泽博.基于自我决定理论的大学生同伴关系对学习动机的影响研究[D].天津:天津大学,2017.
[24] STUPNISKY R H, BRAKALORENZ A, YUHAS B, et al. Faculty members' motivation for teaching and best practices: Testing a model based on self-determination theory across institution types[J]. *Contemporary Educational Psychology*, 2018, 53(2):15-26.
[25] SHERIF M, CANTRIL H. *The Psychology of Ego-Involvements*[M]. New York: John Wily & Sons, 1947:238-250.
[26] 张宏梅,陆林.游客涉入对旅游目的地形象感知的影响——盎格鲁入境旅游者与国内旅游者的比较[J].地理学报,2010, 65(12):1613-1623.
[27] 孟秋莉.乡村旅游体验价值与旅游者幸福感关系研究[D].武汉:中南财经政法大学,2019.
[28] SANTONS S, GONCALVES H M. Information searching in the mobile environment: Differences in involvement dimensions among product categories[J]. *Technological Forecasting and Social Change*, 2021, 162:120379.
[29] HAVITZ M E, KACZYNSKI A T, MANNELL R C. Exploring relationships between physical activity, leisure involvement, self-efficacy, and motivation via participant segmentation[J]. *Leisure Sciences*, 2013, 35(1):45-62.
[30] 张平,史文文,侯光定,等.休闲骑行参与者休闲动机与休闲涉入的关系[J].湖北体育科

技,2018, 37(7):605-608.

[31] 张耀川.台湾银发族从事木球运动之休闲动机、休闲涉入与休闲效益之研究[D].福州:福建师范大学,2014.

[32] 王华,马志新.川藏线骑行者旅游动机与主观幸福感关系研究——旅游满意度的中介作用[J].旅游科学,2020, 34(6):53-65.

[33] 杨蒙蒙,吴贻刚.大学生体育赛事志愿动机对满意度的影响:体验价值的中介作用[J].山东体育学院学报,2023, 39(2):54-62.

[34] 郭启贵,桑美玲,罗炯.老年人休闲动机、休闲涉入对休闲满意度的影响[J].中国老年学杂志,2019, 39(6):1495-1499.

[35] 尹郑刚.健走者休闲涉入、休闲价值与主观幸福感关系[J].中国老年学杂志,2018, 38(3):731-734.

[36] BROWN G, SMITH A, ASSAKER G. Revisiting the host city: An empirical examination of sport involvement, place attachment, event satisfaction and spectator intentions at the London Olympics[J]. *Tourism Management*, 2016, 55(4):160-172.

[37] 周彬,王雨桐,虞虎,等.基于结构方程模型的宁波城市居民休闲满意度研究[J].地理科学,2020, 40(1):119-127.

[38] 王心蕊,孙九霞.城市居民休闲与主观幸福感研究:以广州市为例[J].地理研究,2019, 38(7):1566-1580.

[39] LU L, HU C H. Personality, leisure experiences and happiness[J]. *Journal of Happiness Studies*, 2005, 6(3):325-342.

[40] GORDON J W, EIJI I. Mainland chinesecanadian immigrants leisure satisfaction and subjective well-being: Results of a two-year longitudinal study[J]. *Leisure Sciences*, 2017, 39(2):1-12.

[41] 王镇宁,骆培聪,占惠珠,等.城市休闲绿道游憩者涉入对幸福感的影响研究——以福州市福道为例[J].福建师范大学学报(自然科学版),2020, 36(3):70-78.

[42] 李明明,王琪延.新冠肺炎疫情下中国城市居民休闲行为研究——以北京市为例[J].哈尔滨工业大学学报(社会科学版),2022, 24(4):84-90.

[43] 彭开丽,杨宸.社会经济地位对农民主观幸福感的影响机制——基于文化消费行为中介变量的实证分析[J].湖南农业大学学报(社会科学版),2021, 22(6):37-45.

[44] 聂建亮,胡艺杭.消费能使农村老人更幸福吗?——消费对农村老人主观幸福感影响的实证研究[J].西北大学学报(哲学社会科学版),2020, 50(2):169-182.

[45] 黄仲凌,高俊雄.台湾离岛大专学生休闲参与动机与满意度之相关研究[J].大专体育学刊,2005, 7(1):51-66.

[46] KYLE G, GRAEFE A, MANNING R, et al. Effect of activity involvement and place attachment on recreationists perceptions of setting density[J]. *Journal of Leisure Research*, 2004, 36(2):209-231.

[47] 卢风麟.基于涉入理论的乡村旅游体验与行为意向研究[D].曲阜:曲阜师范大学,2018.

[48] BEARD J G, RAGHEB M G. Measuring Leisure Satisfaction[J]. *Journal of Leisure Research*, 1980, 12(1):20-33.

[49] DIENER E, EMMONS R A. The independence of positive and affect[J]. *Journal of Personality and Social Psychology*, 1984, 47(5):1105-1117.

[50] 上海市卫生健康委员会,上海市发展和改革委员会,上海市经济和信息化委员会,等.关于印发《上海市健康老龄化行动方案(2022—2025 年)》的通知[EB/OL]. (2022-9-30). https://www.shanghai.gov.cn/gwk/search/content/68c6fc87be30409993b5311e93408254.

[51] MENEC V H, CHIPPERFIELD J G. Remaining active in later life: The role of locus of control in seniors' leisure activity participation, health, and life satisfaction[J]. *Journal of Aging and Health*, 1997, 9(1):105-125.

[52] 郭英之,甘雪娜,董坤,等.新时代我国老年居民休闲动机与主观幸福感影响机理及精准施策[J].泰山学院学报,2021, 43(5):45-58.

Research on the Influence of Leisure Satisfaction and Well-being of Elderly Residents in the Context of Active Aging

YANG Ruohan[1, 2], LIANG Qian[1], SUN Yixin[1], ZHANG Qianbin[1]

(*1. Department of Tourism, Fudan University, Shanghai 200433, China;*
2. Department of Mathematics and Statistics, Hexi University, Zhangye, Gansu 734000, China)

Abstract: In the context of active aging, leisure activities provide new ideas for alleviating the aging problem. Based on self-determination theory and involvement theory, this paper explores the influence of leisure motivation and leisure involvement on leisure satisfaction and subjective well-being of the elderly residents in China, as well as the moderating effect of leisure consumption, through questionnaire survey, structural equation model and hierarchical regression analysis. This study found that leisure motivation is an important factor affecting leisure satisfaction, leisure involvement has a mediating effect between leisure motivation and leisure satisfaction, and then affects subjective well-being, and leisure consumption moderates the relationship between leisure involvement and leisure satisfaction, leisure satisfaction and subjective well-being. Therefore, it is proposed to enrich the types of activities, increase the places and facilities, and introduce preferential measures to improve the leisure satisfaction and subjective well-being of elderly residents.

Keywords: active aging; leisure involvement; leisure motivation; leisure satisfaction; subjective well-being

基于 TAM-IDT 模型的低空旅游者行为意向研究
——以杭州建德航空小镇为例*

王　瑜　郭　旸
（复旦大学旅游学系，上海 200433，中国）

[摘要]　本研究借助 TAM-IDT 理论视角的适用分析，以杭州建德航空小镇为研究对象，尝试建立低空旅游者行为意向研究模型，探究消费者参与低空旅游活动决策的影响因素，并为低空旅游产品业态的供给发展提供科学建议与决策思路。实证研究结果显示，感知有用性是影响游客低空旅游行为意向的关键因素。从感知有用性四个显变量的数据来看，乐趣因素是低空旅游的主要吸引力。从游客个体因素来看，创新型游客更愿意尝试低空旅游项目，参与相应的学习和培训，承担安全、健康、时间、金钱等风险。从外部因素来看，提升社会形象和朋友推荐会促进旅游者产生积极的情感态度。从接口因素来看，感知外部控制对感知易用性有显著正向影响，但对感知风险和行为意向没有显著影响。最后通过分析对旅游者和景区管理者实证调研的数据结果，从低空旅游产品设计、市场战略、目标客群营销以及低空旅游景区管理等方面提出建议策略。

[关键词]　低空旅游；行为意向；TAM-IDT 模型

1　研究背景

作为体育旅游复合业态下的新兴产物，低空旅游逐渐进入学界研究的视野。根据国家标准《低空旅游运营规范》的定义，低空旅游（low-altitudeflighttourism）指的是依托各类航空器及其附属设施在低空空域开展的观光、体验、运动等类旅游活动。具体包括低空飞行、滑翔、跳伞等活动形式。随着中国对通用航空和低

---

*　[作者简介]王瑜（1999—　），女，硕士研究生，研究方向为旅游经济与产业发展，E-mail：21210500004@m.fudan.edu.cn；郭旸（1979—　），女，博士，副教授，硕士生导师，研究方向为旅游产业经济，E-mail：fdgy@fudan.edu.cn，通讯作者。

空旅游限制政策的调整，国内市场涌现出许多“旅游＋通航”的产品形态，低空旅游研究逐渐成为学界的研究热点。

在现有低空旅游研究领域，国内学者主要聚焦于低空旅游发展的现状及对策，例如低空旅游资源潜力和发展现状以及低空旅游的发展建议研究[1—2]；此外，从旅游规划角度聚焦于低空旅游产品的整合性规划开发研究，例如低空旅游产品开发规划的具体创意设计[3]或从全域旅游视域和旅游产业结构角度对低空旅游产品提供指导[4]。国外学者则主要关注低空旅游的影响作用，例如低空旅游项目对目的地旅游的环境影响[5—6]、经济影响[7]；此外，聚焦低空旅游的相关安全主题，例如低空旅游安全影响因素的研究及低空旅游安全控制的措施研究[8—9]。

低空运动爱好者是低空旅游体验产品的购买主力，而低空旅游产品的价位大多较高且产品相对小众，旅游目标客群具有鲜明的特征性。[10]目前的研究文献针对低空旅游细分市场和旅游者消费意向的研究相对零散。在消费者行为决策研究中，理性行为理论、计划行为理论、技术接受模型(echnology Acceptance Model，简称 TAM)广泛应用于旅游者行为意向的研究实践。在传统 TAM 的基础上，运用创新扩散理论(Diffusion of Innovation Theory，简称 IDT)的补充完善，可以在消费者行为意向研究方面增加模型的解释力度，充分预测个人行为意向的作用。有鉴于此，本研究尝试联合 TAM 和 IDT 的理论思路，在旅游者自身因素的基础上，引入外部因素和接口因素进行系统性分析，构建低空旅游者行为意向研究的理论模型，并对低空旅游者的消费行为进行探讨，分析低空旅游消费者行为意向的影响因素和消费偏好，以期为低空旅游产品服务商在目标客群识别、旅游产品设计、旅游整合营销等方面提供决策依据。

2 理论研究假设

2.1 TAM-IDT 理论模型

初始 TAM 模型包含两个核心部分，即感知有用性和感知易用性。后续模型不断完善，从社会影响和工具认知维度引入了影响感知有用性的变量[11]；面向用户决策的综合情况，引入了感知易用性的解释变量[12]。然而该模型的普适性还在充分检验的研究进程中[13]。创新扩散理论(IDT)最初由 Moore 和 Benbasat(1991)提出，后来逐渐完善，成为创新研究的理论构架并被广泛运用，创新扩散的影响因素主要包括创新属性、沟通渠道、时间演进和社会属性。[14]

TAM 模型和 IDT 模型存在一定的联系性和互补性[15]，利用整合模型可以提高预测新技术使用的能力，许多学者尝试构建 TAM-IDT 联合模型用以探究行为意向的影响因素。例如在旅游研究领域，调查对小型旅游组织采取网络营销的影响因素[16]；探讨小型旅游企业技术采纳决策的影响因素[17]；剖析游艇旅游行为意向探究模型及旅游者旅游决策的影响因素[18]。

2.2 模型研究假设

感知有用性是旅游者认为旅游活动能带来实际价值或价值感知，当旅游者感到低空旅游能够帮助其丰富感官体验、愉悦心情、获得难忘经历、提高社会影响等，会正向影响其旅游意向选择。感知易用性是旅游者在购买和体验旅游项目的过程中感觉到的便捷程度，当旅游者感到低空旅游的整个流程便利高效，会对低空旅游消费产生正向影响。同时，感知易用性还会对感知有用性产生积极的影响，从而正向影响消费行为意向。[19]基于前述的文献研究基础，本研究提出假设 H1、H2、H3。

假设 H1：旅游者感知有用性正向影响低空旅游行为意向。

假设 H2：旅游者感知易用性正向影响低空旅游行为意向。

假设 H3：旅游者感知易用性正向影响低空旅游感知有用性。

感知风险性是指旅游者主观感受的预期损失，认为旅游体验达不到预期愿望而产生的金钱损失、身体损伤、心情影响等风险感知，会负向影响旅游者行为意向。感知风险因素有助于提升 TAM 模型的解释力度，感知风险性会影响人们决策的信心[20]。同时，感知风险变量具有显著的调节作用[21]。因此提出假设 H4。

假设 H4：旅游者感知风险性负向影响低空旅游行为意向。

兼容性创新属性在 IDT 模型中体现为创新活动与现有价值观或实践经验的需求一致性程度[22]。兼容性可以将社会形象的概念作为衡量解释变量[23]，并与扩展的 TAM 模型中社会影响过程概念相一致。感知社会形象的提升会正向影响消费者的产品消费[24]。低空旅游的产品价位从某种程度上是消费能力和社会形象的表征[25]。低空旅游产品对其社会形象的正面作用越强，对感知有用性的积极影响越强。因此提出假设 H5、H6。

假设 H5：社会形象正向影响低空旅游感知有用性。

假设 H6：社会形象正向影响低空旅游行为意向。

触媒效应是 IDT 模型的核心，这种作用受接口因素的影响[26]，在扩展的 TAM 模型中接口因素的认知变量包含感知外部控制。在低空旅游中，感知外部控制主要指的是相关管理部门提供的安全规范、规章制度、交易合同等方面的保障，也包括低空旅游产品企业提供的旅游设施、安全引导、保险服务等。完备的安全监管和便利化程序，会降低感知风险性，从而使旅游者的感知易用性提升。因此提出假设 H7、H8、H9。

假设 H7：感知外部控制正向影响低空旅游感知易用性。

假设 H8:感知外部控制负向影响低空旅游感知风险性。

假设 H9:感知外部控制正向影响低空旅游行为意向。

低空旅游产品,尤其是跳伞、翼装飞行、滑翔伞等体验项目,具有冒险、创新、开拓等突出特性,会产生独特、惊险、刺激、有趣等的消费体验。创新的根本目的是使创新被消费者采纳。消费者采用创新的情况受到消费者个体特征影响显著,个体创新精神越强,越倾向于主动接受创新。[27]个体创新性对感知有用性和感知易用性有正向影响,消费者的个体创新性会负向影响消费者感知风险性。[18]因此提出假设 H10、H11、H12、H13。

假设 H10:旅游者个体创新性正向影响低空旅游感知有用性。

假设 H11:旅游者个体创新性正向影响低空旅游感知易用性。

假设 H12:旅游者个体创新性负向影响低空旅游感知风险。

假设 H13:旅游者个体创新性正向影响低空旅游行为意向。

综上所述,本研究构建基于 TAM-IDT 模型的低空旅游者行为意向的影响因素模型(见图 1)。

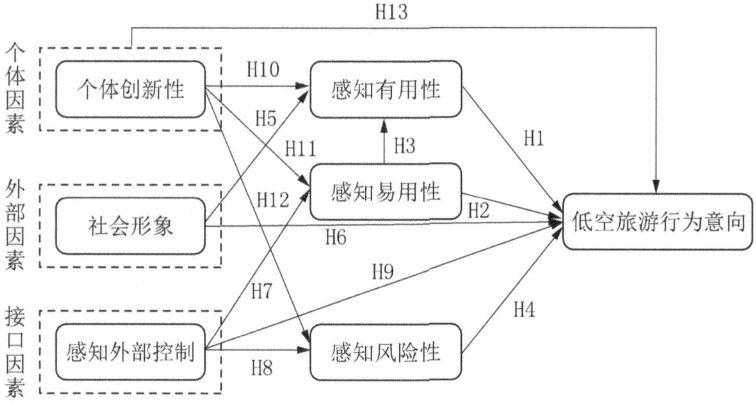

图 1 低空旅游者行为意向影响因素模型

3 研究设计方法

浙江省杭州市建德经济开发区航空小镇,是国家 4A 级旅游景区,规划控制面积 10 平方千米,浙西 5 700 平方千米空域为通用航空区域。航空小镇聚焦通用航空制造、通用航空服务、通用航空旅游三个板块,是浙江省唯一拥有通用航空低空旅游全产业链的特色小镇。航空小镇低空旅游项目丰富,包括短途运输旅游航线、高空跳伞、直升机低空游览、热气球观光、飞行驾驶体验等。

本研究通过文献研究法和重点对象法,利用 TAM-IDT 联合模型,结合低空旅游项目特点，确定出低空旅游者行为意向和影响因素的测量变量。以参加过低空旅游的旅游者和建德航空小镇管委会的管理者为重点对象进行预调研，并邀请专家学者进行评估和检测，结合相关建议对研究设计进行修改完善（见表 1）。

表 1 低空旅游调研量表设计

变量	量表题项		参考文献
感知有用性	PU1	参与低空旅游项目可以体验别样乐趣	Chen L D, Gillenson M L, Sherrell D L(2002)；李东和、张鹭旭(2019)
	PU2	参与低空旅游项目可以丰富生活内容	
	PU3	参与低空旅游项目有利于社交和分享	
	PU4	参与低空旅游项目可以学习新知识	
感知易用性	PEOU1	总体旅游过程很容易	Chen L D, Gillenson M L, Sherrell D L(2002)；Hatem El-Gohary(2012)；李普聪、钟元生(2014)；李武、黄扬、杨飞(2018)
	PEOU2	低空旅游项目知识或技能很容易掌握	
	PEOU3	参与低空旅游项目程序很便捷	
感知风险性	PR1	担心空中项目的安全	Il Im, Yongbeom Kim, Hyo-Joo Han(2008)；闻丽佳(2012)；韩晓宁、易新航、任甜甜、王军(2016)
	PR2	担心身体不适	
	PR3	担心浪费时间或金钱	
社会形象	SI1	我身边有朋友参与低空旅游项目	Angelos Markos, Maro Vlachopoulou(2012)；王珊珊、王宏起(2012)；周蓓婧、侯伦(2011)；赵志荣(2017)
	SI2	参与低空旅游项目是前卫/高端/时尚的	
	SI3	朋友都认为低空旅游是很有趣的	
感知外部控制	POEC1	低空旅游项目的安全管理可靠	李普聪、钟元生(2014)；何伟怡、何瑞(2015)；姚云浩、栾维新(2019)
	POEC2	游玩的程序和流程完备	
	POEC3	景区设施设备有保障	
	POEC4	景区服务人员对项目注意事项等介绍充分	
个体创新性	PI1	我是朋友中最早了解接触低空旅游项目的	Mcknight D H, Choudhury V, Kacmar C(2002)；Theodora Zarmpou, Vaggelis Saprikis(2012)；周蓓婧(2013)，陈远、杨吕乐、张敏(2017)
	PI2	我喜欢追求新颖/新奇的事物	
	PI3	我乐意接受新挑战愿为之花费时间和精力	
	PI4	相较于他人我更喜欢寻求新的休闲运动方式	

续表

变量	量表题项		参考文献
行为意向	BI1	我对低空旅游项目很感兴趣	Theodora Zarmpou，Vaggelis Saprikis (2012)；Hatem El-Gohary (2012)；赵志荣(2017)；姚云浩、栾维新(2019)
	BI2	我愿意参与观光型低空旅游项目(低空运输、低空观光、热气球观光等)	
	BI3	我愿意参与运动型低空旅游项目(高空跳伞、翼装飞行、滑翔等)	
	BI4	我会向他人推荐低空旅游项目	

2020年12月至2021年3月多次在建德航空小镇景区进行抽样调查，合计发放并回收问卷250份，其中有效问卷237份，样本有效率为94.8%。研究通过Cronbach's α 系数信度检验，潜变量信度均在0.8以上，问卷整体信度0.918，问卷量表具有较好的内部一致性。KMO检验结构效度值为0.921，各潜变量间的相关性较好。利用AMOS22.0进行验证性因子分析，结果归纳符合因子载荷数据标准。潜变量的平均方差变异AVE和组合信度CR显示聚敛效度较为理想。

研究选取了三个类别的拟合指数指标对理论模型进行综合评价，即绝对配适度指标 χ^2/df、GFI/AGFI、RMSEA，简约配适度指标PNFI、PGFI，增值配适度指标IFI、TLI、GFI。通过模型各项拟合系数的初始值数据，模型大体符合拟合要求，但有部分数据未达到理想值需要改进。结合AMOS22.0的MI修正指数指标，连接残差项可降低卡方值，解决潜变量的残差项间的共变关系。社会形象和感知外部控制之间会存在一定的相关性，若旅游者有朋友参与过低空旅游项目，则会影响其对低空旅游项目外部控制的感知，更易感知项目的可靠性。因此，模型的修正结果连接e31和e32的残差项，总体指标样本配适度TLI接近理想值，其他配适度指数均达到理想值，此时模型的拟合度较好。

4 数据研究结果

修正后的结构模型路径关系图和假设检验分析结果显示，旅游者感知有用性显著正向影响低空旅游的行为意向($\beta=0.282$，$p<0.001$)，假设H1成立。旅游者的感知易用性对低空旅游行为意向的正向影响不显著($p>0.05$)，假设H2不成立。旅游者对低空旅游的感知易用性正向影响感知有用性($\beta=0.142$，$p<0.05$)，假设H3成立。旅游者感知风险性对低空旅游行为意向的P值大于显著性的标准，假设H4被拒绝，感知风险对行为意向的负向影响不显著。社会形象

显著正向影响感知有用性(β=0.407, p<0.001),假设 H5 成立。社会形象显著正向影响行为意向(β=0.375, p<0.001),假设 H6 成立。感知外部控制显著正向感知易用性(β=0.633, p<0.001),假设 H7 成立。感知外部控制对感知风险性的 p 值大于显著性标准,假设 H8 被拒绝,感知外部控制对感知风险性的影响不显著。感知外部控制对低空旅游者行为意向的 p 值大于显著性标准,假设 H9 被拒绝,感知外部控制对低空旅游者行为意向的影响不显著。旅游者个体创新性对低空旅游的感知有用性的正向影响显著(β=0.103, p<0.05),假设 H10 成立。旅游者个体创新性对低空旅游感知易用性影响显著(β=0.233, p<0.001),假设 H11 成立。旅游者个体创新性对低空旅游感知风险性的负向影响显著(β=−0.301, p<0.01),假设 H12 成立。旅游者个体创新性对低空旅游行为意向正向影响显著(β=0.545, p<0.01),假设 H13 成立(见表 2)。

表 2 假设检验结果

假设	路　径	标准化估计值	p 值	结果
H1	行为意向 ←感知有用性	0.282	***	接受
H2	行为意向 ←感知易用性	−0.033	0.604	拒绝
H3	感知有用性←感知易用性	0.142	*	接受
H4	行为意向 ←感知风险性	−0.039	0.136	拒绝
H5	感知有用性←社会形象	0.407	***	接受
H6	行为意向 ←社会形象	0.375	***	接受
H7	感知易用性←感知外部控制	0.633	***	接受
H8	感知风险性←感知外部控制	0.011	0.909	拒绝
H9	行为意向 ←感知外部控制	0.095	0.373	拒绝
H10	感知有用性←个体创新性	0.103	*	接受
H11	感知易用性←个体创新性	0.233	***	接受
H12	感知风险性←个体创新性	−0.301	**	接受
H13	行为意向 ←个体创新性	0.545	**	接受

注:* 表示 p<0.05; ** 表示 p<0.01; *** 表示 p<0.001。

5 研究结论

基于研究模型和实证数据分析结果,结合游客和景区管理者的访谈内容,本研究从低空旅游接受过程、个体因素、接口因素、外部因素四个层面进行了深入分析,得出以下具体结论。

第一,接受过程层面。从低空旅游行为的接受过程来看,感知有用性是影响低空旅游者行为的关键因素,当旅游者感知低空旅游能为其带来一定效用时,会促进其选择参与低空旅游体验项目;从感知有用性的显变量数据来看,受访者总体对于低空旅游体验别样乐趣的认可度较高,趣味性是低空旅游的主要吸引点之一,但对参与低空旅游可以获取新知识的认可度较低,这与目前低空旅游者的专业成熟度有一定解释关系。

感知易用性对旅游行为意向无显著的直接关系,原假设 H2 被拒绝的原因,主要是对于跳伞、翼装飞行等低空旅游项目,为了保证旅游过程中的安全性,在体验之前会有相应的安全检查、身体评估及技能培训,旅游者对此的接受度较高,具有一定的心理预期,因此感知易用性并不会直接成为参与意向的决定因子。原假设 H4 被拒绝,感知风险性对低空旅游意向的影响不显著,旅游者对低空旅游项目体验的风险担忧度不高,主要是由于接受调研的低空旅游者年龄结构普遍较为年轻,身体状态和猎奇心理较强,使得感知风险性的影响作用并不明显。

第二,个体因素层面。旅游者个体的创新性特征显著正向影响低空旅游者的感知有用性、感知易用性和行为意向,显著负向影响感知风险性。旅游者的创新性越强,对新型旅游方式的态度通常越积极,越有兴趣参与刺激、新颖的低空旅游项目。具有创新性的旅游者,有意愿尝试低空旅游体验的挑战,愿意付出相应的时间和精力,同时倾向于参与相应学习培训,并承担安全、健康、时间、金钱等风险因素。

第三,外部因素层面。社会形象显著正向影响旅游者感知有用性和旅游行为意向。由于社会性的影响,当旅游者认为低空旅游是一种前卫潮流或高端时尚的旅游方式,符合个人紧随潮流、引领时尚的社会形象期望时,会更容易感知低空旅游的有用性。当身边有朋友参与过低空旅游项目并分享低空旅游有趣和新奇的感受时,旅游者会对低空旅游产生正向的情感态度。

第四,接口因素层面。低空旅游的感知外部控制会显著正向影响低空旅游者的感知易用性,景区的有效管理、完备的体验流程、预先的培训解释均会使旅游者认为低空旅游是便利的。原假设 H8 被拒绝,感知外部控制对于低空旅游的感知风险性影响并不显著,主要是由于参与者对于低空旅游整体风险性的担忧度不高。原假设 H9 被拒绝,感知风险性对旅游行为意向的影响不显著,原因在于低空旅游项目目前在国内旅游产品设计中尚处于初始阶段,具有新颖性,旅游者对其有猎奇心理,对于外部控制并没有形成较为完善的认知,旅游者能够获取到的有关航空小镇景区的相关信息也不充分,因此对其旅游行为意向的影响并不显著。

6 启示与对策

结合实证数据的分析和不同层面的研究结论，本研究提出以下对应性的发展建议，期望针对低空旅游者行为意向的影响因素，通过合理措施进行供给对策引导，为低空旅游产品设计、低空旅游营销及低空旅游景区管理提供科学决策的依据。

首先，增强低空旅游产品的有用性设计。旅游者对低空旅游项目的有用性感知显著影响其旅游行为意向，因此应重视低空旅游项目产品的开发与设计，突出体验项目的功能性和有用性。基于本研究有用性量表题项的实际数据，针对性应对旅游者的潜在需求，对旅游产品进行功能和附加值设计，以提升旅游者参与低空旅游的意愿。

具体而言，增强低空旅游产品的娱乐性功能，提高旅游项目的体验性。例如在保证安全的前提下，直升机低空游览线路应优化，可以配合不同的景致特点，飞行停靠选择不同位置与差异高度，设计不同的飞行速度与滞空时间，以增强旅游者视觉体验，使空中飞行体验更加新奇。同时，可以通过提供脚本摄影和空中小食等服务，使单一观光产品逐渐向多层次多感官参与的复杂产品转化，丰富低空游览过程的体验。此外，还可以增强低空旅游产品的学习性功能，结合研学旅行的内容，设计相关低空旅游项目交互式学习体验的情境。

促进低空旅游的感知易用性和项目参与的便利化。推进景区智能化建设，在低空旅游场景下为旅游者提供智慧服务，包括智能便利的项目预订和实时追踪服务。低空旅游项目受天气影响较大，所以可以提供天气预测向导和项目参与的规划建议，通过智慧服务措施提高景区服务的触达性。利用航空小镇的区域开发和产业政策的引导性，更大范围争取飞行空域面积的有利政策，通过标准化流程减少不必要的登记检查程序，提高低空旅游的易用性，从而有效提升旅游者参与低空旅游的行为意向。

其次，布局旅游者差异化的细分市场。低空旅游市场目前在国内尚处于起步阶段，项目开发应注重满足旅游者的个性化需求和差异化发展。参与过低空旅游项目的旅游者个体创新性变量的均值明显大于未参与过低空旅游项目的受访者。个体创新性越强越乐于接受新鲜事物，因此要重点关注创新性消费高的目标客群，以此为细分市场的突破窗口，结合创新运动爱好者、新兴职业从业者等社交群体流量端口进行精准营销。

通过市场调研的方式区分旅游者的客户群体，逐步布局细分市场。例如本研究中显示青年群体对于低空旅游的认可度更高，更认同其前卫时尚的旅游特性，可以基于此类客群设计完善个性化服务内容。引导个性化服务、设计个性化飞行路线，以及提供技术培训和配套服务，针对情侣、亲子等不同客群需求，提供个性化创新服务和产品套餐选择，在满足旅游者定制化需求的基础上为规模化和规范化发展提供可能性。

再次，注重社会认同和社群营销。由于社会形象显著正向影响旅游者感知有用性和旅游行为意向，在航空小镇运营管理中应注重社会影响的积极作用。基于实证研究的数据结果，低空旅游产品服务商应把游客社群营销作为重要突破口。社群兼具社会和经济的双重作用，具有低成本营销的显著优势。低空旅游社群营销的必要载体是通用航空产品和体育产品的社群，运动类低空旅游项目如跳伞、滑翔等，属于体验性强、投入大的市场，潜在旅游者与低空爱好者社群之间的联系相对密切，社会认同的情感联结更强。此外，受访旅游者对低空旅游项目的时尚前卫特性的认可度较高，追新求异的消费动机也会促进参与者主动分享社交媒介传播，可通过互联网社群营销实现社群扩容的可能性。服务供应商也可以通过举办与低空飞行相关的休闲表演或节事活动，借助飞行直播互动等方式为低空旅游者提供社群互动分享的平台。低空旅游项目运营商以及相关配套企业需要聚焦旅游者需求，构建与低空旅游相匹配的社群文化，建立景区管理者与入驻企业、旅游者与低空景区、旅游者之间的多向互动联系，增强社群的传播黏性，提高旅游者的新客选择意向或复购重游意向。

最后，完善景区外部控制的多元效应。感知外部控制会影响感知易用性，合理适度开发和有效管理可以保持低空旅游景区的活力。因此需要完善景区管理，提升外部控制的多元效应。补充和改善景区边界等基础设施建设，合理增设项目之间的外围设施和留白设施，注重创新性设计的细节，提升景区整体的游乐氛围和航空主题。加强与入驻企业之间的联结，强化对旅游设备安全性和旅游服务规范性监管，提升旅游产品的多样化和合同契约的标准化。加强景区内部不同主体项目之间的联结合作，将分散独立的项目串联起来，增强各个部分和环节的紧密性，发挥整体效应。同时可以协同市场其他参与者，包括周边商业等主体，形成向心力，联合举办相关节事赛事活动，促进景区及周边业态融合发展，借助交叉互动和集聚效应形成规模效应和范围经济。

参 考 文 献

[1] 常雅文，寇猛.陕西通用航空旅游产业的发展模式分析[J].产业创新研究，2019(9)：66-67.

[2] 朱勇生，欧哲豪.浅谈云南通用航空旅游现状及建议[J].市场论坛，2017(10)：3.

[3] 庄淑仪，陈黛韵.黑龙江省低空旅游产品开发研究[J].当代旅游，2019(6)：1.

[4] 张阳，高启明，龚先洁，等.陕西通用航空旅游开发驱动因素与模式研究[J].资源与产业，2019，81(2)：114-122.

[5] MCKENNA M F，BRENT L，AMANDA R，et al. A framework to assess the effects of commercial air tour noise on wilderness[J]. *Journal of Forestry*，2016(3)：365-372.

[6] NHAMO D G. Climate change and the aviation sector：A focus on the Victoria Falls

tourism route[J]. *Environmental Development*, 2019, 29:5-15.
[7] NOVOTNÁ, KUBÍKOVÁ, KUNC J. Outdoor excitement in homeland? Opportunities and threats to balloon tourism in the Czech Republic during the coronavirus outbreak[J]. *Journal of Outdoor Recreation and Tourism*, 2021, 36:100424.
[8] BALLARD S B. The U.S. commercial air tour industry: a review of aviation safety concerns[J]. *Aviation Space & Environmental Medicine*, 2014, 85(2):160-166.
[9] HANSEN M, ROGERS D, FYALL A, et al. Collaborative industry risk management in adventure tourism: A case study of the us aerial adventure industry[J]. *Journal of Outdoor Recreation & Tourism*. 2019, 28:100218.
[10] 占梅君,刘金利.基于波特五力模型视角对建德航空小镇的若干思考[J].浙江体育科学, 2018, 40(1):8-14+20.
[11] VENKATESH V, DAVIS F D. A theoretical extension of the technology acceptance model: Four longitudinal field studies[J]. *Management science*, 2000, 46(2), 186-204.
[12] VENKATESH V, BROWN S A, Maruping L. M, et al. Predicting different conceptualizations of system use: the competing roles of behavioral intention, facilitating conditions and behavioral expectation[J]. *MIS Quarterly*, 2008, 32(3):483-502.
[13] FAQIH K M, JARADAT M I R M. Assessing the moderating effect of gender differences and individualism-collectivism at individual-level on the adoption of mobile commerce technology: TAM3 perspective[J]. *Journal of Retailing and Consumer Services*, 2015, 22:37-52.
[14] ROGERS E M. *Diffusion of Innovations*[M]. New York: Free Press, 2003.
[15] SPENCER A J, BUHALIS D, MOITAL M. A hierarchical model of technology adoption for small owner-managed travel firms: An organizational decision-making and leadership perspective[J]. *Tourism Management*, 2012, 33(5):1195-1208.
[16] GOHARY H. Factors affecting E-Marketing adoption and implementation in tourism firms: An empirical investigation of Egyptian small tourism organizations[J]. *Tourism Management*, 2012, 33(5):1256-1269.
[17] CHEN L D, GILLENSON M L, SHERRELL D L. Enticing online consumers: An extended technology acceptance perspective[J]. *Information & Management*, 2002, 39(8):705-719.
[18] 姚云浩,栾维新.基于 TAM-IDT 模型的游艇旅游消费行为意向影响因素[J].旅游学刊. 2019, 34(02):60-71.
[19] 董雪旺,叶周婧,徐宁宁,等.基于 TAM 和 TRI 的游客网约导游使用意向研究[J].旅游学刊,2020, 35(07):24-35.
[20] IM I, KIM Y, HAN H J. The effects of perceived risk and technology type on users' acceptance of technologies[J]. *Information & Management*, 2008, 45(1):1-9.
[21] LU H P, HSU C L, HSU H Y. An empirical study of the effect of perceived risk upon intention to use online applications[J]. *Information Management & Computer Security*, 2005, 13(2):106-120.
[22] WANG C H, JEONG M. What makes you choose airbnbagain? An examination of users' perceptions toward the website and their stay[J]. *International Journal of Hospitality*

Management, 2018, 74:162-170.
[23] 周蓓婧,侯伦.消费者微博营销参与意愿影响因素分析——基于 TAM 和 IDT 模型[J].管理学家(学术版),2011(12):22-40.
[24] 于春玲,朱晓冬,王霞,张一飞.面子意识与绿色产品购买意向——使用情境和价格相对水平的调节作用[J].管理评论,2019, 31(11):139-146.
[25] 姜凌,周庭锐,王成璋.奢侈品牌消费中参照群体影响研究[J].管理科学,2009, 22(5):81-91.
[26] 何伟怡,何瑞.新能源汽车公众市场扩散影响因素的实证分析——基于 TAM-IDT 理论[J].大连理工大学学报(社会科学版),2015, 36(3):28-33.
[27] 华锦阳.技术创新扩散决策模型:综合回顾及新模型构建[J].科技进步与对策,2015, 32(5):5-10.

Behavior Intention of Low-altitude Flight Tourists Based on the TAM-IDT Model
—A Case Study of Jiande Aviation Town in Hangzhou

WANG Yu, GUO Yang
(*Department of Tourism, Fudan University, Shanghai 200433, China*)

Abstract: This paperwas committed to enriching academic research in low-altitude flight tourism, and aimed to figure out the influencing factors of consumers' decision-making, to provide targeted suggestions. The research buildeda TAM-IDT behavior intention model for low-altitude flight tourism consumers. The results show that perceived usefulness is the key factor influencing tourists' low-altitude flight tourism behaviors. According to the data of four significant variables of perceived usefulness, fun factor is the main attraction of low-altitude flight tourism. From the perspective of individual factors of tourists, innovative tourists are willing to try low-altitude flight tourism projects, to participate in the corresponding learning and training, and undertake safety, health, time, money and other risks. From the external factors, social image and friends' recommendation will promote tourists to have positive emotional attitude. From the perspective of interface factors, the perceived external control has a significant positive impact on the perceived ease of use, but has no significant impact on the perceived risk and behavior intention. Based on that, the paper gave implications for low-altitude flight tourism product-design, target customer marketing and scenic spot management.

Keywords: low-altitude flight tourism; behaviors intention; TAM-IDT Model

基于UGC数据的甘肃省旅游流空间网络结构特征研究*

杨　洋[1,2]　蒋乃鹏[1]　沈　涵[1]

(1. 复旦大学旅游学系，上海 200433，中国；2. 河西学院历史文化与旅游学院，甘肃张掖 734000，中国)

[摘要]　本研究基于UGC数据，运用社会网络分析方法，从节点和网络两个层面分析甘肃省旅游流空间网络特征。结果表明：旅游节点具有明显的层级结构特征，在旅游流空间网络结构中占据核心地位的节点，具有较强的集散、中转功能。边缘城市旅游流限制性较大，过度依赖核心城市带动。核心城市与边缘城市联系不够紧密。旅游流主要集中在酒泉—兰州线路，形成以兰州、酒泉为中心的二元中心结构。旅游流整体网络密度较低，结构不均衡，网络连接及整体旅游流网络有待进一步提升。最后，从点、线、面提出促进甘肃省旅游流结构优化升级的建议。

[关键词]　旅游流；社会网络分析；空间特征；甘肃省

1　研究背景

旅游流是在一个或大或小的区域上由于旅游需求的近似性而引起的旅游者集体空间位移现象。[1]旅游流也是洞悉旅游地空间结构的最佳途径和视角，一直是旅游地理学研究的热点。[2]旅游流空间结构特征是旅游者在旅游活动中的空间状态，能够反映出一定区域内旅游要素的空间组织形态，对其进行研究可为旅

---

*　[基金项目]本研究受甘肃省高等学校创新基金项目(2022B-171)、甘肃省基础研究计划—软科学专项资助项目(23JRZA474)和甘肃省哲学社会科学规划项目(2021YB113)的资助。

[作者简介]杨洋(1987—　)，女，讲师，博士研究生，研究方向为文化遗产旅游、旅游解说，E-mail：21110500004@m.fudan.edu.cn；蒋乃鹏(1994—　)，男，博士研究生，研究方向为旅游体验和感官营销，E-mail：npjiang21@m.fudan.edu.cn；沈涵(1976—　)，女，教授，博士生导师，研究方向为旅游者行为、城市品牌和文化遗产创新创意，E-mail：shen_han@fudan.edu.cn。

游活动管理提供指导。[3]国内学者对旅游流的研究已取得丰硕成果，主要有旅游流概念理论的研究[4—5]、旅游流的空间分布[6]、旅游流的扩散特征[7]、旅游流的空间网络结构[8]，以及旅游流动力机制[9]等。研究方法上，不断采用新的方法、新的角度进行解析，从传统的计量统计法[10]、拓扑分析[11]、时间序列分析[12]到社会学分析法[13]等。近年来，随着大数据的兴起，学者开始利用大数据信息进行旅游流空间结构的研究。[14—15]社会网络分析与地理空间分析相结合的混合研究方法逐渐成为一种最新的趋势。[16]

总结现有文献，国内旅游流研究内容不断拓展，研究方法不断创新，但以往研究较多关注旅游流流量，对旅游流空间结构特征的研究相对较少；现有研究主要基于传统数据，近年来随着大数据的兴起，学者们也基于大数据对旅游流进行了不少研究，但研究仍然相对不足，且研究区域多集中在发达地区，对西部边远欠发达地区旅游流研究较少。

对旅游流进行深入研究，不仅有助于准确掌握旅游者的空间分布特征、流动机制等，而且对于合理规划旅游线路、布置旅游服务设施及加强区域间旅游合作等具有重要意义。本研究基于大数据挖掘技术，抓取“携程”“马蜂窝”和“去哪儿”三个旅游门户网站甘肃省旅游流数据，构建旅游流网络并分析其网络结构特征，一方面，有利于社会网络研究方法在旅游领域的拓展，促进旅游线路模式理论研究的丰富化；另一方面，为优化甘肃省旅游发展空间提供一定的理论参考，同时弥补西北地区旅游流空间结构研究方面的不足。

2 研究设计

2.1 甘肃省旅游概况

甘肃省地处中国的西北部，地域辽阔，面积达到约 43 万平方千米，是中华民族和华夏文明的重要发祥地之一，拥有丝绸之路的黄金路段。省内旅游资源丰富、种类齐全，并具有连接欧亚的地缘优势，旅游发展潜力巨大，前景广阔。2019年，全年接待国际旅游人数 10 万人次，国际旅游外汇收入 5 905 万美元。接待国内旅游人数 3.7 亿人次，国内旅游收入 2 676 亿元。与 2018 年相比，2020 年旅游人次和旅游收入都实现了成倍增长。①由此可见，甘肃省旅游发展较为迅速，且具有巨大增长空间。“一带一路”的建设更是助推了甘肃省旅游业的发展，近年来互联网有关甘肃旅游的攻略、游记、点评以及广告数量众多，通过 UGC（user-

---

① 数据来源：甘肃省统计局《甘肃发展年鉴 2020》。

generated content，用户生成内容）数据，可获得旅游者在甘肃省旅游的真实海量数据，因此本研究选择甘肃省作为研究对象具有可行性。

2.2 研究方法

2.2.1 数据来源及预处理

随着互联网技术的普及，UGC 成为表征旅游者对旅游地感知的新方式[17]，反映了旅游者对于旅游目的地形象的真实认知[18]。UGC 包括互联网用户生成的，如文本、图片、音频、视频等内容，提供了海量真实性强、直观的非结构性数据。新冠疫情发生后，旅游流波动性较大，受各地疫情零星散发的影响，旅游流一度停滞，因此，本研究主要采集疫情前旅游流数据。选取“携程”“马蜂窝”和“去哪儿”三个旅游门户网站，以“甘肃”为关键词，查找上述网站 2019 年 1 月 1 日至 2019 年 12 月 31 日发表的游记，共搜集 449 篇。剔除广告性质游记、较为明显复制粘贴游记、仅简单罗列线路游记、非甘肃省旅游游记、单个城市旅游游记等不符合要求的游记，选择有照片可供核实、可信度高、代表性强的游记，最终获得符合要求的游记 246 篇。然后，逐一阅读 246 篇游记，以地级市为主要节点，提取旅游者在甘肃省各个城市的游览轨迹。

2.2.2 数据整理和分析

社会网络分析（Social Network Analysis, SNA）方法，也称为结构分析法（Structural Analysis），主要用于分析社会网络的关系结构及其属性。[19]社会网络分析的意义在于，它可以对各种关系进行精确的量化分析，从而为某种中层理论的构建和实证命题的检验提供量化的工具，甚至可以建立宏观和微观之间的桥梁。Ucinet 软件是社会网络分析中常用的软件，本研究使用该软件对甘肃旅游流空间结构进行分析。社会网络分析方法要求将属性数据转化为关系数据。为此，本研究将提取的旅游路径按照流量和流向建立二维矩阵。比如：将敦煌—嘉峪关—张掖—西宁—兰州旅游路径，分割成敦煌—嘉峪关、嘉峪关—张掖、张掖—西宁、西宁—兰州。由于西宁不在甘肃境内，故删除以西宁为节点的连线。将上述旅游路径最终整理为敦煌—嘉峪关、嘉峪关—张掖。两个城市之间有直接空间联系记为“1”，若不存在直接空间联系，则记为“0”。由此获得各个城市间的关系矩阵，该矩阵为“0”“1”二值有向矩阵，初始矩阵规模“14×14”，并将其导入 Ucinet 软件中进行分析。

本研究选取中心度和结构洞指标对旅游流各节点的特征进行分析，同时借助密度、直径、中心势及核心—边缘指标来探究旅游流整体网络结构。

3 研究结果

3.1 网络节点特征

3.1.1 中心度

点度中心度用来测量节点间的关联度，数值越大，其网络地位越重要。这种重要性与节点个体属性无关，而是在节点之间的互动中，表现在网络中“影响”和“支配”的能力[20]。根据流向，点度中心度可分为内向点度中心度和外向点度中心度，分别用来表示旅游节点的集聚、扩散能力。其公式为：

$$C_{D,\ in}(n_i) = \sum\nolimits_{j=1}^{n} r_{ij,\ in},\ j \neq i$$

$$C_{D,\ out}(n_i) = \sum\nolimits_{j=1}^{n} r_{ij,\ out},\ j \neq i$$

$C_{D,\ in}(n_i)$表示旅游节点的内向点度中心度，$C_{D,\ out}(n_i)$表示旅游节点的外向点度中心度；公式表示从节点 i 到节点 j 存在有向联系、从节点 j 到节点 i 存在有向联系；n 表示网络结构中存在的 n 个旅游节点。

中心度测量结果如表 1 所示，在整体网中兰州、张掖、嘉峪关和酒泉点度中心度较高，这说明兰州、张掖、嘉峪关和酒泉是甘肃的重要旅游节点城市，在网络中具有较高的权力和可达性。与此同时，旅游流节点的集聚、扩散能力存在显著差异，酒泉、天水的外向点度中心度明显高于内向点度中心度，说明酒泉和天水的扩散能力高于集聚能力，旅游者扩散力更强。张掖的外向点度中心度明显低于内向点度中心度，说明张掖的集聚能力更强。兰州和嘉峪关内、外向点度中心度基本持平，说明这两个城市既是旅游者聚集地，也是重要的集散中心。

紧密中心度，衡量一个节点与网络中所有其他节点的近邻程度，数值越低，表明该节点与其他节点间的关联性越好，反映旅游者在旅游节点之间转移的通达性和有效性。其公式为：

$$C_C(n_i) = \frac{1}{\sum\nolimits_{j=1}^{n} d_{ij}}$$

$C_C(n_i)$表示的是接近中心度的值，表示从节点 i 到节点 j 的最短距离。

根据旅游流流向，紧密中心度可分为外向紧密中心度和内向紧密中心度。外向紧密中心度较低的节点，按照从低到高的顺序排列，前 6 名依次为兰州、张掖、酒泉、天水、甘南(武威)、嘉峪关(白银)，在旅游流网络中为重要节点，属旅游

表 1 2019 年甘肃省旅游流网络节点结构指标

节点城市	点度中心度		紧密中心度		中介中心度	结构洞		
	外向	内向	外向	内向		效能	效率	限制率
兰州	55	41	21	35	27.233 33	5.473 606	0.684 201	0.632 395
张掖	69	99	22	36	20.7	5.682 617	0.710 327	0.723 175
嘉峪关	66	68	29	39	0	1.291 709	0.430 57	0.970 912
酒泉	93	62	24	38	5.4	3.594 551	0.599 092	0.828 1
甘南	3	12	28	37	18	3.228 889	0.645 778	0.934 164
天水	14	8	25	37	9.933 333	3.739 935	0.623 322	0.804 691
武威	8	11	28	39	8	2.502 256	0.625 564	1.116 278
白银	3	3	29	40	1.733 333	2.722 619	0.680 655	0.934 836
定西	2	3	38	40	0	1.580 952	0.526 984	1.218 85
陇南	0	3	65	39	0	2	1	0.555 556
临夏	0	1	65	41	0	0	1	0
平凉	0	1	65	43	0	0	1	0
金昌	0	1	65	40	0	0	1	0
庆阳	0	0	65	65	0	0	0.625 564	0

扩散城市。内向紧密中心度较低的节点，按照从低到高的顺序排列，前 5 名依次为兰州、张掖、甘南（天水）、酒泉、嘉峪关（武威、陇南），这些城市拥有较丰富的旅游资源，旅游吸引力大，与其他旅游节点间距离较短，可进入性强，旅游者集聚能力相对较强；兰州、张掖的内向紧密中心度都较高，说明这些城市不仅是重要的目的地，也是重要的旅游集散节点。

中介中心度反映一个节点担任其他两个节点之间最短路的中介的次数，数值越高，其中介能力越强，常用来分析某旅游节点是否为旅游集散地。中介中心度也反映了某节点对其他节点的依赖程度与控制能力。其公式为：

$$C_B(n_i) = \sum \sum \frac{g_{jk}(n_i)}{g_{jk}},\ j \neq k \neq i$$

g_{jk}表示节点k 和节点j 之间最短路径的数量，$g_{jk}(n_i)$则表示两个节点之间经过目标节点i 的最短路径个数，二者之比则反映出i 处于节点j 和k 最短路径上的概率，概率越大则这个“中间者”身份越重要；$C_B(n_i)$表示的是中介中心度的值。

根据旅游流流向，中介中心度可分为外向中介中心度和内向中介中心度。在甘肃旅游流网络中，中介中心度最高的节点是兰州，兰州充当旅游流网络中最关键的"中介"，是网络中重要的枢纽、中转和集散地。其次是张掖和甘南，说明这些节点对其他节点的控制性强，是旅游者前往甘肃省游览的主要城市，以此为中转进而参观其他城市。嘉峪关、白银、陇南、定西、庆阳、临夏和金昌等城市的中介中心度处于较低水平，这些城市要注重自身旅游特色的挖掘并加强和周围优势城市的互动。

这里需要说明的是，兰州作为甘肃省省会城市，交通发达，是重要的旅游中转地和集散地，点度中心度和紧密中心度却不是最高，这主要是因为在数据处理时，删除了以西宁为节点的连线，而西北大环线（兰州→西宁→张掖→酒泉）是西北最为热门的旅游线路之一，删除兰州—西宁连线后，极大地降低了兰州的点度中心度和紧密中心度。

3.1.2 结构洞

结构洞表示节点在网络里竞争能力的大小，效能和效率越高，点在整体网络里的连通性越好，往往可以获得更多的信息收益和控制收益，节点竞争力越强。结构洞用来分析旅游流中节点旅游吸引力及竞争优势。结构洞也反映节点间的依赖程度，值越大表明该节点对其他节点的依赖性越高，其网络的位置越边缘。结构洞常包含 4 个测量指标：效能、效率、限制率和等级度。

结构洞效能公式为：

$$ES_i = \sum (1 - \sum p_{iq} m_{jq}),\ q \neq i,\ j$$

公式中，p_{iq} 表示节点 i 和 q 的比例关系；m_{jq} 表示 j 与 q 之间的边际强度。

结构洞效率公式为：

$$E_i = \frac{ES_i}{Z_{ij}}$$

公式中，Z_{ij} 代表的是实际规模，是节点 i 联结到其他节点的数量。

结构洞限制率公式为：

$$CT_i = \sum_j (p_{ij} + \sum_q p_{iq} p_{qj})^2$$

公式中，p_{ij} 表示节点 i 与节点 j 之间联结的比例关系；p_{iq} 表示节点 i 与节点 q 之间联结的比例关系；p_{qj} 表示节点 q 与节点 j 之间联结的比例关系。

结构洞等级度公式为：

$$H=\frac{\sum_j\left(\frac{CT_{ij}}{\frac{CT}{N}}\right)\ln\left(\frac{CT_{ij}}{\frac{CT}{N}}\right)}{N\ln N}$$

公式中，N 是节点 i 的个体网络规模；CT/N 表示各个节点约束性的均值；分母代表最大可能的总和值。

网络分析结果如表 1 所示，在整体网中，结构洞效能和效率都较高的是兰州和张掖，说明这些节点在旅游发展中具有更高的知名度和竞争优势，但结构洞限制率分别达到 0.632 395 和 0.723 175，说明这两个城市的发展对其他城市的依赖性较强。酒泉、甘南和天水结构洞效率和限制率都高，说明这 3 个城市由于其独特的旅游资源吸引力较强，竞争优势明显，但其发展也受到很大限制，需要与周边城市联合发展。

总的来说，比较不同城市的中心度和结构洞，发现甘肃省各城市节点在旅游流网络中占据不同的地位，承担着不同的角色。高中介中心度的城市，如兰州、张掖和酒泉等城市，与其他节点之间联系较为紧密，在网络中扮演重要角色，是旅游发展的重要枢纽以及集散和中转中心。结构洞较为丰富的节点，如兰州、张掖、酒泉和甘南等城市，可以获得更多信息，知名度更高，吸引力强，拥有较强的竞争优势，但同时自身发展局限较大，需要与其他城市联合共同发展。

3.2 整体网络结构特征

3.2.1 密度和中心势

网络密度用来刻画网络节点之间相互联系的紧密程度。其公式为：

$$D=\frac{L}{n(n-1)}$$

公式中，n 表示区域内节点的数量，L 表示所有节点之间实际存在的关系数。

通过 Ucinet 6.0 软件计算，结果如表 2 所示，甘肃旅游流网络密度约为 0.21，数据显示旅游流网络相对疏松，节点之间联系不够紧密，整体网络凝聚力不强，各城市节点间的网络联系强度有待进一步提高。网络节点间的平均距离约为 1.84，说明甘肃城市节点的可达性较强，随着宝兰线路的开通，高铁贯穿甘肃境内，同时开通了多条旅游专列，极大地缩短了城市间的时空距离，增强了各旅游城市间的可达性。

中心势表示网络中心趋势程度，数值越高，网络越集中，可反映核心区和边缘区的差距。甘肃省旅游流网络外向中心势约为 0.43，内向中心势约为 0.27，数

表 2 甘肃旅游流整体网络结构指标

指标	密度	平均距离	外向中心势	内向中心势
数值	0.21 4 286	1.84 2 593	0.43 1 953	0.26 6 272

值偏低，说明甘肃旅游流网络节点间的联系较为分散，且存在不均衡发展，核心区和边缘区差距明显。外向中心势明显大于内向中心势，这说明网络对外的扩散能力要优于对内的引流能力，少数关键节点承担较大的中转、集散功能。

3.2.2 核心—边缘

通过 Ucinet 6.0 软件核心—边缘模型，进一步分析网络节点在网络结构中所处的位置，反映旅游流在旅游节点上的均衡性。

$$f(x)=\frac{1}{nh}\sum_{i=1}^{n}\frac{k(x_i-x)}{h}$$

公式中，$f(x)$表示 x 的密度值，n 表示研究区域内所包含的目的地节点个数，h 表示带宽，$k(x_i-x)$表示核函数。

甘肃旅游流网络呈现出“核心—边缘”的层级形态，如表 3 所示，核心节点 4 个，其余均为边缘节点。节点关联性较好的城市为兰州、武威、张掖、嘉峪关、酒泉、甘南及天水；而临夏、陇南、白银、定西、平凉等节点关联性差，流动性较弱；庆阳与其他城市几乎没有旅游流动，这可能与在数据收集时主要选择图文并茂的游记为样本有关，但这在一定程度上反映出庆阳在旅游资源、交通等方面存在很大的弱势。

表 3 甘肃省城市节点核心—边缘结构

节点位置	节点									
核心节点	兰州	张掖	嘉峪关	酒泉						
边缘节点	甘南	天水	白银	定西	陇南	金昌	临夏	平凉	武威	庆阳

3.2.3 网络层级

结合网络核心—边缘结构和样本数据的旅游流量差异，将城市间的旅游流路径分为 6 个层次：$l_{ij}\geqslant1$、$l_{ij}\geqslant3$、$l_{ij}\geqslant19$、$l_{ij}\geqslant24$、$l_{ij}\geqslant40$、$l_{ij}\geqslant49$，并利用 Netdraw 软件绘制流动网络图，如图 1 所示。不同旅游者流量控制下甘肃省城市节点间的流动网络呈现不同空间分布。$l_{ij}\geqslant1$ 时，呈现的是甘肃省旅游流整体网络；$l_{ij}\geqslant3$ 时，旅游流主要集中在甘南、天水、兰州、张掖、嘉峪关、武威和酒泉这些旅游资源禀赋高、位置优越的城市；$l_{ij}\geqslant19$ 时，旅游流主要分布在兰州、张掖、嘉峪关和酒泉，这也是甘肃最核心的旅游线路；$l_{ij}\geqslant 24$ 时，酒泉、嘉峪关和张掖构成了一个三元网络，说明酒泉、嘉峪关和张掖已经形成相对稳定的旅游流网络。$l_{ij}\geqslant 40$ 时，旅游流主要从酒泉到嘉峪关，再流向张掖；$l_{ij}\geqslant 49$ 时，只有酒泉到嘉峪关的连结，甘肃省旅游流主要先到达酒泉，再流入嘉峪关。酒泉拥有世界闻名的敦煌莫高窟，旅游者对敦煌认知度最高，是甘肃旅游的标志。敦煌不但是最核心的旅游城市，也是重要的集散地，带动全省旅游业的发展。嘉峪关作为距离敦煌最近的城市，号称天下第一雄关，拥有 5A 级景区嘉峪关文物景区，也是重要的目的地和中转地。

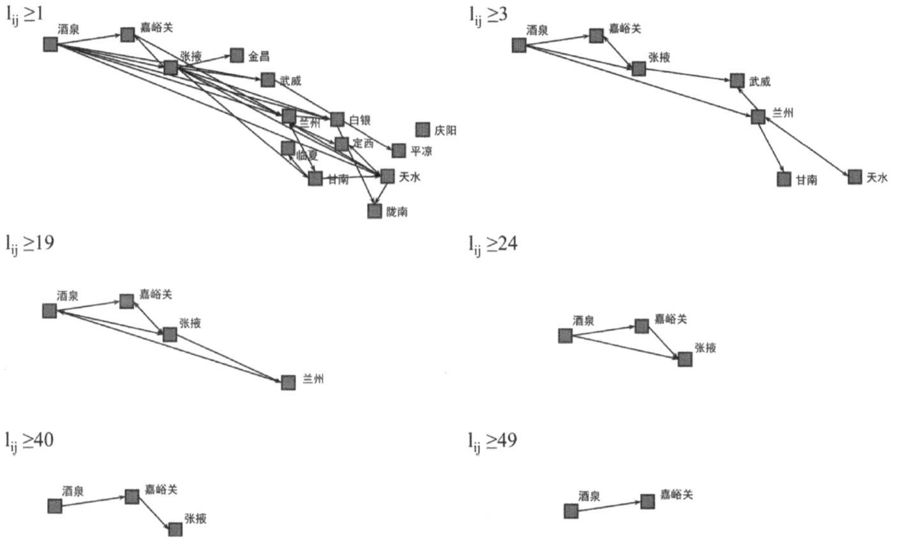

图 1　不同旅游者流量控制下甘肃省城市节点间的流动网络

4　结论及建议

4.1　结论

本研究以甘肃省为例，通过对旅游者在“携程”“马蜂窝”和“去哪儿”三家旅游网站上发表的甘肃游记的数据挖掘，基于社会网络分析方法构建甘肃省旅游流网络结构，并分析其网络结构特征，得出如下主要结论：

首先，城市节点在整体网络中的位置不一样，其功能差异较大。兰州、张掖和酒泉具有高中介中心度的城市，与其他节点之间联系较为紧密，是旅游发展重要枢纽、集散和中转中心。

结构洞较为丰富的节点，如兰州、张掖、酒泉和甘南等城市，拥有较强的竞争优势,但同时自身发展局限较大,需要与其他城市联合共同发展。武威、临夏、定西、陇南等处于边缘位置,更依赖于核心城市带动。

其次,甘肃旅游流网络形成了以“兰州”“酒泉”为中心的二元中心结构。兰州以其优越的地理区位、发达的交通网络及旅游配套设施,占据旅游集散枢纽的核心地位。酒泉以独特的旅游资源,成为甘肃省旅游的标志。酒泉—嘉峪关—张掖属于甘肃旅游流网络的核心路径,是旅游者在甘肃省的主要流动轨迹,且呈现以酒泉带动全省旅游发展的趋势。此外,甘南、天水由于其结构洞优势,兰州—甘南、兰州—天水旅游路径也具有较强的竞争力。

最后,甘肃省旅游流网络密度较低,结构不均衡,但节点间可达性强。核心城市集中在兰州、张掖、嘉峪关和酒泉,旅游流量最大。甘南、天水、武威为中间地带,旅游流量次之。其余城市如临夏、白银、定西、平凉和陇南等地为边缘城市,旅游者量最少。核心城市与边缘城市联系不够紧密,整体旅游流网络及网络连接仍需进一步提升。

本研究的结论,一方面,有利于社会网络研究方法在旅游领域的拓展,促进旅游线路模式理论研究的丰富化;另一方面,为优化甘肃省旅游发展空间提供一定理论参考,同时弥补西北地区旅游流空间结构研究方面的不足,丰富了旅游流空间结构的相关研究成果。

4.2 建议

根据对甘肃旅游流网络的空间特征分析,本研究提出以下几点建议,以优化甘肃省旅游流网络的空间发展格局。

第一,进一步完善酒泉、兰州及张掖等核心节点城市基础设施、旅游配套设施和供给设施,充分发挥核心节点城市旅游集散和带动功能;加强边缘节点城市旅游资源的开发和文化内涵的挖掘,开发多样化的旅游产品,提升边缘城市吸引力。

第二,加强核心区与边缘城市的旅游合作。甘肃省核心节点城市之间的联系比较紧密,但核心区对边缘城市的辐射扩散作用需进一步加强。引导甘南、天水等资源禀赋高的城市以及武威、陇南、定西、白银等吸引力不足但区位优越的城市积极向核心城市兰州、张掖、嘉峪关和酒泉靠拢,着力优化核心城市和边缘城市联合的旅游线路,加强边缘城市与核心城市的旅游流流动,发挥核心城市的引领作用,沟通各节点旅游连接,使甘肃省旅游流网络更加均衡发展。

第三,完善旅游网络结构体系。整合甘肃省内旅游资源,充分发挥各城市节点在旅游流网络中的作用,提升旅游节点关联性。开发精品线路,以点带线,以“线”实现全省多方联动,促进旅游的全域整合和协调发展,共同打造“交响丝路,如意甘肃"的旅游品牌。

本研究描述了甘肃省旅游流空间结构特征，并提出相关对策建议，对甘肃省旅游发展、线路规划及市场营销等具有一定的参考价值，但未能对旅游流空间结构形成原因和影响因素进行深入分析。有研究从地理学、经济学、心理学等角度分析景区、市域的旅游流网络驱动机制及影响因素[21—22]，可以借鉴。甘肃旅游流网络驱动机制及影响因素是本研究后续需要进一步解决的问题。同时，在以后的研究中可增加历时性数据，分析旅游流网络演化过程，更全面地研究甘肃旅游流的规律性特征。

参考文献

[1] 谢彦君.基础旅游学[M].北京：商务印书馆，2015：248.

[2] 保继刚.论旅游地理学的研究核心[J].人文地理，1992(6)：11-18.

[3] 任瑞萍.五台山风景名胜区旅游流空间结构研究[J].山地学报，2020(3)：461-472.

[4] 钟士恩，张捷，韩国圣，等.旅游流空间模式基本理论：问题分析及其展望[J].人文地理，2010，25(2)：31.

[5] 陈海波.旅游流的概念界定与理论内涵新论[J].旅游研究，2017(1)：22.

[6] 马耀峰，林志慧，等.中国主要城市入境旅游网络结构演变分析[J].地理学，2014，34(1)：25-31.

[7] 薛莹.旅游流在区域内聚：从自组织到组织——区域旅游研究的一个理论框架[J].旅游学刊，2006，21(4)：47-54.

[8] 王永明，马耀峰，王美霞.中国入境游客多城市旅游空间网络结构[J].地理科学进展，2012，31(4)：518-526.

[9] 杨兴柱，顾朝林，王群.旅游流驱动力系统分析[J].地理研究，2011，30(1)：23-36.

[10] 魏鹏，侯杨方.旅游者空间分布模型及其预测应用——以甘肃省县(区)为例[J].旅游学刊，2017，32(5)：106.

[11] 崔大树，孙杨.基于分形维数的湖州旅游景区系统空间结构优化研究[J].地理科学，2011，31(3)：337-343.

[12] 王德刚，赵建峰，黄潇婷.基于时间路径的旅游流研究方法[J].旅游科学，2017，31(1)：1.

[13] 王金莹，吴晋峰，唐澜，等.基于 SNA 的中国入境欧洲旅游流网络性质和结构特征研究[J].人文地理，2013，28(6)：147-153.

[14] 程雪兰，方叶林，苏雪晴，等.中国东部沿海 5 大城市群旅游流网络结构空间分布特征研究[J].地理科学进展，2016(2)：948-957.

[15] 程小蝶.山地旅游流网络空间格局演化及影响机理[D].贵州：贵州大学，2023.

[16] 骆登山，明庆忠，韩剑磊，等.中国旅游流研究：回顾与展望——基于 CNKI 数据库[J].六盘水师范学院学报，2021，33(3)：1-10.

[17] WANG J, LI Y, WU B, et al. Tourism destination image based on tourism user generated content on internet[J]. *Tourism Review*, 2020, 76(1): 125-137. DOI: 10.1108/TR-04-2019-0132.

[18] 徐琳琳，周彬，虞虎，等.2022 年冬奥会对张家口城市旅游地形象的影响研究——基于 UGC 文本分析[J].地理研究，2023，42(2)：422-439.
[19] 刘军.整体网分析讲义：UCINET 软件使用指南[M].上海：格致出版社，2009：194-195.
[20] KNOKE D. Networks of political action: Toward theory construction[J]. *Social Forces*, 1990, 68(4): 1041-1063.
[21] 刘军胜，马耀峰.基于发生学与系统论的旅游流与目的地供需耦合成长演化与驱动机制研究——以西安市为例[J].地理研究，2017，36(8)：1583-1600.
[22] 蔚海燕，戴泽钒，许鑫，等.上海迪士尼对上海旅游流网络的影响研究——基于驴妈妈游客数字足迹的视角[J].旅游学刊，2018，33(4)：33-45.

Spatial Network Structure Characteristics of Tourism Flow Network in Gansu Province

YANG Yang[1, 2], JIANG Naipeng[1], SHEN Han[1]
(1. *Department of Tourism, Fudan University, Shanghai 200433, China*;
2. *School of History & Tourism, Hexi University, Zhangye 734000, China*)

Abstract: Based on UGC data, this paper took Gansu Province as an example and uses social network analysis method to analyze thespatial characteristics of tourism flows network in Gansu province from two aspects of nodes and network. The results show that: Tourism nodes have obvious hierarchical structure characteristics. The nodes which occupy the core position in the spatial network structure of tourism flow have strong functions of gathering, distributing and transferring. The nodes in the marginal cities are more restrictive and over-dependent on the core cities. Core and peripheral cities are not connected enough. The tourist flow is mainly concentrated in the Jiuquan-Lanzhou route, forming a multi-center structure with Lanzhou and Jiuquan as the center. The overall network density of tourism flow is low and the structure is unbalanced. The connection between nodes and the overall tourism flow network need to be further improved. Finally, suggestions are put forward to promote and optimize the tourism flow structure in Gansu Province.

Keywords: tourism flow; social network analysis; spatial characteristics; Gansu Province

居民休闲幸福感影响路径实证研究*

张　苗[1,2]　毛奕力[1]　郭英之[1]
(1. 复旦大学旅游学系，上海 200433，中国；2. 河西学院历史文化与旅游学院，甘肃张掖 734000，中国)

[摘要]　休闲活动明显影响人们的生活质量和幸福感，对幸福生活具有重要意义，休闲满意度是幸福感的表征，幸福感是休闲活动的最终追求。休闲产业蓬勃发展的时代已经到来，但探究中国居民休闲幸福感影响路径的成果仍缺乏。本研究基于自我决定理论、积极心理学等理论，以中国西部居民为研究对象，构建中国居民休闲幸福感理论模型，并利用收集到的 400 份有效问卷，采用结构方程模型，探究了中国西部居民休闲动机对休闲幸福感的影响路径。结果表明，居民休闲动机对休闲涉入、休闲涉入对休闲满意度、休闲满意度对休闲幸福感存在显著正向影响，休闲动机对休闲满意度不存在显著影响。研究结果可为提升中国西部居民休闲幸福感的精准施策提供理论依据，为提升居民幸福感、推进中国式居民休闲现代化提供理论量化依据与指导建议。

[关键词]　居民休闲；影响路径；休闲幸福感

引言

休闲是居民美好生活的重要组成部分，也是居民获得幸福感的途径之一。随着居民生活水平的不断提高、科技产品的应用推广，居民休闲空间和方式进一步变化，可能对居民幸福感产生影响；随着“一带一路”倡议的深入实施、中国式

---

*　[基金项目]本研究受国家自然科学基金(72074053)、甘肃省哲学社会科学规划项目(2022QN035)资助。

[作者简介]张苗(1988—　)，女，博士研究生，研究方向为旅游经济与营销，E-mail：857984560@qq.com；毛奕力(1991—　)，男，硕士研究生，研究方向为旅游经济与营销，E-mail：ylmao22@m.fudan.edu.cn；郭英之(1964—　)，女，博士，教授，博士生导师，研究方向为旅游市场，E-mail：yingzhig@qq.com，通讯作者。

现代化建设的持续推进，美好生活愿景的不断实现对中国西部居民休闲生活带来的影响程度加大，让现代化建设成果更多更公平惠及全体人民。[1]

中央政府出台的一系列支持西部地区发展的政策措施，为中国式现代化和“一带一路”建设提供了有力的政策保障和支持，不断夯实人民幸福生活的物质条件，使人民获得感、幸福感增强。[2]因此，本研究从休闲动机视角出发，以中国西部居民的休闲活动为实证案例，引入休闲满意度和休闲涉入变量，揭示中国西部居民休闲动机与休闲幸福感之间的内部作用机制，研究有助于确定居民的休闲动机如何与休闲活动联系在一起，政府部门可以利用本研究结果更加精准地针对西部居民开发休闲产品，进而丰富居民的休闲方式，提升居民的休闲幸福感，让现代化建设成果惠及全体人民。

1 理论回顾和假设推演

1.1 理论回顾

1.1.1 自我决定理论和涉入理论

自我决定理论最早由 Deci 和 Ryan 提出，他们指出理解人类动机需要考虑到个体对于能力、自主性和关联性等内在心理需求的追求。当个体感受到自己的行为是自主选择的，并且能够满足他们的基本心理需求时，他们的内在动机水平会提高，从而在各种活动中表现得更为积极和投入。[3]个体基本心理需求的满足会促进积极行为和幸福感[4]，人际、能力和自主性等心理需求的较高满意度与更好的心理健康、更多的积极情感、更少的消极情感有关[5]，这些研究支持了自我决定理论在幸福感方面的效用。所以，自我决定是理解人类动机的重要理论，是本研究理论基础之一。

涉入理论最早由 Sherif 和 Cantri 提出，涉入指个体在特定情境下，对某些对象、活动或观念的强烈情感投入。[6]休闲涉入是指个体在休闲活动中的投入程度，包括时间、精力和情感的投入，某些与休闲相关的活动、环境、设施或产品的涉入，与休闲涉入的心理和行为有极大关系。[7]所以，休闲涉入是休闲活动的重要维度，涉入理论是本研究理论基础之一。

1.1.2 积极心理学理论和社会支持理论

积极心理学最早由 Seligman 提出，是一门研究人类幸福和生活满意度，以及如何促进个体和群体的积极功能和优势的心理学分支，旨在提高生活质量、发现美好生活。[8] Van 认为从积极心理学的角度来看，社会支持作为一种积极的外部资源，是连接涉入、满意度和幸福感的潜在中介。[9]所以，休闲幸福感是居民休闲活动的重要感知因素，积极心理学是本研究的理论基础之一。

社会支持理论最早由 Caplan 提出，指出来自他人对个体的精神和物质上的关心、支持和帮助，可以减少情境、自我、他人关系的不确定性，增强个体体验的控制感，可以将普遍存在的社会行为，分为信息、情感、工具和评价等四类。[10]强大的社会支持可以使个人感到与社会网络其他成员的联系，并可建立人际信任，满足心理需求。[11]所以，休闲满意度是居民休闲活动的重要感知因素，社会支持理论是本研究的理论基础之一。

1.2 假设推演

1.2.1 休闲动机与休闲涉入

随着社会经济快速发展和休闲类型的丰富，休闲动机更加多元、休闲涉入维度增多，二者相互影响加深[12]。休闲动机包括成就感、自我实现、努力/坚持、自我充实、自尊/自我表达、社交/社会互动、乐趣/享受/自由、娱乐/再生和自我重塑等[13]，或快乐叠加、社会支持、压力调适、自我认同等[14]。休闲中心性作为衡量个体将休闲活动视为其日常生活中心的程度，对自我满意度和内在动机有积极影响，通过自我满意度与学术活动内在动机有中介关系[15]。对于以休闲为目的的旅游者而言，休闲活动的时空选择和类型选择存在显著差异，周末下午是休闲活动的高峰期，休闲娱乐活动是最受欢迎的休闲活动[16]，休闲时间和休闲空间均会对城市居民的休闲涉入产生正向的促进作用[17]；休闲技艺、高水平的时间结构(个体对其休闲时间的使用感到有组织、有计划和有目的的程度)均对休闲涉入有积极影响[18]。此外，居家休闲也是常见的休闲方式，如新冠疫情封控期间，居民通过烹饪活动获得纯粹的快乐和放松，并挖掘自我潜力[19]。休闲动机正向影响深度休闲特质[20]，社会支持有力地促进俱乐部新成员持续参与[21]。对于探险旅游的自我决定动机而言，刺激回避和智力寻求是两个最重要的动机，开放或封闭的不同性格的受访者在动机和涉入方面有所不同[22]。

据此，针对休闲动机与休闲涉入的关系，提出研究假设 H1。

假设 H1：休闲动机对休闲涉入有显著正向影响。

1.2.2 休闲动机与休闲满意度

休闲动机影响休闲满意度。内在的休闲自我决定是休闲满意度的重要因素，在高感知社会支持的情况下，高压力水平下的休闲者并不倾向于从事积极休闲，而在低压力水平下的休闲者则更有可能从事被动休闲活动。[23]有研究认为，老年人休闲娱乐的自我决定有传统性、现代性、后现代性、模糊性等参与性动机[24]，休闲动机与休闲满意度呈显著正相关关系[25]。此外，对于家庭休闲而言休闲自我决定与休闲满意度的关系也是如此[26]。休闲动机种类多样，生态游憩的休闲动机由强到弱依次为刺激与逃避、机能提升、求知与探索、增进交往[27]，或包括身心康养、自我提升、社会交往、向往自然等[28]；度假型旅游综合体旅游体验包括寻求精神和身体的休息、放松、娱乐[29]；影响满意度的因素有服务质量与管理水平、核心吸引力、旅游环境等，也与休闲满意度和自我决定动机有关[30]。

据此，针对休闲动机与休闲满意度的关系，提出研究假设 H2。

假设 H2：休闲动机对休闲满意度有显著正向影响。

1.2.3 休闲涉入与休闲满意度

休闲涉入是幸福的重要来源。休闲涉入可以带来休闲满足感、生活满足感和主观幸福感，休闲空间对居民健康福祉和满意度的影响，超过了个人属性和个人知觉。[31]在社会经济富裕的国家，高质量的休闲生活与高消费有关[32]；基础设施作为客观可测量的生活质量的一个方面，对生活满意度的影响并不大，而社会凝聚力和地方行政绩效满意度与生活满意度密切相关[33]。

不同背景的细分群体在休闲涉入和满意度上，分别呈现不同程度的显著差异。[34]例如，人际交往特点产生了影响满意度的新变量[35]，个人家庭关系感知对家庭休闲满意度有影响，与朋友关系较密切的旅游者满意度较高[36]，休闲体验较好的旅游者满意度较高，英语熟练度与幸福感呈正相关[37]，工作对个人幸福的贡献与当地社会文化和社会属性有关[38]，休闲满足与幸福有 U 形曲线关系[39]。社会支持的休闲涉入活动与满意度呈正相关关系[40]，社会支持的休闲活动改善生活质量和福祉[41]。例如，休闲活动[42]、休闲设施可达性和多样性[43]影响主观幸福感；社会支持会极大提升幸福感[44]；休闲参与[45]、休闲涉入[46]、畅爽体验[47]对休闲满意度有正向影响；劳动强度、休闲时长影响主观幸福感[48]；从事户外活动和家庭活动可能会增加心理健康的满意度[49]，定期的中高强度体力活动是影响满意度的重要因素[50]。

据此，针对休闲涉入与休闲满意度的关系，提出研究假设 H3。

假设 H3：休闲涉入对休闲满意度有显著正向影响。

1.2.4 休闲满意度与休闲幸福感

休闲满意度会对居民幸福感产生影响。无论文化背景如何，家庭幸福都比个人幸福更重要[51]；对于女性观众来说，到达比赛场地前的幸福感低于到达比赛场地的幸福感[52]；青少年旅行者在假期前到假期后的主观幸福感显著增加，感知家庭凝聚力对青少年假期前后主观幸福感的变化有显著影响[53]；周末工作影响闲暇时间满意度[54]而互联网促进居民幸福感[55]。休闲公平感是不同社会群体及其休闲幸福感形成的重要影响因素。休闲公平认知与幸福认知在城乡层面呈现块状分化，但非简单的城乡二元特征，传统的城乡均衡供给并不利于社会支持的公共休闲空间社会效用发挥[56]；收入来源和支出模式，对于满意度可以产生积极而显著的影响，生活方式、核心家庭、基础设施显著影响满意度，改善生活状况、经济收入，对于满意度有很大影响。[57]

据此，针对休闲满意度与休闲幸福感的关系，提出研究假设 H4。

假设 H4：休闲满意度对休闲幸福感有显著正向影响。

综上所述，本研究在休闲、幸福相关变量间的相互作用关系基础上，提出了居民关于休闲动机、休闲涉入、休闲满意度与休闲幸福感的理论假设模型（图 1）。

图 1 休闲幸福感影响路径理论模型

2 研究设计

2.1 问卷设计

参照国内外成熟量表设计初始问卷，在对大量文献综述分类梳理的基础上，与 9 位专业人员头脑风暴形成问卷初稿，选取 50 位西部居民开展预调研、修正并形成正式问卷。对居民休闲动机、休闲涉入、休闲满意度以及休闲幸福感的研究内容的相关问卷题项进行增减，前后经过 4 次修订后，获得最终问卷。问卷第一部分测量休闲动机、休闲涉入、休闲满意度和休闲幸福感，采用李克特五点式量表计量，5 表示非常同意。其中，休闲动机的题项设计参照 Deci 和 Ryan、黄仲凌等[58]、陈彦宏[59]等的观点；休闲涉入的题项设计参照 Kyle 等[60]、卢风麟[61]的观点；休闲满意度的题项设计参照 Beard 和 Ragheb[62]、林安庭[63]的研究；休闲幸福感的题项设计参考了 Diener 等[64—65]、黄赛婵[66]等的研究。问卷第二部分测量受访者人口统计学特征，包括休闲类别、休闲时间、休闲同伴、休闲费用、性别、婚姻、年龄、学历、职业、月收入等。

2.2 数据采集

本研究以中国西部居民为调研对象，探讨西部居民休闲动机与休闲幸福感之间的影响路径。采用简单抽样方法，在 2022 年 1 月至 2022 年 2 月期间，分别在我国西部的甘肃、云南等省市区的疫情非防控居民社区、公园和广场等公共休闲空间发放问卷。本次调研共发放407份问卷,剔除无效问卷,回收400份有效问卷,有效回收率为98.28%。

2.3 样本特征

被调查者中每天的休闲活动时间以1~2小时、约1小时内为主,分别占比46.2%、30.8%;每月的休闲活动花费以100元以内、101~200元为主,分别占比62.9%、20.3%;男性高于女性,占比达到54.6%;年龄以41~50岁、31~40岁、23~30岁为主,分别占比21.3%、18.7%、17.8%;已婚群体高于单身群体,占比72.2%;从休闲种类来看,文化知识、个人爱好类的休闲运动更多。

3 数据分析与结果

3.1 信度检验

本研究采取SPSS 23.0检验样本数据的Cronbach's α系数,整体问卷量表Cronbach's α系数达到0.973,大于0.9,各潜在变量的Cronbach's α系数在0.899~0.942之间,均大于0.8。问卷收集的样本信度良好,可进一步分析。

3.2 休闲幸福感主成分因子分析

本研究借助SPSS 23.0进行探索性的主成分因子分析。结果如表1所示,西部居民休闲动机因子为“休闲注意”“休闲锻炼”“休闲自由”,累计方差解释率为

表1 居民休闲幸福感主成分因子分析的信度和聚合效度分析结果

潜变量	测量变量	因子载荷	组合信度	平均方差抽取值	信度系数
休闲动机	休闲注意	0.729	0.603 4	0.345 9	0.899
	休闲锻炼	0.560			
	休闲自由	0.439			
休闲涉入	展示涉入	0.865	0.815 8	0.599 5	0.937
	结果涉入	0.794			
	了解涉入	0.648			
休闲满意度	氛围满意	0.752	0.771 8	0.463 2	0.942
	沟通满意	0.764			
	自信满意	0.655			
	健体满意	0.524			
休闲幸福感	价值情绪	0.865	0.828 8	0.707 9	0.911
	感动情绪	0.817			

62.961%;西部居民休闲涉入因子为"展示涉入""结果涉入""了解涉入",累计方差解释为66.587%;西部居民休闲满意度因子为"氛围满意""沟通满意""自信满意""健体满意",累计方差解释率为71.767%;西部居民休闲幸福感因子为"价值情绪""感动情绪",累计方差解释率为75.920%。

3.3 休闲幸福感的结构方程模型检验

根据表2结果可知,幸福感模型的拟合指标经修正后[67—68]均符合统计标准。具体来说,从绝对指数 χ^2/df、RMR、RMSEA、GFI、AGFI等数值[69],相对指数NFI、TLI、CFI等来看,该休闲幸福感模型拟合指标修正后的情况较好。

表2 休闲幸福感结构方程模型拟合度检验表

拟合指数	χ^2/df	CFI	GFI	NFI	AGFI	RMR	RMSEA	IFI	TLI
检验值	2.495	0.983	0.981	0.973	0.956	0.018	0.054	0.984	0.971

从表3可以看出,休闲动机对休闲涉入有显著正向影响,即假设H1成立,路径系数为0.791;休闲动机对休闲满意度不存在显著正向影响,即假设H2不成立,路径系数为0.340;休闲涉入对休闲满意度有显著正向影响,即假设H3成立,路径系数为0.710;休闲满意度对休闲幸福感有显著正向影响,即假设H4成立,路径系数为0.798。

表3 休闲幸福感结构方程模型系数估计结果

假设	路径分析	未标准化路径系数估计	标准误	临界比值	标准化路径系数估计	结果
H1	休闲动机→休闲涉入	1.059	0.164	6.461	0.791***	支持
H2	休闲动机→休闲满意度	0.393	0.178	2.200	0.340	拒绝
H3	休闲涉入→休闲满意度	0.611	0.126	4.868	0.710***	支持
H4	休闲满意度→休闲幸福感	1.188	0.108	11.017	0.789***	支持

注:* 表示0.05水平上显著,** 表示0.01水平上显著,*** 表示0.001水平上显著。

4 休闲幸福感影响路径的研究结果

4.1 休闲动机对休闲涉入有显著正向影响

休闲动机对休闲涉入有显著正向影响,其原因如下:一是内生动力增强。随着中国促进地区高质量发展,实现人民生活幸福安康的政策推动,西部地区经济社会发展取得重大历史性成就，居民更加注重对精神层面的追求、关注自身身心健康，这有助于实现西部居民休闲动机中的自由动机。另外，随着人口受教育程度的提高，居民文化水平提高，更加注重个体的身心健康，闲暇时段更加注重个体自我放松。休闲动机越强，休闲涉入程度越高，西部居民通过参与休闲活动，满足个体维系和结交朋友等社交需求，进一步强化休闲涉入程度，使得居民参与休闲活动沉浸度越高。二是实现自我价值的需求增强。随着“一带一路”的建设逐步推进及西部大开发等政策的支持，经济环境改善是西部居民发展个人兴趣的先决条件，个人据此探索新技能、增加生活经验、提升自我价值、获得自信，从而减少日常烦恼消极影响，保持个体积极状态，享受幸福美好生活。

4.2 休闲动机对休闲满意度不存在显著正向影响

休闲动机对休闲满意度不存在显著正向影响，其原因如下：一是休闲活动选择相对有限。实地调研发现，西部居民参与休闲活动的主要动机集中在满足陪伴需求和消磨时间上，西部地区常见的休闲活动，如乒乓球、羽毛球、广场舞和晒太阳等，大多是自发组织的，这些活动虽然能够满足基本的休闲需求，但往往缺乏多样性和深度，难以提供更为丰富的休闲体验。二是休闲场所质量参差不齐。居民休闲场所可以分为广场、公园等公共休闲场所，博物馆、图书馆等公共文化空间，特色餐饮、商业街等娱乐场所，虽然公共文化空间近年来不断增加，但人口基数庞大且居民健身休闲需求不断增长，居民休闲场所呈现出数量短缺、管理不到位、设施维护不及时等情况，降低了居民休闲满意度。三是心理认知差异。不同居民对休闲活动的内在心理认知存在差异，城市居民对结交或维系亲友关系的休闲动机有明显需求，农村居民对发展个人爱好有明显动机，西部居民心理认知差异致使休闲动机对休闲满意度不存在显著影响。

4.3 休闲涉入对休闲满意度存在显著正向影响

休闲涉入与休闲满意度存在显著正向影响，其形成原因如下：一是参加休闲活动能产生良好的归属感。西部居民休闲涉入中集体感、归属感明显，随着西部居民休闲活动加深，加之休闲活动场所带来的舒适体验，居民享受参加休闲活动带来的归属感和集体感。二是社会支持网络的不均衡影响不同群体休闲涉入度。不同职业、不同地域居民获得的社会养老保障、医疗保障存在差异，对于农民、家庭主妇、个体商人而言，居民收入来源依靠再就业、个体经营、农业种植或者子女的资金供给，社会支持相对企事业单位的退休人员较弱，参与休闲活动的程度受到影响，也削弱其休闲活动的体验感和幸福感。三是休闲活动多样性和丰富性差异原因。对于一些居民而言，由于他们的身体条件、经济条件或者社会环境等因素的限制，更倾向于选择散步等较为被动的休闲方式，导致他们难以享受到更多元化和丰富的休闲活动。对于经济基础好的居民可以同时选择消遣娱乐型或提升自我发展型的休闲活动，休闲活动选择多样性及活动内容丰富性影响全国居民的休闲涉入，在休闲活动中充分展现自我，强化了个体与休闲活动的关联度。

4.4 休闲满意度对休闲幸福感有显著正向影响

休闲满意度对休闲幸福感有显著正向影响，其形成原因如下：一是居民心理满意影响情绪。居民的休闲幸福感由价值情绪与感动情绪组成，在文化自信背景下，西部居民充分了解并认可西部独特文化，将丰富、多样、独特、鲜明的地方文化融入日常休闲活动中，对休闲场所硬件设施满意与休闲健身效果满意可以提高居民幸福感。居民参加休闲活动强身健体、达到体能满意，并且通过休闲活动拓宽社交范围、找到相同爱好者、达到社交满意；增加自我认知、获得内心满意、降低悲伤情绪，通过休闲生活满意获得生活幸福感。二是居民对政府社会信任提高。当居民对政府及其相关部门机构抱有较高的信任度时，这种信任感会对他们的幸福感产生积极的影响。这种信任感的建立，源自于政府在营造安定社会环境方面的不懈努力，以及对居民晚年生活安全感的持续保障。政府通过制定和执行一系列针对老年人的政策，如养老保险、医疗保险、社会福利等，为老年人的晚年生活提供了坚实的保障。这些政策不仅减轻了老年人的经济负担，也让他们感受到了社会的关怀和尊重，从而提升了他们的生活质量和幸福感。三是职业差异影响感知。社会群体中如外企职员、事业单位人员一般拥有较高的教育背景和相对丰富的经济资源，这些优势使得他们能够享受到更为多样化和高质量的休闲活动，从而在精神和物质层面上获得更多的满足感。相反，一些社会群体职业往往与较低的收入水平相关联。这种经济状况可能限制了他们在休闲活动上的选择和参与度，从而影响了他们对休闲活动的感知和享受。

5 研究结论与讨论

5.1 研究结论

本研究以中国西部居民为研究对象，对休闲动机、休闲涉入、休闲满意度和休闲幸福感的主成分因子进行分析。其中，休闲动机有休闲注意、休闲锻炼、休闲自由 3 个因子；休闲涉入有展示涉入、结果涉入、了解涉入 3 个因子；休闲满意度有氛围满意、沟通满意、自信满意、健体满意 4 个因子；休闲幸福感有价值情绪、感动情绪 2 个因子。以上主成分因子的研究结果均与前人研究都有所不同，是本研究的创新之处。

本研究基于涉入理论及积极心理学、自我决定、社会支持等理论，在国内外文献与深度访谈的基础上，构建了中国西部居民休闲幸福感理论模型，分析了西部居民休闲幸福感影响路径。首先，西部居民休闲动机对休闲涉入有显著正向影响，该观点与已有研究观点一致[70—74]，这是因为休闲动机是休闲涉入的前因变量，动机越强烈，休闲涉入程度越强。本研究证明了西部居民注意、锻炼、自由动机影响涉入方式和程度。其次，西部居民休闲动机对休闲满意度不存在显著正向影响，这一研究结论与部分前人研究一致[75]，但是也与部分前人研究相反[76]。这是因为休闲动机作为休闲活动内因，它不仅激发了个体进行休闲行为，而且还增强了这些行为的针对性和目的性。通过休闲动机的作用，个体能够更加明确自己参与休闲活动的目的和期望，从而使得休闲行为更加有的放矢，有效地满足个体的休闲需求和提升生活质量。休闲满意度作为个体在休闲活动中体验到的满足感，是休闲动机产生的行为结果之一。再次，休闲涉入对休闲满意度存在显著正向影响，这一研究结论与前人的相关研究一致[77]。其中，本研究认为休闲展示涉入、休闲结果涉入、休闲了解涉入对休闲满意度有正向影响。最后，西部休闲满意度对休闲幸福感有显著正向影响，该结论与已有研究结论一致[78—79]。此外，本研究针对西部居民休闲幸福感影响路径差异展开针对性原因分析，并提出了匹配性精准施策。

5.2 管理启示

休闲动机对休闲涉入有显著正向影响的管理启示如下。首先，引导休闲活动安排合理化。休闲活动参与人数灵活，有单人参与，也有多人参与，引导居民参与多人休闲活动，既可以丰富参与者的休闲体验感、增加休闲活动的吸引力，又可以为居民创造对话交流平台，进一步促进西部地区居民休闲活动参与深度，同时，也可以促进西部地区居民的人际关系。其次，提供高品质的休闲活动内容。随着居民文化水平提高、健身需求增加，已有的休闲活动供给数量和供给内容要同步增加才能满足居民休闲需求。居民受教育程度越高，休闲活动中放松动机越明显，越需要提供更加细分、更加多样的休闲活动。再次，满足群体的多元性需求。随着人口流动性增加，少数民族、老年人、幼儿、残障人士休闲需求的保障难度增加。因此，增加对重点人群休闲活动特殊需求的关注，尊重民族习惯、关心爱护老幼群体、支持残障人士休闲，通过满足不同群体休闲动机来增加休闲涉入程度。

休闲动机对休闲满意度不存在显著正向影响的管理启示如下。一是关注休闲群体特征动态性。休闲需求随个体差异而变，其中教育程度、休闲支出、职业背景等对休闲需求影响较为明显。建议政府举办运动类、户外类、文化类、志愿者服务等各类休闲项目，为西部居民提供多样化休闲服务。二是提升休闲场所软硬件设施和服务。随着全国居民知识追求日益增长、对身体健康的重视程度不断提升，有必要丰富博物馆、图书馆等文化类休闲场所的产品种类、增加开放时间，有必要完善公共广场等居民休闲场所的管理水平、维修频次，有必要增强健身场所的公益属性、娱乐场所的规范经营。三是精细化引导休闲活动策划。城镇居民多自发组织休闲活动，如下棋、广场舞、唱歌、话题讨论，休闲活动内容较为粗放，未做到精细化引导；为了丰富社区居民的精神文化生活，提升休闲活动的质量和参与度，社区及休闲活动场所的管理者应当积极组织并引入多样化、多层次的休闲活动主题，参与休闲活动的策划，提高居民参与休闲活动的积极性。

休闲涉入与休闲满意度存在显著正向影响的管理启示如下。第一，增设个性化休闲兴趣课程。居民休闲参与中体验参与影响更大，通过社区内外联动，打造体系化的休闲教育课程，给居民提供多样选择的休闲课程，结合个人的特点和喜好，打造具有当地文娱特色的合唱团、太极拳健身、书画戏曲等差异化的文体活动产品，提高居民参与热情，形成良性循环。第二，推广休闲设施布局合理化。西部地区居民更加注重休闲活动环境，在兼顾生态和谐的基础上，进一步完善休闲设施，增加休闲设施设备，提升居民满意度，在全面加强生态文明建设基础上，加大对休闲设施维护管理力度。第三，促进文化传承与精神富足。中华民族丰富的传统文化、悠久的传统休闲项目，可以通过社区休闲很好、有效地传播、推广和传承。通过社区文化宣传、公共设施宣传，改变社会群体对于中华传统文化的认知，建立文化自信，关爱各类特殊群体，进而使居民精神富足，以更好的精神状态参与休闲活动。

休闲满意度对休闲幸福感有显著正向影响的管理启示如下。一是政府助力弱化生活压迫感。政府职能部门传播正面形象，出台与居民生活密切相关的政策法规，提高办事效率，强化服务意识，通过保障居民安全和便利生活，间接减轻居民生活负担，不断改善教育、医疗等民生问题，释放居民休闲潜力和休闲实力，提升休闲幸福感。二是增设社区化心理服务中心。居民“悲伤情绪”对休闲幸福感有影响，随着社会压力增加，为了让居民通过休闲活动较好地调节自我情绪，通过讲座宣传等锻炼个人情绪调节能力，弱化消极情绪对居民身心的负面影响。三是提高居民社会支持度。通过居民所在社区提供精神层面的关心、尊重、理解，提升居民的精神生活满意度；为了提高居民的生活满意度，应当从完善社会保障制度、加强社区与非营利组织的合作等方面入手，以提升居民生活满意度。

5.3 研究贡献

理论创新。本研究根据自我决定理论、涉入理论、积极心理学理论和社会支持理论，从西部居民休闲幸福感研究视角，基于中国式现代化背景，构建西部居民休闲幸福感理论框架，拓宽理论应用边界，丰富休闲幸福感理论研究。

应用创新。本研究创新性地对中国西部居民休闲幸福感主成分因子、休闲幸福感影响路径差异予以研究，有助于政府部门根据西部居民幸福感影响路径精准施策，助力中国现代化建设、美丽生活营造和协同高质量发展。

5.4 研究展望

本研究针对中国西部居民讨论休闲与幸福感之间的关系、差异，不同性别、职业、年龄、区域居民休闲活动对幸福感的影响也存在差异，未来研究可进一步围绕不同人口统计学特征、休闲活动特征等展开细分对比差异研究，提高研究结论的精细化水平。另外，本研究以甘肃、云南等西部省市为研究地点，未来可展开跨时间节点、跨地域追踪研究或去更多案例点收集资料，以扩大研究的范围，探索休闲幸福感的动态发展历程。

参考文献

[1] 习近平.在第十四届全国人民代表大会第一次会议上的讲话[EB/OL].(2023-3-13)[2023-5-18]. http://www.npc.gov.cn/npc/kgfb/202303/a645007f36b14822894db0d1deac4a1e.shtml.

[2] 中国一带一路网.共建“一带一路”倡议:进展、贡献与展望[EB/OL].(2022-8-9)[2023-5-18]. https://www.yidaiyilu.gov.cn/zchj/qwfb/86697.htm.

[3] DECI E L, RYAN R M. The empirical exploration of intrinsic motivational processes[J]. *Advances in Experimental Social Psychology*, 1980, 13(8):39-80.

[4] HOWARD J L, GAGNE M, MORIN A J S. Putting the pieces together: Reviewing the structural conceptualization of motivation within SDT[J]. *Motivation and Emotion*, 2020, 44(6):846-861.

[5] SCHUTTE N S, MALOUFF J M. Basic psychological need satisfaction, affect and mental health[J]. *Leisure Sciences*, 2021, 40(3):1228-1233.

[6] SHERIF M, CANTRIL H. *The Psychology of Ego-Involvements*[M]. New York: John Wily & Sons, 1947:238-250.

[7] MATTE J, FACHINELLI AC, TONI D, et al. Relationship between leisure involvement, voluntary simplicity, leisure satisfaction, and experiential consumption[J]. *Leisure Sciences*, 2021, 24(11):1-20.

[8] SELIGMAN M E, CSCIKSZENTMIHALYI M. Positive psychology: An introduction[J]. *American Psychologist*, 2000, 55(1):5-14.

[9] VAN ZYL L E, RITHMANN S. Grand challenges for positive psychology: Future perspectives and opportunities[J]. *Frontiers In Psychology*, 2022, 13(5):1-7.
[10] CAPLAN-G. *Support Systems and Community Mental Health*[M]. New York: Behavioral Publications, 1974:260-280.
[11] HU X, ZHANG J Q, SHEN S. Exploring the pathway from seeking to sharing social support in e-learning: An investigation based on the norm of reciprocity and expectation confirmation theory[J]. *Current Psychology*, 2022, 42(11):1-10.
[12] 李京律,马江涛,李树旺,等.北京冬奥语境下大众冰雪运动参与动机、运动投入、参与满意度与持续参与意图的关系[J].成都体育学院学报,2020, 46(6):74-79.
[13] XU Y C, ZHANG H Z, LU L, et al. Cultural Tourists' satisfaction from a leisure experience perspective: An empirical study in China[J]. *Journal of China Tourism Research*, 2020, 16(3):368-390.
[14] 张怀成,李东娟.休闲体育融合旅游现象理论释义及其检验[J].中南民族大学学报(自然科学版),2021, 40(5):543-550.
[15] CHO H, CHIU W S. The role of leisure centrality in university students' self-satisfaction and academic intrinsic motivation[J]. *Asia-Pacific Education Researcher*, 2021, 30(2): 119-130.
[16] LIU S J, LONG Y, ZHANG L, et al. Quantifying and characterizing urban leisure activities by merging multiple sensing big data: A case study of Nanjing, China[J]. *Land*, 2021, 10(11):1214.
[17] 王心蕊,孙九霞.城市居民休闲与主观幸福感研究:以广州市为例[J].地理研究,2019, 38(7):1566-1580.
[18] TSAUR S H, YEN C H, CHEN Y T. Can leisure crafting enhance leisure engagement? The role of time structure and leisure type[J]. *Leisure Studies*, 2021, 40(6):747-763.
[19] GULER O, HASSEKI M I. Positive psychological impacts of cooking during the COVID-19 lockdown period: A qualitative study[J]. *Frontiers in Psychology*, 2021, 12:635957.
[20] 阳曦茜,温宇红,布和,等.我国公开水域游泳爱好者深度休闲特质、休闲动机及相互关系[J].沈阳体育学院学报,2021, 40(6):71-79.
[21] RUNDIO A, BUNING R J. Initiation and introduction into sport participation: New member experiences with collegiate sport clubs[J]. *Recreational Sports Journal*, 2021, 45(2):85-93.
[22] JIN X, XIANG Y, WEBER K, et al. Motivation and involvement in adventure tourism activities: A Chinese tourists' perspective [J]. *Asia Pacific Journal of Tourism Research*, 2019, 24(11):1066-1078.
[23] KIM J H, BROWN S L, YANG H. Types of leisure, leisure motivation, and well-being in university students[J]. *World Leisure Journal*, 2019, 61(1):43-57.
[24] 梁贤艳,江立华.城市老年人社区参与的动机及激励研究——基于共建共治共享视角[J].中国特色社会主义研究,2022, 28(4):53-59.
[25] WU Y L, SUN J A, FAN F L, et al. The influence of motivation, attitudes and obstacles

for middle school students' participation in leisure activities on their leisure satisfaction in southwest China[J]. *Frontiers in Psychology*, 2021, 12(12):1-13.

[26] 汪丽,刘阳,刘慕华.家在旅途:家庭旅游对城市居民生活质量感知的影响研究[J].旅游学刊,2022, 37(10):117-130.

[27] 张建国,胡洁思.森林运动小镇游客游憩动机与满意度关系研究[J].南京林业大学学报(自然科学版),2021, 45(4):201-209.

[28] 曾真,郑俊鸣,江登辉,等.竹林游憩动机及模式构建研究[J].林业经济问题,2021, 41(4):432-441.

[29] 李阳,刘文超,刘明菊,等.基于网络游记分析的度假型综合体旅游体验研究——以长白山国际度假区为例[J].地域研究与开发,2019, 38(1):116-122.

[30] 金彩玉,董冰.基于文本分析的乡村旅游者行为研究——以重渡沟景区为例[J].河北大学学报(哲学社会科学版),2020, 45(1):138-146.

[31] 俞佳俐,李健,盛莹,等.城市绿地对居民身心健康福祉满意度影响研究[J].中国园林,2021, 37(7):95-100.

[32] WIESLI T X, LIEBE U, HAMMER T, et al. Sustainable quality of life: A conceptualization that integrates the views of inhabitants of Swiss rural regions[J]. *Sustainability*, 2021, 13(16):9187.

[33] GAREIS P, DILLER C, WINKLER-KUHLKEN B. Infrastructure as an aspect of quality of life and its influence on life satisfaction in small towns of the German region type central location[J]. *Raumforschung Und Raumordnung-Spatial Research and Planning*, *2021*, 79(1):39-57.

[34] 张圆刚,黄业坚,程静静,等.城市居民压力源对幸福感的影响研究——基于乡村旅游休闲参与的角度[J].地理研究,2019, 38(4):971-987.

[35] 孙佼佼,郭英之.疫情防控中身体距离作用下旅游者幸福感影响路径——基于模糊集的定性比较分析(fsQCA)[J].旅游学刊,2021, 36(8):41-51.

[36] CHEN C J, LI W C. A study on the hot spring leisure experience and happiness of Generation X and Generation Y in Taiwan[J]. *Asia Pacific Journal of Tourism Research*, 2020, 25(1):39-51.

[37] ZHANG H Y, DAI Y, LIU H M. English proficiency and happiness: The mediation of income satisfaction and leisure satisfaction and the moderation of the national economy [J]. *Sage Open*, 2021, 11(4):21582440211054482.

[38] KHALIL S, MANSOUR H. The impact of work and leisure importance on happiness in Egypt[J]. *International Journal of Happiness and Development*, 2021, 6(4):404-438.

[39] LEE K J, CHO S, KIM E K, et al. Do more leisure time and leisure repertoire make us happier? An investigation of the curvilinear relationships[J]. *Journal of Happiness Studies*, 2020, 21(5):1727-1747.

[40] HANCOCK K E, DOWNWARD P, SHERAR L B. Exploring feelings of pleasure and purpose associated with older people's activities using ecological momentary analysis: an observational study[J]. *Journal of Aging and Physical Activity*, 2021, 29(4):670-677.

[41] 崔德刚，邱芬，邱服冰，等.基于 ICF 成年人休闲体育活动改善心理健康、生活质量和福祉的系统综述[J].中国康复理论与实践，2021，27(9)：1038-1047.
[42] 孙静，陆相林，石永贵.石家庄市居民登山深度休闲活动对主观幸福感的影响研究[C]//2021 中国旅游科学年会论文集：新发展格局中的旅游和旅游业新发展格局.
[43] ZHANG Z F, WANG M W, XU Z, et al. The influence of Community Sports Parks on residents' subjective well-being: A case study of Zhuhai City, China[J]. *Habitat International*, 2021, 117(11): 102439.
[44] 宋少燕.老龄化进程中社区公共管理的休闲空间设计[J].工业建筑，2021，51(7)：278.
[45] 姬玉，罗炯.休闲参与、社会支持对老年忧郁及幸福感的影响[J].中国老年学杂志，2019，39(6)：1460-1466.
[46] 王晓慧.社会经济地位对老年人主观幸福感的影响研究[J].大连理工大学学报(社会科学版)，2021，42(3)：92-100.
[47] 翁李胜，雷燕，潘新洁.休闲涉入对老年人幸福感的影响：自我效能与畅爽体验的中介效应[J].上海体育学院学报，2020，44(9)：87-94.
[48] 聂建亮，吴玉锋.劳动幸福还是休闲幸福？——“无休”状态对农村老人主观幸福感影响的实证分析[J].江汉学术，2021，40(5)：60-71.
[49] KIM J, BYON K, KIM J. Leisure activities, happiness, life satisfaction, and health perception of older Korean adults[J]. *International Journal of Mental Health Promotion*, 2021, 23(2): 155-166.
[50] LIANG C, WU P L, LEE P F, et al. Association of regular leisure-time physical activity with happiness among middle-aged and older adults in Taiwan[J]. *International Journal of Environmental Research and Public Health*, 2021, 18(15): 8175.
[51] KRYS K, CAPALDI C A, ZELENSKI J M, et al. Family well being is valued more than personal well-being: A four-country study[J]. *Current Psychology*, 2021, 40(7): 3332-3343.
[52] YAMASHITA R, KANG T A, MATSUOKA H. Gender differences in statistical interaction effects of perceived well-being and structural constraints on the intention to attend a game[J]. *Managing Sport and Leisure*, 2021, 26(3): 1937285.
[53] GAO M J, POTWARKA L. Investigating the role of family travel and family functioning in promoting Chinese adolescents' subjective wellbeing[J]. *Journal of Leisure Research*, 2021, 52(4): 487-507.
[54] BRYCE A M. Weekend working in 21st century Britain: Does it matter for the well-being of workers? [J]. *Manchester School*, 2021, 89(6): 541-568.
[55] 马军旗，乐章.互联网使用对农村居民幸福感的影响研究[J].调研世界，2019(8)：9-15.
[56] 张海霞，唐金辉.居民公共休闲空间公平感和幸福感认知的影响因素——以杭州市为例[J].城市问题，2019(5)：95-103.
[57] KUMAR P, KUMAR P, GARG R K. A study on farmers' satisfaction and happiness after the land sale for urban expansion in India[J]. *Land Use Policy*, 2021, 109: 105603.
[58] 黄仲凌，高俊雄.台湾离岛大专学生休闲参与动机与满意度之相关研究[J].大专体育学

刊,2005, 7(1):51-66.
[59] 陈彦宏.大学生休闲动机、休闲满意度与主观幸福感的关系[D].成都:四川师范大学,2008.
[60] KYLE G, GRAEFE A, MANNING R, et al. Effect of activity involvement and place attachment on recreationists' perceptions of setting density[J]. *Journal of Leisure Research*, 2004, 36(2):209-231.
[61] 卢风麟.基于涉入理论的乡村旅游体验与行为意向研究[D].曲阜:曲阜师范大学,2018.
[62] BEARD J G, RAGHEB M G. Measuring Leisure Satisfaction[J]. *Journal of Leisure Research*, 1980, 12(1):20-33.
[63] 林安庭.爱好登山者涉入、流畅体验与幸福感之相关研究[D].台南:南台科技大学,2011.
[64] DIENER E, EMMONS R A. The independence of positive and affect[J]. *Journal of Personality and Social Psychology*, 1984, 47(5):1105-1117.
[65] DIENER E, EMMONS R A, LARSEN R J, et al. The satisfaction with life scale[J]. *Journal of Personality Assessment*, 1985, 49(1):71-75.
[66] 黄赛婵.大学生的休闲满意度与主观幸福感的关系研究[D].长沙:湖南师范大学,2010.
[67] 温忠麟,侯杰泰,马什赫伯特.结构方程模型检验:拟合指数与卡方准则[J].心理学报,2004, 49(2):186-194.
[68] 程占红,程锦红,张奥佳.五台山景区游客低碳旅游认知及影响因素研究[J].旅游学刊,2018, 33(3):50-60.
[69] 王长义,王大鹏,赵晓雯,等.结构方程模型中拟合指数的运用与比较[J].现代预防医学,2010, 37(1):7-9.
[70] 张平,史文文,侯光定,等.休闲骑行参与者休闲动机与休闲涉入的关系[J].湖北体育科技,2018, 37(7):605-608.
[71] 郭英之,甘雪娜,董坤,等.新时代我国老年居民休闲动机与主观幸福感影响机理及精准施策[J].泰山学院学报,2021, 43(5):45-58.
[72] 郭启贵,桑美玲,罗炯.老年人休闲动机、休闲涉入对休闲满意度的影响[J].中国老年学杂志,2019, 39(6):1495-1499.
[73] 程卫进,程遂营,荣培君.大学生家庭休闲涉入、心理健康与家庭休闲满意度的关系研究[J].湖北理工学院学报(人文社会科学版),2021, 38(5):9-19.
[74] 刘法建,吴晓雨.休闲制约对城市老年人休闲满意度的影响——兼议休闲动机的中介作用[J].福建农林大学学报(哲学社会科学版),2021, 24(6):68-77.
[75] 陈金鳌,张林,刘红存,等.青少年自主体育锻炼相关变量的结构关系模型构建[J].中国体育科技,2017, 53(4):131-137.
[76] 阳曦茜,温宇红,布和,等.我国公开水域游泳爱好者深度休闲特质、休闲动机及相互关系[J].沈阳体育学院学报,2021, 40(6):71-79.
[77] 程卫进,程遂营,荣培君.大学生家庭休闲涉入、心理健康与家庭休闲满意度的关系研究[J].湖北理工学院学报(人文社会科学版),2021, 38(5):9-19.
[78] 李粉,廖红君.休闲、收入与城镇居民幸福感——来自中国家庭追踪调查的证据[J].人口与经济,2018, 39(1):103-115.

[79] 粟路军,何学欢,胡东滨.旅游者主观幸福感研究进展及启示[J].四川师范大学学报(社会科学版),2019, 46(2):83-92.

An Empirical Study on the Impact Path of Leisure Well-being of Residents

ZHANG Miao[1, 2], MAO Yili[1], GUO Yingzhi[1]

(*1. Department of Tourism, Fudan University, Shanghai 200433, China;*
2. Department of History Culture & Tourism, Hexi University, Zhangye 734000, Gansu Province, China)

Abstract: Leisure activities obviously affect people's quality of life and happiness, leisure has a root significance to a happy life, leisure satisfaction is a symptom of happiness, and a happy life is the ultimate pursuit of leisure activities. The time has come for the leisure industry to flourish, but there is a lack of results to explore the impact paths of leisure happiness of residents. Based on self-determination theory, positive psychology theory, the article took western residents as case by constructing a theoretical model of leisure happiness of western Chinese residents, and used 400 valid questionnaires collected and structural equation modeling to explore the paths of influence of leisure motivation of Chinese residents on their leisure happiness. The results show that there is a significant positive effect of leisure motivation on leisure involvement, leisure involvement on leisure satisfaction and leisure satisfaction on leisure happiness in China, and no significant effect of leisure motivation on leisure satisfaction. The results of the study can provide a theoretical basis for precise measures to improve the leisure motivation and leisure happiness of residents in China, and provide a theoretical quantitative basis and guiding suggestions for improving their happiness and promoting Chinese-style modernization.

Keywords: resident leisure; pathways of influence; leisure well-being

乘客情感体验、服务质量与满意度关系机理研究*

胡洪基[1]　沈　莺[1]　徐宁宁[2]　冯礼玲[3]

(1. 复旦大学旅游学系，上海 200433，中国；2. 台州学院商学院，浙江台州 318000，中国；3. 南方航空公司上海分公司，上海 200000，中国)

［摘要］　本研究认为航空公司提升服务质量能够提升乘客情感体验感、满意度与忠诚度，有助于维持老客源、开发新客源、减少市场开发成本。本研究运用结构方程模型构建了服务质量、乘客体验、情感体验与乘客满意和乘客忠诚之间的影响机制模型。研究结果表明：(1)在航空服务场景中，乘客旅途中在设施、环境、餐饮、购物、接待、飞行等方面的体验是其判断航空服务质量的重要因素；(2)在航空服务业场景中，乘客满意和积极情感是决定乘客忠诚的最重要因素。(3)在航空服务场景中，服务质量对情感体验有显著正向影响。基于此，研究建议航空服务业应强化服务质量管理能力，从而为乘客带来积极的情感享受以提升乘客满意度和忠诚度。

［关键词］　服务质量；情感体验；乘客体验；航空业

引言

在加快构建国内大循环的背景下，航空需求激增，航空市场步入新时代。中国正在步入扩大内需和加快构建国内大循环的时代[1]，在此契机下民航运输产业迎来新的拐点。一方面，当下，中国民航业正面临旅客出行需求快速增长的新时代，旅客出行需求呈现井喷式爆发。根据中国民航总局数据，2023 年春节七天

*　［基金项目］本研究受国家自然科学基金(72074053)资助。

［作者简介］胡洪基(1999—　)，男，博士研究生，研究方向为旅游产业管理和产业经济，E-mail：hongjihu@qq.com；沈莺(1978—　)，女，讲师，博士，研究方向为旅游英语与旅游遗产，E-mail：ying_shen@fudan.edu.cn；徐宁宁(1998—　)，女，博士，研究方向为旅游消费行为与营销，E-mail：1966288611@qq.com；冯礼玲(1988—　)，女，硕士，商务舱经理，研究方向为旅游服务管理，E-mail：279814412@qq.com。

长假期间共运输旅客 900 万人次，较 2022 年春节上涨 79.8%；航班平均客座率达到 76%，较 2022 年同比上涨 20%。[2]在此机遇下中国民航企业应提升民航产业服务水平，增强旅客的出行意愿，在现有基础上加强品牌建设，提高旅客服务体验。[3]另一方面，近十年来中国民航产业规模扩大，民航企业数量增加，市场竞争越发激烈。截至 2021 年底中国共有运输航空企业 65 家，但其中南航集团、中航集团和东航集团占据市场优势，市场份额分别为 24.8%、22.6%和 18.9%。[4]同时，随着中国高速铁路八纵八横的战略布局和建设，高铁对于短途出行在价格、时间和舒适度上较飞机更具有竞争优势。[5]因此，如何通过提升服务质量，创新服务体验，提高旅客满意度，应对航空市场的内部竞争与高铁等交通运输工具的外部压力，成为现阶段民航企业的重要议题。

当前，关于航空公司服务质量和服务体验的相关文献多集中在地面服务[6]、航班延误服务[7]、中外航空公司对比[8]等方面。对于机上旅客需求的研究还有大量可以探究的领域：第一，现有研究中证实了服务体验对满意度和消费情绪有正向显著的影响[9]，但并未深入探究服务质量对忠诚度或消费情绪的影响机制；第二，现有研究表明在特殊消费情境当中消费者的满意度是影响忠诚度的主要因素之一[10]，但旅客的忠诚度是否受满意度影响仍有待探究；第三，现有研究对主题公园[11]、旅游目的地[12]和旅游景区[13]等场景下的体验较丰富，但民航运输服务存在场景特异性，例如空间狭小、安全要求高以及服务专业性强等[14]，同时在飞行场景中，乘客往往会更具有同理心[15]，进而民航运输的服务需要更具针对性的研究。

因此，本研究将基于民航服务场景，在服务质量评价理论基础上，以结构方程模型的方法进一步讨论明确民航乘客体验、服务质量、情感体验、乘客满意和乘客忠诚之间的影响关系，以期在理论上完善模型构建；在实践上为提升航空公司服务质量水平，提高乘机体验，提高旅客满意度和忠诚度提供实践性指导。

1 文献综述

1.1 关于服务质量的文献综述

国内关于服务质量的研究主要涵盖了景区的服务质量评价体系[16]、服务质量与满意度之间的关系[17]、服务质量和企业品牌形象对客源市场的影响[18]、旅游地区影响服务质量的因素[19]等方面。吴文智等发现城市公共服务的质量能够有效促进旅客的满意度和忠诚度[20]；骆培聪等发现旅行社在线服务质量和顾客契合能够正向影响顾客的忠诚度[21]。虽然现阶段已有研究探讨了航空服务质量评价体系[22]及航空服务质量对满意度的影响[23]，但是航空服务质量对满意度、忠诚度和旅客情绪的影响机制仍值得探索。

国外关于服务质量的研究主要涵盖了弹性工作影响雇员服务质量的主要因素[24]、旅游电商服务质量对游客满意度的影响[25]、个体经营的服务质量感知评价体系[26]、新冠疫情对旅客服务质量感知的影响[27]等方面。Abdou 等发现服务质量正向影响旅客行为[28]；Zhao 等发现旅客对服务的期望水平影响服务质量的感知，同时服务质量感知也能正向影响满意度。[29]在对航空服务的研究中，Masorgo 等研究发现广告对服务质量对满意度的影响具有调节作用[30]；Shiwakoti 等发现服务质量能够正向影响旅客的安全感知[31]。然而有关航空领域不同维度服务质量对满意度和忠诚度影响的研究还不够充分。

国内外关于服务质量的研究，多通过服务质量评价模型来展开，并以顾客忠诚度理论、感知价值理论、满意度、品牌信任以及品牌忠诚度等作为理论基础。[32]现阶段对于服务质量在狭窄机舱中的特异性与旅客满意度和忠诚度的关系研究较少。

1.2 关于服务体验的文献综述

国内关于服务体验的研究主要涵盖了城市公共文化服务体验[33]、政府作用与乡村旅游体验的关系[34]、线上政务平台服务体验[35]与在线乡村旅游服务体验的影响因素[36]等方面。华成钢等发现服务体验对于旅客的感知倾向和决策质量具有正向影响，同时服务体验能够促进旅客的旅游意愿。[37]汪旭晖和陈佳琪提出品质性、定制类的服务体验能够有效满足依赖性顾客的需求，提高服务绩效。[38]对于民航运输服务体验而言，泰尼松认为，航空公司的卫生、安全、促销和空乘人员的专业服务，能够提升旅客的服务体验，最终影响旅客购买机票的决策。[39]

国外关于服务体验的研究主要涵盖了服务体验与品牌口碑之间的关系[40]、扩展现实技术下的服务体验设计[41]、医疗服务体验[42]、售后服务体验与顾客满意度等[43]。Lin 等认为感知的凝聚力和感知的亲密感通过游客参与对游客体验的满意度产生间接影响。[44]Esther 等采用 logit 模型探究影响老年人对公园满意度的不同因素，研究得出规划师应该考虑社会参与和包容性，以便更好地在城市设计公园。[45]

国内外关于服务体验的研究，多通过消费者行为来讨论服务体验的影响因素。对消费者购买行为动机进行旅游体验研究，构建了基于旅游体验质量的游客生成内容有效性预测模型[46—47]，然而关于服务体验对于航空服务的重要性与影响因素的研究仍然较少。

2 理论与研究假设

2.1 服务质量评价理论

服务质量评价(Service Quality Evaluation，简称 SERVQUAL)由 Parasuraman 等最先提出，并从可靠性、响应性、保证性、移情性和有形性这五方面来评价服务质量。[48]在近年来的研究中，王紫薇基于服务质量评价理论，将服务质量分为移情性、响应性、可靠性、有形性、保证性五个因素。[49]黄攀基于服务质量评价理论、顾客满意度，从服务质量的可靠性、响应性、保证性、移情性和有形性五方面完善了满意度理论的测量维度，并发现现阶段航空企业移情性满意度较低。[50]

2.2 满意度

满意度最早由 Cardozo 提出，认为顾客满意度对重购意愿有正向关系。[51]顾客满意度测评主要是将顾客的感知与预期进行比较。[52]瑞典率先于 1989 年建立顾客满意度指数模型(Sweden Customer Satisfaction Barometer，简称 SCSB)[53]，随后由密歇根大学商学院总结出计量经济学模型，即费耐尔逻辑模型。美国顾客满意度指数(American Customer Satisfaction Index，简称 ACSI)共包含六个变量，其中感知价值、顾客期望、感知质量为影响顾客满意度的前提变量，顾客满意度、顾客抱怨和顾客忠诚度为结果变量。[54]

2.3 忠诚度

忠诚度的研究可以追溯到 20 世纪 20 年代，最初的研究主要关注消费者的行为和购买决策。[55]60 年代，出现了“品牌忠诚度”和“重复购买行为”的概念。70 年代和 80 年代，研究重点从消费者行为转向了消费者态度和行为之间的关系。[56]20 世纪 90 年代到 21 世纪初，忠诚度的研究结合心理学和消费行为的相关研究不断涌现出新的模型。[57]近年来，关于忠诚度的研究已被广泛应用于线上电商、自媒体及酒店服务等领域。[58—59]

2.4 研究假设

关于服务质量与乘客体验的关系，Cronin 和 Taylor 于 1992 年首次在服务质量理论的基础上提出，服务质量对消费者的体验存在正向影响。[60]国内研究中，陈浩杰基于质性分析发现，在商业健身俱乐部中，人员服务质量能够显著影响用户体验。[61]因此，提出研究假设 H1。

假设 H1:航空服务质量对航空乘客体验有正向影响。

关于服务质量与情感体验的关系，韩啸和汤志伟将“退出—呼吁—忠诚”理论以及期望不一致理论作为理论基础，提出用户的呼吁在服务质量与满意度之间扮演着重要的中介作用[62];Islam 对发展中国家的企业社会责任与消费者忠诚度之间的关系展开讨论，发现企业责任能力和社会责任行为会导致客户积极情绪，从而提高忠诚度[63]。因此，提出研究假设 H2。

假设 H2:航空服务质量对航空情感体验有正向影响。

关于服务质量与乘客满意的关系，潘霞和黄智宇以线上图书馆服务质量为研究对象，发现提高各项服务的质量，能够促进线上图书馆用户的满意度[64];张艳芳等对铁路乘客的服务满意度调查，证实了铁路服务质量和乘客满意度成正向显著性关系[65];Zhou 等研究高铁动车组服务质量与满意度时发现，进站、上车和出站服务能够有效影响乘客的满意度和忠诚度，且满意度在此影响路径中起中介作用[66]。因此，提出研究假设 H3。

假设 H3:航空服务质量对航空乘客满意有正向影响。

关于乘客体验与乘客满意的关系，邱芬等在探究老年太极拳休闲者的深度休闲对忠诚度的影响时发现，流畅体验能够正向影响休闲满意度[67];Carlson 等建构了中国消费者的品牌感知，认为消费体验能够促进消费者对品牌的积极行为和顾客满意度[68]。因此，提出研究假设 H4。

假设 H4:航空乘客体验对航空乘客满意有正向影响。

关于情感体验与乘客满意的关系，宋盈盈基于社会交换理论和“手段—目的链”理论，发现积极情感正向影响满意度[69];Park 等以仁川机场为例进行研究，发现中转便利设施通过乘客情感体验影响顾客满意度[70]。因此，提出研究假设 H5。

假设 H5:航空情感体验对航空乘客满意有正向影响。

关于情感体验与乘客忠诚的关系，仇立以体验营销、顾客忠诚度为基础，验证线上消费情感体验通过满意度和信任度影响消费者的忠诚度[71];Li 等研究发现旅游社交媒体环境下顾客接触—品牌依恋—品牌忠诚关系，比顾客接触—顾客信任—品牌忠诚关系更紧密[72]。因此，提出研究假设 H6。

假设 H6:航空情感体验对航空乘客忠诚有正向影响。

关于乘客满意与乘客忠诚的关系，根据认知情感行为理论，情感是行为活动的源泉，决定了个体采取趋近还是远离行为。如许春晓研究表明景区游客情感是游客忠诚的主要影响因素[73],Yan 等研究表明顾客积极情绪和消极情绪均会影响其在社交网站、官方网站、旅游网站等各方平台的积极口碑发布[74],从金秋提出促销手段通过影响用户的满意度促进用户的忠诚度[75]。因此，提出研究假设 H7。

假设 H7：航空乘客满意对航空乘客忠诚有正向影响。

顾客情感体验能够直接决定顾客满意度和忠诚度，但个体在接收到服务质量外部刺激后，会对信息进行加工处理并产生一定的机体反应，如内心认知和情感变化，从而能够促使个体采取行为。服务质量作为航空服务提供者所提供的外部环境刺激，也会通过服务体验路径影响其顾客满意度和忠诚度。因此，提出研究假设 H8a、H8b。

H8a：航空情感体验在航空服务质量和航空乘客满意之间具有中介作用。

H8b：航空服务体验在航空服务质量和航空乘客满意之间具有中介作用。

3 研究方法与数据来源

3.1 研究方法

第一，问卷设计。本研究在大量旅游体验[76—77]、服务质量[78]、满意度[79]、忠诚度[80]等成熟量表的基础上对问卷进行了设计，之后与专家和行业内人员对问卷题项进行了三次修改，确定调研问卷内容。最终问卷分为两个部分：第一部分是变量测量，包括服务质量有形性 8 个题项、可靠性 12 个题项、响应性 10 个题项、保证性 12 个题项、同理心 14 个题项；航空服务体验分为航空服务 5 个题项、机场环境 16 个题项、餐饮 14 个题项、购物 4 个题项、飞行体验 5 个题项；满意度共 20 个题项；行为意向共 11 个题项。由于牵涉的测量维度较多，且机上服务体验，尤其是餐饮体验中的色、香、味等方面的测量较复杂[81]，因此总体题项较多。第二部分是基于社会人口统计学和旅游学特征的个人信息，涉及出行特征、购票次数、购票渠道、旅游花费、乘机形式、乘机时间、性别、婚姻状况、年龄、学历、行业工作年限、月平均收入等信息。

第二，分析方法。首先，是因子分析法，运用 SPSS21.0，进行因子分析，划分各变量维度，并对数据进行检验；其次，是结构方程模型，利用 AMOS21.0 软件，构建并验证航空服务质量、航空乘客体验、航空情感体验、乘客满意和乘客忠诚之间的相互影响及显著影响关系；再次，利用 SPSS21.0 结合 Process 宏程序对中介效应进行检验。

3.2 数据来源

本研究为了使获取的样本数据与真实情况接近，选择在飞机上进行问卷发放。正式问卷调研前，发放了 70 份前测问卷，回收后根据旅客有异议的选项进行剔除和修改，并进行探索性因子分析。随后于 2020 年 3 月 1 日至 6 月 20 日，在中国南方航空上海分公司执飞的航班上，对乘客进行机上问卷发放填写。为提高问卷的有效率，在回收问卷时，对乘客所提出的疑问，进行沟通和解释，同时对其进行多次确认，保证受访者充分理解题项。受访者以无记名形式填写问卷。最终，本研究共发放问卷 355 份，剔除部分信息缺少的问卷以及所有项目都选择同样序号的问卷 31 份，回收有效问卷 324 份，有效率为 91.3%。

4 研究结果

研究通过问卷整理得到系统数据，受访者特征如表 1 所示。

表 1 受访者统计学特征

变量	类别	受访者比例（%）	变量	类别	受访者比例（%）
性别	男	64.5	学历	高中及以下	9.0
	女	35.5		本科/大专	67.0
婚姻状况	单身	39.8		硕士	18.2
	已婚	60.2		博士及以上	5.8
年龄	≤22	5.6	支付类型	自费	59.3
	23～30	34.9		部分自费	4.3
	31～40	37.0		公费	36.4
	41～50	15.7	航空伴侣	自己	55.9
	51～60	6.2		家人	16.4
	61～70	0.6		朋友	9.0
	>70	0.0		同事/同学	18.7
月平均收入	<1 万	25.0	持卡类型	金卡	9.0
	1 万～2 万	31.5		银卡	12.0
	2 万～3 万	13.6		普通卡	29.6
	3 万～4 万	18.8		普通旅客	49.4
	4 万～5 万	4.9	职业	国企职员	22.3
	5 万～6 万	2.2		外企职员	6.5
	6 万～7 万	1.2		个体商人	18.9
	7 万～8 万	1.2		政府公务员	1.9
	8 万～9 万	0.6		私企职员	25.7
	9 万～10 万	1.5		服务人员	4.0
	>10 万	0.5		教师	3.4
机票类型	经济舱	88.3		学生	5.9
	公务舱	9.3		离退休人员	0.3
	头等舱	2.4		家庭主妇	0.6
购买渠道	航空公司官网/公众号	20.4		军人	1.5
	航空公司窗口	0.6		农民	0
	线上旅行社	67.6		事业单位职员	2.5
	旅行社门店	0.3		工人	1.2
	其他	11.1		其他	5.3

4.1 探索性因子分析

本研究采取 SPSS21.0 对数据的 Cronbach's α 系数进行检验，整体问卷量表的信度系数达到 0.969，大于 0.9，各潜变量的 Cronbach's α 系数在 0.802～0.932 之间，均大于 0.8，说明问卷收集的样本具有良好的信度，支持进一步分析。

为了进一步确定各变量的因子构成，借助 SPSS21.0 进行探索性因子分析。各变量的 Cronbach's α 系数在 0.803～0.897 之间，KMO 值在 0.814～0.932 之间，说明各变量均适合做探索性因子分析。采用主成分因子法提取因子，以最大方差法旋转，提取特征值大于 1 的因子，同时为避免共同方法偏差，研究对每个变量进行 Harman 单因子法检验，结果显示，各变量中特征根大于 1 的因子均超过 1 个，且最大因子的方差解释率均低于 40%，因此研究不存在显著的共同方法偏差。过程中剔除了"机舱内配置的座位是舒服的""机舱内的座位布局令人舒适""南航机舱内设置的温度是舒适的"3 个因子载荷低于 0.4 的题项。最终，服务质量析出了航空同理心、航空响应性、航空可靠性、航空保证性、航空有形性五个因子；乘客忠诚析出了乘客推荐意愿、乘客重购意愿两个因子；情感体验析出了积极情感和消极情感两个因子；乘客体验析出了设施体验、环境体验、餐饮体验、飞行体验、购物体验和接待体验六个体验；乘客满意析出了服务满意、整体满意和相对满意三个因子。

4.2 验证性因子分析

使用 Amos21.0 进行验证性因子分析和信效度检验，各变量的标准化因子载荷在 0.511～0.908 之间，组合信度(Composite Reliability，简称 CR)的值分别为服务质量 0.831 4、服务体验 0.859 8、情感体验 0.809 5、乘客满意 0.822 9 及乘客忠诚 0.821 8，平均方差抽取值(Average Variance Extracted，简称 AVE)的值在 0.508 1～0.698 0 之间，认为量表具有较好的收敛效度，各变量的 AVE 平方根均大于各变量之间的相关系数(表 2)，说明变量有较好的区分效度。综上所述，整体问卷具有较好的信度，验证性因子测量模型拟合度较优，可以用于进一步的结构方程模型分析。

表 2 变量区分效度检验

潜变量	服务质量	乘客体验	情感体验	乘客满意	乘客忠诚
服务质量	0.713				
乘客体验	0.694**	0.712			
情感体验	0.411**	0.513**	0.719		
乘客满意	0.705**	0.688**	0.515**	0.780	
乘客忠诚	0.597**	0.549**	0.519**	0.722**	0.835

注：对角线为变量 AVE 的平方根，对角线下数值为相关系数；* 表示 0.05 水平上显著，** 表示 0.01 水平上显著，*** 表示 0.001 水平上显著。

4.3 结构方程模型检验

通过数据分析，航空服务质量、航空乘客体验、航空乘客满意、航空乘客忠诚、航空情感体验的结构方程模型的各项指标均表现良好，其中模型的卡方自由度比 $\chi^2/df=2.318(<3.0)$，拟合优度指标 GFI=0.918，调整后适配度指数 AGFI=0.924，残差均方和平均根 RMR=0.062，近似误差均方根 RMSEA 为 0.780（≤0.08），及比较适配度指标 CFI=0.967（>0.9），基准化适配度指标 NFI=0.935，增量适配度指标 IFI=0.957，均达到要求标准。

航空乘客服务结构方程模型获得良好拟合度后，进行参数估值，结果如表 3 所示。由此可见，模型中的假设，H1 成立，即航空服务质量对航空乘客体验有正向影响，路径系数为 0.891($p<0.001$)；H2 成立，航空服务质量对航空情感体验有正向影响，路径系数为 0.673($p<0.001$)；H4 成立，航空乘客体验对航空乘客满意有正向影响，路径系数为 0.597($p<0.001$)；H5 成立，航空情感体验对航空乘客满意有正向影响，路径系数为 0.655($p<0.001$)；H6 成立，航空情感体验对航空乘客忠诚有正向影响，路径系数为 0.617($p<0.001$)；H7 成立，航空乘客满意对航空乘客忠诚有正向影响，路径系数为 0.318($p<0.05$)，同时假设 H3 的 p 值为 0.622($p>0.05$)，因此假设不成立，航空服务质量对航空乘客满意无显著相关影响。

表 3 航空服务质量与忠诚度关系路径机理结构方程模型系数估计结果

路径分析	未标准化路径系数估计	S.E.	C.R.	p	标准化路径系数估计	结果
H1:航空服务质量→航空乘客体验	0.925	0.110	8.379	0.000	0.891***	成立
H2:航空服务质量→航空情感体验	0.641	0.108	5.958	0.000	0.673***	成立
H3:航空服务质量→航空乘客满意	−0.094	0.192	−0.492	0.622	−0.084	不成立
H4:航空乘客体验→航空乘客满意	0.646	0.170	3.793	0.000	0.597***	成立
H5:航空情感体验→航空乘客满意	0.772	0.179	4.318	0.000	0.655***	成立
H6:航空情感体验→航空乘客忠诚	0.886	0.237	3.735	0.000	0.617***	成立
H7:航空乘客满意→航空乘客忠诚	0.388	0.179	2.168	0.030	0.318*	成立

注：* 表示 0.05 水平上显著，** 表示 0.01 水平上显著，*** 表示 0.001 水平上显著。

4.4 中介效应检验

研究采用 Hays 编制的 SPSS 中的 Process 宏程序(Model4)对情感体验和服务体验在服务质量与满意度之间的中介效应进行检验，并控制了年龄、性别、受教育程度、收入水平等自变量。结果显示，服务体验在服务质量与乘客满意的中介效应的置信区间的上下限不包含 0，95%CI=[0.214 6，0.381 9]，说明情感体验在服务质量和乘客满意之间具有中介作用，假设 H8a 成立；情感体验在服务质量与乘客满意的中介效应的置信区间的上下限不包含 0，95%CI=[0.205 0，0.414 5]，说明服务体验在服务质量和乘客满意之间具有中介作用，假设 H8b 成立。同时由于服务质量对乘客满意的直接效应不显著，因此服务体验和情感体验在服务质量对满意度的影响中起完全中介作用。

5 结论、启示与展望

5.1 研究结论

第一，在航空服务场景中，乘客旅途中在设施、环境、餐饮、购物、接待、飞行等方面的体验是其判断航空服务质量的重要因素。此场景下的服务体验涵盖了服务商所提供的核心产品及服务中所附带的次要产品甚至品牌效应[82]。航空服务业与其他服务产业不同，由于其提供服务的场景具有特异性同时需要考虑心理安全等因素，在一定程度上显现出购物、接待、餐饮等软性服务体验的意义。

第二，在航空服务场景中，乘客满意和积极情感是决定乘客忠诚的最重要因素。此结论与 Atulkar 和 Kesari 对于享乐消费和满意度的研究结果部分一致，研究反映了情感体验在航空服务中对于忠诚度的特异性影响[83]。现有文献表明，目的地的服务不能对满意度产生直接影响[84]，同样，机上所提供的餐饮、接待、飞行等服务间接对满意度产生影响，原因可能是航空服务的空间和乘客心理因素影响了服务质量与乘客忠诚的关系。

第三，在航空服务场景中，服务质量对情感体验有显著正向影响。在现有文献中关于景区环境的研究发现良好的旅游体验能够有效促进积极情感[85]，反之负面旅游体验能够增加旅客的消极情感[86]。以上结论与本研究相似，但是航空服务场景中，乘客对于航空服务业的空间局限有较好的同理心，所以乘客对于航班乘坐过程中的飞行、服务、餐饮、购物、接待等方面的感知能够让乘客产生更加愉快的积极体验。

5.2 管理启示

本研究结论对于航空企业和民航运输服务质量提升，有着重要的实践意义。据此，研究提出相关精准营销策略如下：第一，关注多维体验，提供完备服务。航空企业应充分关注乘客多维体验，保障从地面值机到登机后的飞行服务，优化乘客机上多类型享受服务，细化乘客便利感受服务，从而提高品牌价值；第二，满足资源需求，维系客户忠诚。航空企业应满足乘客的功能性资源需求，要把乘客安全地送到目的地，同时考虑座椅是否舒适，充电、网络等设施是否可用，航班排期优势、准点率等，从而提高忠诚度；第三，创新服务品类，创造情绪价值。航空企业应定期举办与品牌形象相关的活动，如通过提供不同类型的航空厨房体验，邀请乘客实地体验飞机餐的制作并品尝，提供生日或节日特别服务。

5.3 研究展望

本研究对乘客体验、服务质量、情感体验、乘客满意与乘客忠诚之间的整合影响机理模型进行了实证研究，但未来仍需要在以下方面进一步深入讨论：第一，未对不同航空企业和不同机型及不同类型航线进行探究。本研究由于样本原因，仅针对中国南方航空公司上海分公司同一机型的国内航线开展调研，但不同航企的企业文化，不同机型的设施设备以及国内与国际航线的服务内容都存在显著差异，因此在未来的研究中应扩大研究范围，对不同航企、航线及机型展开更全面的研究或案例对比。第二，未考虑航企的品牌价值对忠诚度的影响。本研究仅针对乘坐航班的乘客服务感知进行测量，但是忽略了大型航空企业所具备的品牌价值、安全感知等对忠诚度的影响，因此在未来的研究中可以考虑将品牌价值、信赖程度、安全感知等由航空企业自身口碑所带来的影响加入影响忠诚度的因素中，以期获得更符合实际情况的研究结果。

参考文献

[1] 中共中央国务院.扩大内需战略规划纲要(2022—2035 年)[EB/OL].(2022-12-14)[2023-2-20]. https://www.gov.cn/zhengce/2022-12/14/content_5732067.htm.

[2] 中国民航局.2023 年春节假期民航运送旅客 900 万人次[EB/OL].(2023-01-28)[2023-2-20]. http://www.caac.gov.cn/XWZX/MHYW/202301/t20230128_216999.html.

[3] 李元丽.交出中国式现代化的民航答卷[N].人民政协报，2023-01-31(005).

[4] 中国民航局.2021 年民航行业发展统计公报[EB/OL].(2022-05-18)[2023-2-20]. http://www.caac.gov.cn/XXGK/XXGK/TJSJ/202205/t20220518_213297.html.

[5] 孟海洋，陈思琦，李红昌，等.基于旅客时间价值的高铁民航竞争空间距离研究[J].科学技术与工程，2022(24)：10755-10762.

[6] 刘毅.以满意度研究为切入点的服务设计方法研究——以机场服务设计创新为例[J].装饰，2020，331(11)：132-133.

[7] 孔祥芬，王晓贝.基于 SERVQUAL 模型的航班延误服务补救质量评价研究[J].工业工程与管理，2015，20(3)：127-130+137.

[8] WANG Y J，YING Z，MARK H，et al. Scheduled block time setting and on-time performance of U.S. and Chinese airlines—A comparative analysis[J]. *Transportation Research. Part A，Policy and Practice*，2019，130(2)：825-843.

[9] 李哲奇，陈虎，安志馨.城市共享单车服务质量对消费者心理行为的驱动性研究[J].东岳论丛，2022，43(2)：136-146.

[10] 陈志军，徐飞雄.乡村民宿旅游地游客忠诚度影响因素及作用机制——基于ABC态度模型视角的实证分析[J].经济地理，2021，41(5)：232-240.

[11] 彭小曼.基于网络评价的主题公园服务质量提升策略研究——以芜湖方特为例[J].旅游纵览(下半月)，2020，313(4)：43-45.

[12] 韦鸣秋，白长虹，张彤.旅游目的地精益服务平台机制研究[J].旅游学刊，2023，38(1)：81-95.

[13] 高玉娟，高瑞晨，陈文慧.基于重要性—绩效分析法的生态旅游公共信息服务满意度实证研究——以6个国家森林公园景区为例[J].林业经济，2022，44(9)：35-49.

[14] 熊丽娟.航空服务质量和消费情感对顾客满意度的影响[J].中外企业家，2017，589(35)：239-240.

[15] SHIWAKOTI N，JIANG H，NGUYEN A D. Passengers' perception of safety and its relationship with demographics，service quality，satisfaction and loyalty in airlines sector—A case study of Vietnam to Australia route[J]. *Transport Policy*，2022，124：194-202.

[16] 石贵琴，杨洋，周建鹏，等.基于SERVQUAL模型的张掖七彩丹霞景区旅游服务质量提升[J].河西学院学报，2023，39(1)：50-59.

[17] 李树旺，李京律，刘潇锴，等.滑雪旅游服务质量评价与后北京冬奥会时期的优化对策——从北京雪场滑雪游客感知的视角切入[J].北京体育大学学报，2022，45(5)：146-161.

[18] 时萍萍，龙勇.考虑成本分担的旅游O2O供应链服务质量决策[J].旅游学刊，2018，33(11)：87-97.

[19] 王志远，吴泗宗.民族地区移动在线旅游服务顾客体验质量的影响因素——基于民族旅游地顾客双重视角的实证研究[J].贵州民族研究，2018，39(8)：168-172.

[20] 吴文智，唐培，何建民.旅游公共服务质量对游客目的地忠诚的影响机制——来自城市目的地上海的经验证据[J].华东经济管理，2021，35(4)：118-128.

[21] 骆培聪，王镇宁，赵雪祥.旅行社在线服务质量对顾客忠诚的影响——基于顾客契合中介作用[J].华侨大学学报(哲学社会科学版)，2020，138(3)：80-90.

[22] 赵筱翕.L航空公司服务质量评价研究[D].天津：河北工业大学，2021.

[23] 陆柠馨.基于顾客感知服务质量的XP航空公司顾客满意度研究[D].昆明：云南财经大学，2022.

[24] XIE C W，ZHANG J，CHEN Y，et al. The effect of hotel employee resilience during COVID-19：The moderation role of perceived risk and challenge stressors[J]. *Tourism Management Perspectives*，2023，46(1)：101087-101087.

[25] JUMA JM，HAMZA M，TIBESIGWA W. E-commerce service quality influence on domestic tourists satisfaction in Tanzania：A pursuit to sustaining tourism growth amid COVID-19 pandemic[J]. *International Journal of Digital Culture and Electronic Tourism*，2023，4(2)：171-188.

[26] IGREJA CM，SOUSA B B，SILVA T，et al. Assessment of the quality of the service

perceived in specific contexts of management of a family business[J]. *Journal of Family Business Management*, 2022, 12(3):538-554.

[27] DÍAZ S, BULCHAND G, MELIÁN G. Has COVID-19 influenced the perceived quality of service of hotels? [J]. *Consumer Behavior in Tourism and Hospitality*, 2022, 17(4): 491-497.

[28] ABDOU A, MOHAMED K, KHALIL F. Modeling the relationship between perceived service quality, tourist satisfaction, and tourists' behavioral intentions amid COVID-19 pandemic: Evidence of yoga tourists' perspectives[J]. *Frontiers in Psychology*, 2022, 13(2):1003650-1003650.

[29] ZHAO S, ZHANG L, GU N. Research on service quality of international tourism cities in the context of intelligent network: A case study of public transport in Macao[J]. *Wireless Communications and Mobile Computing*, 2022, 22(1):2144944.

[30] MASORGO N, MIR S, HOFER A. Expectations vs experience: Managing the adverse effects of service failures on customer satisfaction in the airline industry[J]. *Transportation Journal*, 2022, 61(3):231-262.

[31] SHIWAKOTI N, JIANG H W, NGUYEN A. Passengers' perception of safety and its relationship with demographics, service quality, satisfaction and loyalty in airlines sector—A case study of Vietnam to Australia route[J]. *Transport Policy*, 2022, 124(10): 194-202.

[32] 包金龙,袁勤俭.国际服务质量研究热点及趋势分析[J].情报杂志,2017, 36(2):146-151+145.

[33] 杨秀云,刘岳虎.城市基本公共文化服务的社会效益评估——以西安为例[J].图书馆论坛,2022, 42(2):56-67.

[34] 黄玖琴.政府作用、游客体验与乡村旅游发展绩效——以贵州省为例[J].社会科学家, 2021, 287(03):64-69.

[35] 丁依霞,郭俊华.网上政务服务体验质量的层次分析及综合模糊评价[J].图书馆,2020, 312(09):1-7+13.

[36] 张佳琳,王菁彤,方天宇.乡村在线旅游服务影响因素的实证分析[J].商业研究,2019, 512(12):10-17.

[37] 华成钢,白长虹,韦鸣秋.移动互联时代旅游信息服务体验对出游决策的影响研究[J].旅游学刊,2019, 34(11):51-65.

[38] 汪旭晖,陈佳琪."追逐流量"还是"追逐品质"——健康信息服务类平台卖家服务策略对服务绩效的影响研究[J].财经问题研究,2023(1):50-62.

[39] 泰尼松.中泰旅客选择购买航空公司服务的决策影响因素研究[D].天津:天津师范大学,2021.

[40] MOLINER T, MONFERRER T, ESTRADA G, et al. Memorable customer experiences and autobiographical memories: Felrom service experience to word of mouth[J]. *Journal of Retailing and Consumer Services*, 2023, 72(1):32-57.

[41] BATAT W, HAMMEDI W. The extended reality technology(ERT) framework for de-

signing customer and service experiences in phygital settings: A service research agenda [J]. *Journal of Service Management*, 2023, 34(1):10-33.
[42] WEISTE E. Narratives about negative healthcare service experiences: Reported events, positioning, and normative discourse of an active client[J]. *Healthcare*, 2022, 10(12): 2511-2511.
[43] GUPTA R, RAMAN S. After-sale service experiences and customer satisfaction: An empirical study from the Indian automobile industry [J]. *Research in Transportation Business & Management*, 2022, 45(1):27-43.
[44] LIN H, ZHANG M, GURSOY D, et al. Impact of tourist-to-tourist interaction on tourism experience: The mediating role of cohesion and intimacy[J]. *Annals of Tourism Research*, 2019, 76(3):153-167.
[45] ESTHER Y, WINKY H, EDWIN C. Elderly satisfaction with planning and design of public parks in high density old districts: An ordered logit model[J]. *Landscape and Urban Planning*, 2017, 165(5):39-53.
[46] 王凤玲,张广玲,费显政.顾客不当行为背景下互动质量对同属顾客体验和态度影响研究[J].商业经济与管理,2017, 36(10):72-82.
[47] 徐虹,李秋云.主题公园顾客体验质量的评价维度及前因后果研究——基于迪士尼和欢乐谷携程网上评论的分析[J].旅游科学,2017, 31(1):57-68.
[48] PARASURAMAN A, ZEITHAML V A, BERRY L L. A conceptual model of service quality and its implications for future for future[J]. *Journal of Marketing*, 1985, 49 (4):41-50.
[49] 王紫薇.TX 机场出港服务质量研究[D].沈阳:沈阳大学,2019.
[50] 黄攀.国内航空公司旅客满意度提升策略研究[D].北京:首都经济贸易大学,2020.
[51] LAWLER E., SUTTLE J. Expectancy theory and job behavior[J]. *Organizational Behavior and Human Performance*, 1973, 9(3):482-503.
[52] 汤万金,咸奎桐,郑兆红,等.顾客满意测评理论及应用[M].北京:中国计量出版社,2009: 20-45.
[53] 杨刚林.SG 公司顾客满意度提升策略研究[D].成都:电子科技大学,2019.
[54] FORNELL G. The American customer satisfaction index: Nature, purpose, and findings [J]. *Journal of Marketing*, 1996, 60(4):7-18.
[55] 余意峰,丁培毅.旅游目的地忠诚度:一个历时态的概念模型[J].旅游科学,2013, 20 (05):1-9.
[56] OLIVER R L. Whence consumer loyalty? [J]. *Journal of Marketing*, 1999, 63(Special Issue), 33-44.
[57] SIRDESHMUKH D, SINGH J, SABOL B. Consumer trust, value, and loyalty in relational exchanges[J]. *Journal of Marketing*, 2002, 66(1), 15-37.
[58] GAO J, LI Y, YANG Y. The impact of social media engagement on customer loyalty: A study of online fashion retailers[J]. *Journal of Business Research*, 2021, 129(1), 482-492.

[59] LEE S J, KIM W G, LEE K. The impact of customer experience on loyalty in the hospitality industry: A meta-analysis[J]. *International Journal of Hospitality Management*, 2023, 97(1):102926.

[60] CRONINJ J, TAYLOR S A. Measuring service quality: A reexamination and extension [J]. *Journal of Marketing*, 1992, 56(3):55-68.

[61] 陈浩杰.上海地区商业健身俱乐部服务质量问题研究[D].上海:上海体育学院,2022.

[62] 韩啸,汤志伟.理解在线政务服务失败的成因与影响:一项探索性研究[J].情报杂志,2021, 40(1):171-177+188.

[63] ISLAM T, PITAFI A, LIANG X, et al. The impact of corporate social responsibility on customer loyalty: The mediating role of corporate reputation, customer satisfaction, and trust[J]. *Sustainable Production and Consumption*, 2021, 25(1):123-135.

[64] 潘霞,黄智宇.高校图书馆官网服务内容用户满意度研究——基于Kano模型的分析[J].图书馆工作与研究,2022, 321(11):105-112+120.

[65] 张艳芳,郑铎,戎亚萍.铁路旅客感知服务质量提升策略研究[J].铁道运输与经济,2020, 42(01):1-5.

[66] ZHOU B, XIONG Q, LI P, et al. High-speed electric multiple unit trains and tourism in China: Service quality impact on passenger satisfaction and loyalty [J]. *Tourism Recreation Research*, 2022, 47(5):467-482.

[67] 王芳,朱良杰.满意感和体验感的差异化作用效应研究——以智能产品为例[J].技术经济与管理研究,2020, 27(5):70-75.

[68] CARLSON J, RAHMAN M, TAYLOR A, et al. Feel the VIBE: Examining value-in-the-brand-page-experience and its impact on satisfaction and customer engagementbehaviours in mobile social media[J]. *Journal of Retailing and Consumer Services*, 2019, 46(1):149-162.

[69] 宋盈盈.共享租房中情感体验、效用感知和顾客满意:享乐需求、实用需求的调节作用[D].南京:南京大学,2018.

[70] PARK K, PARK J. The effects of the services-cape of airport transfer amenities on the behavioral intentions of transfer passengers: A case study on Incheon International Airport[J]. *Journal of Air Transport Management*, 2018, 72(7):68-76.

[71] 仇立.体验营销理念下互联网顾客忠诚的形成机理——满意度与信任度的双中介效应[J].中国流通经济,2017, 31(3):96-104.

[72] LI M, TENG H, CHEN C. Unlocking the customer engagement-brand loyalty relationship in tourism social media: The roles of brand attachment and customer trust[J]. *Journal of Hospitality and Tourism Management*, 2020, 44(3):184-192.

[73] 许春晓,左湘,胡婷,等.旅游情境、游客情感与游客忠诚的关系研究——以岳阳楼—君山旅游区为例[J].华侨大学学报(哲学社会科学版),2015, 32(5):41-51.

[74] YAN Q, ZHOU S, WU S. The influences of tourists' emotions on the selection of electronic word of mouth platforms[J]. *Tourism Management*, 2018, 66(6):348-363.

[75] 从金秋.新能源汽车已购者体验效用对推荐意愿的影响机制研究:基于事后视角[D].徐

州:中国矿业大学,2020.
[76] 刘振勋.X航空公司高端客户服务质量改进研究[D].北京:中国地质大学(北京),2021.
[77] 彭君.国泰航空服务质量提升策略研究[D].上海:华东师范大学,2021.
[78] MEESALA A, PAUL J. Service quality, consumer satisfaction and loyalty in hospitals: Thinking for the future[J]. *Journal of Retailing and Consumer Services*, 2018, 40(1): 261-269.
[79] JIANG H, ZHANG Y. An investigation of service quality, customer satisfaction and loyalty in China's airline market[J]. *Journal of Air Transport Management*, 2016, 57(10):80-88.
[80] AGARWAL I, GOEWDA K R. The effect of airline service quality on customer satisfaction and loyalty in India[J]. *Materials Today: Proceedings*, 2019, 37(2):1341-1348.
[81] 丁忠.客舱餐饮服务提升研究[J].空运商务,2018, 401(10):17-19.
[82] 王新新,李震.客观标准还是主观评价? 消费者体验质量测量研究述评[J].外国经济与管理,2019, 41(1):127-140.
[83] ATULKAR S, KESARI B. Satisfaction, loyalty and re-patronage intentions: Role of hedonic shopping values[J]. *Journal of Retailing and Consumer Services*, 2017, 39(1): 23-34.
[84] 贾衍菊,林德荣.目的地品质对游客满意和游客忠诚的影响——地方依恋的中介作用与性别的调节作用[J].旅游科学,2017, 31(6):65-78.
[85] 陈晓琴,蔡瑞林.主题公园消费体验与旅游行为意向关系分析[J].商业经济研究,2016, 34(23):191-193.
[86] 张圆刚,余向洋,WONG I A,等.古村落景区游客拥挤感知维度与游憩情绪影响机制研究——以西递、宏村为例[J].人文地理,2018, 33(2):138-146.

Study on the Relationship Between Passengers' Emotional Experience, Service Quality and Satisfaction

HU Hongji[1], SHEN Ying[1], XU Ningning[2], FENG Liling[3]

(*1. Department of Tourism, Fudan University, Shanghai 200433, China;*
2. Business School of Taizhou University, Taizhou, Zhejiang 318012, China;
3. Shanghai Branch of Southern Air Company, Shanghai 200000, China)

Abstract: Airlines improve service quality to promote customer satisfaction, loyalty and emotional experience, help maintain old customers, develop new customers and reduce market development costs. In this study, the structural equation model was used to establish the influence mechanism model of service quality, passenger experience, emotional experience, passenger satisfaction and passenger loyalty. The results of this study show that: (1) Passenger experience evaluation in flight, service, catering, shopping, reception and other aspects during the flight process is the main factor affecting customer service quality; (2) In the context of aviation service industry, emotional experience is the most important factor affecting loyalty, followed by passenger satisfaction. (3) Passengers' experience evaluation in all aspects during the flight process can make customers have a more pleasant and positive experience. Based on this, the study suggests that the aviation service industry should strengthen the service quality management ability, so as to bring positive emotional enjoyment to passengers to achieve customer satisfaction.

Keywords: service quality; emotional experience; passenger experience; aviation

旅游目的地发展与管理

基于社交媒体的旅游目的地形象感知影响研究
——以青岛市为例

郑　玮
（复旦大学旅游学系，上海 200433，中国）

［**摘要**］　互联网的崛起带动新型媒体的快速发展，本研究结合社交媒体和旅游目的地形象感知两个领域，以青岛市为例，采用结构方程模型来探究社交媒体中的用户自创内容、用户忠诚度和社交互动与旅游目的地形象感知中的认知形象感知和情感形象感知的关系。结果表明：(1)用户自创内容和用户忠诚度对旅游目的地情感形象感知具有正向显著影响，社交互动对旅游目的地认知形象感知具有正向显著影响；(2)旅游目的地认知形象感知显著影响情感形象感知，二者共同决定了目的地整体形象感知；(3)用户忠诚度通过情感形象感知对目的地整体形象感知起到完全中介作用。通过对社交媒体特性的认识和理解，以期为旅游目的地形象的塑造和提升提供新的思路和建议。

［**关键词**］　社交媒体；旅游目的地形象感知；结构方程模型

1　引言

社交媒体作为一种新型的媒体，以其高度的开放性、参与的互动性和自由的社交性等特点，迅速为旅游行业的营销和推广提供了广阔的平台。随着互联网和社交网络流行度和访问便利度的提高，旅游业已转变为一个以大规模交换信息和内容为主要特色的行业，用户能够成为旅游目的地和旅游设施等方面数据的消费、生产、分发和共享的重要参与者。[1]如今大众旅游时代的到来，使旅游者更加习惯在旅途中或旅途结束后，通过文本、图片或视频等形式在社交媒体上分享他们的旅游体验，而社交媒体旅游分享作为用户自创内容（User Generated

［作者简介］郑玮（1993—　），女，博士研究生，研究方向为旅游资源管理与旅游营销管理，E-mail：22110500004@m.fudan.edu.cn.

Content，简称 UGC)，对于旅游目的地形象感知等发挥着重要作用。[2]旅游者为了寻找即将出行的旅游信息，除了征求朋友和家人的建议和看法外，还会主动采纳从博客、Facebook 社区或其他社交网络提供的免费建议，因此，这种社交互动行为会影响旅游者对旅游目的地的看法、形象和期望[3]。社交媒体作为一种新的传播方式，对于当前旅游目的地形象的宣传具有一定意义。

为了进一步了解社交媒体对旅游目的地形象感知的影响，本研究以旅游目的地形象感知理论为依据，结合 Carr 等提出社交媒体的用户自创内容、用户忠诚度及社交互动三大特性[4]，深入研究其三大特性对旅游目的地形象感知的影响。通过结构方程模型方式，以青岛市为例进行具体验证，试图挖掘社交媒体三大特性对旅游目的地形象感知的重要作用，进而对青岛市及其他旅游目的地形象塑造、传播和发展提供新的思路和建议。

2 文献回顾

2.1 旅游目的地形象感知理论

心理学中“认知—情感”理论指出，人们先接触到具体环境下的事物、行为，依此催生相应的情感，认知是情感萌发的基础，情感是认知概念的延伸。[5]根据这一理论，Mayo 和 Jarvis 认为旅游目的地形象可分为认知形象、情感形象和意动形象三部分[6]。Gunn 提出旅游者形成的旅游目的地感知形象包括原生形象和诱导形象两个层次。[7]Fakeye 等又对前人成果作了补充，提出了原生形象、诱导形象和混合形象三种。[8]Baloglu 等提出了旅游目的地形象感知的“认知—情感”模型，认为旅游目的地形象既受旅游者个人属性和获取信息了解旅游目的地的认知形象的影响，又受信仰、目标寻求等情感形象的影响。[9]旅游目的地形象对于旅游者在旅游活动中是否产生旅游决策行为具有重要意义。由于旅游产品具有不可移动性、无形性等特点，决定最终旅游目的地之前，潜在旅游者对于当地旅游产品并无了解，无法提前体验旅游产品或旅游活动，存在着较大的未知风险，而潜在旅游者从社交媒体中提前获取的旅游目的地形象在一定程度上能规避未知旅游目的地带来的风险，弥补旅游前期望与旅游体验之间的差距。因此，社交媒体为旅游目的地形象感知和旅游决策行为搭建了桥梁。

2.2 社交媒体与旅游目的地形象感知

旅游领域关于社交媒体的研究逐渐增加，学者们对于社交媒体与旅游目的地形象感知的关系有不同看法和见解。Sin 等提出当用户搜索在线旅游信息时，社交媒体已成为必不可少的方式，社交媒体也是创建、分享和营销用户独有内容的重要场所。[10]Li 等提出短视频快速发展对旅游发展具有重要作用,例如 TikTok 的短视频评论提高了潜在旅游者对目的地形象的认识。[11]Du 等提出网站和社交媒体上的评论会影响旅游者对于目的地的选择。短视频因其智能社交功能而迅速流行起来,并为旅游者选择新的旅游方式提供了途径。[12]Pop 等提出社交媒体对于旅游行为产生有着重要推动作用,社交媒体会影响旅行决策,旅游者在旅游前会更多地使用搜索来计划行程。[13]王君怡等通过对社交媒体参与度的衡量,揭示目的地投射形象与社交媒体参与度的关系,可为目的地形象营销策略提供理论依据。[14]陆利军等认为旅游者生成的 UGC 数据在相当程度上较为精准地反映了旅游者对旅游目的地的偏好、兴趣和评价。[15]李嘉钰等将短视频社交媒体与目的地形象、旅游者行为意向相结合,根据短视频表征内容开发目的地形象测量表,构建变量之间的结构方程模型。[16]侯俊东等整合网络负面口碑信息属性、来源及传播对象三方面,形成"网络负面口碑—感知风险—旅游目的地形象"的分析框架,探究了网络负面口碑不同信息类型影响旅游目的地形象的作用机制及边界条件。[17]王文玉等选取微博、微信两大代表性社交媒体,探讨不同关系强度对信息质量的影响以及信息质量对目的地形象的影响,并得出相关结论。[18]蒋倩分析了社交媒体平台对旅游目的地形象传播的现状及对策,发现旅游者对目的地的印象受社交媒体影响。[19]

综上所述,大部分学者均论证了社交媒体对于旅游目的地形象感知具有重要作用,并且以社交媒体某个特性、不同的案例或研究对象等方面来论证二者的关系,但少有研究者将社交媒体的用户自创内容、用户忠诚度和社交互动三大特性进行总结归纳,并进一步验证这三大特性与旅游目的地认知、情感以及整体形象之间的内在关系。

3 研究假设

用户自创内容需要在一定的在线数字系统完成一系列操作和传播,而社交媒体在过去 20 多年里已经完成爆炸式增长,社交媒体这种激增为用户自创内容的产生提供了可靠的途径,因此社交媒体成为当前用户自创内容的主要平台。[20]社交媒体的出现彻底改变了营销实践,并导致向"用户驱动技术"的转变[21],大多数社交媒体用户通过社交媒体关注品牌页面,使其对品牌的忠诚度增强。消费者现在将社交媒体作为一种沟通媒介,远远超过传统的沟通方式。因此,许多品牌已经通过社交媒体与消费者建立联系,在购买前、购买中以及最重要的购买后通过使用社交媒体建立二者之间的信任关系。[22]因此,社交媒体成为增强用户忠诚度的重要手段。社交媒体除了给人们浏览更多的新闻资讯提供便利的平台外,还为人们搭建了在上面参与、评论、互动、聊天等桥梁,因此"社交互动"是从电报时代到当今 Web2.0 时代的社交媒体中最重要的特性。[23]

因此,本研究根据社交媒体具有用户自创内容、用户忠诚度、社交互动三大特性提出对旅游目的地形象感知的研究假设。同时,本研究借鉴 Mayo 和 Baloglu 等关于旅游目的地形象的理论基础并结合旅游者感知类型,将旅游目的地形象感知分为认知形象感知、情感形象感知和整体形象感知,并对旅游目的地形象感知内涵及内在关系作进一步深入探讨。

3.1 用户自创内容与旅游目的地形象感知

用户自创内容(UGC)是指在社交媒体中本身并无内容,由用户自行创作文章,发表评论,进行对话和交流。[24]这是社交媒体中的核心特质。用户自创内容本身是难以预测的概念,但其分享性和互动性等特征可以在旅游目的地形象传播中起到重要作用。用户体验后对 UGC 进行评价,并参与转发、点赞、评分等方式的互动,构建目的地形象,不仅代表用户的真实体验和情感,也在一定程度上反映了用户的偏好和公众对目的地的印象。[25]与普通用户 UGC 相比,某些大 V(网络名人,Internet celebrity),如知名旅游作家或资深旅游专家,在知识和审美方面更加专业,往往起到旅游消费指南的作用,对潜在旅游者的目的地形象构建起着重要作用。[24]随着用户自创内容的作者数量不断增加以及旅游者更期盼通过亲身体验的方式来分享经验,高质量的用户自创内容对旅游目的地形象感知的影响更为关键。因此,本研究认为社交媒体的用户自创内容对旅游目的地形象感知有显著影响。

综上所述,本研究提出假设 H1a、H1b。

假设 H1a:社交媒体用户自创内容对旅游目的地认知形象感知具有正向显性影响。

假设 H1b:社交媒体用户自创内容对旅游目的地情感形象感知具有正向显性影响。

3.2 用户忠诚度与旅游目的地形象感知

用户忠诚度是指用户对某一特定的社交网站有一定的依赖性,在情感上有一定的偏爱,表现在专一程度、情感依恋和对其具有良好的评价上;在行为上则表现为在一个较长的时期内会经常登录该社交媒体并花费一定时间浏览该社交媒体并与好友互动,甚至向熟悉群体推荐该社交媒体。[26]用户忠诚度能够体现出用户对社交媒体使用的频率和稳定性,体现出社交媒体对用户的影响程度。

大多数的国内外专家学者认为，在社交媒体流行的背景下，培养用户忠诚度对影响旅游形象感知起着非常大的作用。忠诚度高的用户会在态度和行为上表现出对该社交媒体的忠诚，进而促进旅游目的地形象的传播。Casalo 等研究发现影响忠诚度的变量主要有三个，分别是熟悉网站程度、网站功能性和用户的使用经验。当用户是网络使用经验丰富的用户时，熟悉度才对忠诚度有显著作用；而不论用户是否经验丰富，网站的感知可用性都显著影响用户忠诚度。[27]因此，社交媒体中用户忠诚度对旅游目的地形象感知具有重要的影响作用。

综上所述，本研究提出假设 H2a、H2b。

假设 H2a：社交媒体用户忠诚度对旅游目的地认知形象感知具有正向显性影响。

假设 H2b：社交媒体用户忠诚度对旅游目的地情感形象感知具有正向显性影响。

3.3 社交互动与旅游目的地形象感知

社交媒体社交互动是以互联网和计算机为载体的社交媒介进行的交流，且不受时间、空间、文化、习俗、年龄等现实因素与条件的限制。从某种角度上来说，社交互动更注重消息交流与精神交往。[23]社交互动也是旅游目的地形象感知传递的方式，用户通过口碑营销、分享信息等互动方式进行宣传、塑造旅游目的地形象。Wellman 认为社交媒体中既存在着一种主动的信息寻求行为，又存在着一种沟通的行为。这二者之间体现交流、互动过程。[28]Hall 认为社交媒体中存在着包含信息搜索、信息提供和信息分享等在内的各种社会互动。[23]由此可见社交媒体中的社交互动存在的重要意义。同时，社交互动对旅游目的地形象感知起着积极作用。

综上所述，本研究提出假设 H3a、H3b。

假设 H3a：社交媒体社交互动对旅游目的地认知形象感知具有正向显性影响。

假设 H3b：社交媒体社交互动对旅游目的地情感形象感知具有正向显性影响。

3.4 旅游目的地形象内部相互影响

关于认知形象与情感形象的关联研究由来已久。Agapito 等认为情感形象是从认知形象中分离出来的，并且有必要研究二者之间的联系，了解各种环境属性将如何导致情感反应。[29]Mayo 和 Jarvis 指出旅游决策过程中旅游者所形成的对目的地的情感是对当地信仰及观念的认同。[6]Gartner 同样指出目的地选择中认知因素和情感因素不同但又具有紧密相关。[30] Baloglu 等认为整体印象取决于个人属性，同时情感和信仰会对整体态度或形象造成一定影响。[9] 因此，通过文献综述，旅游目的地形象感知分为认知形象感知、情感形象感知、整体形象感知，并且三者之间是互相影响的关系。

综上所述，本研究提出假设 H4a、H4b、H4c。

假设 H4a：认知形象感知对情感形象感知具有正向显著影响。

假设 H4b：认知形象感知对整体形象感知具有正向显著影响。

假设 H4c：情感形象感知对整体形象感知具有正向显著影响。

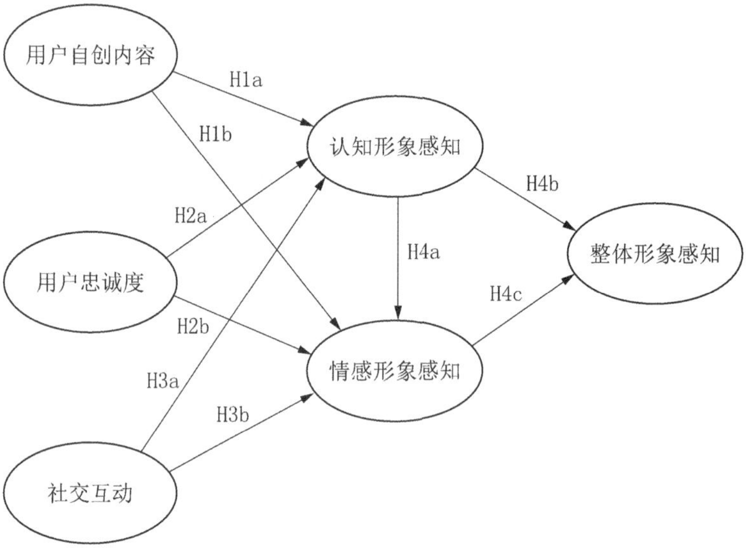

图 1 研究模型

4 研究方法

4.1 研究对象

本研究采用调查问卷方式进行数据收集，测量模型中的所有量表都是基于已有文献并在寻求相关专家意见的基础上形成，其测度项是采用李克特五级量表法，分析结果详见表 1。本次问卷设计主要由三部分构成：第一部分是关于社交媒体相关特性测量；第二部分是社交媒体三大特性分别对旅游目的地形象感知三个构成部分的测量；第三部分是控制变量，包括性别、年龄、受教育程度、职业、收入等方面。本次调研的数据采集分为两个阶段。第一阶段为预调查，于 2021 年 10 月在互联网、社交平台等选取 20 名旅游者进行试验性调查，并针对试验结果中的测量量表进行修改。第二阶段为正式调研,因青岛市是国家历史文化名城、首批中国优秀旅游城市,具有非常典型的旅游目的地形象特征,所以于2021年11月在青岛市崂山风景名胜区、青岛市海滨风景区和八大关风景区等著名景点进行实地调研,并于2021年12月选取较为典型的社交媒体(如青岛市旅游发展委员会官方微博等)进行网上调研。共发放问卷300份,回收问卷255,回收率85%,其中因含有重复答案和答案不完整问卷,需剔除无效问卷40份,实际有效问卷215份,有效样本量(215份)是有效题项(21项)10倍左右,符合统计学要求,有效率72%。

4.2 数据分析和结果

4.2.1 样本人口统计学特征

经统计调查所得215份有效问卷,其人口统计学基本特征如下:此次调查男女比例较为均衡,分别占比53.49%和46.51%;从年龄结构来看,调查数据主要来自30岁以下的人群,占比为70.7%;从教育程度来看,本科学历以上的人群占大部分,占比81.4%;从职业分布来看,以学生和企业职员为主要调查对象,分别占比57.67%和23.72%;从年收入来看,年收入2万元以下的居多,占比48.37%,这主要是因为调查对象以年轻群体为主。

4.2.2 效度与信度分析

通过SPSS20.0对样本数据进行分析,运用因子分析法来检验指标的潜在维度,问卷量表中指标的KMO值为0.811(>0.7),说明该量表组成的相关矩阵存在公因子,适合进行因子分析法,能够有效和准确地测量结果。为了保证量表具有内部一致性,对样本进行可靠性分析,利用Cronbach's α信度指标进行检验。结果显示,总体量表的Cronbach's α系数为0.901,其余维度α系数也都高于基准值0.7,说明该量表信度较高,问卷各项目之间具有较好的内部一致性。

4.2.3 验证性因子分析

本研究采用AMOS21.0软件对测量模型的6个潜在变量和21个观测变量进行验证性因子分析,如表1所示,其组合信度(C.R.)都大于临界值0.7,说明各潜在变量与所属的观测变量之间具有良好的效度,可以进行模型检验。采用潜变量的平均方差萃取量(AVE)检验数量模型的聚合效度,以检验各观测变量对该潜变量的平均差异解释能力。如表1所示,根据Chin[31]提出若AVE值小于0.5,可以根据AVE值大于0.36进行判断,表中各潜在变量的AVE值均超过临界值0.36。根据观察潜在变量与观测变量之间相关关系,若某题项呈现出显著相关,则要求标准化因素负荷量在理想上应大于0.7的门槛,0.6以上为可接受。以上指标均符合要求,说明模型聚合效度较为合适,模型可以接受。

表 1 验证性因子分析结果

潜在变量	观测变量	标准化因素负荷	SMC（标准化系数平方）	Cronbach's α	C.R.（组合信度）	AVE（平均方差萃取量）
用户自创内容[32]	C1 通过社交媒体，我感觉原作者提供的旅游分享经验很有价值	0.690	0.476	0.822	0.739	0.505
	C2 我会经常使用社交媒体来讲述自己的旅游体验	0.920	0.846			
	C3 我会通过社交媒体来表达自己的旅游需求	0.439	0.193			
用户忠诚度[33]	C4 我觉得该社交媒体的服务是最好的，我也是其忠诚的用户	0.520	0.270	0.737	0.726	0.423
	C5 我频繁地使用该社交媒体	0.760	0.578			
	C6 我会坚持使用该社交媒体，不转向其他同类型社交媒体	0.856	0.733			
	C7 我会对该社交媒体形成情感依赖	0.334	0.112			
社交互动[34]	C8 我在社交媒体中提出相关旅游问题，常会得到网友的响应	0.579	0.335	0.754	0.772	0.461
	C9 我经常参与网友的话题，共同讨论，相互帮助	0.754	0.569			
	C10 我愿意与社区网友对话沟通，交流感情，建立关系	0.673	0.453			
	C11 我愿意向社区中的其他成员分享我的旅游经验和心得	0.697	0.486			
认知形象感知[35—36]	C12 通过社交媒体，我加深了对旅游地的人文与自然景观的认知	0.519	0.269	0.698	0.705	0.408
	C13 通过社交媒体，我加深了对旅游地的历史文化、风土人情的认知	0.708	0.501			
	C14 通过社交媒体，我加深了对旅游地的住宿、餐饮等接待设施的认知	0.262	0.069			
	C15 通过社交媒体，我加深了对旅游地娱乐、购物等设施的认知	0.891	0.794			

续表

潜在变量	观测变量	标准化因素负荷	SMC（标准化系数平方）	Cronbach's α	C.R.（组合信度）	AVE（平均方差萃取量）
情感形象感知[37]	C16 我会因为社交成员分享的精彩的旅行经历而认为去当地旅行将是愉快的	0.951	0.904	0.766	0.799	0.598
	C17 我会因为社交成员分享的精彩的旅行经历而认为去当地旅行将是有趣的	0.866	0.750			
	C18 我会因为社交成员分享的精彩的旅行经历而认为去当地旅行将是令人难忘的	0.374	0.140			
整体形象感知[38—39]	C19 我会因为社交成员分享的精彩的旅行经历而觉得当地是值得一游的	0.829	0.687	0.899	0.916	0.784
	C20 我会因为社交成员分享的精彩的旅行经历而增加对当地的好感	0.961	0.924			
	C21 我会因为社交成员分享的精彩的旅行经历而期待去当地旅行	0.861	0.741			

从 AMOS21.0 得出的样本拟合结果来看，初始模型的整体拟合指数良好，但根据模型中修正指数（MI）来看，仍有较大改进空间。对“e6↔e8”“e12↔e13”的 MI 进行修正后，来看最终模型拟合效果。在绝对拟合效果指标中，χ^2/df 值为 2.574（适配标准<5），说明卡方自由度比获得较好的结果，RMR 值（0.043<0.05）和 RESEA 值（0.076<0.08）也分别符合理想值的要求，而且 GFI 值（0.836>0.8）和 AGFI 值（0.834>0.8）符合标准值要求；在相对拟合效果指标中，虽然 NFI 和 RFI 的值只是接近 0.9，但 IFI 和 NNFI 的值都超过 0.9，且 PGFI 的值超过 0.5，PNFI 的值超过 0.6；在替代性指标中，CFI 的值超过 0.9，PCFI 的值超过 0.6。因此，综合考虑各指标，该模型的拟合效果良好，模型可以接受。[40]

4.2.4　模型检验分析

如表 2 所示，通过对结构方程模型中的结构变量进行检验，提出 9 个理论假设，其中 6 个理论假设的路径系数都大于 0.05，且 C.R.值均大于 2，呈现明显的正向作用,故此6个理论假设均得到验证。这表明以上假设模型(图1)具有较强的解释能力:(1)社交媒体用户自创内容对旅游目的地情感形象感知具有正向显性影响(C.R.=3.595),因此H1b得到验证;(2)社交媒体用户忠诚度对旅游目的地情感形象感知具有正向显性影响(C.R.=2.259),H2b得到验证;(3)社交媒体社交互动对旅游目的地认知形象感知具有正向显性影响(C.R.=4.836),H3a得到验证;(4)认知形象感知对情感形象感知具有正向显著影响(C.R.=4.546),H4a得到验证;(5)认知形象感知对整体形象感知具有正向显著影响(C.R.=2.902),H4b得到验证;(6)情感形象感知对整体形象感知具有正向显著影响(C.R.=2.789),H4c得到验证。此外,社交媒体用户自创内容对旅游目的地认知形象感知不具有正向显性影响(C.R.=−0.034),H1a假设不成立;社交媒体用户忠诚度对旅游目的地认知形象感知不具有正向显性影响(p=0.042>0.01),H2a假设不成立;社交媒体社交互动对旅游目的地情感形象感知不具有正向显性影响(C.R.=−1.679),H3b假设不成立。

表2 结构方程模型路径系数表

假设	路径关系	C.R.(临界值)	p	结论
H1a	社交媒体用户自创内容→认知形象感知	−0.034	0.973	不支持
H1b	社交媒体用户自创内容→情感形象感知	3.595	***	支持
H2a	社交媒体用户忠诚度→认知形象感知	2.037	0.042	不支持
H2b	社交媒体用户忠诚度→情感形象感知	2.259	**	支持
H3a	社交媒体社交互动→认知形象感知	4.836	***	支持
H3b	社交媒体社交互动→情感形象感知	−1.679	0.093	不支持
H4a	认知形象感知→情感形象感知	4.546	***	支持
H4b	认知形象感知→整体形象感知	2.902	***	支持
H4c	情感形象感知→整体形象感知	2.789	**	支持

注:** 表示在0.01的置信水平下显著,*** 表示在0.001置信水平下显著。

根据研究模型(图1)中提出相关的假设,本研究利用Sobel中介效应检验法和Bootstrapping抽样法[40]验证此次模型中介效果是否存在,以及判断是完全中介效果还是部分中介效果。如表3所示,在社交媒体用户自创内容对整体形象感知的检验中,利用Sobel中介检验法得到总效果的Z值(2.33)大于临界值1.96且在Bootstrapping抽样法内无0存在,说明可能存在间接效果;依次检验间接效果,发现Z值(2.88)大于临界值1.96且在Bootstrapping抽样法内无0存在,说明中介效果存在;其直接效果的Z值(0.91)小于临界值1.96且在

Bootstrapping 抽样法内无 0 存在，表明社交媒体用户自创内容对整体形象感知存在部分中介效果。

在社交媒体用户忠诚度对整体形象感知的检验中，总效果的 Z 值(3.80)大于临界值 1.96 且在 Bootstrapping 抽样法内无 0 存在，说明可能存在间接效果；在间接效果检验中，发现 Z 值和 Bootstrapping 抽样法均符合要求，说明该变量中介效果存在；其直接效果的 Z 值(2.91)大于临界值 1.96 且在 Bootstrapping 抽样法内存在 0，说明用户忠诚度对情感形象感知存在完全中介效果。

在社交媒体社交互动对整体形象感知的检验中，总效果的 Z 值和 Bootstrapping 抽样法均符合标准要求，说明间接效果可能存在；进一步检验间接效果，发现 Z 值(2.611)大于临界值 1.96 且在 Bootstrapping 抽样法内无 0 存在，说明该中介效果存在；其直接效果的 Z 值(0.479)小于临界值 1.96 且在 Bootstrapping 抽样法内不存在 0，说明社交互动对整体形象感知存在部分中介效果。

表 3 中介变量报告表

变数	效果分类	点估计值	系数相乘积 (Product of Coefficients)		Bootstrapping(信赖区间法)			
					Bias-Corrected 95% CI		Percentile 95% CI	
			SE	Z	Lower (下限)	Upper (上限)	Lower (下限)	Upper (上限)
用户自创内容→情感形象感知→整体形象感知	总效果	0.91	0.39	2.33	0.073	0.132	0.77	1.26
	间接效果	0.202	0.07	2.88	0.159	1.102	0.162	1.10
	直接效果	0.32	0.35	0.91	0.05	0.138	0.001	0.113
用户忠诚度→情感形象感知→整体形象感知	总效果	0.407	0.107	3.80	0.023	1.096	0.240	0.985
	间接效果	0.851	0.404	2.10	0.532	1.041	0.455	1.068
	直接效果	0.56	0.192	2.91	−0.109	0.717	−0.441	0.248
社交互动→认知形象感知→整体形象感知	总效果	0.593	0.194	3.05	0.331	1.009	0.343	1.111
	间接效果	1.162	0.445	2.611	0.407	2.301	0.225	2.064
	直接效果	0.093	0.194	0.479	0.331	1.009	0.343	1.111

5 研究结论与建议

5.1 研究结论

本研究结合社交媒体和旅游目的地形象感知两个研究领域，把社交媒体中几个维度对旅游目的地形象感知的影响纳入一个整体的模型中，采用结构方程模型的方法进行实证研究，并通过旅游目的地形象感知中两个维度测量中介作用。主要结论如下：

第一，进一步验证了旅游目的地形象感知构成及其关系。旅游目的地形象感知是一个多维构念，其中认知形象感知体现在认识和了解旅游目的地过程，是属于已获取到的信息；情感形象感知是在已获取信息的基础上通过体验和感受产生的对旅游目的地的情感。这二者共同构成了旅游目的地整体形象感知。本研究得出结论：旅游目的地认知形象感知对情感形象感知具有正向显著影响，并且二者共同对整体形象感知具有正向显著影响，这与之前 Baloglu 等[9]关于目的地形象模型研究的结论一致。此外，无论是直接影响还是总影响，情感形象感知对整体形象感知的影响都要大于认知形象感知。主要依据：社交媒体的三个变量分别对认知形象感知和情感形象感知的假设验证中，发现两个变量均对情感形象感知产生显著作用，这与之前 Prayag 等[41]认为情感形象感知是整体形象感知的先行者的研究结论相一致。

第二，揭示了社交媒体三大特性对旅游目的地整体形象感知具有显著影响，说明社交媒体是构建旅游目的地形象的潜在变量。通过实证研究发现，社交媒体的三大特性均对旅游目的地整体形象感知具有重要作用。用户自创内容对于情感形象感知影响显著的原因在于，经过旅游过程后，人们更乐于分享其内在心理和情感体验，通过文字、图片、音频、视频等不同传播方式来表达对旅游目的地的情感认识；但用户自创内容对认知形象感知影响不显著的原因，Huang 等研究认为用户在出行前后对目的地形象的认知会有所变化，导致用户自创内容对认知形象感知并不明显。[25]社交媒体的用户忠诚度以用户黏度、推荐比率、使用意向这三个方面来体现[42]，而情感形象感知中表现最突出的是推荐比率和使用意向，因此对于整体形象感知而言，社交媒体的用户忠诚度通过情感形象感知体现的是完全中介作用，情感形象感知在其中体现的重要作用由此可见。而用户忠诚度对认知形象感知的影响并不明显，是由于忠诚度需要一定时间和投入情感进行培养才能形成。[43]社交互动对认知形象感知的影响更为显著，这主要基于在真正实现旅游之前，人们愿意通过交流、互动等方式来了解某一旅游目的地整体形象，以此形成了先前印象。社交媒体的出现导致用户的社交互动方式产生了根本性的变革，这种社会变革方式打破了空间和时间的限制，但也为传播主体的具身体验带来了严重阻碍，在社交互动活动过程中容易出现情感缺失现象，因此社交互动对情感形象感知的影响并不明显。[44]

第三，创新性发现用户忠诚度对旅游目的地整体形象感知存在完全中介效果。社交媒体的三大特性中用户忠诚度对旅游目的地形象感知的影响作用最强，用户忠诚度不仅能通过使用频率和推荐比率来表现其程度，更能体现用户对整个旅游目的地的认同和地方依赖。由此能够帮助旅游目的地管理者了解旅游者旅行偏好和完善相关营销方案等，为提升服务质量和产品升级等提供决策依据。

5.2 研究建议

随着旅游业的快速和深度发展，旅游目的地形象感知越来越受重视。旅游目的地形象如何，不仅取决于当地主管部门的建设和引导，更与旅游者对其的认同和旅游信息交换有关。从社交媒体角度进行分析研究，挖掘社交媒体的内在特质对旅游目的地形象感知的影响，以新的思路来重塑旅游目的地形象。通过数据分析和模型验证发现，社交媒体的三大特性——用户自创内容、用户忠诚度和社交互动对旅游目的地形象感知都有着不同程度的影响，说明在旅游目的地形象建设中要重视社交媒体所带来的影响。

本研究以青岛市为例，具体分析社交媒体对青岛市旅游目的地形象感知建设的影响。研究发现，微博、论坛、微信公众号等常见的社交媒体对青岛市旅游形象是具有引导作用的。以微博的大 V 人物为例，大 V 人物本身具有较多粉丝数和较强的影响力，自创关于青岛市旅游的文章、图片、音频、视频等，对旅游者和其他关注的人具有一定的影响。而旅游者也因大 V 人物的影响力和亲身体验等原因，对其发布的内容具有较高的认同感和信赖感。因此，发表文章、在线评论等用户自创内容对旅游目的地形象具有正向影响。社交媒体的用户比其他网络媒体用户具有更高的依赖性，包括用户使用社交媒体的行为习惯、浏览页面的时间和速度、关注焦点等，这些都可以成为旅游目的地形象感知影响的关键因素。社交互动中最大的特点是加快舆论导向和事件发酵，以 2018 年上海合作组织青岛峰会召开为例，用户在发布内容几分钟之内立刻得到网民的快速转发和评论，乃至几天之内升至国内头条新闻。研究发现，社交媒体的社交互动具有传统舆论机制无可比拟的优势。因此，在旅游目的地形象构建过程中要重视这一特点。

6 研究局限与未来研究方向

本研究虽然已经取得了有价值的成果，但仍存在一些局限性。首先，本研究选择社交媒体三大特性作为研究变量，但随着社交媒体的快速发展，社交媒体凸显的优质特性越来越多，所以未来应该不断补充其他特性对旅游目的地形象感知影响进行研究，以完善此模型。其次，由于社交媒体研究正处于起步阶段，其测量维度、影响机制等没有深入地揭示，因此在后续研究中可以采用其他方法深入发掘其核心内容，并结合旅游相关理论，发挥其在旅游形象等其他方面的作用。最后，本研究选择以青岛市为案例地，为青岛市旅游目的地形象塑造提供了可行性建议。今后将选择不同的地区、不同的角度进行更加广泛深入的研究，以期对旅游目的地形象建设提供更多建议和对策。

参考文献

[1] JUNG H, LEE G, HUR K, et al. Online travel information value and its influence on the continuance usage intention of social media[J]. *Service Business*, 2018, 12:1-36.

[2] 姚延波，贾广美.社交媒体旅游分享对潜在旅游者冲动性旅游意愿的影响研究：基于临场感视角[J].南开管理评论，2021, 24(3):72-82.

[3] WANG H Y. Predicting customers' intentions to check in on Facebook while patronizing hospitality firms[J]. *Service Business*, 2016, 10(1):201-222.

[4] CARR C T, HAYEA R A. Social media: Defining, developing, and divining[J]. *Atlantic Journal of Communication*, 2015, 23(1):46-65.

[5] MISCHEL W, SHODA Y. A cognitive-affective system theory of personality: Reconceptualizing situations, dispositions, dynamics, and invariance in personality structure[J]. *Psychological Review*, 1995, 102(2):246.

[6] MAYO E J, JARVIS L P. *The psychology of leisure travel. Effective Marketing and Selling of Travel Services*[M]. Boston: CBI Publishing Company, Inc, 1981:132-144.

[7] GUNN G. *Vaeationscope*[M]. New York: Van Nostrand, 1988:58-72.

[8] FAKEYE P C, CROMPTON J L. Image differences between prospective, first-time, and repeat visitors to the Lower Rio Grande Valley[J]. *Journal of Travel Research*, 1991, 30(2):10-16.

[9] BALOGLU S, MCCLEARY K W. A model of destination image formation[J]. *Annals of tourism Research*, 1999, 26(04):868-897.

[10] SIN L. Volunteering on Facebook and Instagram: Photography and social media in constructing the "Third World" experience[J]. *Nature Reviews Cancer*, 2019, 19(2): 215-237.

[11] LI Y, XU X, SONG B, et al. Impact of short food videos on the tourist destination image—Take Chengdu as an example[J]. *Sustainability*, 2020, 12(17):6739.

[12] DU X, LIECHTY T, SANTOS C A, et al. "I want to record and share my wonderful journey": Chinese Millennials' production and sharing of short-form travel videos on TikTok or Douyin[J]. *Current Issues in Tourism*, 2022, 25(21):3412-3424.

[13] POP R A, SAPLACAN Z, DABIJA D C, et al. The impact of social media influences on travel decisions: The role of trust in consumer decision journey[J]. *Current Issues in Tourism*, 2022, 25(5):823-843.

[14] 王君怡，罗秋菊，翟雪婷.故宫官博的形象投射与社交媒体参与——基于贝叶斯模型与影

响图的最优解推断[J].旅游学刊,2023, 38(2):66-80.
[15] 陆利军,廖小平.基于 UGC 数据的南岳衡山旅游目的地形象感知研究[J].经济地理,2019, 39(12):221-229.
[16] 李嘉钰,严艳,胡丽丽.短视频社交视角:目的地形象与游客行为意向——以西安市为例[J].宁夏大学学报(自然科学版),2019, 40(2):176-184.
[17] 侯俊东,常雪萍,庄小丽.网络负面口碑如何影响旅游目的地形象:基于大学生样本的实验检验[J].中国地质大学学报:社会科学版,2020, 20(6):121-137.
[18] 王文玉,武甜甜,苗茜.信息质量对旅游目的地形象的影响研究——基于不同关系强度的社交媒体平台[J].旅游研究,2020, 12(2):23-34.
[19] 蒋倩.社交媒体平台发展对旅游的影响研究[J].现代经济信息,2020(4):165-166.
[20] SANTOS M L B D. The "so-called" UGC: An updated definition of user-generated content in the age of social media[J]. *Online Information Review*, 2022, 46(1):95-113.
[21] CHEUNG C M K, CHIU P Y, LEE M K O. Online social networks: Why do students use facebook? [J]. *Computers in Human Behavior*, 2011, 27(4):1337-1343.
[22] NISAR T M. WHITEHEAD C. Brand interactions and social media: Enhancing user loyalty through social networking sites[J]. *Computers in Human Behavior*, 2016, 62(9): 743-753.
[23] HALLJ A. When is social media use social interaction? Defining mediated social interaction[J]. *New Media & Society*, 2016, 20(1):162-179.
[24] 居延安.公共关系学[M].上海:复旦大学出版社,2013:292-294.
[25] HUANG W D, ZHU S T, YAO X K. Destination image recognition and emotion analysis: Evidence from user-generated content of online travel communities[J]. *Computer Journal*, 2021, 64(3):296-304.
[26] 丁怡琼,张嵩.社会化网络服务(SNS)用户忠诚度研究综述[J].情报杂志,2013, 32(3): 106-112.
[27] CASALO L, FLAVIAN C, GUINALIU M. The role of perceived usability, reputation, satisfaction and consumer familiarity on the website loyalty formation process[J]. *Computers in Human Behavior*, 2008, 24(2):325-345.
[28] WELLMAN B. Computer networks as social networks[J]. *Science*, 2001, 293(5537): 2031-2034.
[29] AGAPITO D, OOMDO VALLE P, DA COSTA MENDES J. The cognitive-affective-conative model of destination image: A confirmatory analysis[J]. *Journal of Travel & Tourism Marketing*, 2013, 30(5):471-481.
[30] GARTNER W C. Image formation process[J]. *Journal of Travel & Tourism Marketing*, 1994, 2(2-3):191-216.
[31] CHIN W W. Commentary: Issues and Opinion on Structural Equation Modeling[J]. *Management Information Systems Quarterly*, 1998, 22(1):7-16.
[32] 张薇.基于用户自生成内容的社会化商务价值共创研究[D].南昌:南昌大学,2016.
[33] 王建东.微博用户忠诚度影响因素研究[D].北京:中国农业大学,2014.

[34] 范孟娟.社交媒体用户互动机制及关系转化研究[D].武汉:华中科技大学,2017.
[35] 杨桂银.旅游信息质量对目的地形象的影响研究[D].长沙:湖南师范大学,2018.
[36] 吴宝清.旅游目的地形象清晰度:概念、测量和群体差异[D].西安:陕西师范大学,2016.
[37] 张春草.网络旅游信息质量对旅游目的地形象影响研究[D].开封:河南大学,2018.
[38] 韩云娜.微信朋友圈推介信息对旅游目的地形象的影响研究[D].西安:陕西师范大学,2020.
[39] 李嘉钰,严艳,胡丽丽.短视频社交视角:目的地形象与游客行为意向——以西安市为例[J].宁夏大学学报(自然科学版),2019, 40(2):176-184+190.
[40] 张伟豪,徐茂洲,苏荣海.与结构方程模型共舞:曙光初现[M].厦门:厦门大学出版社,2020.
[41] PRAYAG G, HOSANY S, MUSKAT B, et al. Understanding the relationships between tourists' emotional experiences, perceived overall image, satisfaction, and intention to recommend[J]. *Journal of Travel Research*, 2017, 56(1):41-54.
[42] 冯锐,李闻.社交媒体影响力评价指标体系的构建[J].现代传播(中国传媒大学学报). 2017(3):63-69.
[43] 吴金金.社交媒体用户忠诚度的影响因素与提升进路研究[J].新闻世界,2022(4):90-93.
[44] 姚沛东.新媒体用户社交互动的情感共振——以微信"拍一拍"为例[J].新媒体研究,2021, 7(10):28-30.

Research on the Impact of Tourism Destination Image Perception Based on Social Media —A Case Study of Qingdao City

ZHENG Wei
(*Department of Tourism, Fudan University, Shanghai 200433, China*)

Abstract: The rise of the Internet drives the rapid development of new media. Combining the two research fields of social media and tourism destination image perception, focusing on Qingdao City as a case study, this paper used structural equation model to explore the relationship between user-generated content, user loyalty and social interaction in social media and cognitive image perception and affective image perception in tourism destination image perception. The research results show that the image structure of tourism destination image perception is applicable to the social media field. User-generated content and user loyalty in social media have a positive impact on affective image perception. Social interaction has a positive impact on cognitive image perception. The cognitive image perception of tourism destination significantly affects the affective image perception, and the two factors jointly determine the overall image perception of tourism destination. User loyalty plays a complete mediating role in the overall destination image perception through affective image perception. Based on the knowledge and understanding of the characteristics of social media, this paper aims to provide new ideas and suggestions for shaping and improving the image of tourism destinations.

Keywords: social media; tourism destination image perception; Structural Equation Model

上海城市形象的动态研究：基于2015—2020年的实证数据*

施媛媛[1]　王海昕[2]　兰　天[3]

(1. 复旦大学旅游学系，上海 200433，中国；2. 同济大学法学院，上海 200092，中国；3. 清华大学新闻与传播学院，北京 100084，中国)

[**摘要**]　在全球化和互联网发展的浪潮中，我国很多城市的城市形象经历着快速深刻的流变。本研究以上海市为研究对象，采用品牌联想法和内容分析法考察大众感知层面的上海城市形象，探究上海城市形象的变化趋势。两次调研结果表明，2015—2020年五年间，上海城市形象的大众感知从以实体为主转变为实体与情感并重，大众对上海的积极情感认知显著提升，网络新媒体的传播效率加速了城市形象的流变过程。本研究将有助于拓展城市形象研究，并为各城市形象的塑造提供理论指导。

[**关键词**]　城市形象；社会变化；上海文化；文化认同；品牌联想法

1　前言

城市形象是城市所独有的文化、精神、性质、区位和底蕴的综合反映，不仅是城市重要的无形资产，更是城市软实力的重要体现。[1]积极的城市形象有助于提高游客的旅游感知，提升游客的旅游体验，吸引更多游客来访；有助于居民和游客产生地方认同和地方依恋情感；此外，城市形象的传播能够制造文化认同、激活文化体验、延伸城市文脉[2—3]。全球化和互联网时代，旅游业逐渐从传统观光模式转向大众旅游模式，随着新媒体平台不断兴起和迅速发展，城市形象的建

---

* [基金项目]本研究受国家自然科学基金青年项目(71901072)的资助。

[作者简介]施媛媛(1988—　)，女，博士，副教授，研究方向为旅游心理学、文化心理学，E-mail：shiyy@fudan.edu.cn；王海昕(1998—　)，女，硕士研究生，研究方向为旅游文化，E-mail：819511400@qq.com；兰天(1987—　)，女，博士，研究方向为新媒体心理学，E-mail：lanwenzhu@126.com，通讯作者。

构与传播方式都发生了变化。

上海的诞生、崛起与发展，与全球化浪潮及中国现代化进程紧密相关。[4]随着全球化进程和信息时代的加速发展，上海获得了“国际化大都市”“魔都”之称，在大众心中形成了“精致”“时尚”的气质和标签，现在又身处“二次元”“国潮”“网红”等Z世代文化潮流的前沿。上海不仅是国内外著名旅游城市，还是国际经济、金融、贸易、航运、科创中心。一方面，上海的城市形象具有复杂、精彩、多面向、多元文化交融等特征，在中国各大城市中有着独特的个性，对上海的城市形象进行考察在文化与历史研究中具有标志性的意义；[5]另一方面，上海城市形象的变化也是时代发展的缩影，在中国的现代化进程中具有代表性，对上海城市形象的动态考察有助于深入理解社会变化对城市形象的影响。为了深入探讨上海在社会变化中的城市形象，本研究以五年为跨度（2015—2020 年）考察了近年大众对于上海城市形象的感知差异。本研究将为城市管理者在城市形象的塑造上提供新思路，为增加城市的吸引力、助力城市高质量发展提供参考。

2 研究综述

2.1 城市形象的概念

城市形象（city image）泛指一个城市的整体风貌和大众对该城市的综合评价，是目的地管理、市场营销、城市研究等多个领域的重要议题。一般来说，城市形象包括旅游资源、旅游场所与城市公共场所、非观光性旅游活动，以及城市历史、发展策略、城市文化、城市居民行为风俗、建筑吸引力、城市居民自我感知、社会问题等。[6—8]城市形象不仅取决于城市的客观状况，还受大众个人情感、经历等主观因素的影响。城市形象中的感知形象（perceived image）也称为评价形象（evaluative image），是大众对于城市的认识、印象、信念和思想的总和，与个体的动机、需求、经历、态度等主观因素有关。[9]近年来的旅游学研究中广泛使用感知形象的“认知—情感”双维度结构模型。[10—12]其中认知形象（cognitive image）是关于城市的知识和信念，而情感形象（affective image）关于城市的情感评价。认知形象是情感形象的前因，二者结合会产生一个整体的复合的形象。[13]

城市就是品牌[14]。城市形象的塑造对旅游业、城市管理、城市文化的营销与传播都具有重要的意义。城市形象中的景观风貌、交通设施、餐饮住宿、人文风情都是影响游客旅游感知、决定旅游体验、吸引更多游客的重要因素。[6, 15—16]城市形象与历史、文化、地域特色景观互相融合，有助于维系居民的地方认同、强化游客的地方情感[8]，并通过促进地方依恋增强游客到访意愿、提升城市竞争力[17—19]。城市形象的传播载体包括：(1)城市实体元素（如街道、建筑设计等),(2)城市内部的人为活动,(3)官方和独立媒体塑造的城市形象,(4)人们口口相传的城市形象等[7]。除了传统媒体策略性地输出城市文化之外,影视文学作品也在潜移默化中影响人们对城市形象的感知。[20]通过影视文学作品中人物与故事的串联,大众形成对真实城市风貌、文化特征及独特氛围的认知[21]。近年来,依托于互联网而生的新媒体在中国发展迅猛,新媒体和传统媒体能够从不同的立场和视角对同一话题进行多元化的报道,消解了单一传统媒体中官方话语与民间话语的隔离。[22—23]在网络社交媒体和短视频迅速崛起的过程中,普通大众对话题的建构和传播能力得以提升,他们以微观视角对城市形象进行拼接与整合,以在线化、互动化方式记录与展示城市生活与社会变迁,打造出丰富、流行的城市符号,对城市形象传播起到重要作用。[24]

2.2 多元变化中的上海城市形象

随着城市营销理念的引入,我国各城市也开始重视利用各种媒介塑造和维护自己的城市形象,但由于早期缺乏科学合理的形象管理措施,导致盲目跟风、遍地“网红”的现象出现。[25]尤其是很多直辖市和省会城市本身为综合性都市,形象定位较相似而城市个性不甚明显。[6]但上海以独特的经济地位和历史文化建立起自己的品牌形象,在全球城市中具有鲜明的城市个性和竞争力。[26]

上海整体的城市形象既现代又传统,从建筑风格上可见一斑:山阴路的传统石库门建筑诠释着闹中取静、静谧安和;淮海路商业街标志着时尚奢华、简洁有序;朱家角、新场、南翔等多个古镇,用青瓦白墙的水乡建筑与地道的民间工艺和传统美食传递上海的历史文化。[27]伴随着全球化浪潮与现代化进程,上海的形象一直求新求变、与时俱进,呈现出多样化和国际化的两个鲜明特征。一方面,上海的城市形象日趋多样化。宣传媒介在不断更新升级中,多种多样的城市宣传片体现出时尚而舒缓的上海形象[28],各类短视频平台也从上海美食、平常生活中挖掘草根文化,使上海形象更具有人情味[29]。城市形象宣传片《姚明篇》邀请国内外大众熟知的姚明来扮演数个平凡的上海百姓,展现了上海“海纳百川、追求卓越、开明睿智、大气谦和”的城市精神。[30]另一方面,上海的城市形象日益国际化。由于全球的持续性关注,世博会、进博会等国际性展会提供了文化、艺术、科技、商业、教育等多领域交流的国际舞台,上海的国际城市形象排名不断上升,其传播力、辐射力、深入度全面提升,作为国际大都会被广泛认可。[31—32]

随着大众传播时代到新媒体传播时代转变,时空距离被消除,大众话语逐渐与官方话语分化,更加精确地在不同群体间传播。不同群体表达着不同的个性化需求与审美,也促使城市形象更多元、丰富与立体。为了从大众视角深入了解上海城市形象,本研究将通过实证调查数据考察以下研究问题:(1)在大众感知层面,上海城市形象如何?(2)近年来大众感知到的上海城市形象是否发生了变化?(3)哪些因素导致上海城市形象发生了变化?

3 研究方法

3.1 研究概况

本研究采用品牌联想法(Top-of-mind brand association),在问卷宝(survey.surveybaby.com)平台收集 2015 年和 2020 年的上海城市形象词,通过内容分析法(content analysis),归纳对上海城市形象的主观感知。编码范式改编自 Beerli 目的地感知形象的认知—情绪框架[12],对感知形象的集中程度与分布广度进行分析,进而探索 2015—2020 年的上海城市形象变化。

3.2 品牌联想法

品牌联想法在市场营销中被广泛使用,典型的商品品牌联想案例是:"当你想到苏打水时,你首先想到的是哪个品牌?"。[33] 品牌联想法已被用于旅游目的地形象研究,研究者往往让参与者回答与目的地相关的形象与特征。[34] 参与者对问题的第一反应,即他们所回答的单词或短语就是目的地品牌联想。[35] 本研究采用品牌联想法,使用题目:"当提起上海这个城市时,你会想到什么?"收集大众关于上海的第一反应联想词语。

3.3 数据收集

本研究通过问卷宝平台提供的样本服务,采集了 2015 年和 2020 年两个年份上海城市形象主观描述词。参与者以词语或短语形式回答自己最先想到的一组概念。2015 年参与者共 2 185 人,人群覆盖全国 29 个省(自治区、直辖市),其中广东省(15.97%)、山东省(6.68%)、江苏省(4.71%)位列前三;2020 年参与者共 1 958 人,广东省(21.50%)、湖北省(15.73%)、上海市(13.38%)居多(具体人口统计信息见表 1)。

3.4 数据分析

本研究采用内容分析法进行数据分析,编码过程包括:(1)数据清理,剔除乱码、无意义词语、与原题无关的词语、跟原题同义反复的词语(即"上海");(2)初步整理,改写错别字、合并同义词语(改写为常用词或者出现频次较高的词语);(3)制定编码书,根据过往相关研究,编码书包括描述类词语(认知成分)和评价

表 1 上海城市形象受访者的社会人口统计学特征

人口统计学变量	类别	2015 年(N=2 185)		2020 年(N=1 958)	
		频次	频率(%)	频次	频率(%)
性别	男	855	39.13	1 081	55.21
	女	1 330	60.87	877	44.79
出生年份	2000 年及以后	595	27.23	350	17.88
	1990—1999 年	807	36.93	962	49.13
	1980—1989 年	603	27.60	497	25.38
	1970—1979 年	144	6.59	111	5.67
	1969 年及以前	30	1.65	38	1.94
受教育程度	初中及以下	103	4.71	58	2.96
	中专/技校/职高	194	8.88	154	7.87
	高中	209	9.57	208	10.62
	大专	382	17.48	428	21.86
	大学本科	641	29.34	957	48.88
	硕士	68	3.11	118	6.03
	博士	23	1.05	35	1.79
平均月收入	暂无收入	257	11.76	279	14.25
	1 000 元及以下	77	3.52	61	3.12
	1 001～3 000 元	324	14.83	143	7.30
	3 001～5 000 元	505	23.11	434	22.17
	5 001～7 000 元	226	10.34	438	22.37
	7 001～10 000 元	150	6.86	336	17.16
	10 001～20 000 元	53	2.43	205	10.47
	20 000 元以上	28	1.28	62	3.17

注:2015 年有部分参与者人口统计学特征缺失。

类词语(情感成分)两大类,描述性词语的分类标准参考了 Beerli 等目的地感知形象研究框架[12],并针对上海的实际情况进行修改;(4)由 3 名编码员进行多轮编码并确定编码书。正式编码书中描述类词语包含 9 个类别(整体描述、自然资源、基础设施、经济与政治资源、休闲娱乐设施、有形文化、无形文化、地方人物、社会事件），评价类词语包含5个类别（物理环境评价、社会生活评价、人物评价、情感评价、综合评价）。对每一具体类别词语的频数进行求和并排序，分析上海城市形象词语的分布特征。运用SPSS软件对2015年和2020年的上海形象描述词类别进行卡方检验，考察不同时间上海城市感知的类别差异。词语的内容分析主要考察指标为：a.集中度（指某个特定词语出现的频率）、b.多样性（指某一个类别中出现不同词语的个数）[35]。

4 分析与讨论

4.1 上海城市形象概况

2015年数据包括词语2 185个，去掉乱码、无意义词语后，有效词语2 008个，覆盖234个不同的编码点。2020年数据共有词语1 958个，有效词语1 692个，无法纳入编码的词语5个，共覆盖309个不同的编码点。图1对收集到的词语进行了可视化呈现，其中字体越大的词语表明被提及的次数越多。图2直观呈现了2015年和2020年上海城市形象词语的集中程度（不同类别的词频占比）与多样性（不同类别所包含词语的种类数）。下文的分析中将用斜体字标识词语样例。

2015年的样本中，描述（认知）类词语占比92.03%，评价（情感）类词语占比7.67%。词频最高的类别是休闲娱乐设施，占比44.67%，无形文化类别居于第二，占比14.29%（见图2）。高频词语前十位分别为：*东方明珠*（705次，35.11%）、*上海滩*（206次，10.26%）、*外滩*（139次，6.92%）、*黄浦江*（56次，2.79%）、*东方之珠*（55次，2.74%）、*繁华*（54次，2.69%）、*浦东*（48次，2.39%）、*魔都*（32次，1.59%）、*世博会*（32次，1.59%）、*夜上海*（27次，1.34%）等（见图1）。由具体词语可见，民众对上海的印象一方面来源于标志性建筑与文化特色内容，如东方明珠、外滩、黄浦江都是专属上海的城市建筑地标；另一方面是繁华和快速发展的都市形象，包括上海滩、浦东新区、世博会等。

2020年的样本中，描述（认知）类词语占比66.25%，评价（情感）类词语占比33.45%。词频最高的类别是休闲娱乐设施（27.07%）、社会生活评价（25.06%）、整体描述（24.23%）（见图2）。高频词语前十位分别为：*东方明珠*（317次，18.72%）、*魔都*（140次，8.27%）、*繁华*（114次，6.73%）、*外滩*（72次，4.25%）、*时尚*（40次，2.36%）、*发达*（36次，2.13%）、*经济*（35次，2.07%）、*大都市*（33次，1.95%）、*上海滩*（32次，1.89%）、*迪士尼*（31次，1.83%）等（见图1）。由具体词语可见，2020年上海城市形象高频词语中，虽然第一位仍是“*东方明珠*”，但比例大幅度下降，“*魔都*”由第八位升至第二位，新型地标“*迪士尼*”进入前十，评价（情感）类词语比例上升，“*时尚*”“*发达*”“*经济*”“*大都市*”最常出现。民众对上海的印象更加多元，不单体现在对于经济资源（如“经济”“大都市”）的关注，更体现在对于上海社会生活的积极评价，时尚乐园的“魔都”形象成为上海新的特色文化符号。

图 1 2015 年（左）和 2020 年（右）上海城市形象词频图

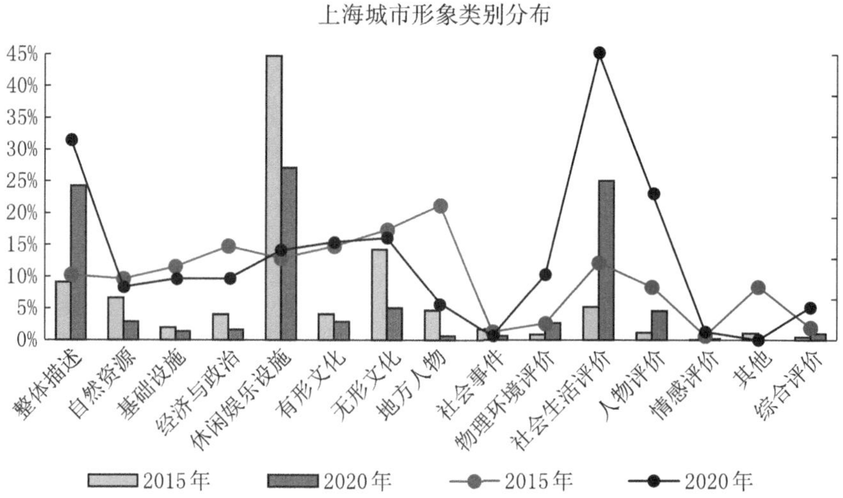

图 2 2015 年和 2020 年上海城市形象各类词频占比与种类数

4.2 2015 年至 2020 年上海城市形象变化

我们通过卡方检验对比两次样本数据在编码类别分布中的一致性程度。2015 年与 2020 年相比，上海城市形象差别显著，词语的类别构成发生明显变化，$\chi^2=733.03$，$p<0.001$。

在集中程度上，不同类别的占比发生显著变化：社会生活评价词语和整体描述类词语在 2020 年占比显著上升，社会生活评价词语由 5.18%提升至 25.06%，整体描述类词语占比从 9.11%提升至 24.23%；休闲娱乐设施类词语的占比显著下降，由 44.67%下降至 27.07%。2015 年有超过三分之一的人对上海的第一反应是“*东方明珠*”，前 6 个高频词语占了总体的 60.51%，前 13 个词语占了 70.37%，前 33 个词语占了 80.56%；而在 2020 年，“*东方明珠*”虽仍然占据首位(18.72%)，但是人们把更多的目光聚焦在了别的地方，前 17 个词语占了总体的 60.19%，前 33 个词语占了 70.06%，前 64 个词语占了 80.22%。在多样性上，虽然整体词语的种类总数差别不大，但对于上海的整体描述以及各个层面(尤其是社会生活和人物)的评价都更加多元、丰富。具体来说，2015 年的城市形象的多样性主要集中在上海的特色景区与文化艺术作品上，强调实体空间；而 2020 年的城市形象更多转向了对上海的整体性描述与社会生活评价，用“*时尚*”“*发达*”“*现代*”突出对上海的主观感受。根据认知—情感模型，大众对上海城市形象的感知从以实体地标为主转向实体地标(认知成分)与抽象评价(情感成分)并重。

社会的发展轨迹也可以从城市形象具体的高频词中窥见一斑：例如“*世博会*”一词从 2015 年的第 9 位(1.59%)下降到 2020 年的第 25 位(0.65%)，说明 2010 年的世博会虽然轰动一时但也随着时间推移逐渐淡出人们的记忆；而“*迪士尼*”则成为 2020 年十大热词之一(1.83%)，印证了 2016 年迪士尼营业后所受到的广泛关注。“*魔都*”作为上海的文化符号新代表，在 2020 年跃居第二位(8.27%)，成为仅次于“东方明珠”的上海城市形象。“*魔都*”一词出自日本作家村松梢风在 1924 年出版的上海见闻录《魔都》，形容当时上海的租界和县城互相融合与冲突所形成的独特的、错综而迷离的“*魔性*”气质。时至今日，“*魔都*”已经成为深入人心的上海文化符号之一，并在网络中快速传播普及，如上海市人民政府的政务平台和新华社、人民网等主流媒体的官方宣传中多次使用“*魔都*”一词。此外，2015 年提到的“*雾霾*”在 2020 年没有出现，是上海这些年来环境渐佳的体现。

值得一提的是，越来越多的人倾向于表达自己对上海的情感评价，2015 年上海城市形象中的评价类词语占比为 7.67%，2020 年上升至 33.45%。关于物理环境评价、社会生活评价、人物评价、综合评价、情感评价类词语的占比均有提升。其中提升最大的是社会生活评价词语，由 5.18%上涨至 25.06%；“*繁华*”作为第一评价热词，也由 2.69%上升至 6.73%；“*时尚*”在 2020 年大量出现在对上海的城市印象评价中，被提及 40 次(2.36%)，位居第二。

进一步对评价类词语进行词性分析发现，对上海的评价总体以积极为主，并且不断趋向更积极的方向，积极评价词在整体上的占比得到显著提高(从 5.84%升为 31.65%)。2015 年的积极词与消极词比为 108∶36；2020 年，这一比例上升为 534∶32。人们在愈发关注上海的社会生活的“*繁华*”“*时尚*”“*发达*”等特征的同时，也一直存在有关高消费、高房价的负面表达；在对于人的评价方面，“*小气*”“*排外*”等负面形象在两次样本中均有提及，但没有出现对上海的负面物理环境评价和负面综合评价(详见表 2)。

表 2 上海城市形象评价类词语分布

类别	词性	2015 年			2020 年		
		频次	频率(%)	高频词举例	频次	频率(%)	高频词举例
物理环境评价	积极	17	0.85	大上海(8)、大(5)	45	2.66	美丽(15)、漂亮(6)
	消极	0	0	无	0	0	无
社会生活评价	积极	81	4.03	繁华(54)、发达(7)	410	24.23	繁华(114)、时尚(40)、发达(36)
	消极	23	1.15	消费高(5)、房价高(3)	14	0.83	人多(4)、房价高(4)
人物评价	积极	10	0.50	有钱(8)	59	3.49	有钱(10)、富裕(9)
	消极	13	0.65	抠门(2)、排外(2)、小气(2)	18	1.06	小气(6)、排外(4)
综合评价	积极	9	0.45	好(6)、好玩(2)	17	1.00	好(6)、美好(3)
	消极	0	0	无	0	0	无
情感评价	积极	0	0	无	3	0.18	向往(2)、喜欢(1)
	消极	1	0.05	恶心(1)	0	0	无
评价类词语汇总	积极	117	5.83	繁华(54)、有钱(8)	534	31.65	繁华(114)、时尚(40)
	消极	37	1.84	消费高(5)、房价高(3)	32	1.89	小气(6)、房价高(4)

5 总结与展望

5.1 总结

本研究选取上海为研究案例，以目的地感知形象理论和品牌联想法为研究框架，通过线上问卷调研收集2015年和2020年有关上海城市形象的词语，以分析和探究五年内上海城市形象的流变。2015年上海城市形象的高频词语包括：*东方明珠*、*上海滩*、*外滩*、*黄浦江*、*东方之珠*、*繁华*、*浦东*、*魔都*、*世博会*、*夜上海*等。2020年上海城市形象的高频词语包括：*东方明珠*、*魔都*、*繁华*、*外滩*、*时尚*、*发达*、*经济*、*大都市*、*上海滩*、*迪士尼*等。2015年上海城市形象词语占比最高的类别是休闲娱乐设施(44.67%)和无形文化(14.29%)。2020年上海城市形象词语占比最高的类别是休闲娱乐设施(27.07%)、社会生活评价(25.06%)和整体描述(24.23%)。2015年与2020年的上海城市形象差别显著，词语的类别构成发生明显变化。情感类词语(如社会生活评价和整体描述类词语)在2020年占比显著上升，而休闲娱乐设施类词语的占比显著下降。2015年的上海城市形象多为景区、艺术作品、食物等实体词语，而在2020年的上海城市形象中，评价社会生活和描述经济状况的抽象词语同样屡次被提及。此外，上海城市形象词语的情感成分占比也有明显提升，2015年上海城市形象中的评价类词语占比为7.67%，2020年上升至33.45%，情感以积极情绪为主。以上数据表明，大众对于上海城市形象的感知由2015年的实体认知为主转变为2020年的实体与情感并存。由于经济和互联网飞速发展所带来的社会发展，上海的城市形象在2015—2020年也产生了相应的变化。上海的各类特征在互联网平台得到快速传播，如"魔都"等带有互联网特征的词语在2020年被大量提及，打破了以往由景区景点作为城市代名词的桎梏，城市的精神文化内涵和社会生活环境得到更多重视，同时也显示出互联网时代城市形象组成成分的变化。

5.2 研究意义

本研究以五年为跨度，通过品牌联想法调研得出大众感知到的上海城市形象，对旅游领域目的地形象研究具有重要的理论意义和现实意义。

首先，从方法论上，建立了覆盖面广且相对客观的城市形象编码书。已有的城市品牌形象研究在建构城市形象系统时往往基于某一个城市的某个时期展开案例分析，虽然一般可以深入反映城市的状况，但往往是静态的，且局限于某一段特定历史时期，很难与其他城市进行比较。而本研究建立全面而客观的城市形象编码书，不但可以对同一个城市的不同时期进行纵向比较，也可以进行跨城市的横向比较，进而得出社会发展对城市形象影响的一般规律，可以为我国城市形象流变研究提供可靠的方法论基础。

其次，本研究用品牌联想法收集城市形象数据，可以直观反映出大众对目的地城市的认知。城市形象一直受到研究者的关注，而以往的研究多从城市管理者或者研究者视角，以自上而下(top-down)的方法探讨城市形象“应该是什么”，这种方法往往与大众感知到的城市形象存在一定差距。[36—37]而本研究所采用的品牌联想法则是自下而上(bottom-up)的方法，收集到人们关于上海的第一联想词语，这种自动化的第一反应往往是人们关于一个城市最深刻的“记忆”，能准确地反映人们对于城市的内隐认知和情感，继而影响着人们关于这个城市的判断与决策。值得注意的是，由于认知联想方法具有较大主观性，本研究也发现在大众的城市印象中包含了有关上海的错误记忆。“*东方之珠*”一直位于高频词语行列，2015 年高居第五位，在 2020 年下降至第十二位。上海的地标性建筑“*东方明珠*”与“*东方之珠*”(香港)仅一字之差，香港与上海在文化上深刻连接，因此人们在主观认知层面容易混淆。2020 年，“*东方明珠*”与“*东方之珠*”的频次和排名都出现下滑，但这一“错误记忆”依然存在，而诸如此类的“错误记忆”也是研究者和城市管理者需要注意的地方。

也正由于此，这种大众关于城市的知识无论对于研究者还是对于城市管理者和目的地营销人员都具有非常重要的参考价值。大众反馈的第一联想词，一方面可以直接反映出城市品牌形象的现实传播效果；另一方面，也有助于拓宽管理者和营销者的视野，避免“千篇一律”的营销套路，进而打造更加多元立体的中国城市形象。值得一提的是，除了具有代表性的上海城市形象元素，本研究也发现了一些相对小众但很有特点的上海文化元素，例如“*十里洋场*”“*凤凰自行车*”等。研究表明，小众形象(niche image)的持有者更加了解这个城市，也更有意向到这个城市旅游。[38]因而城市管理者和营销者可以从大众品牌联想词中挖掘出更多有价值的小众形象，打造独特的城市形象。

第三，本研究以五年为跨度探讨社会发展变化对上海城市形象的影响，有助于挖掘上海特色文化符号，促进上海文化的开发与传播。通过研究 2015—2020 年上海城市形象的变化，本研究发现经济发展、互联网发展等社会变化对城市形象会产生影响。尤其是带有互联网特征的词语已经成为大众对于城市形象感知的重要组成部分，这启示政策制定者和城市管理者应重视通过新型互联网平台进行城市形象的塑造和推广。与此同时，有一些重要的上海符号也在逐渐远离人们的视线，例如“复旦大学”在 2015 年是上海教育与人才资源的一张名片，但是到了 2020 年，整个教育与人才层面几乎无人提及；又例如 2015 年《上海滩》和“许文强”可以作为上海城市形象中的重要 IP，但到了 2020 年并没有新的本土文化 IP 出现——考虑到文学艺术作品对上海城市形象塑造的重要性，相关文化符号的缺失值得有关部门注意。

在经济全球化和世界城市化的双重背景下，对上海城市品牌形象进行动态分析，有利于挖掘上海文化的内核，探索出最具代表性的“上海文化符号”，在使上海保持文化活力的同时适当营销，从而有利于上海文化的保护与推广，也有利于上海城市文化的可持续发展。

5.3 展望

未来的研究可以在本研究的基础上，从空间和时间两个维度进行深入。首先是空间维度，将来的研究可以在本研究的编码基础上进行多个城市的跨地区比较。一方面，可以根据参与者背景对不同地区、不同年龄段、不同教育背景的个体感知到的城市形象差异进行分析和探讨；另一方面，可以收集政府规划部门、文旅相关企业等较为官方的机构对不同城市的规划定位、宣传文案等资料，归纳不同城市的品牌形象，并与大众感知形象进行比较，进而为开发和保护区域特色、定位城市品牌形象提供参考。从时间维度上，将来的研究可以拉长时间线，进一步探索社会变迁对上海城市形象的影响。当代中国自改革开放以来经历了巨大的社会转型与城市结构变迁，随之而来的是人们思想观念、社会主流文化和社会生活方式的变迁，城市外在风貌和内在素质都在随之变化，进而影响或改变城市形象。将来的研究可以重点关注某一类社会事件或者文化现象对城市形象的影响，如媒体变迁对城市形象的影响、疫情应对措施对城市形象的影响等。需要说明的是，本研究在收集 2020 年城市形象数据时不幸遇到国内的新冠肺炎疫情，然而比较幸运的是，2020 年的上海城市形象数据并未明显受到疫情影响，并未出现疫情相关词汇。

随着时代发展，旅游业已经从产品竞争时代进入了品牌、情感和形象竞争的时代，城市形象在游客的旅游消费行为决策中起着更为关键的作用。2018 年 11 月，习近平总书记在上海考察后指出：“要发扬‘海纳百川、追求卓越、开明睿智、大气谦和’的上海城市精神，立足上海实际，借鉴世界大城市发展经验，着力打造社会主义现代化国际大都市。”相信越来越多的关于城市形象的研究将助力针对性地改进大众更为关注的城市设施与服务，从而提升城市的形象，增加城市的吸引力，吸引更多的旅游消费，提升城市的国际竞争力。

参考文献

[1] 江曼琦.对城市经营若干问题的认识[J].南开学报，2002(5)：62-67.
[2] 汪克会.国内城市旅游形象研究综述[J].宁夏大学学报(人文社会科学版)，2004(5)：78-82.

[3] 何国平.城市形象传播:框架与策略[J].现代传播(中国传媒大学学报),2010(8):13-17.
[4] 许纪霖.城市的记忆:上海文化的多元历史传统[M].上海:上海书店出版社,2011.
[5] 苏智良.上海:城市变迁、文明演进与现代性[M].上海:上海人民出版社,2011.
[6] 徐小波,赵磊,刘滨谊,等.中国旅游城市形象感知特征与分异[J].地理研究,2015,34(7):1367-1379.
[7] ADAMUS-MATUSZYŃSKA A, MICHNIK J, POLOK G. A systemic approach to city image building: The case of Katowice City[J]. *Sustainability*, 2019, 11(16).
[8] LUQUE-MARTÍNEZ T, DEL BARRIO-GARCÍA S, IBÁÑEZ-ZAPATA J Á, et al. Modeling a city's image: The case of Granada[J]. *Cities*, 2007, 24(5):335-352.
[9] WALMSLEY D J, YOUNG M. Evaluative images and tourism: The use of personal constructs to describe the structure of destination images[J]. *Journal of Travel Research*, 1998, 36(3):65-69.
[10] BALOGLU, S, MCCLEAR K W. A model of destination image formation[J]. *Annals of Tourism Research*, 1999, 26(4):868-897.
[11] MARTIN H S, BOSQUE I A R D. Exploring the cognitive-affective nature of destination image and the role of psychological factors in its formation[J]. Tourism Management, 2008, 29(2):263-277.
[12] BEERLI A, MARTÍN J D. Factors influencing destination image[J]. *Annals of Tourism Research*, 2004, 31(3).
[13] ANAND P, HOLBROOK M, STEPHENS D. The formation of affective judgments: The cognitive-affective model versus the independence hypothesis[J]. *Journal of Consumer Research*, 1988, 15:386-391.
[14] ANHOLT S. The Anholt-GMI city brands index: How the world sees the world's cities [J]. *Place Branding*, 2006, 2(1):18-31.
[15] ROSA A, BOCCI E, DRYJANSKA L. Social representations of the European capitals and destination e-branding via multi-channel web communication[J]. *Journal of Destination Marketing & Management*, 2019, 11:150-165.
[16] TAN W K, WU C E. An investigation of the relationships among destination familiarity, destination image and future visit intention[J]. *Journal of Destination Marketing & Management*, 2016, 5(3):214-226.
[17] HOSANY S, BUZOVA D, SANZ-BLAS S. The influence of place attachment, ad-evoked positive affect, and motivation on intention to visit: Imagination proclivity as a moderator[J]. *Journal of Travel Research*, 2020, 59(3):477-495.
[18] HOSANY S, PRAYAG G, VAN DER VEEN R, et al. Mediating effects of place attachment and satisfaction on the relationship between tourists' emotions and intention to recommend[J]. *Journal of Travel Research*, 2017, 56(8):1079-1093.
[19] 贾衍菊,林德荣.目的地品质对游客满意和游客忠诚的影响——地方依恋的中介作用与性别的调节作用[J].旅游科学,2017, 31(6):65-78.
[20] GARTNER W C. Image formation process[J]. *Journal of Travel & Tourism Marketing*,

1994, 2(2-3):191-216.

[21] WLODARCZYK B, DUDA M. The role of the novel in shaping a city's image and its choice as a tourist destination: The case of Lodz[J]. *Moravian Geographical Reports*, 2019, 27(1):41-53.

[22] 戴佳,曾繁旭,王宇琦.官方与民间话语的交叠:党报核电议题报道的多媒体融合[J].国际新闻界,2014, 36(5):104-119.

[23] 孙明源,王锡苓.社会变迁视阈下的中国城市居民媒介使用与生态环境认知[J].新闻与传播研究,2018, 25(12):21-41+126.

[24] 夏伍,崔莉萍.上海地铁广告传播上海城市形象研究[J].视听,2019(2):189-192.

[25] 李勇,徐建刚,王振波.城市形象研究进展及展望[J].云南地理环境研究,2009, 21(2):20-26.

[26] ZUKIN S, KASINITZ P, CHEN X. *Global Cities, Local Streets: Everyday Diversity from New York to Shanghai*[M]. New York and Oxon: Routledge, 2015.

[27] 王占柱,李丽娟.建筑色彩在城市形象塑造中的作用研究——以上海为例[J].设计,2019, 32(23):37-39.

[28] HOU Z Q. Comparison study of advertising videos of tourism city image-based on the content analysis method[J]. *Eurasia Journal of Mathematics Science and Technology Education*, 2017, 13(10):6837-6846.

[29] 施明远.颠覆与重塑:基于抖音短视频的上海城市形象传播建构[J].西部广播电视,2020(4):67-68.

[30] 靳小青.城市形象宣传片中的"首因效应"——以上海、成都城市形象宣传片为例[J].新闻窗,2012(5):123.

[31] 殷雪涛.城市宣传片对城市形象的塑造力研究——以五部上海形象宣传片为例[J].新媒体研究,2019, 5(22):119-121.

[32] 纪文慧,王大可.从世博到进博:上海全球城市形象的传播与变迁[J].东南传播,2019(04):56-59.

[33] AAKER D A. Measuring brand equity across products and markets[J]. *California Management Review*, 1996, 38(3):102-120.

[34] ECHTNER C M, RITCHIE J R B. The measurement of destination image: An empirical assessment[J]. *Journal of Travel Research*, 1993, 31(4):3-13.

[35] STEPCHENKOVA S, LI X. Destination image: Do top-of-mind associations say it all? [J]. *Annals of Tourism Research*, 2014, 45.

[36] 高静,肖江南,章勇刚.国外旅游目的地营销研究综述[J].旅游学刊,2006, 21(7):91-96.

[37] GROSSPIETSCH M. Perceived and projected images of Rwanda: Visitor and international tour operator perspectives[J]. *Tourism Management*, 2006, 27(2):225-234.

[38] PAN B, LI X. The long tail of destination image and online marketing[J]. *Annals of Tourism Research*, 2011, 38(1):132-152.

A Dynamic Perspective of the City Image of Shanghai From 2015 to 2020

SHI Yuanyuan[1], WANG Haixin[2], LAN Tian[3]

(*1. Department of Tourism, Fudan University, Shanghai 200433, China;*
2. Law School of Tongji University, Shanghai 200092, China;
3. School of Journalism and Communication, Tsinghua University, Beijing 100084, China)

Abstract: Under the social development background of China's reform and opening up policy and the development of the Internet, Chinese city images have also changed. This paper aimed to explore the changes of Shanghai's city image during 2015 to 2020. We collected Internet survey data of Shanghai's city image in 2015 and 2020, and adopted top-of-mind brand association task and content analysis method. 2 185 participants joined the 2015 survey and 1 958 participants joined the 2020 survey. In an open-ended question, they were asked to write down their first associations when thinking about the city of Shanghai. We developed a coding book of city image, sorted items into nine descriptive categories and five evaluative categories, and analyzed the distribution of Shanghai's city image with the indicators of representativeness(high frequency exemplars in each category) and diversity(the number of exemplars in each category). The results showed that the city image of Shanghai in 2015 mostly involved physical life such as scenic spots, facilities, and food; whereas descriptive exemplars related to social life, economic conditions, and affective exemplars increased significantly in 2020. Comparing the results of the two surveys, we found that affective components, especially positive affective components, of Shanghai image(such as economic development, prosperity, fashion, etc.) have significantly increased in their proportion and diversity; while cognitive components(such as Oriental Pearl Tower, Shanghai Beach, Bund, etc.) have declined, but still held majority. What's more, we also found that social development plays important role in shaping the city image of Shanghai in that Internet-related words regarding Shanghai have appeared in the high frequency exemplars. These findings help expand the theory and methodology in city studies, and provide theoretical guidance for building cities' images and improving their competitiveness.

Keywords: city image; social development; Shanghai culture; cultural identity; Top-of-mind brand association

国内运动休闲特色小镇研究回顾与展望*
——基于 CiteSpace 和 VOSviewer 的可视化分析

刘 赛 冀晓禛 刘永胜
(复旦大学旅游学系,上海 200433,中国)

[摘要] 当前,中国经济产业面临转型升级的关键阶段,如何整合现有市场资源,实现产城融合发展,助力规模经济效益最大化成为学者们广泛关注的焦点话题。小城镇建设作为中国乡村振兴、新型城镇化转型的升级版,集聚资源市场产业优势,形成中国特色化产业发展标杆和榜样。本研究基于知识图谱可视化分析对运动休闲特色小镇研究进行综述与评析,旨在把握研究动向,促进运动休闲特色小镇可持续健康发展。研究发现:运动休闲特色小镇研究进程时序阶段特征显著;研究主体分散、研究热点突出;研究演进路径明晰,涵盖规划设计与特色定位、发展现状问题、产业跨界融合、建设模式与动力机制、品牌构建与培育路径、竞争力评价、功能影响等主题。据此,从研究主体、研究内容、研究方法三方面探索未来运动休闲特色小镇的发展方向,以期有针对性地提供相应的对策建议。

[关键词] 运动休闲特色小镇;研究回顾;展望;知识图谱

在国家乡村振兴和新型城镇化的发展背景下,为探寻满足人民对于健康、康养、文化、娱乐等的综合需求的物质载体,运动休闲特色小镇应运而生。伴随着《"健康中国 2030"规划纲要》[1]《健康中国行动(2019—2030 年)》[2]的颁布实施,全民健身、健康中国逐步成为引领新时代发展潮流的战略趋势,尤其是在后疫情时代,民众对于健康、休闲、体育的需求不断提升、对于生活幸福感的期望日

* [基金项目]本研究受国家自然科学基金(72074053)资助。
[作者简介]刘赛(1993—),女,博士研究生,研究方向为旅游管理,E-mail:470342665@qq.com;冀晓禛(1992—),女,MTA 研究生,研究方向为旅游营销管理,E-mail:247170677@qq.com;刘永胜(1990—),男,MTA 研究生,研究方向为旅游体育营销,E-mail:366051742@qq.com。

益增加，正是顺应这一发展导向，运动休闲特色小镇建设成为创新推动健康运动产业项目落地的有效举措，助力休闲产业供给侧结构性改革的发展载体。运动休闲特色小镇的建设与发展不仅有助于促进我国文化、旅游、生态、环保、体育等多种产业交融，形成聚合效应，而且为落实国家扶贫政策提供新颖的发展模式，是强化健康中国理念引领、建设体育强国的重要举措。

因此，运动休闲特色小镇引起了学界的广泛关注，研究成果颇丰，但随着运动休闲特色小镇发展日渐成熟，同质化显著、业态特色不鲜明、运营管理水平受限等发展困境也慢慢凸显。为进一步明晰当前运动休闲特色小镇稳定期发展的瓶颈，探索突破的发展路径，本研究一方面梳理现有文献，总结和归纳运动休闲特色小镇建设过程中的经验与启示，寻找破解小镇创新发展难题与窘况的思路；另一方面，探索运动休闲特色小镇在产业融合、经济转型、动能转换、福惠民生等模式下的集成性规律，同时展望未来的研究动向，为更好地促进中国运动休闲特色小镇的理论探索与实践发展建言献策。

1 运动休闲特色小镇的概念与类型

1.1 运动休闲特色小镇的概念

运动休闲特色小镇作为特色小镇的重要分支之一，是以休闲、运动特色为前提的融合体育文化和体育产业的实体空间。运动休闲特色小镇概念研究分为四类：一是基于产业视角，将其定义为以运动休闲产业为主导特色产业，集聚产业发展要素，创新产业发展模式，与旅游、健康、文化、养老、教育培训、大数据等关联产业融合发展的空间区域、全民健身发展平台和体育产业基地。[3]二是突出社区功能，将其作为非建制镇，凭借生态环境良好，生产、生活、配套设施齐全的发展优势，建设成融合运动、旅游、社区功能于一身的综合型休闲空间。[4]三是侧重空间维度，将其定义为在一定的空间区域，以体育为主导产业构造的生产、生活、生态“三生融合”的特色社区。[5]四是基于人文视角，将其定义为在社会互动过程中，为满足人们日益增长的运动休闲需求所衍生出的文化产物。[6]如上概念是从产业、社区、空间、人文四维度界定，鉴于此，本研究认为运动休闲特色小镇是以体育休闲为主导产业，融合旅游、文化、康养、数字经济等业态，打造的集“产、城、人、文”于一体的旅游和社区综合性体育服务平台，对于建设“健康中国”、助力全民健身需求、挖掘休闲消费新空间、培育新的经济增长点具有重要意义。

1.2 运动休闲特色小镇的类型

学界对运动休闲特色小镇从小镇产业、功能、投资人属性和体育项目等方面进行类型划分。其中,张雷以小镇主导特色产业为依据将其分为赛事型、培训型、娱乐型、健康型、智能制造型和文化民俗型 6 种类型[7];朱敏等根据运动休闲特色小镇的内涵和特点将其分为赛事型、冠军型、休闲型、康体型和产业型 5 种类型[8];范成文等则根据项目功能将其分为产业型、体验型、体育赛事型和康体型 4 种类型[9]。综上,学界对小镇类型的划分依据虽不同,但都突出其主要的运动和休闲功能定位,这是其特征的集中体现。

2 研究方法与数据来源

本研究采用文献计量可视化分析方法探究运动休闲特色小镇研究热点、主题与演进趋势,清晰展示研究脉络和发展方向,以期为后续研究提供参考。

2.1 研究方法

知识图谱以计量分析和可视化图谱的形式揭示某一领域科学知识的研究热点、动向与趋势,有助于帮助研究人员厘清该领域的研究脉络与前沿问题。[10] 如 VOSviewer 和 CiteSpace 两个软件可以分别反映研究主题的关键词网络聚集态势和合作关系集群,可用于识别和把握研究主题热点、前沿议题的演进过程及动态。有鉴于此,本研究以 VOSviewer 刻画关键词共现图谱,以 CiteSpace 描绘关键词聚类图示,可视化展示运动休闲特色小镇的研究版图。

2.2 数据来源

本研究选取中国知网(CNKI)中文数据库为数据来源,基于运动休闲特色小镇的运动、休闲、体育的特色功能定位,以“运动+休闲+特色小镇”“运动+体育+特色小镇”“体育+休闲+特色小镇”“运动休闲特色小镇”“休闲体育特色小镇”为主题词和关键词进行检索,设定检索时间截至 2022 年 12 月 31 日,文献来源为学术期刊和学位论文,整理统计最终获得 412 篇中文文献,文献分布在 2015—2022 年。依次进行文献作者、机构、关键词共现和聚类分析,形成可视化知识图谱,为探测研究领域热点及前沿提供依据。

3 运动休闲特色小镇研究热点及演进

3.1 研究文献时序分析

文献数量动态衡量研究主题的热度、关注度、研究进展与水平。整体而言,运动休闲特色小镇研究始于 2015 年,发文量由 2015 年的 1 篇增长到 2022 年的

50 篇，起步虽相对迟缓，但发展速度迅猛，2019 年达到高峰，发文量 103 篇，居近年首位。根据研究文献的时序演进可分为萌芽期(2015—2016 年)、繁荣期(2017—2019 年)和稳定期(2020—2022 年)三个阶段。

(1)萌芽期：《浙江省人民政府关于加快特色小镇规划建设的指导意见》(浙政发〔2015〕8 号)[11]、《关于开展特色小镇培育工作的通知》(建村〔2016〕147 号)[12]等政策文件的颁布与落实，极大地刺激和推进了运动休闲特色小镇的研究进程，为运动休闲特色小镇研究提供了选题方向和纲要引领，引发学者广泛关注，发文量倍增。(2)繁荣期：《关于推动运动休闲特色小镇建设工作的通知》[3]加速了运动休闲特色小镇的建设进程，2017—2019 年发文量年均增长率高达 90.70%；研究内容差异化特征显著，区域特色小镇的典型案例研究也因势兴起，研究主题愈趋多元，从运动休闲特色小镇发展现状、路径策略研究转向指标体系评估、风险评价、产业集聚等量化测评，研究更加深入和全面。(3)稳定期：2020—2022 年运动休闲特色小镇研究发文量趋于平稳下降，研究视角多侧重于微观，如在体验经济、根植性理论指导下，将休闲元素融入运动休闲特色小镇领域进行研究，同时，对资源、市场、资本等供给需求端等因素驱动下的体育主导产业培育与发展进行分析。由此可知，运动休闲特色小镇的研究进程和国家政策的出台实施时序吻合，政策是运动休闲特色小镇建设与发展研究的首要指导纲领和动力源泉。

3.2 发文作者与机构分析

合作图谱作为一种空间网络状结构，是发文者与机构深耕某一研究领域形成的科研合作丛的重要表征。根据普莱斯定律，$M \approx 0.749\sqrt{Nmax}$①，可知，运动休闲特色小镇领域国内研究学者的 M 值为 1.98，取整数为 2，以核心作者发文量最低阈值 2 篇为标准，共提取 95 名核心作者合作图谱。

核心作者合作关系整体呈“大分散、小集中”特点，多名作者以独立研究为主，少数作者建立了单向的科研合作丛。其中，沈克印和展茂浩的发文量最多为 7 篇，杨越的发文合作网络数最多，为 11 条合作网络。作者合作网络早期形成以沈克印、杨越、朱佳斌为代表的核心作者合作团队，近期形成以展茂浩、鲁志琴、刘周敏、崔佳琦、刘兰娟、王冬慧为代表的核心作者合作团队。跨地区的作者科研合作总体较少，核心团队合作强度整体较弱，运动休闲特色小镇研究作者合作

① 普莱斯定律，也称为普赖斯平方根定律，是衡量各个学科领域文献作者分布规律的法则。具体为，统计某一领域核心研究作者的方法是“撰写全部论文一半的高产作者的数量等于全部科学作者总数的平方根”。即，式中：M 代表论文篇数，N 代表所统计年限最高产作者的论文数。

网络有待深化和拓展。

此外，国内研究机构的 M 值为 2.48，取整数为 3，提取 37 个核心机构组成机构合作图谱，形成以武汉体育学院研究生院、山东大学体育学院、湖南工业大学体育学院为代表的高产研究机构丛。其中，武汉体育学院经济与管理学院居合作网络首位，延伸出 15 条合作网络，合作密集区主要位于武汉、湖南、北京、山东、上海、成都等地，中西部研究机构科研合作相对乏力。整体上，运动休闲特色小镇国内机构合作呈小聚集丛、多节点散落的网络结构态势，尚未形成稳定时序的跨机构科研合作聚集群，研究机构合作有待加强。

3.3 高被引文献分析

高被引文献反映学者的学术影响力及其观点的引用和推广价值。国内运动休闲特色小镇研究早期聚焦于概念解析、建设路径和模式探索、发展评价及国外经验借鉴。相关学者在对西方发达国家运动休闲特色小镇建设的发展历程、运营模式和成功经验探究和总结的基础上，提出强化政府等组织机构的顶层设计、注重产业融合与文化氛围并举、建立生活空间保护与创新协调的运行机制等启示，为运动休闲特色小镇发展模式探索提供指导。中期，亦有学者率先对运动休闲特色小镇的概念内涵进行解析；同时，顺应新型城镇化和互联网时代背景，王志文和沈克印[13]对国内运动休闲特色小镇产业融合发展的驱动因素进行分析，就中国情境的特色小镇路径和建设模式进行探索研究，成为学界关注的焦点。随着小镇建设发展日益繁盛，田学礼和赵修涵[14]最先构建涵盖基本信息、产业、资源、公共服务四维指标的运动休闲特色小镇发展评价体系，为科学研判其发展成效做出重要贡献。总体来看，国内运动休闲特色小镇研究起步略晚，研究问题呈宏观导向，借鉴国外研究成果为后续开展小镇居民社会互动、幸福感获得、建设发展经验、特色小镇目的地形象等微观议题探究奠定坚实的理论基础。

3.4 研究热点分析

高频关键词共现反映研究主题脉络与分支节点，对于把握科研动向、捕捉研究热点具有前沿指导意义。基于运动休闲特色小镇研究的 755 个中文关键词，按照中文关键词出现频次 3 次及以上为标准，提取出 81 个高频关键词形成关键词共现知识图谱（图 1）。其中圆圈的面积越大，表示该关键词出现的频次越高；位置靠近重心，则表示其代表着该领域重要研究话题的活跃度。

由图 1 所示，国内运动休闲特色小镇领域研究热点突出，集中于运动休闲特色小镇类型形态、乡村振兴与新型城镇化的时代背景导向以及健康中国政策引领下的体育特色产业融合、建设路径与可持续发展模式等方面。其中，乡村振兴、新型城镇化和新时代发展背景作为运动休闲特色小镇建设的重要战略方针和前进方向，小镇成为民众探寻休闲健康生活需求的载体，集体育、旅游等优势产业融合集聚而成的综合空间，因此，国家战略和政策背景指引下的运动休闲特色小镇产业、经济、发展路径与模式研究成为当前重点关注议题，研究成果显著。此外，研究案例地早期聚焦于山东省、江苏省、浙江省等区域经济发达与体育产业密集地域，中西部等欠发达地域研究关注相对不足，未来，运动休闲特色小镇研究布局将由单极个案向多元化网络纵深发展演化。

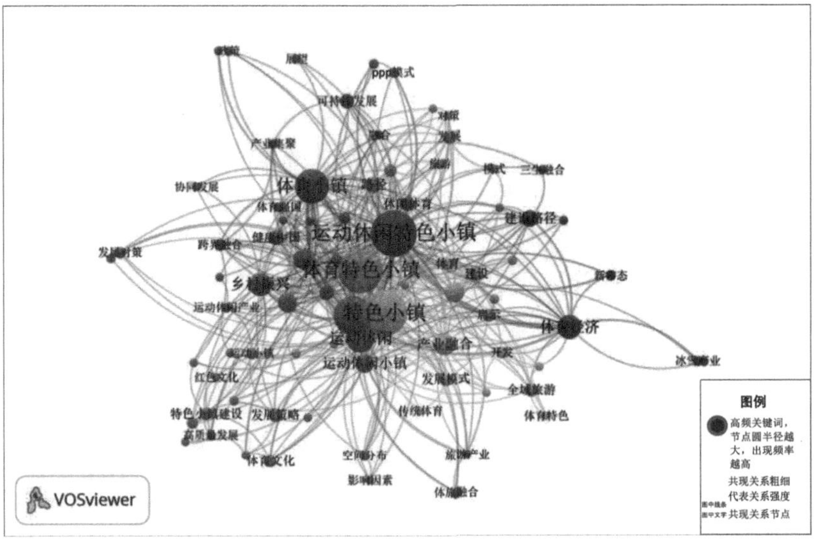

图 1　国内运动休闲特色小镇热点关键词共现知识图谱

3.5　研究主题分析

进一步，为明晰运动休闲特色小镇研究热点关键词的集群类属，洞察当前学界重点关注领域，在高频关键词共现分析基础上使用对数似然算法（LLR）得到高频关键词聚类分析图（图 2）。其中，聚类模块度 Modularity Q 为 0.851 7，表明运动休闲特色小镇高频关键词聚类结构合理显著，依次产生体育小镇（#0）、发展路径（#1）、体育产业（#2）、运动休闲（#3）、体育旅游（#4）、新时代（#5）、特色小镇（#6）、乡村振兴（#7）、体育扶贫（#8）、发展（#9）、冰雪产业（#10）11 个聚类。依据特色小镇发展建设的演进路径，归纳为前期规划、中期运营、后期评效三阶段及特色定位与发展现状、产业跨界融合、发展模式与动力机制、品牌构建、发展与培育路径、竞争力评价、功能影响七大研究主题集群。

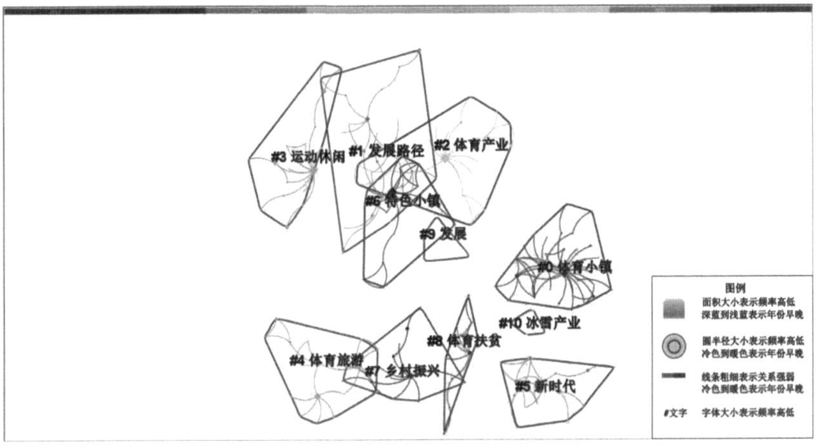

图 2 国内运动休闲特色小镇热点关键词聚类知识图谱

3.5.1 前期规划阶段

运动休闲特色小镇前期规划阶段的研究主题包括规划设计、特色定位与发展现状，主题关键词由聚类＃0、＃9、＃10 构成，子聚类包括休闲体育、运动休闲、特色小镇、发展、问题、冰雪特色小镇等。

(1) 设计定位。根植于运动康养产业、环境资源、特色景观规划、特色体育赛事活动、特色区域文化、特色品牌活动产品、“体育＋旅游＋”特色模式等塑造其特色发展定位[15]，产业特色鲜明、人文气息浓厚、生态环境优美、兼具旅游与社区功能、消费需求与功能配置契合[16]成为影响运动休闲特色小镇发展的重要因素。

(2) 发展现状。随着小镇规模的扩大，政策顶层设计与规划建设实施的差距、特色定位不鲜明、文化内涵缺失、体育特色产业链有待完善、产城融合不足、同质化运营现象严重、功能与消费需求错配、体育功能服务区系统开放程度不够等管理问题愈加显现[17]。同时，冰雪运动业态丰富、体验多元及受众个性化需求活动项目设置管理有序，但经济辐射作用受限等现实困境[18]也制约着冰雪运动休闲特色小镇的特色永续发展。

3.5.2 中期运营阶段

运动休闲特色小镇中期运营阶段的研究主题涵盖产业跨界融合、发展模式、驱动力机制、品牌构建与发展路径等。主题关键词由聚类＃1、＃2、＃4、＃5、＃6、＃7 构成，子聚类包括跨界融合、产业融合、发展模式、创新驱动、新时代、乡村振兴、体育特色小镇、发展路径等。

(1) 产业跨界融合。基于产业集聚与“新经济”空间理论及乡村振兴和新型城镇化发展背景，依托体育特色产业，融合康养、文化、旅游、制造、金融、大数据与互联网等现代化特色生态系统产业群落，聚合资源、生产、市场、企业、社会等发展要素，实现产业集聚、产业融合多业态发展[19]，调节体育产品服务供给与民众消费需求错配的发展格局[20]，构成产业融合的基础。汇聚“体育＋”和“＋体育”的业态模式，围绕产业、文化、旅游、社区等功能发展体育赛事、体育度假、健康养生、运动休闲观光等上下游产业链，产业关联、市场消费需求以及技术和制度创新成为产业融合的动力。以产业融合理论为指导，数字化创新技术融合、体育旅游产品服务融合、政府企业社会组织机构融合、市场营运与营销融合为根基，“主体联动、城乡联动、‘三生’联动、赛演联动”运营体系为保障[21]，拓展出冰雪、滨水、绿道、温泉、森林、赛事观赏等融合发展路径。此外，针对融合过程中政府政策张力与企业规划不足的跨界融合困难、体育与旅游产业融合程度低导致的产不对销、小镇体育社区公共功能服务短缺、互联网等数字经济与“体育＋旅游＋”的融合产品创新不足等问题[22]，应制定和推进符合市场发展规律的具有多元特色文化内涵的产业融合路径。

(2) 发展模式与动力机制。运动休闲特色小镇建设模式研究分为三类：一是空间行政规制视角，“城中—郊区—乡镇”三级建镇模式[23]及“政府引导＋企业运营＋居民参与＋利益共享”的内生发展模式为推进小镇发展提供系统动力；二是特色体育主导产业定位与融合视角，“体育＋旅游”“体育＋商业”“大健康＋体育”“红色＋生态＋体育”“传统体育文化＋运动休闲”等产业与文化融合模式[24]有利于破解小镇建设现存的文化自觉缺失[25]、千镇一面、空心化等发展难题，塑造异质多元的文化内涵提升小镇居民文化认同感[26]；三是新型城镇化[27]与数字经济时代[28]的政策导向视角，“互联网＋”[29]、数字化理念融入为产城融合、产城互动模式科学特色定位与创新发展开拓新空间，体育休闲资源带动消费活力[30]，“PPP创新金融支持”降低项目营运风险同时实现网络资本互联互通，成为小镇建设模式的有益补充[31]。据此，以乡村振兴战略为指引，新型城镇化政策为保障，创新驱动和绿色发展为基础[32]，积极整合体育元素，挖掘体育特色文化内涵，助力体、农、文、旅等“体育＋N”业态的跨界融合[33]，优化供给侧改革，激活大数据应用[34]与产业数字化创新[35]的内生驱力，实现市场驱动与消费需求拉动[36]协同演进，共促小镇多元智慧发展。

(3) 品牌构建与发展路径。基于品牌归因理论，塑造运动休闲特色小镇的品牌及目的地形象[37]，传承优秀基因[38]，打造品牌联动效应，有助于激发和释放小镇活力。优化产业模式、创新整合自然资源、历史文化传承与再造、体制机制改良与重组等均成为小镇品牌建设[39]不可忽视的关键要素和重要举措。沿袭小镇品牌构建思路探索运动休闲特色小镇的建设路径[40]、培育路径[41]、发展路径[42]、治理路径[43]、优化路径[44]。作为体育与其他产业融合发展的高端产物，政府、社会、企业、协会等多要素联合驱动，形成政府、市场、社会等多元主体架构的小镇运作模式，探寻治理路径。“体育＋旅游”“体育＋旅游＋文化”“体育＋X”等新型发展模式为运动休闲特色小镇建设与培育路径提供依据，构建宜居、宜业、宜游的“三生空间”[45]，分别以体育和小城镇为主导发展小镇类型和模式，提出深挖区域特色资源、打造优质的赛事IP、明确消费市场定位、提高品牌影响力的培育建设与优化路径。

3.5.3 后期评效阶段

运动休闲特色小镇后期评效阶段的研究主题包括特色小镇的竞争力评价、功能影响，主题关键词由聚类♯3、♯8构成，子聚类包括运动休闲、发展对策、体育扶贫、精准扶贫等。

(1) 竞争力评价。基于波特钻石模型[46]、SWOT分析、AHP层次分析[47]、PEST分析[48]、灰色关联分析[31]等单一分析方法或组合分析方法综合测评运动休闲特色小镇的发展战略、发展潜力、PPP项目风险评价、社会效益[49]，据此提出小镇可持续发展和建设适用性的策略。此外，从关联产业、特色资源、公共服务、生产要素、功能集合、市场需求、企业竞争与政府行为等方面构建评价指标体系剖析运动休闲特色小镇竞争力影响因素及作用机理，为准确定位角色与功能、实行差异化产品战略、提升比较竞争优势、促进小镇可持续发展提供参考依据[50]。

(2) 功能影响。运动休闲特色小镇的功能影响体现在生态环境保护[51]、体育扶贫[52]、旅游资源开发[22]、产业优化[13]、政府决策[53]、惠民效益[54]、利益相关者、游客价值等方面，体育生态植入小镇建设有助于发挥环境保护与居民健康诉求的叠加效应；发展“体育＋旅游＋扶贫”助力运动休闲旅游资源开发的同时，创新游客体验运动休闲活动的体育扶贫模式，实现相关产业融合优化发展。此外，依据政府在小镇发展阶段中扮演的开拓者、规范者和协调者的角色演变，整合利益相关者间的功能效用，实现政府、市场、企业、游客、居民等多方主体共同获益的共赢效应[55]。

综上，基于运动休闲特色小镇研究主题热点演进路径(图3)可知，国家和地方政府发布的小镇培育政策将是其健康可持续发展的顶层指导和有力保证，规划设计、特色定位为建设的前提和基础，“乡村振兴”、“新型城镇化”、数字经济、新时代、精准扶贫及冬奥会的举办等政策与时代背景指引着小镇建设模式、产业融合、品牌构建与发展路径的未来研究导向，竞争力评价、功能效用成为影响和评判小镇发展质量、提升国民幸福感、切实落实“健康中国”举措的重要依据，国外经验启示贯穿整个演进阶段，提供经验借鉴，理论和实践研究相结合共同助力运动休闲特色小镇的高质量与可持续健康发展。

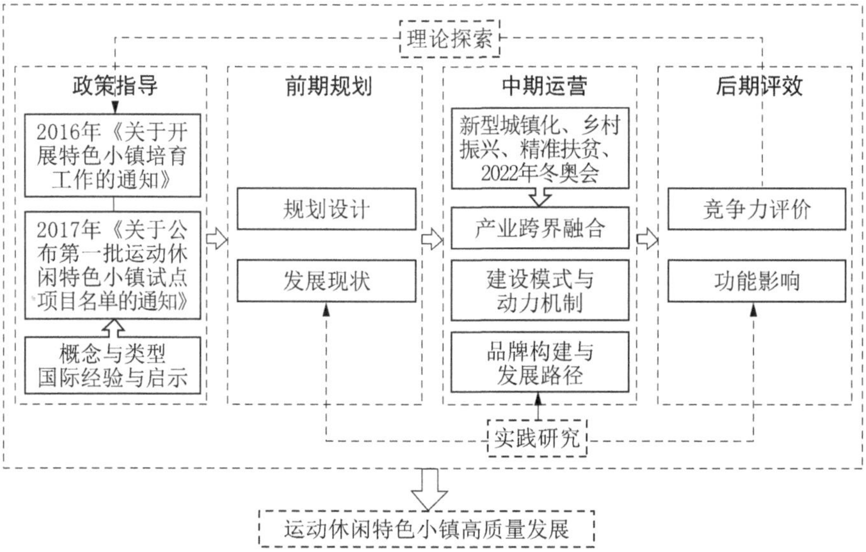

图 3 国内运动休闲特色小镇研究主题热点演进路径图

4 研究结论、未来展望与研究局限

4.1 研究结论

本研究借助 CiteSpace 和 VOSviewer 文献计量工具，可视化分析 2015—2022 年运动休闲特色小镇的研究进程、主体与热点、研究主题，结论如下：

(1) 研究进程阶段特征显著。运动休闲特色小镇国内研究始于 2015 年，研究起步相对迟缓，但发展速度迅猛，经历了萌芽期（2015—2016 年）、繁荣期（2017—2019 年）、稳定期（2020—2022 年）三阶段，研究进程和国家政策的出台实施时序吻合，政策主导型将成为小镇建设发展的首要指导纲领。

(2) 研究主体分散、研究热点突出。运动休闲特色小镇研究高产作者合作稀疏，跨机构合作网络表现为小聚集丛、多节点散落态势，机构和作者合作均有待加强。围绕新型城镇化、乡村振兴、新时代背景下运动休闲特色小镇、体育特色小镇的产业融合、发展路径以及建设模式、共生机制和协同发展等研究热点开展深入探索。

(3) 研究主题多元。运动休闲特色小镇研究包括前期规划阶段研究、中期运营阶段研究、后期评效阶段研究，涵盖规划设计、特色定位与发展现状、产业跨界融合、发展模式、驱动力机制、品牌构建与发展路径、竞争力评价、功能影响七大主题集群。以实证研究及定性描述研究方法为主，SWOT、PEST、AHP 等定量分析较少，研究对象从区域层面到省、市、特色小镇单体案例均有涉及，成果多元。

4.2 未来展望

发展运动休闲特色小镇是乡村振兴、新型城镇化、数字经济发展的关键路径，同时也是实现全民休闲健康与幸福生活以及培育经济新动能的重要载体，有助于促进文旅产业转型升级和消费提质增效。基于现有研究，结合“健康中国”背景，未来运动休闲特色小镇研究可从如下方面推进：

（1）研究主体。运动休闲特色小镇研究领域的学者和机构众多，成果丰硕，学者合作网络多为小规模同机构的单向合作，跨机构核心作者团队规模和合作强度有待延展，东中西部跨地区研究机构合作有待深化。未来，运动休闲特色小镇研究应汇聚高端智力资源，搭建政府、企业、高等学校研究机构等多主体协同管理的发展格局，对接各级资源要素构建学术研究共同体，推动学者交流合作，增进机构协作，实现产学研一体化发展，促进运动休闲特色小镇研究高质量发展。

（2）研究内容。当前，基于乡村振兴、新型城镇化及数字经济时代的运动休闲特色小镇研究仍处于探索实证阶段，有关小镇助推乡村振兴的理论机制、数字经济融入小镇的创新发展路径与效果评估、小镇特色文体旅营销路径、居民的利益共享模式与幸福感获得、产城融合的组织决策与居民参与关系等研究议题有待挖掘，如何从制度和实践层面协调政府、企业、社会、居民等多利益主体共生发展将成为未来研究关注的方向。此外，从宏观管理决策视角，政府的介入效应以及基础设施投资建设与小镇功能价值拉动作用等话题值得探讨；从微观受众参与行为视角，参与者体验与目的地形象感知及其主客体行为价值共创、运动休闲产品数字化赋能和旅游项目智慧技术加持、服务供给与消费弥合等大数据研究均有待深化，为提升运动休闲特色小镇智能治理水平提供现实依据。

（3）研究方法。当前运动休闲特色小镇研究演化阶段皆从横向维度展开，纵向维度的对比研究涉及较少，且以江浙沪鲁等地为范本的小镇单体案例特色定位经验借鉴和规划建设研究居多，研究方法多为文献调研、访谈和案例研究等定性描述，缺少问卷调查、计量经济、实验等社会学、经济学和心理学的定量研究，未来可探索基于定性与定量相结合的混合研究方法对小镇微观人地交互作用和宏观产城融合机制进行实证分析。此外，纵观全局，长三角城市群、京津冀、资源禀赋度较高的旅游目的地小镇空间布局集聚，未来案例地选取可延展至中西部地区，借鉴地理学、管理学等理论开展跨学科交叉研究，探索符合本土实践的运动休闲特色小镇的理论体系。

4.3 研究局限

本研究选取运动休闲特色小镇国内研究成果为研究对象，有关小镇发展阶段、产城模式演进以及利益相关主体的协调共治、民众生活幸福感等议题的国内外对比探讨有待深化，未来，可借助国际作者和机构合作的学术网络平台，探索国内运动休闲特色小镇的国际化发展路径，赋能小镇以实现精细化运作与规模式扩张，特色主题定位与国际赛事合作等兼容并蓄的高质量发展。

参 考 文 献

[1] 中共中央、国务院.中共中央、国务院印发《"健康中国 2030"规划纲要》[EB/OL]. [2022-08-03]. http://www.gov.cn/xinwen/2016-10/25/content_5124174.html.

[2] 健康中国行动推进委员会.健康中国行动(2019—2030 年)[EB/OL]. [2022-08-03]. http://www.gov.cn/xinwen/2019-07/15/content_5409694.html.

[3] 国家体育总局.体育总局办公厅关于推动运动休闲特色小镇建设工作的通知[EB/OL]. [2022-08-03]. http://www.sport.gov.cn/n316/n336/c802334/content.html.

[4] 沈克印，杨毅然.体育特色小镇：供给侧改革背景下体育产业跨界融合的实践探索[J].武汉体育学院学报，2017, 51(6):56-62.

[5] 李平，余守文，肖乐乐.新时代我国体育特色小镇研究的回顾和展望[J].体育科研，2020, 41(1):62-68.

[6] 吴桐."四态"融合理念下运动休闲特色小镇发展研究[J].体育成人教育学刊，2018, 34(5):23-26.

[7] 张雷.运动休闲特色小镇：概念、类型与发展路径[J].体育科学，2018, 38(1):18-26.

[8] 朱敏，瞿迪.国外运动休闲特色小镇类型、特点与启示[J].体育文化导刊，2018, 196(10):126-131.

[9] 范成文，刘晴，金育强，等.我国首批运动休闲特色小镇类型及其地理空间分布特征[J].首都体育学院学报，2020, 32(1):63-68+74.

[10] 李杰，陈超美.CiteSpace 科技文本挖掘及可视化[M].北京：首都经济贸易大学出版社，2016:66-79.

[11] 浙江省人民政府.浙江省人民政府关于加快特色小镇规划建设的指导意见. [2023-04-05]. https://jxt.zj.gov.cn/art/2015/9/6/art_1562871_25386147.html.

[12] 住房和城乡建设部、国家发改委、财政部.关于开展特色小镇培育工作的通知. [2023-04-05]. https://www.gov.cn/xinwen/2016-07/19/content_5092569.htm.

[13] 王志文，沈克印.产业融合视角下运动休闲特色小镇建设研究[J].体育文化导刊，2018, 1(1):77-81.

[14] 田学礼,赵修涵.体育特色小镇发展水平评价指标体系研究[J].成都体育学院学报,2018,44(3):45-52.
[15] 聂鑫.产城融合视角下的运动休闲特色小镇规划研究[D].哈尔滨:东北林业大学,2020.
[16] 汤培源,吴骏毅,俞翔,等.特色小镇如何做“特”——以平湖九龙山航空运动小镇为例[J].小城镇建设,2016,11(11):42-45.
[17] 付成君.运动休闲特色小镇建设的突出问题及优化治理研究[J].当代体育科技,2021,31(31):141-144.
[18] 刘晓虎,童建民,叶乐安.“北冰南展”背景下冰雪运动小镇发展的浙江经验与启示[J].四川旅游学院学报,2022,5(5):26-32.
[19] 鲜一,程林林.体育特色小镇业态选择——基于产业集聚与区位理论视角[J].体育与科学,2018,39(3):60-68.
[20] 杨波.体育产业供给侧结构性改革视域下运动休闲特色小镇建设启示[J].吉林体育学院学报,2018,34(4):44-49.
[21] 华正伟.体育特色小镇:新经济空间的赋能、融合与优化[J].学术交流,2022,2(2):86-96+191.
[22] 蒲西安,王春华,彭雪玲.体育小镇背景下休闲体育与乡村旅游发展研究——以四川省为例[J].体育科技文献通报,2019,27(10):13-14+20.
[23] 谢尊贤,郭琰.空间分布视角下健康型运动休闲小镇发展模式探索[J].沈阳体育学院学报,2019,38(2):9-14.
[24] 王松,张凤彪,崔佳琦.传统体育文化融入运动休闲特色小镇建设研究[J].体育文化导刊,2018,5(5):79-83.
[25] 李乐虎,高奎亭,黄晓丽.文化自觉视角下运动休闲特色小镇建设研究[J].体育文化导刊,2018,9(9):70-74+117.
[26] 谭贤.运动休闲特色小镇的文化异质性研究[J].当代体育科技,2018,8(36):198-199.
[27] 刘灏,张宏杰.新型城镇化视域下运动休闲特色小镇建设机制及路径研究[J].南京体育学院学报(社会科学版),2017,31(4):14-17+27.
[28] 李海杰,展凯,张颖.数字经济时代运动休闲特色小镇智慧化建设的逻辑、机理与路径[J].武汉体育学院学报,2021,55(2):5-12.
[29] 张潇潇.互联网+视域下的“体育小镇”构建研究[J].南京体育学院学报:社会科学版,2017,31(4):18-22.
[30] 申凤君.休闲学视域下的运动休闲特色小镇建设研究[D].牡丹江:牡丹江师范学院,2020.
[31] 林小荣.基于“灰色关联—层次分析”的冰雪运动休闲特色小镇 PPP 项目风险评价[J].冰雪运动,2020,42(3):69-76.
[32] 范尧,肖坤鹏,康博舒,等.新发展理念下运动休闲特色小镇发展的实践路径[J].体育文化导刊,2021,2(2):89-95.
[33] 聂春丽,邓艳香.乡村振兴背景下运动休闲特色小镇高质量发展路径探析[J].体育文化导刊,2022,6(6):15-22.
[34] 董亚琦,史梦婷,张玉山,等.大数据时代我国运动休闲特色小镇发展研究[J].四川体育科学,2021,40(2):90-94.

[35] 沈纲，沈秀.体育特色小镇产业数字化创新驱动研究——以江苏为例[J].江苏社会科学，2021，6(6)：231-240.
[36] 虞浩，喻和文.经济新常态下运动休闲特色小镇消费集聚路径的构建[J].江西社会科学，2021，41(10)：221-228.
[37] 孟凡娇.旅游目的地品牌形象与品牌质量对旅游者品牌忠诚的影响[D].济南：山东体育学院，2020.
[38] 代方梅."品牌基因"理论视角下体育特色小镇品牌构建研究[J].湖北大学学报(哲学社会科学版)，2018，45(6)：116-122.
[39] 李晓霞.品牌培育视角下的运动休闲特色小镇研究[J].武汉体育学院学报，2021，55(3)：49-55.
[40] 李刚，张林.运动休闲特色小镇建设动力、模式与路径[J].体育文化导刊，2020，9(9)：98-104.
[41] 周鸿璋，刘周敏，罗镇宇，等.运动休闲特色小镇培育发展现状——基于四个案例的研究[J].吉林体育学院学报，2019，35(6)：23-27.
[42] 陈洋，孙辉，孔庆波，等.回头经济背景下运动休闲特色小镇发展路径研究[J].体育文化导刊，2018，11(11)：100-105.
[43] 柳鸣毅，丁煌，张毅恒，等.我国运动休闲特色小镇产业演化机制、运作体系与治理路径[J].天津体育学院学报，2019，34(2)：144-149.
[44] 展茂浩.运动休闲特色小镇"三生融合"优化路径研究[D].济南：山东大学，2020.
[45] 郭修金，张樱，陈玉萍，等.运动休闲特色小镇"三生空间"的格局重构及优化路径[J].体育学研究，2021，35(2)：49-57.
[46] 王跃，高梦梦，周宇，等.波特菱形理论——钻石模型对运动休闲特色小镇评估指标体系综合分析的研究[J].体育世界(学术版)，2019，8(8)：41-42+36.
[47] 任丽.基于 AHP-FCE 的运动休闲特色小镇社会效益评价研究[D].太原：山西师范大学，2019.
[48] 卢柳钧.浙江省运动休闲小镇的 SWOT-PEST 分析[D].太原：西北师范大学，2020.
[49] 郭利军.运动休闲特色小镇可持续发展评价指标体系构建研究[J].吉林体育学院学报，2019，35(3)：54-59.
[50] 高雪婷，韩春利.基于 SWOT-AHP 模型的运动休闲特色小镇发展战略研究——以山东省为例[J].山东体育科技，2021，43(1)：29-35.
[51] 吕平，王健.特色小镇体育生态建设研究——以四川省特色文化小镇青莲镇为例[J].体育世界(学术版)，2017，11(11)：30-31.
[52] 焦杰.运动休闲特色小镇——精准扶贫背景下体育扶贫发展模式的构建探索[J].当代体育科技，2018，8(1)：166+169.
[53] 刘雅洁.我国运动休闲特色小镇建设中政府职能定位的研究[D].北京：北京体育大学，2019.
[54] 张希，林立，刘伟霞.特色小镇建设对居民生活质量影响研究——福建省国家级运动休闲特色小镇建设考察[J].福建论坛(人文社会科学版)，2019，9(9)：191-200.
[55] 程文广，王宁宁.体育特色小镇建设对居民亲环境行为的影响：地方认同、自然共情多重中介效应[J].北京体育大学学报，2021，44(5)：79-89.

Review and Prospect of Sports and Leisure Characteristic Towns in China: Visualization Analysis Based on CiteSpace and VOSviewer

LIU Sai, JI Xiaozhen, LIU Yongsheng
(*Department of Tourism, Fudan University, Shanghai 200433, China*)

Abstract: Nowadays, the economic industry is facing a critical stage of transformation and upgrading in China, how to make existing market resources to be integrated, realize the integrated development of industry and town, and help maximize the benefits of economy of scale has been arousing widespread concern among scholars. As an upgraded version of rural revitalization and new urbanization transformation in China, gather the advantages among resource, market and industrial, the construction of small towns has formed a benchmark and model for the development of Chinese characteristic industries. Based on literature review and visual analysis of knowledge maps, this paper reviewed and analyzed the domestic research on sports and leisure characteristic towns in China, aimed to grasp research trends and better promote the sustainable and healthy development of sports and leisure characteristic towns. It was found that: the research process of sports and leisure characteristic towns has significant chronological stage characteristics; the research subjects are scattered and the research hotspots are prominent; the research topics are diversified, specifically in planning design and characteristic positioning, development status issues, industrial cross-border integration, construction mode and dynamic mechanism, brand construction and cultivation path, competitiveness evaluation, functional impact. Accordingly, we explore the future development direction of sports and leisure characteristic towns in terms of research subjects, research contents and research methods, in order to provide targeted countermeasures and suggestions.

Keywords: sports and leisure characteristic towns; literature review; prospect; Knowledge Map

游客感知价值对旅游地的顾客契合影响研究：以上海愚园艺术生活街区为例*

符政义[1,2]
(1. 复旦大学旅游学系，上海 200433，中国；2. 长宁区文化和旅游局执法大队，上海 200092，中国)

［摘要］ 为更好地对历史文化街区目的地进行评价，本研究引入顾客契合概念和感知价值理论，以法国学者 Marchat 的体验—感知价值—顾客契合模型为基础，通过探索性和验证性因子分析、结构方程模型等方法，确定了适用于历史文化街区目的地的评价指标，包括体验四个维度 18 个题项、顾客契合四个维度 19 个题项以及感知价值七个维度 32 个题项。在对国家级旅游休闲街区——上海愚园艺术生活街区的研究中发现：(1)体验对感知价值和顾客契合有明显的正向影响作用，游客在游览过程中的参与度越好，其对历史文化街区目的地的感知价值和顾客契合程度也会越高；(2)感知价值对顾客契合有明显的正向影响作用，其中感知价值的“总体价值”和“体验刺激价值”维度对顾客契合的影响最大；(3)感知价值在体验与目的地顾客契合之间起中介作用，并且中介作用通过感知价值的“总体价值”维度来体现。

［关键词］ 顾客契合；感知价值；体验；历史文化街区；愚园路

1 引言

顾客契合是顾客参与组织产品和(或)组织活动并与之建立联系的强度[1]，也被认为是顾客与品牌或企业产品或活动的联系水平[2]，表现为购买情境之外的认知、情感和行为反应[3]。随着顾客契合相关研究的深入，越来越多的学者发现顾客对企业发挥着巨大的作用，已经从信息的被动接受者转向价值的共创者[4—5]，由此引入感知价值理论来进行相关探索。感知价值是顾客对产品与品

---

* ［作者简介］符政义(1989—)，男，硕士研究生，研究方向为目的地管理和区域旅游发展，E-mail：elgarithaca@outlook.com。

牌所能带来经济效用与社会利益的整体性评估[6]，是在体验中产生，是预测顾客心理和行为的重要指标[7]。在旅游领域，结合顾客契合概念与感知价值理论来进行研究，有助于更好地回答“游客体验的哪些要素可以转化为对目的地的契合，进而形成游客与目的地之间更强的认知、情感和行为联系”这一问题。本研究选择国家级旅游休闲街区——上海愚园艺术生活街区为对象，试图了解游客对历史文化街区目的地体验感知的内容，获悉游览体验中的哪些要素可以转化为对历史文化街区目的地积极的行为契合，进而对都市旅游中历史文化街区更好发展提供可行性建议。

2 研究综述

2.1 顾客契合

早期，学者对顾客契合的理解较为片面，仅包括情感、认知（心理）[8—13]或行为[14—15]的某一方面，或这三方面中的某两个方面[4—5]。随着研究的深入，学界普遍认同顾客契合是认知、情感和行为活动的总和[16—17]，是顾客在与组织的互动中形成的[18—20]。顾客契合的维度通常包括“关注”“专注”“热情”“认同”“互动”五个维度[3, 21]，该测量体系被广泛地用于特定旅游目的地的研究中，如连锁酒店和航空运输业[3]、旅游社交媒体品牌[20—22]、特定旅游目的地[23—25]。

学者对顾客契合驱动因素和影响结果进行过探讨。顾客契合前因变量方面的研究脉络较为清晰，从最初研究“互动”对顾客契合的影响[12, 26]，到发现“互动交流可以形成一种顾客与企业共创价值的机制”[27]，进而拓展到研究“感知价值”对顾客契合的影响[17, 28—30]。而在顾客契合的影响结果方面，顾客契合对忠诚度有直接影响[26, 31]，也会提高客户的服务品牌评价和品牌信任[3]。

2.2 感知价值

顾客感知价值是“顾客在消费过程中对产品与品牌所能够带来的经济效用与社会利益的整体性评估”[6]，是消费者对感知收益和付出成本之间的总体评价[32—34]。有学者认为，感知价值需要考虑总体价值（overall value）和消费价值（consumption value）两个方面，仅从经济和认知角度来理解消费者感知价值有一定的局限性[35]。总体价值反映消费者在购买产品或服务后付出成本与获得收益之间的关系[6, 34]，而消费价值反映“主客体间互动体验的一种相对偏好”[36]，是与消费体验相关的使用价值[7]。

旅游领域感知价值的研究大体可分为三类：第一类是开发旅游领域感知价值测评量表，如 PERVAL 量表[37]、SERV-PERVAL 量表[38]、GLOVAL 量表[39]、TOUR-PERVAL 量表[40]等;第二类是在不同旅游场景内探讨感知价值的维度,如在剧院[41]、网红餐厅[42]、文化遗产体验[43—44]等场景中;第三类是研究顾客价值驱动因素及影响结果。有学者探讨了"感知价值—顾客(行为)契合"方面的相关问题,发现"感知价值"是顾客契合的驱动因素[28—30],加之感知价值先天具有的"体验"属性[45—47],围绕不同的服务场景(如旅游网站[48]、境外岛屿度假目的地[17])开展"体验—感知价值—顾客契合"分析已成为研究热点。

3 研究假设与研究模型

3.1 研究假设

有学者认为消费体验会对顾客契合产生影响。如 Maslowska 等在其构建的"契合生态系统"模型中提到客户品牌体验会对品牌契合行为产生影响[27];李文勇等在对旅游网站用户体验的研究中发现体验对顾客契合有显著的正向影响[48];Marchat 在法国留尼汪岛度假目的地的研究中同样证明体验对顾客契合有显著的影响[17];陈欣和程振锋发现红色旅游中体验也会对契合行为产生显著的正向影响[30]。基于过去研究,本研究认为在历史文化街区目的地中,体验同样会对顾客契合产生影响,由此提出假设 H1。

假设 H1:体验对目的地的顾客契合呈显著的积极影响。

有学者认为体验会对作为互动结果的价值产生影响。比如隋丽娜和李颖科发现游客在文化遗产游览体验前后的感知价值存在明显差异[49];郑文俊采用相同方法,在漓江风景区游客感知价值的研究中得出相同结论[50];李文勇等发现旅游网站用户体验对感知价值有显著的正向影响[48];李子帅等在演艺产品体验中也证实了这种影响[51]。基于此,本研究认为在历史文化街区目的地中也存在着这种影响,由此提出假设 H2。

假设 H2:体验对目的地的感知价值呈显著的积极影响。

过去研究发现,顾客自身价值与品牌或企业相一致时,他们就会与品牌或企业建立起某种联系。当这种联系的一致性程度越高,顾客契合程度也会越高[26]。这种现象在国内旅游虚拟社区[52]、旅游网站用户体验[48]、网络直播[28]、酒店服务场景[29]中同样存在;感知价值对顾客契合显著的影响在国外岛屿旅游目的地中也被证实[17]。基于此,本研究认为在历史文化街区目的地中同样存在这种影响,由此提出假设 H3。

假设 H3:感知价值对目的地的顾客契合呈显著的积极影响。

有学者认为感知价值在体验与契合行为中起中介作用。李文勇等在对旅游网站用户的研究中发现,体验对顾客契合的影响中有 34.7%是通过感知价值这一中介变量所产生[48];王高山等认为实用价值和享乐价值在服务体验和态度契合之间具有完全中介效应[53];李书昊和魏敏在酒店服务场景中证实了感知价值的中介作用,并提出可以通过强化感知价值来激发顾客契合[29]。旅游目的地中同样存在这种影响,比如 Marchat 在岛屿旅游目的地中证明了感知价值在体验与顾客契合间的中介作用,并且这种中介作用主要是由感知价值中的"总体价值"维度来表现[17];陈欣和程振锋在公民红色旅游的研究中证实感知传承价值在体验和契合行为(游客推荐)之间起中介作用[30]。由此,本研究提出假设 H4。

假设 H4:感知价值在体验与目的地的顾客契合之间起中介作用。

3.2 研究模型

Zeithaml 的感知价值理论为更好地理解消费者提供了必要依据。在旅游场景中,游客的行为除了受理性影响外,也受其自身情感支配。旅游服务不仅反映了游客对效用最大化的追求,也体现享乐、美学或象征等价值[54]。Aurier 等基于感知价值理论,将感知价值细化为消费价值和总体价值,并提出集成模型[34]。在此基础上,Marchat 假设顾客契合与忠诚度有着相同的背景,将感知价值对顾客契合的影响置于消费体验评价模型中去,构建了体验—感知价值—顾客契合模型[17]。本研究以此为基础模型,根据前述假设构建关系模型(如图 1 所示),来对上海历史文化街区目的地——愚园艺术生活街区进行研究。

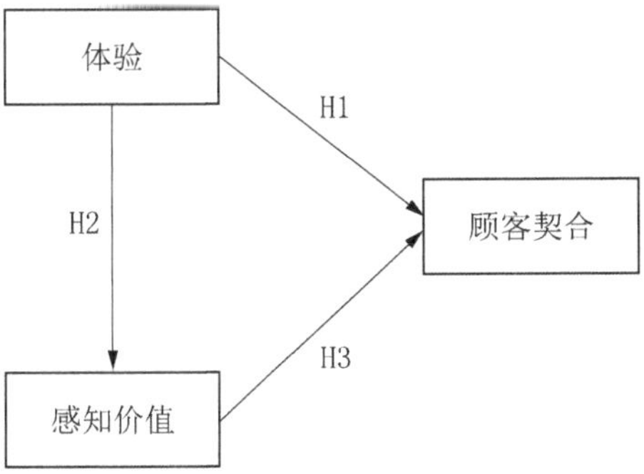

图 1 体验—感知价值—顾客契合关系模型

4 研究设计与实证检验

4.1 研究对象

愚园艺术生活街区所在的愚园路是一条有着百年历史的网红小马路,汇聚

22 处上海市优秀历史建筑、11 家文物保护单位。街区内有众多红色景点资源、优秀历史建筑、景观资源、时尚文化资源、特色商业资源。上海愚园艺术生活街区 2021 年 9 月获评市级旅游休闲街区，2023 年 3 月被文化和旅游部确定为第二批国家级旅游休闲街区。对愚园艺术生活街区开展游客感知价值对顾客契合影响的研究，有助于获取游客在国家级旅游休闲街区游览的体验感知，了解街区发展的优势与不足，为愚园艺术生活街区乃至其他历史文化街区的开发、保护、发展提供更有实践意义的参考。

4.2 研究方法

本研究主要分为预调研和正式调研两个阶段。预调研阶段采用探索性因子分析确定最终测量量表。首先，进行信度分析，使用 SPSS20.0 检验所有可观测变量的 Cronbach's α 系数和 CITC 系数。其次，对各分量表内容效度和结构效度进行检验。最后，采用主成分分析和最大方差正交旋转方法求解因子，删除标准为：(1) 旋转后载荷因子小于 0.5 或同时在两个因子上的载荷值都大于 0.5；(2) 若一个测项同时在两个因子上的载荷值都高于临界点应考虑删除，但删除该测项后两个因子合并则不删除[55—56]。正式调研阶段进行验证性因子分析，通过结构方程模型对体验—感知价值—顾客契合的假设模型进行检验。

4.3 确定量表

本研究选用刘海朦等开发的体验量表[57]，该量表完整地概括了历史文化街区体验的内容。顾客契合变量选用刘小燕等的量表[24]，该量表是从 So 等和王甫园等的研究发展而来的。感知价值变量选择 Marchat 的目的地感知价值量表[17]，该量表综合文献回顾和游客访谈而来，内容经由一位法语专业老师和一位法语专业学生翻译后确认。

预调研阶段于 2022 年 4 月 25—30 日进行，采用“问卷星”线上问卷的方式获取 182 份有效样本，符合样本量要求[58]。通过信度、效度分析后，根据每个因子特征值须大于 1 的要求，保留体验量表全部内容，部分修改顾客契合量表和感知价值量表内容。具体而言：将顾客契合量表中“热情”和“关注”维度合并为“吸引”维度，该结论与过去研究结论相一致[17, 20]；在感知价值量表中，将同属于“内在自我导向”范畴的“逃避/惊喜价值”维度与“享乐价值”维度合并，并将同属于“外在自我导向”范畴的“功能价值”维度与“认知价值”维度合并，该结果符合 Holbrook 的感知价值维度框架[36]。由此确定适用于历史文化街区目的地的评价指标（如图 2 所示）。

量表	变量	题项
体验	身体体验	在游览过程中我获得很好的听觉、嗅觉、视觉、触觉、味觉体验
		在游览过程中我获得很好的参与度
		在游览过程中我有很好的放松感、安全感
	街区特征	“愚园艺术生活街区”有很高的知名度
		“愚园艺术生活街区”有很好的形象
		“愚园艺术生活街区”有很大的规模
		“愚园艺术生活街区”很有特色
		“愚园艺术生活街区”很有吸引力
	街区接待	在“愚园艺术生活街区”，我获得很好的餐饮美食体验
		“愚园艺术生活街区”交通区位很好
		在“愚园艺术生活街区”，我获得很好的住宿体验
		在“愚园艺术生活街区”，我获得很好的休闲娱乐体验
		在“愚园艺术生活街区”，我获得很好的购物体验
	环境氛围	我认为“愚园艺术生活街区”内的绿化、空气质量、卫生清洁情况很好
		我认为“愚园艺术生活街区”内的建筑很有特色、建筑与景观很协调
		我认为“愚园艺术生活街区”文化氛围浓郁、历史底蕴深厚
		我认为“愚园艺术生活街区”商业气氛很好
		我认为“愚园艺术生活街区”人气与热度很高
顾客契合	认同	我为到“愚园艺术生活街区”旅游而感到自豪
		我非常关心别人如何看待“愚园艺术生活街区”
		如果“愚园艺术生活街区”出现负面信息，我会觉得不好意思
		当别人称赞“愚园艺术生活街区”时，我会觉得骄傲
	吸引	我喜欢到“愚园艺术生活街区”去旅游
		我对“愚园艺术生活街区”的热情可以持续很久
		我对能去“愚园艺术生活街区”旅游而感到很兴奋
		了解“愚园艺术生活街区”相关信息已经占据我生活中的一部分时间
		我想更多地了解“愚园艺术生活街区”的相关知识
		与“愚园艺术生活街区”的相关信息会引起我的关注
		到“愚园艺术生活街区”深入旅游后，我更加想要深入了解它
	专注	当我与“愚园艺术生活街区”进行互动时，我很投入，会忘记周围一切
		当我与“愚园艺术生活街区”进行互动时，如果别人打扰我，我会烦躁
		在生活中我会不断联想到“愚园艺术生活街区”的相关信息
		如果“愚园艺术生活街区”需要我的配合和帮助，我会毫不犹豫尽力完成
	互动	当身边的人到“愚园艺术生活街区”旅游时，我会觉得非常有趣
		我喜欢与其他人讨论“愚园艺术生活街区”的相关信息
		能与其他人交流“愚园艺术生活街区”的知识和想法让我非常享受
		我常常在网络上阅读或发表“愚园艺术生活街区”的相关博客或评论
感知价值	功能价值	我觉得“愚园艺术生活街区”提供的服务（酒吧、餐厅、娱乐、住宿）很好
		我觉得“愚园艺术生活街区”现场气氛很好
		我很容易前往“愚园艺术生活街区”
		“愚园艺术生活街区”内出行方便
		游览“愚园艺术生活街区”，使我更好地了解愚园路的历史
		游览“愚园艺术生活街区”，使我更好地了解当地文化（建筑、传统、美食等）
	社会实践价值	我想与家人或朋友分享“愚园艺术生活街区”游览体验
		我会和家人或朋友一起游览“愚园艺术生活街区”
		在“愚园艺术生活街区”，我能找到想做的事
		在“愚园艺术生活街区”，我觉得当地居民很热情
	享乐价值	去“愚园艺术生活街区”，是个令人兴奋的想法
		在“愚园艺术生活街区”，我度过了一段快乐的时间
		去“愚园艺术生活街区”，可以使我身心消遣
		在“愚园艺术生活街区”，我感到放松
		去“愚园艺术生活街区”，可以使我享受美好时光
		在“愚园艺术生活街区”，我感到自由
		在“愚园艺术生活街区”，我忘记日常琐事
	审美价值	在“愚园艺术生活街区”，我度过美好的时光
		在“愚园艺术生活街区”，我看到美丽的事物
		我觉得“愚园艺术生活街区”环境很美
		我觉得“愚园艺术生活街区”风景很美
	体验刺激价值	在“愚园艺术生活街区”，我有机会参加许多活动
		在“愚园艺术生活街区”，我有机会观看表演、演出
		在“愚园艺术生活街区”，休闲的方式很多
		在“愚园艺术生活街区”，我能够经历许多不同的体验
		在“愚园艺术生活街区”，我有机会参加新的活动
	社会差异价值	游览“愚园艺术生活街区”，我感到荣幸
		游览“愚园艺术生活街区”，我能负担得起费用
		“愚园艺术生活街区”的商铺是为某一类人群保留的
	总体价值	游览“愚园艺术生活街区”，值得我付出这么多精力
		游览“愚园艺术生活街区”，值得我做出这么多牺牲
		游览“愚园艺术生活街区”，值得我付出这么多时间和金钱

图 2 历史文化街区目的地评价指标

4.4 数据收集与样本分布

正式调研于 2022 年 7 月 10—30 日在线下进行。问卷通过“问卷星”生成电子问卷，以在愚园艺术生活街区现场填写问卷的形式完成。问卷设置筛选问题，旨在对以休闲、度假为目的的游览者进行调研，所有题目均采用李克特 7 级量表。为确保问卷内容更为合理，本研究通过回答时间和答卷合理性进行筛选，删除填答时间小于 90 秒且所有题项答案均一样的答卷，获得有效问卷 372 份，符合样本量要求[59]。

统计显示，受访者男性占 47.85%，女性占 52.15%；年龄分布上，26～40 岁占 84.41%；受教育程度上，大学及以上学历占 62.9%；月收入方面，5 000～10 000 元的受访者占 29.3%，10 000 元以上占 59.41%；消费水平方面，消费金额在 100～500 元的受访者占 39.52%，100 元以下的占 23.66%，501～1 000 元的占 21.77%。

4.5 数据分析

首先，本研究已将数据缺失值问题排除在外，同时偏度和峰度值显示测量变量具有可接受的对称性和平坦度系数。其次，将所有可观测变量的内部一致性在 SPSS20.0 版本中进行信度分析，量表的整体 Cronbach's α 系数为 0.984，各分量表中各个维度的 Cronbach's α 系数在 0.912～0.958 之间，均大于 0.7 的标准，反映出量表的信度良好。再次，进行效度分析，各量表描述性统计量 KMO 均大于 0.9，Bartlett 球形检验的显著性 $p=0.000<0.05$，表明结果可以接受。最后，通过 AMOS28 软件进行验证性因子分析。结构效度方面，各分量表卡方自由度比值(χ^2/df)为 2.816～3.091，介于 2～5 之间，表示模型可以接受；RMSEA 值为 0.07～0.075，小于 0.08，拟合良好；AGFI 值为 0.79～0.853，RMR 值为 0.036～0.04，各相对适配指数均大于 0.9，适配结果良好。聚敛效度方面，各个潜变量对应因子载荷均大于 0.7，说明各潜变量对应题项具有很高的代表性；各潜变量的平均方差变异 AVE 均大于 0.5，且组合信度 CR 均大于 0.8，说明聚敛效度理想。在区分效度方面，各个潜变量之间均具有显著的相关性($p<0.001$)，相关性系数均小于 AVE 平方根，说明各个潜变量之间具有一定的相关性，且彼此之间又具有一定的区分度，区分效度理想。此外，将共同方法偏差作为一个潜变量加入各个模型，结果显示，加入共同方法因子后，模型未得到明显改善，说明不存在显著的共同方法偏差。

5 研究结果

5.1 模型适配度

在对测量模型进行信度和效度分析之后，对路径模型进行检验，其中

$\chi^2/df=2$, RMSEA=0.052, AGFI=0.764, RMR=0.074, SRMR=0.06,模型具有较好适配度。

5.2 假设检验

假设H1检验体验对目的地顾客契合的影响,分析结果显示影响显著($\beta=0.537$, $t=9.112$, $p<0.001$),假设H1成立。构建体验—顾客契合二阶模型检验,体验的"身体体验"($\beta=0.607$, $t=10.159$, $p<0.001$)、"街区特征"($\beta=0.323$, $t=6.553$, $p<0.001$)、"街区接待"($\beta=0.215$, $t=4.698$, $p<0.001$)和"环境氛围"($\beta=0.135$, $t=3.144$, $p<0.01$)四个维度对目的地的顾客契合都呈显著的积极影响。通过直接效应分析发现,"身体体验"维度较之其他三个维度对顾客契合产生的影响更大。而在"身体体验"维度中,题项"在游览过程中我获得很好的参与度"对该维度的直接影响最大。

假设H2检验体验对目的地感知价值的影响,分析结果显示影响显著($\beta=0.737$, $t=11.801$, $p<0.001$),假设H2成立。构建体验—感知价值二阶模型检验,体验的"身体体验"($\beta=0.529$, $t=10.188$, $p<0.001$)、"街区特征"($\beta=0.23$, $t=4.875$, $p<0.001$)和"街区接待"($\beta=0.24$, $t=5.009$, $p<0.001$)三个维度对目的地的感知价值呈显著的积极影响,其中"身体体验"维度影响最大。"环境氛围"维度对目的地感知价值的影响不显著,该结果似乎与通常认知不符,但张辉和陈雅清曾在展会服务场景中获得相同的结论,他们认为原因在于"样本中有超过80%的参展商参会次数大于3次且对于展会环境氛围较为熟悉,从而降低其对该类要素重要性的感知"[60]。本研究选用的样本都是实际到访游客,由于问卷中未统计游客游览愚园艺术生活街区的次数,因而不排除许多游客曾不止一次进行过游览、对街区环境较为熟悉而影响其感知的情况。

假设H3检验感知价值对目的地顾客契合的影响,分析结果显示影响显著($\beta=0.453$, $t=8.152$, $p<0.001$),假设H3成立。通过构建感知价值—顾客契合结构模型,发现感知价值"功能价值"($\beta=0.096$, $t=2.549$, $p<0.05$)、"社会实践价值"($\beta=0.11$, $t=2.908$, $p<0.01$)、"享乐价值"($\beta=0.081$, $t=2.181$, $p<0.05$)、"体验刺激价值"($\beta=0.386$, $t=8.237$, $p<0.001$)、"社会差异价值"($\beta=0.098$, $t=2.641$, $p<0.01$)和"总体价值"($\beta=0.713$, $t=11.227$, $p<0.001$)六个维度对目的地的顾客契合呈显著的积极影响,"审美价值"维度对目的地顾客契合的影响不显著。为进一步了解相关维度的影响,本研究删除不显著路径("审美价值"维度)后重新构建感知价值—顾客契合结构模型,发现"享乐价值"维度对顾客契合的影响不显著,这与Marchat(2019)对岛屿目的地中的研究结果相同[17]。通过Bootstrap方法发现,"享乐价值"是通过"总体价值"间接影响"顾客契合"。

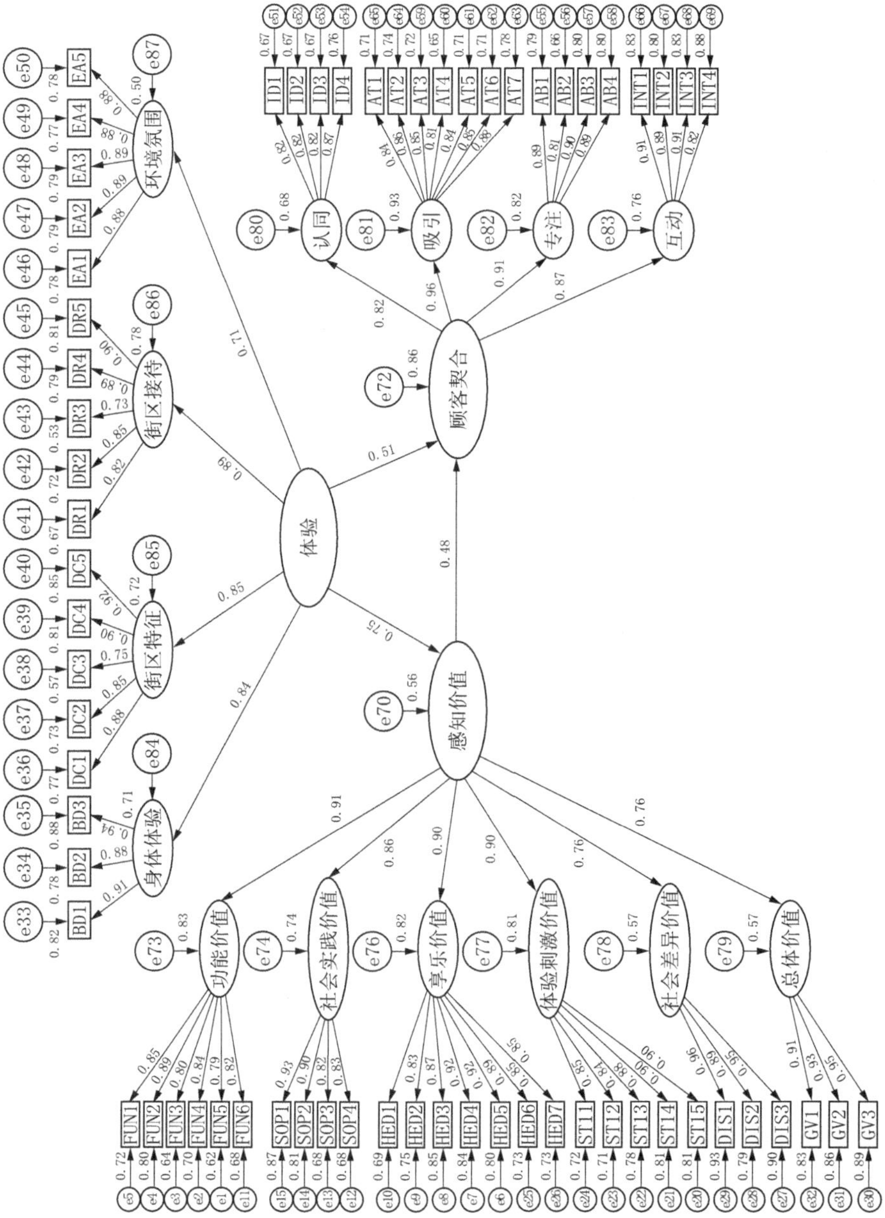

图 3 体验—感知价值—顾客契合结构模型

根据假设结果对模型进行修正后，整体拟合系数变化不大（$\chi^2/df=2.054$，RMSEA=0.053，AGFI=0.759，RMR=0.074），最终结构模型如图 3 所示。

5.3 感知价值中介效应检验

常用的中介效应检验采用 Bootstrap 方法。本研究中，在 95%置信水平下 Bias-corrected 和 Percentile 方法置信区间分别为[0.255，0.415]和[0.253，0.414]，均不包含 0 在内，说明间接效应存在，故假设 H4 成立（$p<0.001$）。

通过计算解释变异量比例值（VAF）可以衡量中介效应的强弱。本研究发现，感知价值对体验与顾客契合之间的中介强度 VAF=0.334/0.871=38.35%，且 20%<VAF=38.35%<80%。该结果显示体验对顾客契合的影响有 38.35% 是通过中介变量感知价值产生的。

6 研究结论与讨论

6.1 研究结论

（1）本研究针对游客在历史文化街区目的地游览情况，确定了包含体验、感知价值和顾客契合三个量表的测量模型，并通过了信度、效度和模型适配度检验。模型的三个量表均源于过去成熟的研究且在国家级旅游休闲街区中得到验证，因此，可用于历史文化街区目的地游览体验感知和契合程度的直接测量。

（2）本研究在历史文化街区目的地中验证了游客体验对感知价值、顾客契合的正向影响作用。其中，体验的“身体体验”维度起着最为重要的作用。这说明，如果游客在游览的过程中参与度越好，其与该历史文化街区目的地的契合程度也会越高。

（3）本研究验证了游客的感知价值对顾客契合的正向影响作用，其中，“总体价值”维度对顾客契合的影响最大，这与 Marchat 在对岛屿目的地研究中得出的结论相同[17]。并且，本研究证实“感知价值内部存在等级关系”[35, 41]，影响力较弱的维度（“享乐价值”）通过“总体价值”维度对目的地顾客契合产生影响。

6.2 管理启示

从调研中获得的愚园艺术生活街区有如下优势：（1）环境优势：街区内景观环境好，古树环绕、梧桐掩映、点缀着众多特色花景等，受访游客对街区内“绿化、空气、卫生情况”表示高度认同。（2）资源优势：受访游客对街区内的优秀历史建筑资源、特色商业资源有很高的认同度。(3)治理优势:街区所在地的基层管理机构——江苏路街道办事处荣获2022年全国“人民满意的公务员集体”称号[61],相关工作入选中组部、中宣部案例,政府治理能力较强,为游客获得良好的游览体验提供必要的保障。

当然,愚园艺术生活街区仍然存在可提升的空间。(1)街区特色、吸引力评价相对较低,游客体验的差异性不够、新颖性不高。(2)街区接待能力还需要加强,游客体验丰富程度不够,街区内表演活动相对较少。(3)街区总体感知价值不高,游客游览体验的性价比还不高,影响了街区的顾客契合水平。

6.3 管理建议

根据研究结果,提出以下三点管理建议:

(1) 提供更精彩的内容吸引不同游客。当地政府可以通过融媒体手段,多渠道、广覆盖地宣传愚园艺术生活街区的特色形象,丰富游客体验的内容和形式,吸引更广年龄段、更大范围的游客前来游览体验;街区运营商要注重提升街区特色和吸引力,打造有别于上海其他历史文化街区的特色产品,创造惊喜,引爆口碑和人气。

(2) 开发更丰富的活动展示感知价值。当地政府可以将更多活动放在愚园艺术生活街区举办,通过简化活动申报流程手续、加大政策补贴扶持力度,鼓励更多社会力量到街区办节、办展、办活动;街区运营商要不断丰富和完善商业形态,通过对现有设施、资源重新布局、重新规划,加强引入休闲娱乐、购物体验方面的新业态,吸引更多高端、特色品牌入驻,打造与游客消费能力相符的业态,提升街区的接待能力。

(3) 提升感知价值进而带动顾客契合水平。街区运营商要做好招商品质把控,定时定期对街区内商家、经营者动态调整,保留口碑好、性价比高的商家;街区内的经营者和企业也要注重差异化经营,提供能满足高收入群体消费需求的产品和服务,不断强化游客内生的“体验刺激”,从而增强游客与历史文化街区目的地、游客与商家之间的契合程度,提高顾客黏性。

7 研究不足与展望

本研究探讨了历史文化街区目的地中体验—感知价值—顾客契合之间的关系,得出一些有意义的结果,但也存在一定局限性:(1)在研究内容方面,本研究选用的量表并非为历史文化街区目的地所开发,需要开发更精确的测量量表。(2)在调研对象方面,调研期间受疫情影响,各类展览、演出等活动未完全恢复,游客对街区的感知会有误差。问卷中未统计游客游览愚园艺术生活街区的次数，因而不排除许多游客曾不止一次进行过游览、对街区环境较为熟悉而影响其体验感知的情况。(3)在分析方法上，结构方程模型中部分拟合指标并非完全令人满意，由模型导致的误差对本研究结论也会产生影响。

未来相关的改进可以从三方面来展开：(1)完善测量指标体系，从而更为准确地评价游客感知和契合程度。(2)提升研究的全面性，将满意度、忠诚度、行为意向等因素纳入研究模型，全过程地评估感知价值对顾客契合产生的影响。(3)深化理论模型研究，构建不同的感知价值与顾客契合结构模型，对不同路径可能的影响进行探讨。

参考文献

[1] VIVEK S D, BEATTY S E, MORGAN R M. Customer engagement: Exploring customer relationships beyond purchase[J]. *Journal of Marketing Theory and Practice*, 2012, 20(2):122-146.

[2] VIVEK S D, BEATTY S E, DALELA V, et al. A generalized multidimensional scale for measuring customer engagement[J]. *Journal of Marketing Theory and Practice*, 2014, 22(4):401-420.

[3] SO K K F, KING C, SPARKS, B A, et al. The role of customer engagement in building consumer loyalty to tourism brands[J]. *Journal of Travel Research*, 2016, 55(1): 64-78.

[4] VERHOEF P C, REINARTZ W J, KRAFFT M. Customer engagement as a new perspective in customer management[J]. *Journal of Service Research*, 2010, 13(3): 247-252.

[5] MOLLEN A, WILSON H. Engagement, telepresence and interactivity in online consumer experience: Reconciling scholastic and managerial perspectives[J]. *Journal of Business Research*, 2010, 63(9/10):919-925.

[6] ZEITHAML V A. Consumer perceptions of price quality and value: A means-end model and synthesis of evidence[J]. *Journal of Marketing*, 1988, 52(3):2-22.

[7] BONNEFOY-CLAUDET L. Les effets de la thématisation du lieu sur l'expérience vécue par le consommateur: Une double approche cognitive et expérientielle[D]. Grenoble: Université de Grenoble, 2011.

[8] BOWDEN J L. The process of customer engagement: A conceptual framework[J]. *Journal of Marketing Theory and Practice*, 2009, 17(1):63-74.

[9] HIGGINS E T, SCHOLER A A. Engaging the consumer: The science and art of the value creation process[J]. *Journal of Consumer Psychology*, 2009, 19(2):100-114.

[10] BRODIE R J, HOLLEBEEK L D, JURIC B, et al. Customer engagement: Conceptual domain, fundamental propositions, and implications for research[J]. *Journal of Service*

Research, 2011, 14(3):252-271.

[11] HOLLEBEEK L D. Demystifying customer brand engagement: Exploring the loyalty nexus [J]. *Journal of Marketing Management*, 2011, 27(7/8):785-807.

[12] JAAKKOLA E, ALEXANDER M. The role of customer engagement behavior in value co-creation: A service system perspective[J]. *Journal of Service Research*, 2014, 3 (17):247-261.

[13] DWIVEDI A. A higher-order model of consumer brand engagement and its impact on loyalty intentions[J]. *Journal of Retailing and Consumer Services*, 2015, 24:100-109.

[14] VAN DOORN J, LEMON K N, MITTAL V, et al. Customer engagement behavior: Theoretical foundations and research directions[J]. *Journal of Service Research*, 2010, 13(3):253-266.

[15] KUMAR V, AKSOY L, DONKERS B, et al. Undervalued or overvalued customers: Capturing total customer engagement value[J]. *Journal of Service Research*, 2010, 13 (3):297-310.

[16] HOLLEBEEK L D, CHEN T. Exploring positively-vs. negatively-valenced brand engagement: A conceptual model[J]. *Journal of Product & Brand Management*, 2014, 23 (1):62-74.

[17] MARCHAT A. L'influence de la valeur perçue sur l'engagement client: Vers une nouvelle approche de la relation "individu-destination" en tourisme[D]. Saint-Denis: Université de la Réunion, 2018.

[18] HOLLEBEEK L D. Exploring customer brand engagement: definition and themes[J]. *Journal of Strategic Marketing*, 2011, 19(7):555-573.

[19] HOLLEBEEK L D, Glynn MS, Brodie R J. Consumer brand engagement in social media: Conceptualization, scale development and validation[J]. *Journal of interactive marketing*, 2014, 28(2):149-165.

[20] HARRIGAN P, EVERS U, MILES M, et al. Customer engagement with tourism social mediabrands[J]. *Tourism Management*, 2017, 59:597-609.

[21] DESSART L, VELOUTSOU C, MORGAN-THOMAS A. Capturing consumer engagement: Duality, dimensionality and measurement[J]. *Journal of Marketing Management*, 2016, 32(5/6):399-426.

[22] 张辉,刘文德.品牌心理所有权、顾客契合及自我-品牌联结的关系研究——以旅游品牌为例[J].品牌研究,2016(6):25-38.

[23] 郭松雪,杨玉帆,曹宁.顾客契合视角下的博物馆与旅游者关系建设研究[C].中国博物馆协会博物馆学专业委员会 2019 年"新时代博物馆专业能力建设"学术研讨会论文集.中国四川成都,2019:277-286.

[24] 刘小燕,黄其新.文化遗产旅游中的游客契合、目的地关系质量与游客忠诚——游客文化智力的调节效应[J].企业经济,2019, 38(11):72-79.

[25] 王甫园,许春晓,王开泳.旅游者与目的地契合的概念与测量[J].资源科学,2019, 41(3):441-453.

[26] FRANCE C, MERRILEES B, MILLER D. An integrated model of customer-brand engagement: Drivers and consequences[J]. *Journal of Brand Management*, 2016, 23(2): 119-136.

[27] MASLOWSKA E, MALTHOUSE E, COLLINGER T. The customer engagement ecosystem[J]. *Journal of Marketing Management*, 2016, 32(5):469-501.

[28] 孟艳华,罗仲伟,廖佳秋.网络直播内容价值感知与顾客契合[J].中国流通经济,2020, 34(9):56-66.

[29] 李书昊,魏敏.酒店服务场景对顾客公民行为的影响:一个链式中介模型[J].经济管理, 2020, 42(11):177-192.

[30] 陈欣,程振锋.体验价值视角下红色旅游游客公民行为影响机制研究[J].旅游科学,2021, 35(6):50-66.

[31] 骆培聪,王镇宁,赵雪祥.旅行社在线服务质量对顾客忠诚的影响——基于顾客契合中介作用[J].华侨大学学报(哲学社会科学版),2020(3):80-90.

[32] BERRY L, Cultivating service brand equity[J]. *Journal of the Academy of Marketing Science*, 2000, 28(1):128-137.

[33] 王永贵.服务质量、顾客满意与顾客价值的关系剖析——基于电信产业的整合框架[J].武汉理工大学学报(社会科学版),2002, 15(6):579-587.

[34] AURIER P, EVRARD Y, N'GOALA G. Comprendre et mesurer la valeur du point de vue du consommateur[J]. *Recherche et Applications en Marketing*, 2004, 3(19):1-20.

[35] PULH M. La valorisation de l'expérience de consommation d'activités culturelles: Le cas des festivals d'arts de la rue[D]. Dijon: Université de Dijon, 2002.

[36] HOLBROOK M B. Customer value—A framework for analysis andresearch[J]. *Advances in Consumer Research*, 1996, 23(1):138-142.

[37] SWEENEY J C, SOUTAR G. Consumer perceived value: The development of multiple item scale[J]. *Journal of Retailing*, 2001, 77(2):203-220.

[38] PETRICK J F. Development of a multidimensional scale for measuring the perceived value of a service[J]. *Journal of Leisure Research*, 2002, 34(2):119-134.

[39] SANCHEZ J, CALLARISA L, RODRIGUEZ R M, et al. Perceived value of the purchase of a tourism product[J]. *Tourism Management*, 2006, 27(3):394-409.

[40] 黄颖华,黄福才.旅游者感知价值模型、测度与实证研究[J].旅游学刊,2007, 22(8): 42-47.

[41] MENCARELLI R. L'interaction lieu—Objet comme conceptualisation de l'expérience vécue: Test d'un modèle intégrateur[J]. *Recherche et Applications en Marketing*, 2008, 23(3):51-69.

[42] 卢长宝,许陶然.网红餐厅游客感知价值的维度及焦点——基于网络文本分析的实证研究[J].美食研究,2021, 38(1):33-42.

[43] 郭婷婷,张河清,王蕾蕾.文化遗产的体验价值感知维度与旅游发展研究——以黄埔古港遗址为例[J].商业经济,2021(7):37-40+64.

[44] 顾至欣,张青萍.主客感知视角下的文化遗产功能价值评价研究——以苏州园林为例[J].

资源开发与市场,2021, 37(7):883-890.
[45] 耿松涛,李雪丽.旅游APP嵌入度对购买意愿的影响研究——基于感知价值的中介效应[J].江苏社会科学,2021(4):103-110.
[46] 刘宇青,邢博,王庆生.旅游产品创新影响体验感知价值的构型研究[J].经济管理,2018, 40(11):157-173.
[47] 李慧,聂寒玉,靳梦菲.生态旅游景区产品创新对游客体验的影响研究——基于模糊集定性比较分析[J].生态经济,2020, 36(12):112-117.
[48] 李文勇,谭通慧,刘莉.旅游网站用户"体验感知—契合行为"关系研究——基于价值共创视角[J].科技创新与应用,2018(26):42-44+46.
[49] 隋丽娜,李颖科.文化遗产旅游者期望价值与感知价值差异研究——以旅西游客为例[J].科学经济社会,2010, 28(3):188-192.
[50] 郑文俊.游船旅游者对漓江景观的期望与感知研究[J].中国人口·资源与环境,2013, 23(6):143-148.
[51] 李子帅,张朝枝,黄克己.游客对演艺产品的期望价值和感知价值的差异研究[J].旅游论坛,2021, 14(2):53-63.
[52] 韩小芸,田甜,孙本纶.旅游虚拟社区成员"感知—认同—契合行为"模式的实证研究[J].旅游学刊,2016, 31(8):61-70.
[53] 王高山,张新,徐峰,丁晓燕.电子服务质量对顾客契合的影响:顾客感知价值的中介效应[J].大连理工大学学报(社会科学版),2019, 40(2):67-76.
[54] GRAILLOT L. Un renouvellement de l'analyse du marché touristique français offert par l'intégration du concept de comportement exploratoire[C]//*Acte de la lère journée de Recherche en Marketing de Bourgogne*, Dijon, 2006:2-12.
[55] NUNNALLY J C. Psychometric theory[J]. *American Educational Research Journal*, 1978, 5(3):83.
[56] 苑炳慧,辜应康.基于顾客的旅游目的地品牌资产量表开发与验证[J].旅游科学,2016, 30(4):46-60.
[57] 刘海朦,胡静,贾垚焱,等.具身视角下历史文化街区旅游体验质量研究——以江汉路及中山大道历史文化街区为例[J].华中师范大学学报(自然科学版),2021, 55(1):128-136.
[58] 张宏梅.价值共创过程视角下的目的地形象[J].旅游学刊,2018, 33(3):3-5.
[59] 吴明隆.问卷统计分析实务——SPSS操作与应用[M].重庆:重庆大学出版社,2018:61-368.
[60] 张辉,陈雅清.展会服务场景对参展商感知价值、满意度和行为意向的影响[J].旅游学刊,2020, 35(7):86-98.
[61] 喜报!长宁区江苏路街道办事处荣获全国"人民满意的公务员集体"称号[EB/OL].(2022-09-01). *https://mp.weixin.qq.com/s/4aB9CbOiz_aF09oyjvkaLQ*.

The Effects of Tourist Perceived Value on Tourist Destination's Customer Engagement: A Case of Yuyuan Road Art and Life Block

FU Zhengyi[1, 2]

(1 Department of Tourism, Fudan University, Shanghai 200433, China;
2 Law Enforcement Brigade of Changning District Culture and Tourism Bureau, Shanghai 200092, China)

Abstract: In order to better evaluate the destinations of historical and cultural blocks, this article introduces the concept of Customer Engagement and the theory of Perceived Value. Based on the model of Experience-Perceived Value-Customer Engagement proposed by French scholar Marchat, this paper uses exploratory and confirmatory factor analysis, structural equation model and other methods to identify evaluation indicators applicable to destinations in historical and cultural blocks, including four dimensions of Experience(18 items in total), four dimensions of Customer Engagement(19 items in total), and seven dimensions of Perceived Value(32 items in total). In the study of the national level tourism and leisure block — Shanghai Yuyuan Art and Life Block, the findings are as follows: (1) tourists' experience has a significant positive effect on Perceived Value and Customer Engagement. The better the participation of tourists in the tour process, the higher their degree of Perceived Value and Customer Engagement with the destination of the historical culture district; (2) tourists' Perceived Value has an obvious positive effect on Customer Engagement, among which the dimensions of "Overall Value" and "Experience Stimulation Value" of Perceived Value have the greatest impact on Customer Engagement; (3) perceived Value plays a mediating role in the relationship between tourist experience and destination Customer Engagement, and this mediating role is reflected through the "Overall Value" dimension of Perceived Value.

Keywords: customer engagement; perceived value; experience; historical cultural district; Yuyuan Road

重大公共卫生事件下的居民—游客地方形象感知比较*

张静儒

(复旦大学旅游学系,上海 200433,中国)

[摘要] 重大公共卫生事件往往会对地方形象带来负面影响,如何有效修复受损形象、重振潜在游客和当地居民信心,成为当地复苏的重要挑战。本研究以重大公共卫生事件下不同群体的地方形象感知具有差异性为出发点,分析对比了当地居民与潜在游客的地方形象感知模式的异同。通过多案例验证,研究结果显示,在重大公共卫生事件中,相比潜在游客来说,当地居民的地方整体形象感知更加稳定。其中,对经济环境的认知形象会更强烈地影响当地居民的地方整体形象;而对社会氛围和人文风貌的认知形象则更显著地影响潜在游客的地方整体形象。最后,基于两个群体的不同特征,本研究指出目的地管理机构应该为当地居民和游客制定不同的地方形象恢复策略。

[关键词] 地方形象;目的地形象;认知—情感形象;居民地方形象;目的地危机管理;公共卫生事件

1 引言

重大公共卫生事件往往会伴随着某地地方形象的受损。由于媒体集中的负面报道和随之而来的公众恐慌,遭遇重大公共卫生事件的地区往往容易形成较为负面的地方形象,[1—2]为其未来发展带来新的挑战。在地方营销研究中,地方形象一直以来都是预测游客行为意向、反映居民满意度、吸引外来投资、指导当地规划与发展的重要因素和指标,是当地进行营销和管理的重要工具。[3]因

* [基金项目]本研究受教育部人文社会科学研究项目(青年基金项目,22YJC790162)资助。
[作者简介]张静儒(1990—),男,博士,青年副研究员,研究方向为无障碍旅游、生活方式移民、目的地管理,E-mail: jingru_zhang@fudan.edu.cn。

此，在遭遇重大公共卫生事件后的地方复苏计划中，如何尽快修复受损的地方形象，重振各利益相关群体的信心，成为各地的首要任务和挑战，也成为学者们在后危机时期关注的重要议题。

地方形象的相关议题兴起于 20 世纪 50 年代。[4] 随着研究的深入，学者们发现地方形象的结构维度具有相对的稳定性，但因为主体性的介入又呈现出相对的差异性。[5] 在旅游研究中，目前学者们对地方形象的群体比较研究表明，潜在游客与实际游客、初游游客与重游游客、不同文化背景的游客在地方形象的形成和感知上都体现出显著差异。[6—12] 不过这些比较研究大都局限于旅游者群体内部的比较。Ku 等指出，将游客与当地居民等其他利益相关者的地方形象感知进行比较，能够更有效地帮助当地找到其形象建构和营销中的问题，也更有助于当地的可持续发展。[13] 特别是在重大公共卫生事件中，由于居民与游客所处情境的不同，可能造成其地方形象感知模式的差异，从而要求地方采取差异化的形象修复策略。但目前来看，游客—居民地方形象感知比较研究并未受到重视。鉴于此，本研究将通过调查重大公共卫生事件背景下游客—居民的地方形象感知，探讨两个主要问题：(1) 面对重大公共卫生事件，居民与游客的地方形象感知模式是否具有差异？(2) 如果具有差异，那么这种差异是否在不同的案例中具有相对的稳定性？

2 文献综述

2.1 地方形象

形象（image）这一概念在其最基础的层面上与心理学密切相关，指的是个体“在工作记忆中处理和储存多维感官信息的一种特殊方式”。[14] 其中，以地方为对象的信息整合被称为地方形象。地方形象是一个复杂的概念，在中文里还常存在一些翻译上的分歧。如由于学术传统上的差异，在景观、城市规划领域，image 也常被译为“意象”（如城市意象），且更重视形象中的图像维度；[15] 而在地方营销领域中则更多使用“形象”（如原产地形象、目的地形象），且更侧重形象中的话语维度。[16] 目前，在主流的旅游研究中，学者们大多使用更聚焦的“目的地形象”来代替一般的“地方形象”。但也有学者对此提出了批评，认为“目的地形象”的流行恰恰反映出学界对旅游者以外的其他利益相关群体（如当地居民）的忽视。[17] 由于本研究拟对居民与游客的地方形象感知进行比较，故根据 Stylidis 等学者的建议，使用更具一般性的“地方形象”。[17]

目前学界对地方形象的测量形成了要素形象—整体形象这一基本结构。根据 Afshardoost 与 Eshaghi 的元分析结果显示，作为低阶构念的各要素形象会影响作为高阶构念的整体形象的形成，而整体形象能比要素形象更好地解释旅游者行为意向。[18]基于这一基本结构，学者们进一步深化了地方形象低阶维度的建构，其中影响较大的是基于态度理论形成的地方形象结构模型。[19]这一模型中认知形象是最早受到学者重视的成分，认知形象(cognitive image)指个体对特定地方的要素或特征的知识和信念。[14, 20, 21]而情感形象(affective image)的引入则更晚，直到近年才为越来越多的学者所重视，指个体对特定地方的感受和情绪回应。[22, 23]最后，除了认知形象与情感形象外，一些学者认为地方形象还应该包括意动成分(conative image)，即指个体对特定地方产生的行为倾向或可能。但因为这一维度常常与旅游者行为意向产生理论上的混淆，只有少数学者将其纳入地方形象结构模型。[24—26]因此，本研究将采纳认知/情感形象—整体形象这一地方形象模型展开研究。

从过往的地方形象实证研究中，我们不难发现不同群体的地方形象感知模式并不具有完全的同质性。[5]不同群体之所以会形成不同的地方形象，可以归因于他们的人口统计学差异，也可以归因于他们对目的地的了解方式和程度的不同。但目前地方形象群体比较研究大多集中在外来游客内部(如潜在游客与实际游客、初游游客与重游游客等)，而对地方旅游发展中的其他利益相关者关注较少。[9—12]根据利益相关者理论，当地居民是其中最重要的利益相关者之一，他们的地方形象感知和评价对当地的可持续发展有着不可忽视的作用。虽然对居民—游客的地方形象比较研究近年开始受到部分学者的关注，但相关的实证研究仍十分有限，且大多属于描述性分析，缺少对地方形象感知模式的深入考察。[13, 27]因此，Stylidis 呼吁学者们对两个群体的地方形象感知模式的差异作更深入的探索。[28]

2.2 公共卫生事件

公共卫生事件是一种典型的危机事件。由于 2001 年的手足口病，2003 年的 SARS，2006 年的禽流感等多种传染病的全球性流行，公共卫生事件的危机管理问题在 21 世纪初开始进入旅游学者的视野，[29—31]但长期以来并未得到足够重视。[32]而随着 COVID-19(新型冠状病毒)的全球大流行及其带来的对全球旅游业的持续且严重的冲击，关于公共卫生事件的关注才开始在近两年内激增。[33]目前，虽然学界对于公共卫生事件的定义存在一定分歧，但大体上认为公共卫生事件是指因生物和健康安全问题引起的，能威胁到一个组织(或地方)及其所处其中的个体正常运作或存在的负面事件，以流行病暴发为最主要代表。[32, 34, 35]

公共卫生事件有关的危机会对当地旅游发展带来严重影响。[36]如在公共卫生事件暴发期间，受灾目的地以外的其他地区往往会通过颁布旅行禁令、边境管控、隔离政策等降低人员流动[37, 38]；而对该危机事件的恐惧和由此带来的风险感知也在主观上降低了游客的旅行意愿和居民对旅游业的支持态度[39, 40]。此外，由于该类危机可能对其他地区带来潜在威胁，其他地区往往会将危机扩散的责任归咎于起源地，并将其污名化。一些学者指出这种污名化实际上是种族主义和仇外情绪的一种表现。[41]如埃博拉疫情的暴发虽然集中在非洲的少数几个地区，但整个非洲的旅游业都受到了由此带来的负面影响。[42]

目前关于公共卫生事件对地方形象影响的研究较少，除上述所提到的关于地方形象污名化的研究外，一些学者也比较了不同群体的地方形象差异。如 Lu 和 Atadil 对比了对新冠疫情媒体信息熟悉度不同的美国潜在游客对中国国家形象认知的差异[1]；而 Rasoolimanesh 等则对比了有/无特定地区过往旅行经验的受访者，发现他们的地方认知形象对未来旅游意愿的影响机制有所不同[43]。因对地方熟悉度、对公共卫生事件危机的关注和担忧程度等因素的不同，当地居民理论上会形成与外地潜在游客不同的地方形象，但目前尚未有研究关注到这一议题。因此，下文将以此为切入点展开研究与分析。

3 研究方法

本研究的目的是了解重大公共卫生事件下居民与游客的地方形象感知模式——不同地方形象成分之间的影响关系——是否具有差异性。但为了进一步确认这些关系结构是否具有跨情境的稳定性，本研究采取了多案例的研究设计来进行验证。但需要注意的是，因为地方形象及公共卫生事件本身都具有高度的情境性和独特性[18]，所以，本研究在进行多案例分析时，并不在于对比两个案例在具体地方形象内容上的差异和特征，而仅在于验证不同案例中各变量的关系结构是否具有稳定性。

本研究最终选择了两个城市——武汉与上海为案例地。武汉和上海分别在 2020 年和 2022 年经历了较为严重的疫情，是具有较高公众认知度的、较为典型的重大公共卫生事件。两个城市的问卷调查于 2022 年 4 月通过 Credamo 平台分别发放，由平台的众包样本库根据样本所在地的 ip 归属情况定向投放问卷。共收集到武汉地方形象问卷 407 份，删除无效问卷后，最终获得有效问卷 400 份（回收率 98.28%），包括 160 名当地居民和 240 名潜在游客，非当地居民中有 213 人（88.75%）去过武汉；女性占 64.75%；年龄在 18～59 岁之间，平均年龄 28.60（±8.45）；高中以下学历占 5.75%，大专学历占 14.00%，本科学历占 66.50%，研究生学历占 13.75%。上海地方形象问卷 409 份，删除无效问卷后获得有效问卷

401份(回收率98.04%),包括201名当地居民和200名潜在游客,非当地居民中有158名(79.00%)曾经去过上海;女性占66.83%;年龄在18～75岁之间,平均年龄29.01(±8.64);高中以下学历占5.24%,大专学历占9.48%,本科学历占65.59%,研究生学历占19.70%。

问卷采用情境启动法测量公共卫生事件下的地方形象。首先,让参与者回想危机暴发期间的城市(2020年春季的武汉或2022年春季的上海),并写下当时的见闻及个人经历。然后,参与者需要填写一系列关于地方形象的问卷,包括参与者对地方认知形象、情感形象以及整体形象的感知。其中,认知形象的相关题项改编自Hosany等的量表[21, 44],共9个题项;情感形象参考Russell和Baloglu等人的量表[22, 23],共4个题项;整体形象则参考了Prayag和Hosany等的量表[21, 45],共3个题项。

此外,问卷还测量了与研究问题相关的控制变量,包括对疫情的恐惧,对此次危机的关注度,以及对当地的熟悉度。对疫情的恐惧参考Ahorsu等人设计的新冠病毒恐惧量表(Fear of Covid-19 Scale)[46],共8个题项。对危机的关注度和地方熟悉度均为单题项。这些题项都采用7级李克特量表。问卷的最后收集了参与者的人口统计学特征。

在数据分析中,本研究首先采用探索性因子分析与验证性因子分析对问卷信效度进行检验,然后再使用差异检验和分组回归分析分别考察武汉和上海两座城市的居民—(潜在)游客地方形象的感知模式差异。其中,差异检验引入了效应量的计算,根据Cohen的算法,效应量Cohen'd的值小、中、大的标准分别为0.2、0.5、0.8[47]。而分组回归分析中则采用Cohen & Cohen检验法比较各变量的系数是否有显著差异[48],具体步骤如下:如果(1)居民—(潜在)游客两组系数均不显著,则表示该变量对地方整体形象并无影响;(2)一组显著一组非显著,则表明该变量对地方整体形象的影响存在组别间差异;(3)两组均显著,则采用对分组回归系数进行差异性检验。

4　研究结果

4.1　问卷信效度检验

本研究使用的问卷各量表Cronbach's α均大于0.70(详见表3),说明问卷内部一致性信度均较好。为了进一步区分地方认知形象的结构,使用武汉数据进行探索性因子分析,再使用上海数据进行验证性因子分析。最终认知形象划分为经济环境(包括新的/旧的、清洁的/脏乱的、高度发达的/欠发达的)、社会氛围(包括拥挤的/空荡的、有活力的/萧条的、安全的/不安全的)、人文面貌(包括友善的/冷漠的、道德的/不道德的、有能力的/无能的）三个因子，每个因子 3 道题（表 1）。验证性因素分析中，各因子 AVE 均大于 0.45，CR 均大于 0.7，根据 Fornell、Lam 等学者的建议，在 CR 大于 0.6 时，AVE 大于 0.4 即可认为构念的聚合效度是可接受的[49—50]。模型具有较好的拟合度（$\chi^2/df=3.17$，CFI=0.98，TLI=0.96，RMSEA=0.074，SRMR=0.037），显著优于不区分维度的单因子模型（$\chi^2/df=10.39$，CFI=0.88，TLI=0.81，RMSEA=0.153，SRMR=0.073）。

为了验证地方形象的几个量表具有较高的区分效度，本研究分别进行了从单因子、两因子、三因子、三因子二阶到五因子模型的比较，结果发现虽然地方形象的三因子模型及三因子二阶模型的拟合度指标可以接受，但是五因子模型的拟合度更好（表 2），因而在后续的分析中，我们将采用五因子模型。

表 1 地方形象认知成分的因素分析

潜变量	题项	探索性因素分析因子载荷[a]	验证性因素分析因子载荷[b]	平方提取方差值（AVE）	结构效度[51]
经济环境	新的/旧的	0.83	0.75	0.64	0.84
	清洁的/脏乱的	0.81	0.80		
	高度发达的/欠发达的	0.75	0.84		
社会氛围	拥挤的/空荡的	0.85	0.58	0.46	0.72
	有活力的/萧条的	0.85	0.73		
	安全的/不安全的	0.81	0.72		
人文面貌	友善的/冷漠的	0.87	0.64	0.60	0.82
	道德的/不道德的	0.84	0.81		
	有能力的/无能的	0.64	0.88		

注：最大方差法（varimax）因子旋转后的结果；$p<0.001$。

表 2 地方形象验证性因素分析

模型	因子结构	χ^2/df	CFI	TLI	RMSEA	SRMR
单因子模型	CI+AI+OI	4.85	0.89	0.86	0.098	0.056
两因子模型	CI+AI, OI	3.79	0.92	0.90	0.084	0.050
三因子模型	CI, AI, OI	3.24	0.94	0.92	0.075	0.048
三因素二阶模型	CI(-E, S, H), AI, OI	2.85	0.95	0.93	0.068	0.047
五因子模型	CI-E, CI-S, CI-H, AI, OI	2.73	0.96	0.94	0.066	0.044

注：CI=认知形象，CI-E=认知形象—经济环境，CI-S=认知形象—社会氛围，CI-H=认知形象—人文面貌；AI=情感形象；OI=整体形象。

4.2 重大公共卫生事件下武汉地方形象感知及其影响机制

表 3 列出了武汉问卷相关变量的信度、均值与标准差。对总样本进行单样本 t 检验的分析结果表明，参与者对武汉在重大公共卫生事件下的“认知形象”“情感形象”与“整体形象”的评分均显著低于量表的理论中值($M_t=4$)，$ts<-5.46$，$ps<0.001$，$ds>0.27$，表明了人们对重大公共卫生事件下武汉地方形象评价较负面。具体到地方认知形象的三个因子，“经济环境”($t=7.07$，$p<0.001$，$d=0.36$)和“人文面貌”($t=7.07$，$p<0.001$，$d=0.57$)的评分均显著高于理论中值(4)，而“社会氛围”显著较低($t=-19.53$，$p<0.001$，$d=0.97$)，说明人们对重大公共卫生事件中地方形象的社会氛围评价尤为负面。下面将进一步对武汉居民与潜在游客的地方形象感知差异和影响机制进行比较。

4.2.1 当地居民—潜在游客的地方形象感知差异

在对当地居民与潜在游客样本进行组间独立样本 t 检验后发现，两者地方形象感知的趋势较为一致，只有认知形象的总分存在差异，当地居民的评价边缘显著高于潜在游客($t=1.90$，$p=0.058$，$d=0.19$)，情感形象和整体形象上并无显著差异($ts<0.97$，$ps>0.354$，$ds<0.09$)。具体到认知形象的三个因子，“经济环境”上虽然两个群体的评分都高于理论中值($ts>3.93$，$ps<0.001$，$ds>0.26$)，但当地居民的评价显著高于潜在游客($t=2.33$，$p=0.020$，$d=0.24$)，在社会氛围和人文面貌上并没有显著差异($ts<0.88$，$ps>0.377$，$ds<0.12$)。

此外，在控制变量上，“地方熟悉度”方面两个群体存在显著差异($t=2.58$，$p=0.010$，$d=0.26$)，当地居民比潜在游客对武汉更加熟悉(见表 3)，在“新冠病毒恐惧”和“危机关注度”上并无显著差异($ts<0.97$，$ps>0.354$)。

4.2.2 当地居民—潜在游客的地方形象感知影响因素

本研究通过多元回归进一步探索地方形象感知的影响因素，以武汉的整体形象感知作为因变量，“认知形象”的三个因子和“情感形象”作为自变量，“新冠病毒恐惧”“危机关注度”和“地方熟悉度”作为协变量进行多元回归分析。从整体的武汉样本来看，“认知形象”的三个因子和“情感形象”都会影响到地方整体形象的感知(表 4)。在对潜在游客和当地游客进行分组回归后发现，两组结果存在一定差异：对“社会氛围”的认知形象显著影响潜在游客对武汉整体形象的评价，而在当地居民中则未发现这一现象；对“经济环境”的认知形象更强烈影响当地居民对武汉整体形象的感知，这一联系在潜在游客身上体现较弱($t=-2.04$，$p=0.042$)；对“人文面貌”($t=-0.23$，$p=0.818$)、“情感形象”($t=1.46$，$p=0.146$)的评价均未发现组间差异；除此以外，在控制变量上，对新冠病毒的恐惧以及对危机的关注度均会影响潜在游客对地方形象的感知，但不会影响到当地居民。

4.3 重大公共卫生事件下上海地方形象感知及其影响机制

表3列出了上海问卷相关变量的描述性统计。对总样本进行单样本 t 检验的分析结果表明，与武汉类似，参与者对上海在重大公共卫生事件下的“认知形象”($t=-5.71$, $p<0.001$, $d=0.29$)、“情感形象”($t=-15.21$, $p<0.001$, $d=0.76$)与“整体形象”($t=-17.04$, $p<0.001$, $d=0.85$)都比较消极。具体到地方认知形象的三个因子则与武汉不尽相同，只有“经济环境”因子显著高于理论中值($t=7.69$, $p<0.001$, $d=0.38$)，“社会氛围”和“人文面貌”因子均显著较低($t\text{s}=-19.04$ & -3.71, $p\text{s}<0.001$, $d\text{s}=0.95$ & 0.18)，表明人们对重大公共卫生事件中上海的社会氛围和人文面貌的感知都较为负面。下面将进一步对上海居民与潜在游客的地方形象感知差异和影响机制进行分析。

4.3.1 当地居民—潜在游客的地方形象感知差异

在当地居民—潜在游客的地方形象感知差异比较上，上海的结果与武汉差异较大。除整体形象的评价上并无显著差异($t=-1.63$, $p=0.103$, $d=0.16$)，在“情感形象”“认知形象”的总分及其分维度上，当地居民的评价均显著低于潜在游客($t\text{s}<-2.17$, $p\text{s}<0.031$)。尤其是，潜在游客对“整体形象”和“人文面貌”的认知评价较为折中，与理论中值比较差异不显著($|t|\text{s}<1.04$, $p\text{s}>0.300$)，而当地居民在相应维度上感知较为消极($t\text{s}=-7.52$ & -4.41, $p\text{s}<0.001$, $d\text{s}=0.53$ & 0.31)。

在其他变量上，除了在地方熟悉度上当地居民与潜在游客存在显著差异($t=2.77$, $p=0.006$, $d=0.28$)，由于正处在事件发生期间，当地居民对危机的关注程度也显著高于潜在游客($t=3.92$, $p<0.001$, $d=0.39$)；也正是因为当地居民对奥密克戎的特点(传染性虽高但以无症状/轻症居多)较为熟悉，因而“新冠病毒恐惧”因子显著低于潜在游客($t=-5.32$, $p<0.001$, $d=0.53$)。

4.3.2 当地居民—潜在游客的地方形象感知影响因素

本研究通过多元回归进一步探索地方形象感知的影响因素，以对上海的整体形象感知作为因变量，“认知形象”的三个因子和“情感形象”作为自变量，“新冠病毒恐惧”“危机关注度”和“地方熟悉度”作为协变量进行多元回归分析。从上海问卷的整体结果来看，与武汉的结果类似，“认知形象”的三个因子和“情感形象”都会影响到地方整体形象的感知(表4)。在对潜在游客和当地居民进行分组回归后发现，与武汉的结果类似，“情感形象”未见显著差异($t=-0.192$, $p=0.848$)；对“经济环境”的认知形象更强烈地影响当地居民对上海整体形象的感知，而潜在游客则未发现这一情况。与武汉结果不一样的是，对“人文面貌”的认知形象会显著影响潜在游客对上海整体形象的评价，而当地居民则未发现这一现象；而对“社会氛围”的认知形象未发现组间系数差异($t=0.24$, $p=0.815$)。

除此以外，在控制变量上，对新冠病毒的恐惧及对当地熟悉程度均会影响潜在游客的地方形象感知，但不会影响到当地居民。

表 3 危机事件下当地居民—潜在游客对武汉/上海地方形象感知对比

变量	武汉					上海				
	Cronbach's	潜在游客		当地居民		Cronbach's	潜在游客		当地居民	
	α	*M*	*SD*	*M*	*SD*	*α*	*M*	*SD*	*M*	*SD*
新冠病毒恐惧	0.90	**4.91**	1.16	**4.80**	1.23	0.91	**4.82**	1.19	**4.15**	1.32
危机关注度	—	**6.42**	0.83	**6.50**	0.75	—	**5.96**	0.99	**6.35**	1.04
地方熟悉度	—	**5.32**	1.39	**5.67**	1.22	—	**4.77**	1.39	**5.20**	1.73
认知形象										
总体	0.87	**3.57**	1.19	**3.81**	1.22	0.87	**3.93**	1.22	**3.35**	1.22
经济环境	0.85	**4.36**	1.40	**4.68**	1.31	0.84	**4.92**	1.34	**4.24**	1.59
社会氛围	0.83	**2.41**	1.48	**2.58**	1.67	0.72	**3.01**	1.46	**2.29**	1.28
人文面貌	0.86	**4.79**	1.54	**4.96**	1.48	0.86	**3.87**	1.72	**3.52**	1.55
情感形象	0.88	**3.26**	1.49	**3.25**	1.52	0.93	**3.15**	1.55	**2.63**	1.32
整体形象	0.80	**3.53**	1.47	**3.67**	1.61	0.84	**2.89**	1.57	**2.66**	1.30

注：上加粗均值为与理论中值比较存在显著差异，$p<0.05$。

表 4 危机事件下武汉/上海当地居民—潜在游客整体地方形象感知影响因素

	武汉			上海		
	总样本	潜在游客	当地居民	总样本	潜在游客	当地居民
新冠病毒恐惧	0.09**	0.14**	0.05	0.03	0.08*	0.05
危机关注度	−0.11**	−0.14**	−0.06	0.04	−0.02	0.03
地方熟悉度	0.07	0.06	0.06	0.06	0.14**	−0.03
认知形象（经济环境）	0.21***	0.16*	0.26**	0.10*	0.03	0.21***
认知形象（社会氛围）	0.19***	0.25***	0.09	0.13**	0.16**	0.16*
认知形象（人文面貌）	0.15**	0.16*	0.15*	0.25***	0.33***	0.10
情感形象	0.35***	0.34***	0.41***	0.42***	0.41***	0.44***
Adjusted R^2	0.51***	0.55***	0.60***	0.61***	0.69***	0.54***

注：表中所列为标准化回归系数，*** $p<0.001$，** $p<0.01$，* $p<0.05$。

5 讨论与总结

5.1 研究发现与讨论

本研究通过问卷考察了面对重大公共卫生事件，当地居民和潜在游客的地方形象感知模式的异同，并通过武汉和上海两个案例对这一异同的稳定性进行了验证。通过分析发现，一方面，在地方形象的感知内容上，两类群体对暴发危机的地方认知形象、情感形象和整体形象均较为负面，这表明重大公共卫生事件确实会对地方形象造成损伤；另一方面，在地方形象的感知模式上，综合两个城市的研究结果可以看到，两个群体的感知模式存在相似之处，也存在显著差异。相似之处在于，两者在面对危机时，其情感形象都共同影响着地方整体形象评价；而不同之处主要体现以下两点：

首先，在危机情境中，认知形象中的不同维度对当地居民和潜在游客形成地方整体形象认知具有不同的权重。具体来说，关于经济环境的认知形象更强烈影响当地居民地方整体形象的形成；而关于社会氛围和人文面貌的认知形象更强烈影响潜在游客的地方整体形象的形成。这一感知模式在两个案例中均得到了印证。根据情境启动中参与者的回忆内容推断，这可能是由于两者地方形象形成的信息来源差异造成的。

对当地居民来说，地方形象形成的主要信息来源是自己的切身体验。如在当地居民参与者的情境回忆中，他们经常提及自己和家人的日常忧虑和物资的匮乏，如"焦虑，生活习惯被打破""生活十分不便""店面关铺""粮食非常短缺"等。由于两个城市在危机事件中都推行了较为严格的防疫政策，居民的实际感染率较低。因此，对大部分居民而言，重大公共卫生事件的直接影响并非在于健康安全本身，而在于因事件引起的工作与生计问题。因此，在此背景下，当地居民对经济环境的认知形象被激活，从而强烈影响到其地方整体形象的形成。

相比当地居民，潜在游客地方形象形成的主要信息来源是媒体信息。如在外地居民参与者的情境回忆中，经常提及从电视与手机上看到了相关危机事件的消息，如有参与者提到"每天不断地关注网上各种关于疫情的报道""我们整天在电视新闻里看见武汉的报道"等。而学者们关于此次危机事件的新闻舆论研究则表明，危机暴发期间的新闻报道所使用的主要框架类型为应对框架和情感框架[52]。前者包括政府宏观和个人微观层面的各种应对措施和指导；后者则包括对英雄模范的赞扬，以及对危机带来的伤害和损失的共情体验。相对地，关于危机事件对当地经济发展影响的报道则最不常见。这一发现与本研究参与者的回答相符，如“听到武汉封城的消息，感到震惊无比。看到全国驰援武汉的消息，又感到感动无比。英雄的武汉人民给了世界巨大的贡献与牺牲。武汉人民展现了什么叫英雄的城市”。由于在事件中，媒体对当地的报道主要侧重于社会人文而非经济层面，因此潜在游客关于当地社会氛围和人文风貌的认知形象更容易被激活，从而更强烈影响整体形象。

其次，在危机情境中，对地方和事件本身的了解和关注，以及对疾病的恐慌都会更强烈影响潜在游客对地方整体形象的评价，而对当地居民的影响并不显著。具体来说，对危机事件的关注越多，潜在游客的整体形象越负面；而对当地熟悉度越高，整体形象越正面。这一感知模式在两个案例中均得到了印证。如上所述，一方面，潜在游客对于危机事件的关注主要通过媒体信息。在危机暴发期，媒体和社交网络中的信息大多为负面情绪主导。[1, 53]因此，在危机暴发期间，公众的媒体暴露水平越高，则越容易产生焦虑、抑郁等负面情绪[54]，也越容易对当地产生负面评价[1]。另一方面，潜在游客对当地的熟悉度也意味着对当地危机以外其他信息的了解。在过往的研究中，熟悉度已被证实为个体地方形象感知的重要影响因素。[55—57]旅游者对特定地方越熟悉，其地方形象感知往往也越准确和积极。

这一发现进一步证实了前人研究中的观点，即因为公共卫生事件同其他类型危机不同，可能对其他地区也造成潜在威胁，因此，外界大众相对于当地居民反而更容易将危机扩散的责任归咎于危机暴发地本身[41]，从而强化两者之间的关联，甚至产生污名化现象。但本研究还发现，潜在游客对疾病越恐惧，其对地方整体形象认知越积极。造成这一看似反事实的现象的原因可能在于，对疾病越恐惧的个体，越容易支持和认同当地的严格防疫政策，从而提升对地方的整体评价。不过这一推断还有待后续研究来进一步证实。

总的来说，研究表明，当地居民和潜在游客在地方形象的感知模式上存在重要的差异，在重大公共卫生事件的背景下，影响当地居民地方整体形象认知的因素更加单一稳定，主要与当地经济环境相关；而影响潜在游客地方整体形象认知的因素则更多元，且影响效应更易被危机事件放大。此外，虽然每个城市面临各自独特的问题和挑战，其地方形象也高度情境化，但本研究仍然发现当地居民与潜在游客在重大公共卫生事件下地方形象感知模式中具有跨情境的相对稳定性。这一结论深化了地方形象感知的相关研究。

5.2 研究启示与意义

理论层面上，本研究通过比较危机事件下游客—居民地方形象感知模式的差异，在理论视角和研究对象上拓展和深化了地方形象的研究。具体地讲，首先，虽然在利益相关者理论的启示下，旅游社区管理的研究早已将当地居民纳入研究视野；但与此形成对比的是，地方形象的相关研究对当地居民的关注却远远不足。[17]因此，本研究拓展与补充了利益相关者理论在地方形象研究中的应用，扩大了传统地方形象研究的对象域与问题域。其次，虽然游客—居民地方形象感知对比研究在近年来成为地方形象研究领域的一个新方向，并涌现出越来越多的实证研究，但大部分研究还处在对特定案例的描述性分析阶段，对比两者地方形象感知具体内容的不同，研究结果往往较难推广到其他案例。而本研究则尝试突破这一局限，从更具理论价值的地方形象感知模式出发，揭示了两个群体地方形象的形成模式具有群体间的差异性以及跨案例的稳定性，为未来研究的进一步验证和拓展提供了基础。

实践层面上，本研究对类似重大公共卫生事件中的地方形象管理有着重要的参考价值。首先，本研究能够使地方管理者意识到地方形象建构和推广中长期被忽略的其他利益相关者，从而能够更全面、综合地将其纳入地方形象管理工作中，防止地方形象管理中的短板效应。其次，研究结果有助于城市管理者和相关文旅机构利用不同人群的特征更好地进行营销与管理。尤其在当地危机事件后的复苏过程中，针对当地居民和潜在游客不同的地方形象感知模式，采取有针对性的地方形象修复策略。

对当地居民来说，对当地经济环境的实际改善能够最有效地恢复其地方整体形象评价。如在类似重大公共卫生事件中应做好基本的民生保障工作，满足居民的基本生活需要；完善社会救济制度，强化对社会弱势群体的兜底保障；协调不同民生部门，减少因疾控政策造成的失业风险、工伤风险和居住风险。[58]而对潜在游客来说，在公共卫生事件后地方机构应更加重视对当地社会与人文层面形象的展现，制定更有针对性的营销方案。如针对不同潜在游客的特点广泛利用不同的媒体渠道，积极呈现危机事件后重生的社会生活与居民面貌；并通过旅游优惠政策吸引更多的游客通过自己的亲身体验来消解负性形象，让每个潜在的游客成为地方形象的传播者。[59—60]

5.3 研究局限与展望

本研究也存在一些局限。因为地方形象具有高度的情境化特征[18]，不同地方的形象形成受到较多因素影响，这给跨案例研究带来了较多干扰。对不同案例来说，除了地方本身的不同以外，公共卫生事件的发生阶段、干预策略、社会舆论等都会带来地方形象的不同。因此，本研究在设计与分析过程中，主要将注意力聚焦于不同主体的(游客—居民)地方形象感知模式的验证上，而非不同案例之间具体地方形象内容的对比上。未来还可增加更多案例地，对这一感知模式差异进行更广泛的验证，以降低其他因素对结果带来的干扰；还可采用更加多元的研究方法来补充现有结论，如通过实验法来排除干扰因素，通过质性研究来解释变量之间的内在影响机制等。此外，虽然研究采用了情境启动法，可以使用特定的概念刺激激活参与者相应情景中的心理与行为进而减少无关生活事件的影响，但是启动效果在网络环境中受到限制，未来的研究可以考虑从空间上和时间上收集更加全面的数据进行进一步分析与比较。

致谢

本研究特别感谢复旦大学旅游学系的青年副研究员施媛媛博士。本研究数据来自她关于城市目的地形象变迁的课题项目；此外，她在本研究的数据分析和撰写过程中都提出了诸多宝贵意见和建议，正是在她的热心参与和帮助下，本研究才得以完成。

参考文献

[1] LU Q, ATADIL H A. Do you dare to travel to China? An examination of China's destination image amid the COVID-19[J]. *Tourism Management Perspectives*, 2021, 40:100881.

[2] WEN J, ASTON J, LIU X, et al. Effects of misleading media coverage on public health crisis: A case of the 2019 novel coronavirus outbreak in China[J]. *Anatolia*, 2020, 31(2):331-336.

[3] KIM H, CHEN J S. Destination image formation process: A holistic model[J]. *Journal of Vacation Marketing*, 2016, 22(2):154-166.

[4] JAFFE E D, NEBENZAHL I D. *National Image & Competitive Advantage: The Theory and Practice of Place Branding* [M]. Copenhagen: Copenhagen Business School Press, 2006.

[5] 张高军，吴晋峰.不同群体的目的地形象一致吗？——基于目的地形象群体比较研究综述[J].旅游学刊，2016，31(8):114-126.

[6] STYLIDIS D, CHERIFI B. Characteristics of destination image: Visitors and non-visitors' images of London[J]. *Tourism Review*, 2018, 73(1):55-67.

[7] 吴剑，吴晋峰，吴姗姗，等.初访客与回头客的中国旅游感知形象对比——以旅华欧美游客为例[J].经济地理，2014，34(7):157-164.

[8] HUGHES H L, ALLEN D. Visitor and non-visitor images of Central and Eastern Europe: A qualitative analysis[J]. *International Journal of Tourism Research*, 2008, 10(1):27-40.

[9] GIRALDI A, CESAREO L. Destination image differences between first-time and return visitors: An exploratory study on the city of Rome[J]. *Tourism and Hospitality Research*,

2014, 14(4):197-205.

[10] FRÍAS D M, RODRÍGUEZ M A, ALBERTO CASTAÑEDA J, et al. The formation of a tourist destination's image via information sources: The moderating effect of culture[J]. *International Journal of Tourism Research*, 2012, 14(5):437-450.

[11] 贾跃千,宝贡敏,路文静.基于国籍差异的杭州市入境旅游市场目的地感知形象研究[J].经济地理,2009, 29(3):510-515.

[12] 张宏梅,陆林.游客涉入对旅游目的地形象感知的影响——盎格鲁入境旅游者与国内旅游者的比较[J].地理学报,2010, 65(12):1613-1623.

[13] KU G C, MAK A H. Exploring the discrepancies in perceived destination images from residents' and tourists' perspectives: A revised importance-performance analysis approach [J]. *Asia Pacific Journal of Tourism Research*, 2017, 22(11):1124-1138.

[14] ECHTNER C M, RITCHIE J B. The meaning and measurement of destination image[J]. *Journal of Tourism Studies*, 1991, 2(2):2-12.

[15] 顾朝林,宋国臣.城市意象研究及其在城市规划中的应用[J].城市规划,2001,(3):70-73+7.

[16] 田圣炳,陈启杰.国际化经营中的原产地形象研究综述[J].外国经济与管理,2004,(8):25-29+39.

[17] STYLIDIS D, SIT J, BIRAN A. An exploratory study of residents' perception of place image: The case of Kavala[J]. *Journal of Travel Research*, 2016, 55(5):659-674.

[18] AFSHARDOOST M, ESHAGHI M S. Destination image and tourist behavioural intentions: A meta-analysis[J]. *Tourism Management*, 2020, 81:104154.

[19] BALOGLU S, MCCLEARY K W. A model of destination image formation[J]. *Annals of Tourism Research*, 1999, 26(4):868-897.

[20] GALLARZA M G, SAURA I G, GARCÍA H C. Destination image: Towards a conceptual framework[J]. *Annals of Tourism Research*, 2002, 29(1):56-78.

[21] HOSANY S, EKINCI Y, UYSAL M. Destination image and destination personality: An application of branding theories to tourism places[J]. *Journal of Business Research*, 2006, 59(5):638-642.

[22] RUSSELL J A, WARD L M, PRATT G. Affective quality attributed to environments: A factor analytic study[J]. *Environment and Behavior*, 1981, 13(3):259-288.

[23] BALOGLU S, BRINBERG D. Affective images of tourism destinations[J]. *Journal of Travel Research*, 1997, 35(4):11-15.

[24] TAGHIPOURIAN M J, YAZDANI R, AGHAIFAR M Z. The role of destination brand image on tourism behavioral tendencies[J]. *Urban Tourism*, 2019, 5(4):37-50.

[25] STYLOS N, BELLOU V, ANDRONIKIDIS A, et al. Linking the dots among destination images, place attachment, and revisit intentions: A study among British and Russian tourists[J]. *Tourism Management*, 2017, 60:15-29.

[26] LOUREIRO S M C, JESUS S. How perceived risk and animosity towards a destination may influence destination image and intention to revisit: The case of Rio de Janeiro[J].

Anatolia, 2019, 30(4):497-512.

[27] HENKEL R, HENKEL P, AGRUSA W, et al. Thailand as a tourist destination: Perceptions of international visitors and Thai residents[J]. *Asia Pacific Journal of Tourism Research*, 2006, 11(3):269-287.

[28] STYLIDIS D. Residents' destination image: A perspective article[J]. *Tourism Review*, 2020, 75(1):228-231.

[29] BAXTER E, BOWEN D. Anatomy of tourism crisis: Explaining the effects on tourism of the UK foot and mouth disease epidemics of 1967-68 and 2001 with special reference to media portrayal[J]. *International Journal of Tourism Research*, 2004, 6(4):263-273.

[30] TEW P J, LU Z, TOLOMICZENKO G, et al. SARS: Lessons in strategic planning for hoteliers and destination marketers[J]. *International Journal of Contemporary Hospitality Management*, 2008, 20(3):332-346.

[31] DOMBEY O. The effects of SARS on the Chinese tourism industry[J]. *Journal of Vacation Marketing*, 2004, 10(1):4-10.

[32] PFORR C, HOSIE P J. Crisis management in tourism: Preparing for recovery[J]. *Journal of Travel & Tourism Marketing*, 2008, 23(2-4):249-264.

[33] 李默涵,陈钢华.与新冠肺炎疫情相关的旅游研究进展及学术贡献——基于10本英文期刊载文的分析[J].旅游学刊,2023, 38(3):136-146.

[34] FAULKNER B. Towards a framework for tourism disaster management[J]. *Tourism Management*, 2001, 22:135-147.

[35] WUT T M, XU J B, WONG S-M. Crisis management research(1985-2020) in the hospitality and tourism industry: A review and research agenda[J]. *Tourism Management*, 2021, 85:104307.

[36] YANG H Y, CHEN K H. A general equilibrium analysis of the economic impact of a tourism crisis: A case study of the SARS epidemic in Taiwan[J]. *Journal of Policy Research in Tourism, Leisure and Events*, 2009, 1(1):37-60.

[37] GÖSSLING S, SCOTT D, HALL C M. Pandemics, tourism and global change: A rapid assessment of COVID-19[J]. *Journal of Sustainable Tourism*, 2020, 29(1):1-20.

[38] RYU S, GAO H, WONG J Y, et al. Nonpharmaceutical measures for pandemic influenza in nonhealthcare settings—international travel-related measures[J]. *Emerging Infectious Diseases*, 2020, 26(5):961-966.

[39] ZHENG D, LUO Q, RITCHIE B W. Afraid to travel after COVID-19? Self-protection, coping and resilience against pandemic "travel fear"[J]. *Tourism Management*, 2021, 83:104261.

[40] TUNG V W S, TSE S, CHAN D C. Host-guest relations and destination image: compensatory effects, impression management, and implications for tourism recovery[J]. *Journal of Travel & Tourism Marketing*, 2021, 38(8):833-844.

[41] HALL C M, SCOTT D, GÖSSLING S. Pandemics, transformations and tourism: Be careful what you wish for[J]. *Tourism Geographies*, 2020, 22(3):577-598.

[42] MAPHANGA P M, HENAMA U S. The tourism impact of Ebola in Africa: Lessons on crisis management[J]. *African Journal of Hospitality, Tourism and Leisure*, 2019, 8(3):1-13.

[43] RASOOLIMANESH S M, SEYFI S, RASTEGAR R, et al. Destination image during the COVID-19 pandemic and future travel behavior: The moderating role of past experience[J]. *Journal of Destination Marketing & Management*, 2021, 21:100620.

[44] EKINCI Y, HOSANY S. Destination personality: An application of brand personality to tourism destinations[J]. *Journal of Travel Research*, 2006, 45(2):127-139.

[45] PRAYAG G, HOSANY S, MUSKAT B, et al. Understanding the relationships between tourists' emotional experiences, perceived overall image, satisfaction, and intention to recommend[J]. *Journal of travel research*, 2017, 56(1):41-54.

[46] AHORSU D K, LIN C-Y, IMANI V, et al. The fear of COVID-19 scale: Development and initial validation[J]. International Journal of Mental Health and Addiction, 2020:1-9.

[47] COHEN J. *Statistical Power Analysis for the Behavioral Sciences*[M]. Hillsdale, NJ: Lawrence Earlbaum Associates, 1998.

[48] COHEN J, COHEN P. *Applied Multiple Regression/Correlation Analysis for the Behavioral Sciences*[M]. New York: Psychology Press, 1988.

[49] FORNELL C, LARCKER D F. Evaluating structural equation models with unobservable variables and measurement error[J]. *Journal of Marketing Research*, 1981, 18(1):39-50.

[50] LAM L W. Impact of competitiveness on sales people's commitment and performance[J]. *Journal of Business Research*, 2012, 65(9):1328-1334.

[51] CROMPTON J L. An assessment of the image of Mexico as a vacation destination and the influence of geographical location upon that image[J]. *Journal of Travel Research*, 1979, 17(4):18-23.

[52] 刘兰兰.框架视野下新冠肺炎疫情报道研究——基于微信热文的文本结构与内容挖掘分析[J].新闻爱好者,2020,(5):17-21.

[53] 周书环,杨潇坤.新冠肺炎疫情下社交媒体情绪传播及其影响研究——基于新浪微博文本数据的实证分析[J].新闻大学,2021,(8):92-106+20-21.

[54] 王一,高俊岭,陈浩,等.2019冠状病毒病(COVID-19)疫情期间公众媒体暴露及其与心理健康的关系[J].复旦学报(医学版),2020,47(2):173-178.

[55] HU Y, RITCHIE J B. Measuring destination attractiveness: A contextual approach[J]. *Journal of Travel Research*, 1993, 32(2):25-34.

[56] PRENTICE R. Tourist familiarity and imagery[J]. *Annals of Tourism Research*, 2004, 31(4):923-945.

[57] TAN W-K, WU C-E. An investigation of the relationships among destination familiarity, destination image and future visit intention[J]. *Journal of Destination Marketing & Management*, 2016, 5(3):214-226.

[58] 王立剑,代秀亮.重大突发公共危机事件中的社会保障应急机制[J].西安交通大学学报(社会科学版),2020,40(4):23-32.

[59] AVRAHAM E. Destination marketing and image repair during tourism crises: The case of Egypt[J]. *Journal of Hospitality and Tourism Management*, 2016, 28:41-48.
[60] AVRAHAM E. Media strategies for improving an unfavorable city image[J]. *Cities*, 2004, 21(6):471-479.

Comparison Analysis of Residents-visitors' Perceived Place Image in a Public Health Emergency

ZHANG Jingru
(*Department of Tourism, Fudan University, Shanghai 200433, China*)

Abstract: Public health emergencies often have a negative impact on place image. Repairing damaged place images and restoring confidence among potential tourists and local residents becomes a significant challenge for local community. This study investigated the differences in perceived place image among potential tourists and local residents during public health emergencies. Through multiple case studies, the results show that during public health emergencies, compared to potential tourists, the overall place image of local residents is more stable. Specifically, the perception of the economic environment will more strongly influence the overall place image of local residents, while the perception of social atmosphere and cultural characteristics will more significantly affect the overall place image of potential tourists. Finally, based on the different characteristics of the two groups, this study suggests that destination management organizations need to develop different recovery strategies of place image for residents and visitors.

Keywords: place image; destination image; cognitive-affective image, residents' place image; destination crisis management; public health emergency

《复旦旅游学集刊》征稿启事

《复旦旅游学集刊》创刊于 2005 年，由复旦大学旅游学系主办，已被列入复旦大学研究生院核心期刊目录。主要刊发海内外有关旅游学及相关领域的学术研究成果，以推进产学研互动，繁荣旅游学学科建设。每年一辑。设置"旅游目的地研究""旅游企业研究""旅游市场研究" "旅游经济探索""文旅融合研究""旅游新业态研究""旅游者研究""旅游文化研究""旅游服务研究""旅游文献与旅游史研究""旅游教育研究""复旦旅游学论坛""复旦博士论坛"等专栏。欢迎投稿。

来稿将经匿名评审，一经刊发，即致付稿酬、寄赠样刊 2 册。投稿注意事项如下：

1. 遵守学术规范，文责自负，不得一稿多投。

2. 来稿须是未公开发表的论文，格式参照《旅游学刊》(特别说明：图表和参考文献不需要中英文翻译对照)。

3. 稿件除正文外，请附上英文标题、关键词、中英文摘要(300 字以内)。

4. 作者简介需写明每一位作者的姓名、出生年、性别、学位、职称、博士生导师(硕士生导师)、主要研究方向、E-mail。如有通讯作者，请特别说明。

范例：[作者简介]王某某(1968—　)，男，博士，教授，博士生导师，研究方向为×××，E-mail：×××，通讯作者。

5. 请将论文 WORD 文档及 PDF 文档同时发送至编辑部邮箱 fudantourism@yeah.net。

编辑部在收到稿件后三个月内给予录用回复。未用稿件，恕不退还。

《复旦旅游学集刊》编辑部

图书在版编目(CIP)数据

复旦旅游学集刊. 第十二辑/复旦大学旅游学系编;巴兆祥,张静儒,郑丹妮执行主编. —上海:上海辞书出版社,2023
ISBN 978-7-5326-6169-5

Ⅰ. ①复… Ⅱ. ①复… ②巴… ③张… ④郑… Ⅲ. ①旅游-丛刊 Ⅳ. ①F59-55

中国国家版本馆 CIP 数据核字(2023)第 234070 号

FUDAN LÜYOUXUE JIKAN DI-SHIER JI
复旦旅游学集刊 第十二辑

复旦大学旅游学系 编 执行主编 巴兆祥 张静儒 郑丹妮

责任编辑 徐 杰
装帧设计 多 吉
责任印制 曹洪玲

出版发行 上海世纪出版集团
上海辞书出版社®(www.cishu.com.cn)
地 址 上海市闵行区号景路 159 弄 B 座(邮政编码 201101)
印 刷 上海世纪嘉晋数字信息技术有限公司
开 本 720 毫米×1000 毫米 1/16
印 张 18
字 数 360 000
版 次 2023 年 11 月第 1 版 2023 年 11 月第 1 次印刷
书 号 ISBN 978-7-5326-6169-5/F·305
定 价 80.00 元